重商主義　近世ヨーロッパと経済的言語の形成

重商主義

近世ヨーロッパと経済的言語の形成

ラース・マグヌソン 著
熊谷次郎・大倉正雄 訳

知泉書館

Mercantilism

The shaping of an economic language

by

Lars Magnusson

凡　例

一、本書は Lars Magnusson, *Mercantilism: The Shaping of an Economic Language*, London and New York: Routledge, 1994 の全訳である。サブタイトルは原著者の了解を得て、「近世ヨーロッパと経済的言語の形成」とした。

一、原著の目次は章のみの簡単なものであるが、本訳書では読者の便宜を考え、本文中の節に相当する小見出しを節として目次に加えた。

一、原文がイタリックで強調されている語句には傍点を付した。ただし、英語から見ての外国語（ドイツ語、フランス語、ラテン語など）であることを示すためのイタリック――たとえば、*laissez faire*（自由放任、自由放任主義）、*per se*（それ自体）など英文で慣用化されている語句――には、傍点を付していない。しかし重要と思われる外国語の語句には、訳語を〈　〉で括り、その後にしばしば（　）で原語を挿入した。

一、本文と原注における〔　〕内の語または文章は、訳者が文意の理解を助けるため、または簡単な訳者注のために挿入したものである。

一、原著者が、引用した文章において文意の理解を助けるために〔　〕で補った箇所は〔―マグヌソン〕とした。

一、人名の表記は、経済学史学会編『経済思想史事典』（丸善、二〇〇〇年）に収録されている人名については、原則としてそれに従った。

一、原著で言及・引用されている著書名は、原則として初出の日本語訳の後に原著名を（　）に入れた。その原著に邦訳がある場合は、原則としてその邦訳書名を使用した。また引用文に邦訳がある場合には、それを参考したが、必ずしもそれと同一ではない。

一、原注は本文中に（1）…のように示し、訳注は（＊1）…のように示した。原注は原著では各章ごとの末尾におかれているが、本訳書では巻末に各章ごとにまとめた。訳注も同様の扱いをした。

一、索引は原著のそれをもとにしながら、訳者が独自に作成した。

日本語版への序言

重商主義の経済学(ポリティカル・エコノミー)は、より一般的な読者とともに学究的な人々をいまなお魅了しているように思える。このことは、ある人たちには奇妙に思えるかも知れない。一七・一八世紀に全盛期を迎え、それ以来、アダム・スミス以降の権威者によって完全に非難されてきた過去の経済思想ならびに政策の体系の何が、そんなに興味をそそるのか、と。このように関心が持続している理由の一つは、重商主義が、近代資本主義の興隆と、現代の経済的世界秩序——そこでは富と繁栄が諸国間にいまだに不平等に割り当てられている——の出現とにずっと繋がっているからに違いない。したがって、重商主義の目指すところは何であったかを理解することは同時に、現在の経済的世界秩序の起源と原因とを一層よく理解することである。

しかしながら、重商主義への関心が持続していることには、第二の理由もある。一九三〇年代初頭における経済的ナショナリズム(貿易上の保護主義の復活を含む)の拡大を背景に、エリ・ヘクシャー——重商主義を理論および経済政策の体系であると本格的に解釈した最初の人——は、重商主義は近代的な理論や思考によって、かなり以前に見捨てられた過去の時代遅れの理論体系以上のものであるという結論を、進んで導き出そうとした。彼は重商主義を、そうではなくて、経済史に幾度も現れる、ある現象に対するほとんど時間を越えた対応、すなわち経済危機、失業の増加、国民国家間における政治的経済的緊張の増大などに対する、常識ある政治的回答として描いた。だから重商主義のある諸側面は、ほとんど循環的な形をとって何度も繰り返し甦るように思える。われわれはそれが一八七〇年代に貿易上の保護主義と植民地主義の形で甦り、戦間期に、そしてさらにもう一度、おそらく数十年間の貿易自由化と「グローバリゼーション」後の、われわれが生きているこの現代に甦っているのを見ることができる。また自由貿易の福音とはまったく対照的に、重商主義のいくつかの要素は、経済の近代化ならびに近代的な産業経済を確立しようとする、あらゆる成功した試みにおいて現れていたように思える。

＊　＊　＊

以下において私は、何よりも経済問題に関する思考の体系としての（経済政策の体系としてよりも）重商主義について、歴史的解釈を示そうと試みた。さらに私の抱負は、歴史を逆方向に読むこと、すなわち重商主義者のテクストを今日の理論の観点から解釈することではない。私の抱負はむしろ、重商主義者がそのパンフレット、ブロードサイド〔片面刷りの印刷物〕、標準的な長さの書物で述べたことを、彼ら自身の歴史的文脈のなかで「理解する」ことにある。このように理解された重商主義の核心は、ほぼ一六世紀後半から一七五〇年までの、実践的な政治経済を主に論じたパンフレットと書物からなる全ヨーロッパの学識（リタラチャー）にあった。重商主義が「実践的」であったことから、それは理論的洞察とより本質的な観察に欠けていたという誤った結論を導き出すべきではない。むしろ、現代理論の観点からは、一七世紀の——とくにブリテンの——重商主義者が、市場の働き、需要と供給の役割などについて言わなければならなかったことの多くは、道理にかなっている。とりわけ、われわれが彼らは重金主義者（ブリオニスト）で、富と地金を混同したという思い違いから解放されるならば、そうである。重商主義の学識に共通するテーマは、国富と国力をいかにして獲得するかという問題であった。これら二つの目標は、この学識においては同じものと見なされた。とくに具体的にはオランダの例は、経済的富が、分業の拡大を活用する一層多くの作業所だけでなく、国際貿易の進展と多数の人口によっても達成されうる、ということの論拠を提供した。

すでにルネサンス期に、国家はどのようにして富裕かつ強力になるべきかを論じた多くの説明書――マキアヴェッリのスタイルやドイツ帝王学書のスタイルでの――があったが、重商主義の学識の目新しさは、外国貿易と商業とを強調した点にあった。外国貿易はある国家の繁栄を増進する最も効果的な手段であることが、強調された。外国貿易によって特化（specialization）の発生と近代的製造業者の確立とが可能となった。国際貿易によって一国はまた、工業製品を売り、代わりに原料を買うことができた。これは「外国の支払う所得」論が基本的に強調したものであった。すなわち、できるだけ多く付加価値を含むものを輸出し、そのような生産物をできるだけ少なく輸入すること、であった。そうすれば、購買者――スペイン、ポルトガル、他の諸国――は、イングランドの原料に対して支払うだけでなく、イングランドの労働者に対しても支払うであろうから、利益がイングランドに滔々と流れ込むであろう。

そのうえ、国際貿易と製造業の拡大は、適切な法律の提出と効果的な制度の確立によってのみ為し遂げることができた。このようにしてほとんどの著作家は、富と成長を達成するために、市場の自動均衡化作用に信頼を寄せようという気にはならなかった。他方で多くの人々が論じたように、需要と供給の法則に干渉しすぎることは、干渉しすぎないのと同じように、ときには有害であった。

本書で後に詳しく触れることになるトマス・マンは、とくにオランダ共和国がどのようにしてあのような富裕な島になったかを熱心に論じた。実際、彼の有名な『外国貿易によるイングランドの財宝』（一六六四年）は、彼の死後、彼の息子によって出版されたが、その時イングランドはほぼ間断なくオランダと戦争をしていた。彼の説明は、オランダの急速な成功の背後には、言うまでもなく、彼らがイギリス人との競争に勝ち、北海のニシン漁を含む多くの儲かる交易からイギリス人を追い出したという事実がある、というものであった。そして輸出が減ったということは、貴重な貨幣でもって、より多くのものを海外から購買しなければならなかったことを意味した。その後、一七・一八世紀には、これに代わって、関心はフランスに向けられた。だから、テオドール・ヤンセンが一七一三年の英仏ユトレヒト講和〔条約〕に関する論評として書いた、影響力をもった「貿易の一般的公理」は、フランス人を打ち負かすために、国家主義的な経済的姿勢を採るさまざまな手段が、どのようにして講じられるべきかを論じた。これらの手段のなかで、関税と国内製造業のためのその他の支援策とが、とくに強調された。(1)

＊　＊　＊

しかしながら重商主義は、国内の成長を達成するための経済的保護のイデオロギーであったという意味では、すでに述べたように、アダム・スミス以前の時期にのみ適用できるものではまったくない。一九世紀半ば以後、イギリス古典派経済学によって唱えられた自由貿易の福音に対する強力な反動が出現した。こうしてドイツとアメリカにおいて、ジェームズ・ステュアートのような少なくとも一八世紀の重商主義者と多くの共通点をもつ、保護主義的な学派が出現した。

しかしながら、「国民経済学（ナショナル・エコノミックス）」という独特の学派の台頭は、主にイングランドの外で起こった事柄であった。そして一系列の外国人著述家たち——そのなかで最も卓越した著作家としては、シュヴァーベン生まれの著者フリードリヒ・リスト（一七八九—一八四六年）とならんで、アメリカ人のアレグザンダー・ハミルトン（一七五七—一八〇四年）、マッシュー・ケアリー（一七六〇—一八三九年）、ヘンリー・ケアリー（一七九三—一八七九年）がいた——は、国民的産業の保護の追求を基礎とする思想を発展させた。彼らは気質、スタイル、着想においてかなり異なっていたとはいえ、農業経済はつねに工業経済よりも劣位にあるという見解を共有していた。さらに、とりわけリストとケアリー父子が力説したところによれば、当時のほとんどのイギリス経済学が展開していた「世界主義（コスモポリタニズム）」は間違っており、それは実は自由貿易が、工業国家としてのイギリスの優位を保持するための道具であったという事実を隠していた。最初の「国民経済学者」がアメリカのアレグザンダー・ハミルトンであることは一般に強調されている。彼は一七九〇年のアメリカ議会に『製造業に関する報告書』〔田島恵児・濱文章・松野尾裕訳『アレグザンダー・ハミルトン製造業に関する報告書』未來社、一九九〇年〕を提出した。シュンペーターによれば、ハミルトンはスミスの『国富論』に精通していたので、「それを事実上、実際的な可能性や必要性についての自分のヴィジョンに合わせて練り直すことができたし、その限界を見抜くこともできた」(2)。この報告書でハミルトンは、それ以来ずっと普通のこととなった、幼稚産業保護のための多くの議論を提供した。

一九世紀半ばにハミルトンの後継者は、〔第一に〕イギリスの自由貿易は低開発諸国にとって有害であり、第二に経済理論と実践は、ある国民がおかれている経済発展の特定の段階に対応すべきであると論じた。そのような「国民経済学」の思想は、自由貿易と保護に関するアメリカの議論から大きな影響を受けていたフリードリヒ・リストのもとでなお一層明確に表明された。リストはその有名な『経済学の国民的体系』（一八四六年）〔小林昇『経済学の国民的体系』岩波書店、一九七〇年〕において、経済発展の段階理論を構築した。その理論によれば、国民は農業段階において自由貿易から出発し、工業化の初期の時期に保護主義に変わり、それから工業の成熟段階において自由貿易に戻る。彼はイギリス人の偽りの、ないし「空想的な世界主義」（chimerical cosmopolitanism）を激しく攻撃したが、それは彼の見るところ、利己心――「個人主義」に関するこの〔イギリス〕国民特有の解釈――の隠れ蓑であった。各国民は、これとは違って、彼ら自身の「生産諸力」の強化に関心を集中しなければならず、目先の現在のために将来を忘れてはならない。さらに、真の世界主義が将来達成されうるのは、国民による、こうした生産諸力の強化を通じてのみである、と彼は論じた。

確かに、重商主義思想の由来は、一九世紀に現れた保護主義の近代的形態に求めることもできる。たとえばヘクシャーが行なった〔重商主義の〕総合は、戦間期を通じてひじょうに際立っていた保護主義と経済的ナショナリズムに抗して、自由主義思想と自由貿易思想とを広めることを目的にしていた。このために、重商主義は誤ったイデオロギーである——自由貿易は少なくとも長い目で見れば経済成長にとって一層望ましい——というヘクシャーの主張にもかかわらず、重商主義は、後においてばかりか、一九世紀の大部分を通じても、常識ある通俗的な経済学の一形態として迎えられた。そうした経済学として重商主義は、まだある程度存在しているが、しかしとくに一九二〇年代と三〇年代のような経済的難局に直面した時代に、存在感を示した。

また第二次世界大戦後は、このような思想は新重商主義ならびに戦略的貿易論の形で存在感を示してきた。一九七〇年代末以後、レスター・サロー、ジェイムズ・ブランダー、バーバラ・スペンサー、ポール・クルーグマンのような戦略的貿易論者は、トレンズやリカードウの比較優位論をマイケル・E・ポーターが好んで「競争優位」と呼んだものに取って代えようとした。彼らが主張してきたことは、国際貿易のパターンは比較優位にもとづいたり、単純なヘクシャー・オリーン定理の助けをもってしては、説明できないということである。そうではなくて、国際貿易の流れは、規模と範囲、経済諸力、規模に対する収穫逓増からの結果である。こうしてブランダー＝スペンサー・モデルや「戦略的貿易政策」論の基礎は、初期投資によって特定の財貨について、ある輸出市場で強力な地位を得た諸国が、その主導的な地位を維持し続ける傾向をもつだろうということにあった。競争が完全でない場合（こうした事例を見出せない者がいるだろうか）には、埋没投資は参入障壁[*1]——少なくとも、高付加価値産業やハイテク産業への——をもたらすであろうし、その参入障壁は、それはそれでまた、競争優位の役割を果たすであろう。この議論の政治的含意はきわめて明快であった。すなわち、政府の支援は、ある特定の国民にとって長期的な利益となるような、ある産業に対する競争優位をもたらすだろう、ということである。確かにこれは、貿易政策に対して明確な含意をもつ、幼稚産業〔保護〕論を擁護するためのもう一つの方法であった。戦略的貿易政策論者がよく利用する事例は、アメリカの航空機製造業者ボーイング社とヨーロッパのエアバスとの間の激烈な競争であった。疑いもなく、これらの理論家が論じているように、政府の積極的な支援は、国際分業のなかにある、ある諸国民の立場にとってきわめて重要である(3)。

このように一般的に解釈すれば、重商主義はまたしても経済的手段――国際競争の文脈のなかでの成長と経済の近代化の促進――による国家建設となる。また重商主義は、ある程度まで、保護主義と同じものになる。しかしながら、このアプローチに伴う危険性は、重商主義があまりにも幅広く包括的な概念になることである。それはまたしても諸国民国家がその歴史を通じて追求してきた経済政策についての幅広い叙述となる。そうではなくて、本書で試みたように、重商主義とは何かということについて、もっと歴史的に解釈することの方が、おそらく一層実り多いであろう。重商主義はその核心において、経済成長と近代化にとっての国際貿易と製造業の役割を強調した、ほぼ一六世紀後半から一八世紀後半までの間に行なわれた議論であった。しかしながら、それはアダム・スミスや他の人々が過去二世紀の間に解釈する傾向があった程には、その核心に「順調貿易差額」論をもつ、首尾一貫した理論では決してなかった。

＊　＊　＊

私は自著のこの日本語版のために、一九九四年に刊行された初版にいかなる大きな変更をも加えなかった。疑いもなく、重商主義をめぐる議論はこの一〇年間を通じて活発に続けられてきた。しかしながら、新しい洞察や情報をすべて包み込むためには、本書全体を書き直す必要があったであろう。重商主義に関する議論は進行中の過程——継続中の関心事——であるから、将来この仕事に戻れることを願っている。

ウプサラにて　二〇〇八年四月八日

ラース・マグヌソン

まえがき

重商主義に関するもう一つの書物(*1)を刊行することについては、いくつかの理由がある。第一の最も重要な理由は、ヘクシャーの包括的な重商主義論に対する手厳しい批判が数十年も続いた後なので、重商主義を体系的な現象として新たに解釈するための機は熟している、ということである。高名な経済史家R・H・トーニーがずいぶん前に評したように、重商主義は、資本主義や封建主義と同様に、頑として滅びることを拒絶している「主義」の一つである。その理由は簡単である。重商主義は、重商主義という言葉をたんに避けただけでは決して消滅しないであろう。この語は一七・一八世紀の知的・政治的環境を理解するためには依然として有効である。だからそれを使わない理由はないだろう。

しかしながら、トーニーがさらに評言したように、「重商主義」という用語は誤用されがちである。この誤用の明白な一例は、それが近世における国家形成の一般的な過程を示す用語として頻繁に使用されてきたことに見られる。だから、最も広義に定義されている重商主義を脱構築(ディコンストラクション)(*2)することは焦眉の課題である。そうした試みをなす際に、私はその用語自体を避けるべきではなく、それが歴史のうえに現れたとおりに、すなわちパンフレット、小冊子、書物のような一連の書かれたテクストとして扱うべきであると考える。重商主義は何よりまず、一つの特定の国民的関連、すなわちイギリス人において主に現れた、交易と経済学に関する学識（literature）であり言説（discourse）であった。しかしそれは、他の諸国民のさまざまな異なる伝統とも結びつき、また

「現実」世界の政治組織や経済と結びついていた。同時にそれは、それ自体として認識されることを求める、はっきりと独立した現象であった。

重商主義に関するもう一つの書物を書く第二の理由は、多くの経済思想史家が述べてきたように、重商主義を修正することの必要性である。アダム・スミス以来、今日に至るまで、重商主義は経済的自由主義の対立物と見なされ、古典派ならびに新古典派経済学からはできるだけ遠くに追い払っておくものと見なされてきた。本書で明らかにするつもりだが、これは完全な見当違いである。しかしながら、この見当違いの見方は、とくに現代経済学が優れていること（技法上の完成度については、そのとおりである）を例証する点では有益な目的を果たしてきた。だが、重商主義者の世界についての探究は、経済学がそうあってほしいと思うほどに大きな進歩を遂げてきたであろうか、という疑念を提起する。

本書の執筆はロンドンとパリでの短期ならびに長期の滞在によって可能となった。とくに本書の完成のために静穏な環境を提供してくれたパリの［社会科学］高等研究院の研究部長諸氏に感謝する。スヴェンスカ商業銀行の財政支援なくしては、大英図書館での長期閲覧は不可能であっただろう。あらゆる面でお世話になった大英図書館ならびに［フランス］国立図書館のスタッフに謝意を表したい。私のときに未熟な意見に根気よく耳を傾け、しばしば誤りを指摘してくれた同僚諸氏と学会参加者の支援に感謝を述べたい。最後に家族の激励に感謝する。その激励がなければ本書はそもそも書かれなかったであろう。

ウプサラとロンドンにて

目　次

目次

重商主義

——近世ヨーロッパと経済的言語の形成

第一章　序　説

——主題の設定——

連続と変化——スミスとステュアート

ウィリアム・D・グランプは、一九五二年以降の重商主義論に重要な貢献をなした論文において、一八世紀イギリスの重商主義思想における自由主義的要素を力説した。(1)しかしながら、グランプの議論の向きを変えて、アダム・スミス以後に現れたイギリスの自由主義的経済学に強い重商主義的要素があったことを強調することもまた可能である。だからハチスンは、方法論を扱った論考において「スミス革命」なるものが本当にあったのかどうかという問題を提起した。(2)ハチスンは、ほとんどの他の研究者と同様に、この問題について革命はあった、と肯定的に答える方に傾いている。スミスの『国富論』（一七七六年）が、自動均衡化する経済システムに関する画期的分析を提供したということは、確かにそのとおりである。事実ハチスンによれば、

スミス的な古典派正統の基礎をなしているものは、ミクロ経済的にも、貨幣的ならびにマクロ経済的にも、全般的利益をもたらす自動調整と自動均衡という実に魅力的な思想と推論であった。(3)

しかしながら、他方で最近の研究が明らかにしていることは、スミスの最高傑作(マグナム・オパス)はその大部分が、一八世紀当時の人々の経済問題、道徳哲学、政治に関する見解に依存していたということである。それゆえに、スミスはヒュームやその他のスコットランド啓蒙思想家に大いに依存していたことが、ウィンチ、ホーコンセン、スキナーなどによって丹念に研究されてきた。[4] しかしながら長い間、二人のスミス――『道徳感情論』の道徳哲学者と『国富論』の経済学者――の存在について述べることで、急進的なスミス革命という見解を持ち続けることは可能であった。しかしながら、ウィンチやスキナーなどが説得力をもって示したように、こうした評言は支持できない。[5] むしろウィンチが指摘するように、『国富論』は、「『道徳感情論』に含まれている社会行為の一般理論を……個別の活動分野に特別に適用したもの」と考えられるかもしれない。[6] けれどもスミスの道徳哲学だけが、彼の時代の子であったわけではない。経済領域を自動調整の「自然的な」システムと見る一般的観念のみならず、彼の経済理論についても彼には重要な先駆者がいた。実際にはスミスの思想の大部分は、時を経て現れていたのであり、ガリアーニ、〔エルンスト・ルートヴィヒ〕カール、カンティロン、タッカー、マンデヴィル、ノース、ジャーヴェイズ、そしてもちろんヒュームのような、もっと早期の著作家たちの著作において見いだすことができる。スミスの最も偉大な業績は、これらすべての思想をまとめ上げ、見えざる手によって調整される自動均衡化する経済システムが広く行きわたっていることを強調した点にある。

しかしながら、『国富論』におけるスミスの分析が、一八世紀の多くの先駆者に依存していたと主張するだけでは十分ではない。この著作の重要な目的は、彼が「重商主義体系(マーカンタイル・システム)」と見なしたものに対して壊滅的な打撃を与えることにあった。これを行なうためにスミスは、彼自身と先行する経済学派や経済論者との間に明確な境界線を引くことに力を入れた。[7] こうした背景を考えると、スミスが、普通「重商主義者」と見なされる一七世紀の思想家たちによる、先行する著作に大いに依存していたということは、皮肉なことである。後に論じるように、知識の特定の一分野としての経済学は一八世紀に新しく生まれた子ではなかった。それはもっと以前からあった知的探究であった。だからたとえば、形式と内容の双方に関して、『国富論』はしばしば「重商主義的」と呼ばれている一七・一八世紀のテクストに依存していた。

それゆえに、スミスと彼に先行したものとを系統的に比較してみれば、スミスと著しく似た点があることがわかる。スミスは、はるか一七世紀にまで遡る経済的言説が熱心に採りあげていた問題――戻税や奨励金、独占、航海法の賛否論など――を論じただけではない。なぜ彼は、たとえば特許会社や「ジョイント・ストック〔カンパニー〕」[*1]の利点と欠点をあれほど広範囲に議論しようとしたのだろうか。もしこの問題がひじょうに長い間激しく議論されていなかったならば、彼はそうはしなかったであろう。あるいは、なぜ彼はあのように長い植民地批判の章を書いたのだろうか。したがって、スミスによる主題（トピックス）の選択ならびに『国富論』の全構造は、経済問題に関する彼以前の論説との関連なしには明瞭に理解することができない。

しかしながら、これがすべてではない。経済と経済過程に関する彼の一般的見解と態度もまた、もっと早期の経済的言説に容易に見いだせる議論にもとづいていた。ある点では、スミスは過去にその根をもつ独占や奨励金などに反対する議論の熱心な支持者であった。他方、ジェイコブ・ヴァイナーがすでに強調したように、スミスを一九世紀的な意味での自由貿易論者ならびに自由主義者と見なすことは誤りであろう[8]。その後、サリム・ラシードはスミスをそもそも自由貿易論者と見なすことができるのだろうか、という疑問さえ述べている[9]。たとえば『法学講義』では、明らかにスミスは多くの場合に、政府が干渉することにかなり同調的であった[10]。『国富論』においても、あまりに急進的な解決策にはある種の警戒感を抱いていることが感じられる[11]。この関連で最もよく知られているのは、言うまでもなく彼が航海法を最も有益な規制として擁護していることである。

しかしながらスミスが、ブリテンが「自由港」となることを弁論したばかりか、独占、レント・シーキング(＊2)な行為、特許会社を論難した点については、むろんもっぱら彼だけからそれが始まったわけではない[12]。彼の保護政策批判は、長い一連の批判の一つとして理解されなければならない。グランプが強調したように、こうした「自由主義的要素」は、マンにまで遡る「重商主義的」伝統の本質的な部分であり、そこには『疲弊せるブリタニア』(*Britannia Languens*, 1680)の著者(ペティットの可能性が最も高い)、チャイルド、ノース、バーボン、ペティ、ジャーヴェイズ、ヴァンダーリント、デッカーが含まれる。だからスミスよりも三〇年以上も前に、マシュウ・デッカーは、彼の時代においてさえもさほど革命的ではなかった次のような見解を述べた。

一般的な格言はこうである。すなわち、自由な国々では、独占は不合理であり、恣意的であり、破壊的である。というのは、それは怠惰、悪事、ならびに賃金と財貨に対する過度な需要を助長することによって、多くの人々から彼らの生得の利益を奪い――彼らがその利益を失うような悪事を何もしていないにもかかわらず――、少数の人々にのみ利益を与えるからである[13]。

さらに以下で詳論するように、重商主義的な経済思想は、一般に保護主義的な「重商主義」政策の知的擁護としてのみ評価すべきであるという従来の理解には、明らかに欠点がある。確かに、すべての重商主義の著作家が均衡と自動調整の可能性を信じていたわけではなかった。しかしだからといって、彼らが当時の国家が行なった規制政策のすべてを〔非難から〕解放したということにはならない[14]。

スミスは〔『国富論』〕第四編「経済学の諸体系について」の序論において、彼の主題をこう定義した。

> 政治家または立法者の科学の一部門と考えられる経済学（ポリティカル・エコノミー）は、二つの異なる目標をめざしている。第一は人民に豊富な収入または生活資料を供給すること、つまりより適切に言えば、人民が自分のためにこのような収入または生活資料を自分で調達できるようにすることである。第二は共同社会（コモンウェルス）という国家に対して、公共の職務を遂行するのに十分な収入を供給することである。経済学は、人民と主権者との双方を富ますことを意図している。[15]

明らかにここには格段目新しいものは何もなかった。経済学を〈国家学〉（*Staatswissenschaft*）ないし政策学（*policy*）の副次的分野と理解することは、とくにヨーロッパ大陸の文献ではありふれたことであった。そして生活の糧を供給し、人民ばかりか主権者も富裕にするという目的は、一八世紀の中央ヨーロッパにおける官房学者（たとえばユスティ）だけではなく、多くの「重商主義的」著作家（たとえばステュアート）によっても共有されていた。

他方でスミスの立法者のとらえ方は、多くの官房学の著作家たちとは異なっていた。ホーコンセンが指摘したように、スミスの啓蒙的な立法者像は、もはや権威的君主ではなかった。スミスの道徳体系や法学理論から新たに現れてきた立法者は、むしろシヴィックな「公共心」を備えた人物であった[16]。これは疑いなく重要な違いである。しかし同時に、スミスにとって経済学が「立法者の科学」であったということを銘記することは重要である。このように、経済学の目的は、法とよき政府とを樹立する一般原理を明らかにすることにあった。こうした企図が、『国富論』の構造と内容を理解するうえで重要な手がかりとなる教育的目的を同書に与えることとなった。しかし、スミスの政治学や道徳哲学体系に関する最近の議論が示しているように、このことはもっと重要な意味をもっている。われわれの目的からすれば、これは明らかに、スミスはわれわれが信じたいと思っているよりもずっと一七世紀ならびに一八世紀初期に近いところにいたことを例証している。というのは、スミスを重商主義や官房学的思考の対極に位置するものとして描く、一九世紀の正統派的な解釈の見地からは、次の文章を理解することがきわめて困難だからである。

ある階層の市民の利益を推進するという目的だけのために、他のどの階層の市民の利益をいささかでも害することは、主権者が彼のあらゆる種類の階層の臣民に対して果たさなければならない正義と平等の扱いに明らかに反している。(17)

この一つの文章は、利己心が世界を支配するときに、いかにして公益は達成されうるのかという、一世紀以上にわたる議論を反映しているだけではない。この論述では、立法者が具体的な主題となり、彼の手は完全に見えるものになっている。確かに、道義をわきまえた立法者は交易、正義、平等を促進するために何をなすべきかということに関するスミスの提案は、もっと早期の多くの著作家たちが、系統立てて述べることができたものであろう。

最後に、スミスの体系における有名な「見えざる手」が、スコットランドの自然法の議論に由来していることは、むろん明白である。しかしながら、公益と私悪に関する議論には、遙かに長い来歴があった。事実、この問題は一七世紀の多くの重商主義的パンフレットで採りあげられていた。明らかにそれはこの世紀に、グロティウスやプーフェンドルフのような自然法論者が扱った中心的問題であった。そのうえ、少なくともマンデヴィルとヒューム以来、私悪はある事情のもとでは公益に役立つと主張することは常識となっていた。しかし、ほとんどの人が論じていたように、この両者のバランスをとることは難しい。とくに権威主義的国家においては、「腐敗」――ジョン・ポーコックによって明瞭にされた意味での――は、道徳的秩序にとって慢性的な脅威であった。[18]このようにして、私悪は、立法者や商業社会の文明化作用によって抑制されないならば、公益ばかりか、特定の利害ならびに腐敗にもとづく政策をも、もたらすかもしれないのである。スミスにはこの懸念がはっきりと見られる。すでに見たように、特定利害の問題はマシュウ・デッカーをも悩ましていた。もしスミスが為政者の公共心と経済世界における自動的均衡とを深く確信していたのであれば、なぜ彼はたえず存在する「特定利害」の危険をあれほど気にかけ指摘したのだろうか。一例をあげれば、彼は、「われわれの毛織物製造業者は、この国の繁栄が、彼らだけの特定の事業の成功や拡大に依存しているということを立法府に信じさせる点で、他のどの種類の職人たちよりも成功している」と非難した。[19]別のところで彼は、一般に社会の利益に背く陰謀をいつも企んでいる商人ばかりか、「われわれの親方製造業者」をも厳しく批判した。この点に関するスミスの懸念には長い歴史的証拠があったことは疑いない。私益と公益とを関係づけることは、一六世紀にまで遡る、政治学と経済学の議論にたびたび現れてくる問題であった。そして一六二〇年代初頭におけるマリーンズ、マン、ミスルデンの間での議論が、このテーマと関係していたことをここで前もって付言しておくのは適切であろう。

サー・ジェームズ・ステュアートは『経済の原理』（一七六七年）第一編第一章でスミスとはやや異なる経済学の定義を次のように示した。

この科学の目的は、全住民のために生活資料の一定のファンドを確保することであり、それを不安定にする恐れのある事情をすべて取り除くことである。すなわち、社会の欲望を充足するのに必要なすべての物資を準備することであり、また住民の間に相互関係と相互依存の状態がおのずから形成され、その結果それぞれの利益に導かれて各人の相互的な欲望が充足されるような方法で……、住民に仕事を与えることである。[20]

テレンス・ハチスンが評したように、歴史の勝者によって審判されるというのが、サー・ジェームズ・ステュアートの運命であった。[21]だからステュアートの漸進的社会工学[*3]は、それよりも急進的なアダム・スミスとその支持者たちの学説によって直ちに圧倒されてしまった。しかしながら、スミス〔の思想〕はもっと旧い言説によってかなりの程度まで形成されたということを、最近の研究が示しているとするならば、知性史の主流がステュアートを実際にそうであった以上に、「より旧く」解釈する傾向があったことも明らかである。それゆえに、ステュアートをアダム・スミスによってつくりあげられた「重商主義体系」の信奉者と見なすことはできない。スキナーが指摘したように、経済発展の性質と原因に関するステュアートの分析は、むしろ「スコットランド歴史学派のそれときわめて類似」していることを明らかにした。[22]さらにまた、彼の富の定義はアダム・スミスのそれにきわめて近かった。私悪と公益の問題に関しても、上記の引用文が示すように、スミスに近い結論に達している。為政者は、個人の利己心の存在を受け入れなければならなかった。為政者の仕事は、「究極的に国民の適切な利益のために立てられた計画に同意する」ように彼らを誘導することであった。ステュアートは次のようにさえ述べている。「私的効用のかわりに公共心が、よく統治されている国の個々人の行動の動機となるようなことになれば、それはすべてを台無しにしてしまうのではないか、と私は懸念する」[23]。

国際貿易に関するステュアートの見解は、普通「重商主義的」と特徴づけられているものとはほど遠かった。だからたとえば彼は、貿易自体が富をつくるとは考えなかった。事実、国際貿易は互恵的でなければならないと彼は強調していた。さらに、正貨の流入は、ある国が他の諸国との貿易によって利益を得たことを示す真の目安ではなかった。そうではなくて、「貿易差額について判断することと、正貨にかかわらせて国民の富を判断することとは、別のことである(24)」。彼は概して経済的自由に賛成し、独占に反対した。彼は経済政策の目的が「貿易差額」ではなくて、雇用を提供することにあると力説した。これが彼の最も関心をよせた差額であった。「したがって、商業国家が衰退することのないようにするためには、雇用される人手と彼らの製品（labour）に対する需要との間に完全な均衡を維持するよう、最大の注意をはらわなければならない(25)」。

このようにして、スキナーが指摘したように、ステュアートの国際貿易に関する見解は、どのような紋切り型の重商主義的な順調貿易差額（favourable-balance-of-trade）説よりも遙かに進んだものであった。それは、不均衡な経済発展に関する彼の概念――スコットランドの哲学者たちに多くを負っている歴史体系を基礎にして彼が到達した地点――とむしろ結びついていた。バーボンとダヴナント――彼らについては後に立ち返る――のような重商主義者と一致して、彼は為政者が守るべき本来の差額は貿易（または支払い）の差額ではなくて、労働の差額であると主張した。だからステュアートによれば、「したがって一般的な格言は、製品（work）の輸入を抑制し、その輸出を奨励することである(26)」。貿易国家は、重大な産業上の競争に巻き込まれると彼は考えていた。この競争を真剣に受けとめることが為政者の任務である。実際に彼は「為政者の手腕の程度は、私のいう国民的競争の難しさを指揮し処理する際に明らかになる」とさえ述べている(27)。労働差額の損失は、長期的には経済的・社会的衰退へと導くであろう。この意味においてのみ、ただこの意味においてのみ、「ある国民がますます豊かになるにつれて、他の国民はますます貧しくなるにちがいない」という旧い格言は正鵠を射ていた。[28] ステュアートは、不利益な競争から国を守るために、幼稚産業〔保護〕論を用いて、有害な競争に対して国を自衛しなければならないことを強調した。彼の議論の要点は、「貿易を開放しても所期の効果はあがらなかったであろう。なぜなら、それはいくつかの国において産業を破壊したであろうからだ[29]」というものであった。

さらにステュアートは、奢侈についての肯定的な見解をヒュームやその他の同時代人と共有していた。経済発展と成長は、「国民が労働を好み、富者が贅沢品を好むこと[30]」に依存すると彼は明瞭に強調した。最後にステュアートの人口に関する見解は、スミスのそれよりも紛れもなく「近代的」であった。概してスミスは、大きな人口を利点と見る「重商主義的」見解を抱いていた。これとは対照的に、ステュアートは人口増加に伴う問題を熱心に指摘した。彼のむしろ悲観的な表現は、この時代に出現し始めていたプロト・マルサス的観点に一層近かった。[31]

ステュアートは、モンテスキューやヒュームのような啓蒙思想家に依存していたにもかかわらず、保守的な重商主義者として扱われることが多かった。彼はスミスよりもずっとわずかにしか、自由市場経済の自動調整化機能を信じてはいなかったから、彼に対するこのような扱いを理解するのは、おそらくそれほど難しいことではない。センによれば、ステュアートは「交換経済はうまくいかなくなる傾向をたえずもっている」という考えに取り憑かれていた。[32] 彼には安定した均衡のようなものが存在するとはとても信じられなかった。このことは、たとえば彼の経済発展論に明瞭に見てとれる。事実、彼による幼稚産業保護〔論〕の擁護は、諸国民の経済は不均等な形態をとって発展するという考えにもとづいていた。異なる発展の経路は、なによりもまず「国民の精神」によって左右される。だから発展と経済成長を維持するためには、産業の保護と国家支援とが必要であると彼は力説した[33]。このようにしてステュアートは、ヨーロッパ大陸諸国における一七・一八世紀の多くの官房学者ときわめて緊密な類似性をもつ、経済学への〈統制経済政策〉（*dirigisme*）的アプローチにぴったりと寄り添ったのである。

この幼稚段階の交易を外国商業にまで発展させようと決意する為政者は、他国民の欲望を調査し、自国の生産物を研究しなければならない。それから為政者は、いかなる種類の製造品が他国民の欲望を満たすのに、そしてまた自国の生産物を消費するのに、最もよく適しているかを決定しなければならない。為政者はこのような製造品の使用をその臣民の間に広めなければならないし、さらにこれらの新しい生産部門に奨励を与えることによって、自国の人口と自国の農業との拡大に努めなければならない[34]。

しかし、もちろんこれがすべてではない。ステュアートの交易、貿易差額、貨幣に関する議論は、もっと早期の論争や議論にその出発点がある。それはより早期の経済的・政治的言説から引き継いだ表現形式（ボキャブラリー）で身繕いしている。センによれば、ステュアートは、とりわけモンテスキュー、ヒューム、ペティ、ローばかりか、ベッヒャー、シュレーダー、フォン・ホルニクのようなオーストリア人からも影響を受けていた[35]。彼はこれら一群の人々の見解から、まさしく彼自身のものである一つの総合をつくりあげた。それは、一般的結論と政策提言だけでなく、多くの専門用語に関しても、確かにスミスのそれとは異なっていた。

他方で、ステュアートはこれまで頻繁に認められてきたよりも古典派の伝統にずっと近かったし、スミスはステュアートの先駆者たちに遙かに近かった。この明白な事実は、とくに一九世紀にひどく曖昧にされてしまった。

というのは、その時代の思考にとっては、自由貿易対〈統制経済政策〉という対照が、さまざまな知的伝統や経済思想の流れを分ける決定的境界線になったからである。しかしながら、このことが意味するところは、スミスとステュアートの姿が歪められてしまっただけではなく、彼らが本当はどこで異なっているかという点がぼかされてしまったことであった。この結果、ステュアートとスミス以前の伝統全体が曖昧になり、理解することがほとんど不可能になってしまった。その伝統全体が重商主義という獣（beast）へと大々的に夢想化されていった。そしてこの「異種」（＝重商主義）はスミスと古典派によって見事に打ち負かされた。しかしながら、後に見るように、この恐ろしい生き物は実際にはかなりのところ人間的な姿をしていた。事実、一七世紀は「近代の経済学」と呼ぶことができるかもしれないものの生誕地であった。そしてこの新生児を産んだのは重商主義者であった。

重商主義

E・A・J・ジョンソンは、その著書『アダム・スミスの先任者たち』（*Predecessors of Adam Smith*, 1937）において、「重商主義」を「不幸な語」だと呼んだ[36]。このことは、以下の議論で明らかになるように、まったくの的外れというわけではないだろう。このためにこの語は、困惑するほどに多くの意味と多くのさまざまな意図をもって使用されてきた。「重商主義」の解釈において何らかの合意に達することは難しかったので、この現象をめぐる議論はしばしば曖昧なものとなった。J・R・マカロックとリチャード・ジョーンズのような一九世紀における「重商主義体系」の反対者たちにとっては、重商主義体系にその首尾一貫性をもたらしたものは、順調貿易差額論において明らかなように、富と貨幣の混同であった。こうした考えは、さらに一九三〇年代にもう一度ジェイコブ・ヴァイナーによって再現された。[37] 一九世紀後半にヴィルヘルム・ロッシャーやシュモラーのような歴史学派の経済学者は、重商主義を、近世において弱い国家を強化するために考えだされた国家建設の理論に変えた。後に述べるように、エリ・ヘクシャーのもとで「重商主義」という用語の意味はなお一層拡がった。同じ時期に重商主義は、国家形成の経済過程、その目的と手段にほかならないものとなった。

それゆえに、重商主義が多少とも首尾一貫した「体系」へと変化したのは、重農主義者とスミス以後において であったことは明らかである。さらにそれは、すでに見たように、「スミス体系」と正反対のものとして描かれた。スミス体系の最も顕著な特徴は自由貿易と自由放任主義（レッセ・フェール）であるが、他方重商主義者は、保護主義者ならびに国家規制の代弁者であると見なされた。後にさらに見るように、すべての重商主義者を保護主義者として描くのは確かに間違っている。さらに、上記のスミスに関するわれわれの議論が明らかにしているように、スミスをコブデン的な意味での教条的な自由貿易論者として捉えることも誤りである。スミスと「重商主義者」の間には確かに重要な相違があった。しかし、その相違が一九世紀を通じてあまりにも強調されすぎたことは確かである。

次章で見るように、「重商主義」は実際のところ、どこまで首尾一貫した「体系」と見なされうるのかということは、現在も進行中の論争である。この問題に対する答えは、「首尾一貫した体系」をどう解釈するかという点で共通の理解を求めることになるから、結論を出すのは確かに難しい（第二章を見よ）。しかしながら、これから詳論するように、一七世紀と一八世紀初期の経済論議――それをわれわれは「重商主義」と呼ぼうと思う――は、経済学の将来にとって重要な意味をもった、新しくて革命的なものを実際にもたらしたのである。

けれども、新しくて独創的な着想の目録という点では、一七世紀の著作家が述べた多くのことは、あまり革新的ではなかったかもしれない。たとえば、一七・一八世紀には価格と貨幣に関する議論の多くは貨幣数量説にもとづいていた。この「学説」はジョン・ロックのもとでその成熟した形が現れたが、それがこの時期の他のほとんどの経済的テクストの推論の基礎になっていることがわかる。ジャン・ボーダンは貨幣数量説の父としてたいてい名前をあげられているが、この説は彼ならびにマレストロワへの彼の『答弁』（*Response*, 1568）が起源ではなかった。疑いもなくこの学説は、それよりもっと早くスペインにおいて、アメリカからの銀の流入の影響が議論されたときに、たとえばアズピルキュエタ（Martinus de Azpilcueta, *Manuel de confesores*, 1566）によって論じられていた(38)。

この点を強調するために、さらに多くの例をあげることができる。後に論じるように、順調貿易差額の観念は、一七世紀の経済著作家には中心的なものであった。しかしこの考えは、それがミスルデンによってはじめて印刷された時には、決して目新しいものではなかった。それどころか、貨幣は国内にとどまらなければならないという見解は、長い間、正統的な経済政策の眼目であった。すでに指摘したように、この見解を最初に公表したのは、一三八一年にロンドンの王立造幣局の役人であったリチャード・レスターとリチャード・オヴ・エイルズベリーであった(39)。彼らはこう述べた。「外国の商品の輸入が、外国に持ち出される自国の商品の価値を上回ることを許されないとすれば、イングランドにおける貨幣はそのままそこにとどまり、海外からは多くの量の貨幣が流入してこよう(40)」。さらにマックス・ベアーが示したように、国内に貨幣を保持しておくことが必要であると主張する重金主義（ブリオニズム）の考えは、一五・一六世紀のイングランドにおいては常識であった(41)。このような見解によれば、君主は使用条例(＊4)を維持し、自国内に貨幣を保持し、そして輸出が輸入を上回ることに当然注意を払わねばならない(42)。

そこで、経済思想史の観点からは、重商主義革命なるものが起こっていたとすれば、それは実のところ「ひじょうに長期の過程」であったという、論評家テレンス・ハチスンの判断は正しいかもしれない。[43] しかし、言説や科学における革命は、言うまでもなくつねに曖昧であり定義が難しい。ある視点からすると、過去との根本的な断絶のように見えることも、他の観点からは、連続的過程を示しているように思われよう。それゆえすでに見たように、一七世紀ならびに一八世紀初期の経済的テクストに見られる分析的思考の多くは、過去からの継承であった。それにもかかわらず、一七世紀初頭は「近代的」学科としての経済学の発展の形成期であった、と私は主張したい。この「革命」が何を意味したかを、ここで簡単に述べておこう。[44]

経済学における革命を論じるために、ハチスンはとくに四つの重要な条件を指摘した。（一）「新たな政策諸目標が強調されるか、あるいはそれらに以前よりも高い優先順位が与えられる」。（二）「関心または研究の優先順位」に変化が起こる。（三）「新しい専門用語または新しい概念的枠組み」が登場する。（四）「テストしうる反証可能な経験的内容」に明らかな変化が起こる。[45] 一七世紀はこれら諸点に関して、どれほど新しいものをもたらしたのだろうか。

第一の基準について言えば、ブリテンでは政策立案の目標が、一六世紀と一七世紀初期の間に漸進的に変化したことは明らかである。次第に、道徳的に健全な富の分配よりも、富の生産の方に一層重点が置かれるようになった。中世のスコラ学者の間では、交易、高利、一般的経済取引のもつ道徳的意味あいがもちろん主要な関心事であった。たとえば、彼らはキリスト教的な経済観にもとづき、物的富の生産には、その道徳的分配ほどには関心を寄せていなかった。この考えは一六世紀の間、依然としてひじょうに大きな力をもっていた。たとえば、有名なトマス・ウィルソンがその議論の基調を先導していたイングランドではそうであった。しかしながら、新たに台頭した見解によれば、経済的富は、交易と製造業との関数であった。[46] ミスルデンとマンを嚆矢として、推定された逆調の支払差額（negative balance of payments）のような経済問題は、邪悪な投機や高利の結果というよりは、「実物的（リアル）な経済的諸要因」（輸出入の差額）の結果と見なされ始めた。ハチスンの第二基準と一致するこうした漸進的変化は、経済をどのように確立するかという問題への関心の高まりにおいても見ることができた。このようにして一七世紀には、経済は互換的な諸要素からなる一装置として、一つの機械装置として、次第に認識されるようになった。この装置のよき状態は、よき道徳の結果ではなく、経済的機械を良好な状態に保つことの結果であった。だから、国とその国民に豊かさを提供するこの経済装置の潜在的な可能性は、間違いなく、為政者の賢明な政策に依存した。しかしそれは、他の何ものにもまして、自律的経済の機械的諸力が指示する諸法則に従って統治する、為政者の能力を当てにしていた。したがって、重商主義者の多くは、政治と国家の外に自律した経済領域があるという観念をもっていなかった、と考えることは明らかに誤解を招く。これは彼らのメッセージを曖昧にしてしまうだけではない。それはまた、コブデン派や一九世紀の歴史派経済学者がひとしく自分たちに都合よく夢想した重商主義観の弁護に仕えることになる——しかし、これはそれでもやはり完全に誤りである。

ハチスンの第三の基準どおりに、一七世紀には新しい概念、分析的着想、理論の急速な発展が見られた。後にそのうちのいくつかは検討する。しかしながら、おそらくもっとずっと重要なことは、これらの概念と着想とを組み込んだ新たな概念的枠組みであった。前述のように、経済は相互に関連した一つの**システム**であるという見方は、次第に力を得ていた。確かに貨幣量、物価、利子、国際為替相場は、どのように相互に関連しているかという点について、さまざまな著作家たちの意見がいつも一致したわけではなかった。それにもかかわらず、彼らのほとんどは、こうした諸力が一つのシステムのような形で結びつけられていると信じた。

この時期の「経済学（エコノミックス）」は、「科学」または学究的な学科とは見なされなかったから、〔ハチスンの〕第四の基準を、われわれがいまその軌跡を辿っている歴史に適用することは、たぶん一層困難である。しかしながら、一七世紀と一八世紀初期の内容豊富な経済的文献を一瞥すれば、われわれはそこに事実と経験的世界に対する新たな態度が含まれていることを十分納得する。結局のところ、これらの著作家たちも、歴史家キース・トマスが「魔術の衰退」と名づけた事柄と、新たな経験論的世界観・方法論との興隆を体験した時代に生きていたのである。[47] このようにして、彼らはベイコンの合理的な科学的プログラムに従った。そして議論は事実にもとづいて行なわれるべきであるということを明確に必要条件とした。彼らはまた、経済論議は論理学の原理にもとづいて行なわれるべきであることを理解した。原因と結果に関する考えがとくに強調された。ミスルデンとマン、また後にはペティとダヴナントなどの著作家は、事実と論証とに対する合理的な態度から明らかに影響を受けていた。このことはもちろん、彼らが成功をおさめたとか、偏見や価値判断から自由だったことを意味しない。しかし、これが議論を行なうための新しい態度と新しい方法を含意したことは確かである。

以上のことから、一七世紀に出現したイギリスの「重商主義的」言説が、多くの点において、過去との重大な断絶を意味したことについて論じたい。

（一）重商主義革命は、いかにして富は分配されるとともに、創り出されるか、に関する明確かつ原理的な議論の出現を意味した。一七世紀以前には、このような問題に関する、これよりも重要な議論は――少なくともイングランドでは――ほとんど起こっていなかった。この時代の経済的著作家たちが、目前の実際問題を議論する、主に実践的な人々であったことは間違いない。「重商主義」は首尾一貫した「学説」であるという考えに懐疑的な態度をとり続ける論評家たちは、この点を頻繁に強調してきた。しかし彼らは、具体的な経済問題に取り組んでいたときにおいても、いかにして「諸国民の富」は獲得しうるかという問題を扱う、新しい原理が展開される枠組みのなかで、それに取り組んでいた。

（二）さらに、重商主義「革命」は、より適切な名称がないのだが、論理的な論証が優先すべきだとするベイコンの科学的プログラムの適用を含意していた。さらに、こうした議論は、たとえば国際貿易の状態や支払差額などに関する個別の事実にもとづくべきであることが強調された。

（三）イギリス重商主義の伝統のなかにいるほとんどの著作家は、人と社会に関する「物質的」解釈にもとづいて議論をした。一六世紀とは対照的に、道徳的含意は後景に退いた。人はたいてい自己中心主義者（egotist）と見なされた。既述のように多くの文献において、利己主義（selfishness）は、ある状況のもとでは、社会的目的に役立ちうるという考えが見られた。この見解は、例によって、もちろん新しいものではなかった。ラングホームが論じているように、このような考えはすでに一五世紀には提唱されていた。(48) 確かに重商主義的著作家たちは、この原則の実際的な含意にはけっして同意できなかった。しかしながら、私悪は、ある事情のもとでは、公益をもたらすように巧みに利用されうるということを、彼らのほとんどは認めようとしていた。

（四）おそらく「重商主義革命」の最も重要なところは、経済はシステムとして理解されなければならないという見解であった。経済はそのようなもの〔システム〕として、独自の法則をもつ自律的な領域を獲得した。その中心には、財貨・貨幣・為替手形の市場があった。こうした市場において、経済主体はどのように行動するかということが、経済システムはどのように機能するかということの条件をつくりだした。市場過程は、価格、賃金、利子率、貨幣価値、為替相場といった経済諸変数を一つに結んだ。

（五）さらにミスルデンとマン以後の重商主義的著作家たちの明確な特徴は、市場における貨幣と財貨をめぐる需要・供給の相互作用が、経済的衰退と同様に経済的進歩の基礎をつくり出す、という主張であった。

一六二〇年代以降イングランドでは、経済的思考と著作とにおいて、明らかにある断絶が起こったという考えは、ジョイス・オーダム・アップルビーが一六年前に出した著書で切り拓いた主題である。(49) 彼女によるこの変化の過程の歴史的特徴づけは、基本的に適切であるが、彼女の総合化の企てにはある種の還元主義がつきまとっている。とくに初期重商主義者たち（マンとミスルデン）を、貿易利害の直接的代弁者ならびに一七世紀初頭における商業社会の出現を反映しているものとして強調する点は、あまり説得的ではない。(50) イングランドがそれよりもずっと前から商業社会であったことはまず確実であった。そのうえ、順調貿易差額と貨幣の流入はかった。彼女が順調差額の問題全体を「自明の理」にすぎないと論じている事実は、自説に頑固にこだわることなく、国家共同社会（コモンウェルス）の利益であるという考えは、すでに見たように、この時代には新しい考えというようなものではなが、マンとミスルデンを興隆する商業社会のイデオローグと見なす彼女の見解とうまく適合しないことを示している。(51)

第二に、マンとミスルデンの経済学を「モラル・エコノミーの後退」(＊5) を反映した適例とみなす〔彼女の〕見解は、あまりにも極論である。そのような後退――それが何を意味するにしても――が当時実際に起こっていたかどうかはきわめて疑わしい。(52) われわれの見るところ、マンとミスルデンのような著作家がどの程度までこのような動きにかかわっていたかもまた疑問である。経験的な理由――彼らはそれについて書いていない――から、われわれは囲い込み、備蓄政策、(＊6) 穀物市場の自由化などに関するマンとミスルデンの見解を端的に言って知らないのである。国際貿易に関する「自由主義的（リベラル）」態度はそれ自体、こうした問題に対するより「道徳的」な態度を排除するわけではない。確かにこの時代までに、マンのような著者は経済を一つのシステムと見なし始めていた。しかしながら、彼らの思考は、アップルビーがわれわれに信じてほしいと思うほどに体系的であったと理解するのは、まず間違いなく時代錯誤(アナクロニスティック)であろう。

最後に第三として、アップルビーは一七世紀最後の数十年間の保護主義だけでなく、一七世紀の初期と中期の「自由主義的」傾向を確かに強調しすぎている。そのため彼女は、固有の「重商主義」('mercantilism' proper)はブリテンでは一七〇〇年頃に至るまでは現れなかったという、かなり奇妙な議論をはっきり述べる結果となっている。この見方は、この時期の著作と思考とを強く特徴づける顕著な連続性を見落としている。むしろ、世紀の変わり目(一七〇〇年)には、一六二〇年代にマンやミスルデンのもとで現れていた「交易の科学」(science of trade)の完成が見られたのである。しかし、これらの問題は後に本格的に採りあげるテーマである。

重商主義の言語

アングロ・サクソンの政治思想史では、クェンティン・スキナーやジョン・ポーコックのような研究者が、テクスト自体に対する関心の高まりを喚起してきた。彼らは著者の意図、ならびに(あるいは)その社会的環境を強調する代わりに、〔著者の議論の〕達成の程度にもっと目を注ぐべきであると提案した。(53) 経済学の歴史においても、経済的思想(*ideas*)の歴史から経済的言説(*discourse*)の歴史へ移行する試みがなされてきた。この試みはいくつかの場合において、多くの主流の経済思想史をいまだに支配している方法論に対する厳しい批判を含意している。(54) この伝統のなかで、大多数の著作家——たいていは教育を受けた経済学者——は、自分たちの学科をシュンペーターの有名な区別を用いれば、経済「思想」の歴史というよりは経済「分析」の歴史として扱ってきた。これは、彼らが経済学の発展を主として経済学「内部の」営為――知識の連続的発展、ならびに理論と分析用具の漸進的な完成――として強調してきたことを含意する。マーク・ブラウグは、このようなアプローチの顕著な例である。彼は一九六八年にこう書いた。

> 経済学史（history of economic thought）の分厚い諸著作は、論理的誤謬や分析上の欠陥を論じたものであり、同時代の出来事とは何の関係もないことを強調しておかなければならない。そこで……私は、経済学者が他のすべての科学者と共有する願望、すなわち洗練し改良し完成させるという願望に駆り立てられて、先行する分析からの進化として、それを描くような経済分析の歴史を書こうと試みてきた。(55)

このような経済学説（ドクトリン）の内部史には、もちろんそれなりの長所がある。経済的テクストに関する議論は、新しい思想がどのようにして現れ、専門家の間での論争がどのようにして概念や分析用具の完成をもたらすのかということを、少なくともある程度まで扱わなければならないことは明らかである。しかしながら、この方法論には大いに問題を含む別の側面がある。これは多くの場合、思想と学説の歴史的次元の〔相違の〕無視を含意しており、時代錯誤を指導原理としている。最も重大なことは、この方法論では最も旧い経済学が現代経済学の観点から扱われ理解されてしまうことである。ここから生まれる結論は、学説の発展の解釈が、現代の諸理論を擁護する課題に、黙示的または明示的に仕えるということである。歴史学派の経済学者アシュレーが、軽蔑をこめて攻撃したのは、このような経済思想の歴史であった。彼はそれを「あらゆる意見が、現代の正しい理論を驚くほど見越したものであるか、あるいは暗黒時代の途方もない馬鹿げた考えの一例であるかによって分類された、知的がらくたの博物館[56]」と呼んだ。このような方法論の結果、その時代にはまったく知られておらず無名であった経済的著作家が、〔陳列棚の〕最前列にただ置かれただけではない。思想が現代的な理論づけの観点から解釈されるために、それが当初表現していたものとはまったく異なる意味をもたされることになる。疑いもなく、人が特定の思想や学説の歴史的意義に関心をもっているならば、それらの思想や学説はそれらに固有の歴史的文脈のなかでのみ理解されうる。だから歴史を逆方向に読むことは、歴史の次元を見失うことになる。

経済学説史（history of economic doctrine）の文献では、こうした非歴史的な扱いが通例である。これはおそらく不思議なことではない。というのは、知性史を逆方向に読む方法には、有名な擁護者をもつ立派な過去があるからだ。その初期の一例としては、ディヴィド・リカードウ、ジェームズ・ミル、J・R・マカロックが、彼ら自身の創造物である「古典派経済学」のためにアダム・スミスを都合よく私物化し、他方でスタイルと方法においてスミスが彼らとまったく違うことには触れなかった場合があげられる[57]。もう一人の時代錯誤の著者はケインズであって、彼が『一般理論』において一七世紀の重商主義を自説に適合するように解釈したときにそれはなされた。あるいは最後の例としてマルクスを引き合いに出せば、労働価値論が経済理論に与えた革命的衝撃を指摘するために、彼がペティ、スミス、リカードウと自分自身とを結びつける知的発展の筋道を組み立てたときがそれであった。

このような立場から経済的言説の歴史へと移動することは、経済的テクストをより歴史的に読む方向への根本的移行を意味する。一般的な問題に戻れば、ポーコックが強調しているように、ある著者が「取り組んでいる」事柄を理解するためには、その著者がかかわりをもつ特定のさまざまな伝統を知ることから始めなければならない。このことはある特有の言語を再現することを意味し、われわれの著者を「彼の表現する〈パロール〉（*pa-*

roles）に意味を与える、ある〈ラング〉（langues）の世界の住民として」扱うことを意味する[58]。このようにしてポーコックによれば、（経済的）言説のさまざまな慣用句（イディオム）を、「歴史家が研究している文化と時代のなかで利用可能であったとおりに」読んで認識するようになることが、歴史家の務めである。いかなる言説も言語も、特定の政治的、社会的、歴史的文脈を示しており、その文脈のなかに言語や言説自身は置かれている。だから、言語や言説もまた、「それ自身がその内部で認められることになる文脈を選び指定する」。言語は内省的である。それはカテゴリー、文法、概念的枠組みを提供し、経験はこれらを通じて的確に表現される[59]。

このことは、われわれが「言語」に高い存在論的地位を与えることを必ずしも含意しない。われわれは著者を「彼自身の言語のたんなる代弁者」の地位に引き下ろしてしまう必要はない[60]。そうではなくて、言語と経験との関係は相互作用的であり双方向的である。そのうえさらに、言語は外部からの圧力で変化する。他の人たちと同様にフィッシュが強調しているように、言語がコミュニケーションのなかで用いられるとき、〈パロール〉は、言語自身の修正と変化とを必ず引き起こすであろう[61]。

重商主義を一連のテクストとして、〔言語の〕広範囲にわたる実践として論じることは、幾つかの重要な意義をもつ。第一にそれは、後に見るように、たとえば重商主義は「活力ある学説」（living doctrine）では決してないという、ジャッジズによる評言に疑問を呈する。確かに、そうした「学説」が、共通の方法論――一個の理論的・方法的道具箱――にもとづく意見の一致した、ひと揃いの原理や解決策を意味するならば、重商主義者はそのような学説を決して共有していなかった、と言うのはおそらく正しい。他方で一七世紀初期以後の膨大な経済的文献にじかに接し、ある程度の知識をもっている人々の間では、彼らの共通の基盤が了解しえないということはあり得ない。マン、ミスルデン、チャイルド、バーボン、ロー、ダヴナントなどの著者はみな、どのようにして国は豊かになるのか、何が一国の富裕を構成するのか、貨幣の重要性、等々の問題と真剣に取り組んだ。彼らは諸概念からなる、ある共通の表現形式（ボキャブラリー）を用い、ある特定の一連の問題と争点とを議論した。彼らは黙示的にも明示的にも、互いに議論をしていた。彼らは互いに切磋琢磨し、周知の問題領域に新たな答えを見いだそうと努力した。さらにいえば、重商主義「学派」には「それを擁護する教導者（プリースト）」がいなかったというジャッジズの主張は人を惑わす。彼らには間違いなく教導者がいた。もちろん、すべての重商主義の教導者が、同じ理論的公式に同意したとか、同じ結論に達したということではない。しかし他方で、彼らは共通の専門用語（ターミノロジー）〔を使うこと〕に合意し、ある一群の諸問題に答えようとした。このようにして彼らの大部分は、自分たちが演じる広範囲に及ぶゲームの規則を受け入れた。そしてこうしたことは、ほとんどの歴史の行為者に当てはまる。彼らも規則を受け入れなければ、議論から取り残されるか、誤解されたりする恐れがあるからである。

次章で一層詳しく論じるように、重商主義とその解釈をめぐる議論は、大部分、重商主義的テクストと経済的現実とをどのように関係づけるかという問題をめぐって展開されてきた。だから周知のように、重商主義に関するその有名な著書においてエリ・ヘクシャーは、重商主義者の思想と政策は、経済的現実についての「真の」経験的知識には少しも依存していなかったという極端な立場をとった(62)。これに対する反動として、多くの経済史家は、これとは違って後に見るように、近世において優勢であった特殊な状況を引き合いに出すことで、重商主義的思想家の特性を説明しようと試みた(63)。しかし、重商主義者のテクストを経済的現実の純粋な反映と見なすことは、疑いもなく還元主義の罠に陥る。この観点からは、なぜ同じ種類の思想が、大いに異なる経済的、政治的、社会的環境から生まれたように見えるかを理解するのは確かに困難である(64)。きわめてはっきりしていることは、

「重商主義」思想は、異なる社会政治的枠組みにおける、多くのさまざまな実際問題に適用されたということである。それゆえに重商主義的学識は、主として実際問題への常識的な対応と見るべきであることを強調する仮定――たとえばシュンペーターが行なったような――は納得がいかない。(65)〔第一に〕「常識」による対応も結局は、広範囲に及ぶそれ自身のゲームの規則をもっており、どのような著者も正しく理解されるためには、その規則に固執しなければならない。マンのような著作家たちは、経済的機械装置が一般的な意味でどのように作動するのかに関する、単純化されたモデルやヴィジョンを示したということを理解しなければ、われわれは結局彼らを理解することができない。彼らはただ「叙述する」だけではない。彼らはさらに複雑な現実を理解することを可能にする、きわめて適正なカテゴリーを創案し構築したのである。

第二に、一七世紀には、文化史家ピーター・バークが「文字どおりの解釈」(literal mindness) と呼んだものが出現したことは明らかである。(66)それは、文字どおりの意味と象徴的な意味との相違の自覚が強まっただけでなく、より具体的な形がより抽象的な形に取って代わることを意味した。こうして逆説的だが、一七世紀には抽象的で一般的なカテゴリーが盛んに導入されると同時に、経験主義が現れた。明らかに、この時期の経済的文献はこうした傾向の高まりに対して、より複雑なカテゴリーを用いる必要があり、また議論をある特定の形にはめた事実にもとづかせる必要があった。特定の形にはめた事実と抽象的カテゴリーの使用は、この文脈のもとではとくに顕著であった。したがって、この文脈のもとでは「常識」を云々することは、この時代に起こった文化的ならびに文芸的な変化のひじょうに重要な歴史過程を隠すことになる。

このようにして、経済的テクストと同時代の経済的「現実」との関係を分離することは、きわめて困難である。テクストは、特定の言説の一部として、それ自身の領域に住み、それ自身の一連の規則に従った。テクストの言説の〈パロール〉は、特定の意義と意味とを示す特定の〈ラング〉を介して発せられる。「経済」は知的構造物であり、「現実」のなかで〔それを〕見つけだすことはできないから、自分自身の特権的な領域を指示もする。すでに論じたように、このことは重商主義者の言語が、外部の現実に属する緊張や発展から影響を受けなかったということを意味しない。むしろ、われわれは言語とこのような「現実」との相互関係をいま一度強調する。しかしながら、このことは、重商主義者のヴィジョンと思想とを、投影された「現実」のただの代弁者にしてしまうことは不可能である、ということをきわめてはっきりと含意する。この関係を突きとめることは、確かに複雑きわまりない。

言語は、疑いもなく、受け継がれてきた概念、語、知的用具、人工的用具によって組み立てられる。同じようにして、言語はそれ自身の規則をつくり上げる。しかし同時にそれはコミュニケーションを目的として使われる。このことは言語が直面する「現実」が変化するのと同じ程度に、言語もまた変化しなければならないことを含意している。しかしこれにはある程度時間がかかるかもしれない。そのために、概念の古い解釈が新しい解釈と並んで用いられるが、それは両者の不調和が、きわめて明瞭になるまで続く。

この簡単な序説で触れなければならない最後の点は、アダム・スミス以来の重商主義論では、重商主義をある特定の経済政策として定義する試みが執拗になされてきたということである。だからスミスは、重商主義的著作家たちを、数世紀に及んだ保護主義、独占的策略、腐敗した経済政策の支持者として非難した。彼はこうした不経済な政策はすべて同じ原因に由来すると主張した。その原因は、貨幣は富と同じであると信じた有名なミダース〔王〕の誤信(*8)――マンとその支持者たちの議論には見いだすことのできなかったもの――にあるという。へクシャーは「貨財〔過剰〕の恐れ」にもとづく〔重商主義者の〕偏見を非難した。しかし基本的にヘクシャーは重商主義を、政策の体系として、すなわちきわめて一般的な意味における保護主義として、定義しようともしていた。もちろんヘクシャーによれば、重商主義は経済的ナショナリズムと保護的施策とを強調する、時代を超えた一連の経済問題への常識的回答ということになる。彼が「重商主義」は経済的現実とは少しも関係がないという見解を、きわめて強い調子で主張した主な理由はここにある。

しかしながら、経済思想は具体的な政策形成の背後にある多くの要因の一つを構成するにすぎない。学説や思想が政策に対し完全に優位に立つと見なすのは、明らかに間違いである。イギリス経済史に関するごく最近の議論は、この種の誤解を払拭するうえで少なからざる貢献をしてきた。こうして、重商主義をたんなる経済政策として見るのは誤りであることが強調されてきた。第一に重商主義的学識の大部分を、一七世紀ならびに一八世紀初期に国王が追求した保護主義や伝統的な規制政策のたんなる擁護にすぎないものと見なすことはできない。まったく反対に、重商主義的著作家の多くはこうした政策に大いに批判的であった。この点でわれわれはバーボン、チャイルド、ダヴナント、マカロックが、その「自由貿易的」傾向を高く評価したペティット——『疲弊せるブリタニア』の著者と推定される——を引き合いに出すことができる。(67) マンの目的の一つが金銀の輸出禁止——東インド会社(*9)の利益に対する重大な攻撃——という旧い政策への攻撃にあったことを思い起こすべきである。しかしながら、政府の政策に対するこの批判的態度を、彼がこの会社の利益の党派的な弁護者であったからだ、というだけの理由に帰するのもまた誤りであろう。(68) このような批判的態度は、この特殊な党派利益の弁護者ではない人々の間でも共有されていた。この点ならびに他の重要な諸問題については後に立ち返ることになろう。

本書の内容

本書の目的は、一七世紀初期のブリテンで始まった、国民の富はどのようにして最もよく獲得されるのか、またその富は国際貿易とどのように関係するのかという議論を、描くことである。こうした言説は、すでに示したように、経済政策の手段と目的、貨幣の役割などに関する先行する時代の観点や見解に対する批判から始まった。しかし一七世紀と一八世紀初期の間に、一連の理論、概念、分析用具が発展した。この過程は、経済思想史では重商主義思想の出現として描かれている。しかしながら、これから論じるように、今日われわれが「経済学」と呼んでいるものの大部分もまた、この発展過程の結果として生まれたものである。

次章では一世紀以上にわたり激しく論じられてきた、重商主義の概念に関する論争を採りあげる。それに続く三つの章では、一六二〇年代の飛躍的前進に続く一〇〇年の間になされた、イギリスの重商主義的議論をもっぱら採りあげる。そのあと第六章では、重商主義者の富に関する概念のみならず、順調貿易差額学説をどのように解釈すべきか、という問題に焦点を合わせたい。第七章では、同じ時期における他の諸国、すなわちフランス、ドイツ諸邦、イタリア、スペインでの経済論議が検討される。最後に第八章では本書の主要論点の簡単なまとめが示される。

第二章　重商主義をめぐる論争

経済学者、経済史家、経済思想史家が「重商主義」という主題に持続的な関心を示してきたということには、幾分か当惑させられる。それゆえに、重商主義の解釈をめぐる活発な論争は、一〇〇年以上も前に始まり、それ以来絶えることなく続いている。一八世紀に重農主義者が創案した用語を使いながら、論争者たちは重商主義の思想と出来事との双方に、つまり経済政策ばかりか、その知的核心をなす思想にも焦点を当ててきた。そしてこの主題はいまだに関心を喚起し続けている。一九八〇年代には学問的論争に新たな貢献をなす論文が発表された[1]。明らかに、「重商主義」をどのように解釈するか、あるいは「順調貿易差額」(favourable balance of trade) のような概念をどのように理解するかという問題はいまなお、専門家の研究対象として役立ち、また学界内での〔重商主義という主題が重要であることへの〕認識を喚起することに仕えている。

だが、重商主義に対するこの持続的な関心を理解するのは、それほど難しいことではないかもしれない。確実に言えることは、議論の関心が主に重商主義の著作家や政治家が本当は何を言ったのかという、「純粋」に歴史的な問題に集中していたならば、その議論はおそらく少数の好古趣味の思想史家の関心を引きつけただけであったろう。しかしながら、確かにそうはならなかった。むしろ「重商主義」という主題は、方法論的、理論的、ならびに――実際に――政治的な問題に関する広範な議論の口実として利用されてきた。こうして経済学者と歴史家は、重商主義でもって彼らのお好みの考えをもてあそんできた。そうした議論のなかで、政治的流派の論客ばかりか、さまざまな理論派の論客たちも、解釈上の枠組みのみならず、方法論一般の問題をめぐって衝突してきた。それはときにはきわめて激しいものであった。

第一に、明らかに一九世紀における経済学内部の〈方法論争〉（*Methodenstreit*）は、さもなければ、むしろ人目につかなかったであろう、一七世紀と一八世紀初期の経済的思考を理解する企てへの関心を高めるきっかけとなった。この議論にはむろん多くの政治的含意があった。リストのようなドイツの保護主義者たちにとっては、ロッシャーやシュモラーのような歴史派経済学者たちと同様に、一七世紀の経済学を好古家の関心をひくだけの科学以前のナンセンスとは見なさないことが重要であった。むしろ彼らにとっては、アダム・スミスのいう「重商主義体系」の間違いや分析的誤謬ではなく、その歴史的合理性を強調することがきわめて重要であった。この趣意から彼らは典型的な歴史主義的（classical historicist）議論を援用した。すなわち重商主義はその時代の観点に立って研究されなければならず、経済学が後に達成したかもしれないものから研究されてはならない、と。彼らは重商主義思想がその時代にあっては合理的であったことを強く主張した。このアプローチは古典派経済学（ポリティカル・エコノミー）、とりわけリカードウとミルに対する彼らの一般的な批判の姿勢と明らかに適合していた。周知のように、彼らは、経済科学者によって見いだされるばかりになっている、経済世界に固有の一般的法則などは存在しないと主張した。むしろ経済行為の合理性は、時、場所、――そして国民性――と制度的に密接に結び付いていた。[2] このようにして彼らのメッセージは明白であった。すなわち自由放任主義（レッセ・フェール）は、経済的常識の普遍的な言語ではない、と。重商主義思想が一七・一八世紀の状態に対する合理的な反応であったように、彼らの保護主義の経済学は、近代産業社会へのドイツの〈特殊な道〉（*Sonderweg*）には適切なものであった。

これが、一九世紀末に重商主義的議論が現れてきた主要な知的・政治的環境であった。ここから歴史派経済学者――ロッシャー、シュモラー、ゾンバルト、カニンガム、アシュレーなど――の試み、すなわち重商主義を、保護と経済的ナショナリズムの手段を通じて、経済成長と近代化を押し進める目的をもつ、幅広い考え方ならびに経済政策として説明する試みが生まれた。彼らのこの定義は、一八九〇年代に刊行された『ポールグレーヴ辞典』の初版に採用され、以後長い間基準となった。すなわち「われわれは、重商主義体系でもって、中世的な産業・商業組織の崩壊から自由放任主義の支配にいたるまでのヨーロッパの経済政策を意味する」、と。(3)

このようにして、重商主義とは何であったのか、また何であるべきかという問題が、自由放任主義や古典派経済学に対する賛否の戦場となった。さらに言えばこのことが、スミスの「体系」と「重商主義体系」との相違を強調することがきわめて重要となった、おそらく主要な理由であった。今世紀〔二〇世紀〕に入ってもなお、こうして提起された境界線は、ヘクシャーとケインズとによって経済的・政治的な所説――もちろん異なる種類の――を誇張するために利用された。さらにジェイコブ・ヴァイナーやその他の人々は、彼らのイデオロギー的な目的のために一七・一八世紀を利用する可能性を見いだした。しかしこうした手法の代価は高くついた。「諸体系」を二つに分けることによって、それらの相違があまりにも大きくなり、一方でそれらに含まれる共通の基礎は大いに無視された。

第二に、重商主義に関する長期にわたる議論は、自由放任主義や古典派経済学に賛成もしくは反対という、一般的な問題を誘発しただけではなかった。すでに述べたように、それはまた一般的な方法論や理論的問題を提起する口実としても利用されてきた。たとえば、経済思想（*ideas*）と経済政策（*policies*）の関係は大いに議論されてきた主題であった。以下で見るように、この関係は論争をかき立てた。とくに、この解決しがたい問題をとりわけ際立たせた、重商主義に関するヘクシャーの著作の出版後にはそうであった。そのうえ、ヘクシャー後のたいていの討論者は、経済思想とわれわれがここで論じている時期に追求されていた政策とを、あまりに近似に同一視することに、むしろ懐疑的な態度をとる傾向があった。

こうした背景を考えると、逆説的だが、とくに経済史家が、思想と出来事（*events*）との内的関連の問題について、むしろ関心を寄せてこなかったことが注目される。そのために、サプル、ウィルソン、アップルビー、その他の人々は、重商主義的思考は経済領域の内部で実際に起こった事柄の「真の」反映であった、ということを認めようとしているように思える。こうして例えば、順調貿易差額説は、一七世紀には国際的な貿易と為替とが未発達な状態にあったために、特定の差額への関心が事実上きわめて重要であったという事実によって説明された。[4] あるいは、マリーンズとマン＝ミスルデンとの間の議論は、一六二〇年代初頭の貿易不況を「実際に」反映していたと主張することもできよう。[5] コールマンが、ヘクシャーと歴史主義者とに対する経済史からの挑戦に関連して、次のように評言したのは実にこの典型である。「最近の研究が示すところでは、マンの貿易差額説の定式はほとんどが実は、一六二二―二三年の不況に関する彼の研究に直接由来した」。[6] なんと、直接由来したとは。しかし主な歴史的出来事は、解釈や概念化の過程を通り抜けた観察者によってのみ捉えることができる、ということを認めてはならないのだろうか。ここに含まれている問題は、概念をたんに出来事の反映と見る認識論が、現代の基準から見て素朴だというだけではない。こうした観点では、なぜ順調貿易差額のような概念がひじょうに多くのさまざまな枠組みにおいて、またかくも長い期間にわたって使われたかを、理解することも不可能である。ブリテンでは貿易と産業の一般的状態が一六二〇年代から次の世紀までの間に劇的に変化したことは疑いない。しかしそれでもなおこの比喩〔順調貿易差額〕は使われていた。この逆説についてはさらに後で論じよう。ここでは異なる認識論上の観点が、この論争において見られたことを指摘しておくだけに留めよう。疑いもなく、このことが論争を一層激化させ長引かせたのであって、認識論上の観点の相違がなかったならば、そうはならなかったであろう。

　重商主義をめぐる問題はまた、思想、政策、特定利害の間の一般的関係を議論する機会を提供してきた。周知のように、アダム・スミスはさまざまな集団の利害と重商主義との間の明瞭な繋がりをすでに強調していた。この思考の流れは、たとえばヴァイナー、ならびにより最近の参入者としてはエイカランドとトリソンによって引き継がれてきた。しかしシュンペーターもまた歴史主義的な「親重商主義的」立場に少なくともある程度の信頼を寄せ、その議論を利用した。こうした解釈は、重商主義的学説が主に商人利害集団の利益を展開する党派的立場に立つものと考えるならば、有効であると彼は信じていた。「重商主義時代の多くの政策は、事実、明確に識別できる集団の利害、またはその集団が行使した圧力に、その源を辿ることができよう。そしてそうした政策は、これら集団の立場から見れば、他の立場には認められない合理的な性格をもつものと見られるだろう」(7)。われわれもこの問題には後に少し立ち返る。

　最後に、経済学の歴史をどう書くかをめぐる方法論上の問題も、重商主義をめぐる議論において強調されてきた。こうして、ロバート・シェーファーが創案した語句を借りれば、重商主義の「生命力」（entelechies）は、どの観点からそれ〔経済学の歴史〕が書かれるかに依存することは、まず確実である。前章では、現代的視点から経済学の歴史を書く方法を個々に議論した(8)。後に達成された分析上の成果を与えられたものとすることによって、経済思想史（history of economic ideas）の仕事は、個別の「単位観念」(＊1)（unit ideas）の源泉を辿ることになる。そのような企てに伴う問題点は、少なくとも時折、シュンペーターが認めたところであった。だから彼はこう指摘した。「われわれが意味するものを旧い原典のなかに無批判的に読み取ろうとするのは、定式化のなかに見いだされるあらゆる誤謬を誇張するのと同じく、歴史家の義務の裏切りにほかならない」(9)。しかしながら他の人々は慎重さに欠けていた。こうしてたとえばヴァイナーは、まったく別の観点の熱烈な支持者であった。彼は自身の方法論を次の仕方で定式化した。

ほとんどもっぱら経済史家やドイツ歴史学派の経済学者だけが、重商主義者を研究してきた。彼らは一般に重商主義時代の思想(アイデアズ)よりも事実の方に関心をもち、重商主義学説の特徴の大雑把な概括を、多くの場合、一握りの重商主義の著作にもとづいて行なった。また彼らは貨幣と貿易の過程を理論化した現代の経済学には関心を示さなかったし、またその知識もなかった。さらに彼らはほとんど例外なしに、重商主義学説を明確に重商主義が好きだからという理由で擁護する傾向を示してきた。……したがって私のこの研究は、アダム・スミス以前に支配的であった貿易に関する、良くも悪しくも、主にイギリス人の思想の目録調査であるが、それらの目録は現代の貨幣・貿易理論に照らして分類し考察される(10)。

この方法論には、他の支持者、たとえばロバート・イーグリー(11)、マーク・ブラウグ、ウィリアム・レトウィンなどがいるが、とくにレトウィンの場合には、重商主義的傾向をもつ学生がポール・サミュエルソンを徹底的に読んでいないので、レトウィン教授が叱るという類(たぐい)の経済学セミナーに参加したような気分に、どうしてもなってしまう(12)。しかしながら、この種の方法論は、主に歴史家からの挑戦にたびたびさらされてきた。

以下では、重商主義の問題に関するこれら議論のいくつかを採りあげる。そこではこの長い論争において提起された主要な議論を総括する試みがなされよう。この論争が重商主義とは何かという点について、どこまで実際的な意味をもつかは、議論の分かれるところである。重商主義について読んだものはすべて忘れて、新たに出発するというシュンペーターによる読者への一般的な忠告は、結局のところ、おそらくそんなに悪い忠告ではなかったのだ。

概念の発明

周知のように、〈重商主義体系〉（*système mercantile*）という用語は、一七六三年に印刷されたミラボー侯爵の『農業哲学』（*Philosophie Rurale*）において始めて現れた。この用語はケネーの「破壊的な支持者」（ジャッジズ）であるミラボーが、一国は貨幣の輸入によって利益を得るだろうという考えを公然と攻撃した一節で言及された[13]。ジャッジズが指摘したように、アダム・スミスは『農業哲学』をどうやら読んでいたらしい。したがってスミスがこの本からこの語句を拾い出してきたことは、ありえないことではない[14]。概して重農主義者は、彼ら以前の経済学を多少とも首尾一貫した「体系」――その結論は無惨であったが――と見る観点から一般に評価していた[15]。そのうえ「コルベール主義」は長い間、経済政策の「体系」として語られてきていた。それでも「重商主義体系（マーカンタイル・システム）」が世界的に有名になったのはスミスによってである。『国富論』でスミスはこの「体系」の際立った特徴を描くためにきわめて長い章をついやした。スミスによれば、この体系の核心は富と貨幣の混同という「通俗的な」誤謬である[16]。ジャッジズが示したように、スミスはマンその他の重商主義者をこの誤謬のゆえに直接非難はしていない。それどころか、彼はマンを貨幣の輸出を禁止していたイングランドの中世的政策の反対者としてはっきり描いている。むしろ〔スミスによれば〕マンの主要な誤りは、彼がこの通俗的な重金主義的イメージをよく知っていたはずなのに、それを使い続けていたことにある。この誤りが便宜主義的な理由（すなわち特定利益追求のために公的利益に反対する陰謀）から生まれたものかどうかは、知るよしもない。しかし肝心な点は、スミスを読んだ人々がこの留保条件にほとんど注意を払ってこなかったことである。少なくともシュンペーターによれば、これは意図的であった。さらにシュンペーターによれば、スミスは、「事実、後にごく一般的なものとなる、この印象を読者がもたざるをえないような方法でもって」、この関連を仄(ほの)めかしたのである。[17]

だからスミスを読んだほとんどの人は、有害な保護主義とトマス・マンの学説との間に明確な一線を引く傾向を示すようになった。もちろん、アダム・スミスは規制と保護のシステムがもたらす破壊的な結果を強調した。彼はさまざまな例を使ってそれが誤謬であるとともに自滅的であることを指摘した。こうしてこのシステムは、貿易と製造業を拡大する代わりに、反対の結果をほとんどの場合引き起こした。他方でスミスは、このシステムからなにか良いものが生まれうることも理解できた。利益を得た人々は、自分たちの資本ストックを増加させることができる独占的な商人と製造業者であった。損失をこうむった人々は、主に一般大衆と消費者であった。実際にスミスによれば、「商業システム」全体はその核心において、自分たち自身の利益を追求する強力な利害集団による巨大な共謀を含意していた。しかしながら、この利害集団に対するスミスの感情には何か複雑なものがあったように思える。周知のように彼は、貿易と製造業を「不妊」だとした重農主義者の非難に対して、それらを強力に擁護した。このような事業〔貿易と製造業〕の成長は、スミスの経済発展の歴史的段階論に固有の一部であった。ヘルリッツが論じているように、このようにしてスミスには「重商主義体系」を、少なくとも幾分かは擁護する用意があった。スミスがこの点で決心を決めかねていたことは、当該章の最後の段落で彼が次のように結論したことにより明らかである。

この重商主義体系全体の考案者が誰であったかを見極めるのは、それほど困難なことではない。それは、その利益を完全に無視されてきた消費者ではなく、その利益をきわめて慎重に配慮されてきた生産者である、と信じてよいだろう。そしてこの後者の種類のなかで、われわれの商人と製造業者こそがとびぬけた主要な構築者であった。[18]

スミス以後、重商主義体系は「貨幣に関する愚かな考えで堅固に守られた商業的干渉の凝固体」であるという見解が、ブリテンでは古典派経済学によって一層広められた。[19] 保護主義は、貨幣が富の唯一の形態であるとする「〔経済学の〕幼年期の空想」（J・S・ミル）に依存していることを確かめることは、シーニアやミルのような経済学者にとっては当たり前となった。[20] フランスではブランキが、ブリテンではとくにJ・R・マカロックが、「重商主義体系」の概念をアダム・スミスの考えに沿って補強することに手を貸した。マカロックは、スミスの最高傑作（マグナム・オパス）〔『国富論』〕の一八二八年版の序文で、この体系が以下のことを意味する点をとくに指摘した。

〔この体系では〕個人ならびに国家の富は、個人や国家が自由に処分できる生産物の豊富さ――個人や国家に貴金属購入の余裕をもたらすのはこの商品の量と価値である――によってはかられるのではなく、彼らが実際に保有するこれら金属の量によってはかられる。かくして、金銀の輸出を禁止し、その輸入を奨励することで国富総量の増加をはかる政策は、普遍的であるとともに自明であった。[21]

あるいは別の箇所ではこう指摘した。

> マン氏は、われわれが生産することがまったく不可能であったか、または国内ではそれほど安く生産できなかったであろう、実にさまざまな有用で快適な生産物を、われわれに入手させてくれる外国商業の諸事情にはまったく重きを置かない。われわれは富としてのこれらすべてのものの増加を……無意味と考えるようにし向けられ、われわれの注意はもっぱら二〇万ポンドの金銀の差額に向けさせられた。……しかも外国商業の利益をはかるマン氏の規則は、大部分の商人や実務的な政治家によって、長い間、絶対に誤りないものと見なされた(22)。

このようにして、われわれはすでにマカロックのもとで、成熟した重商主義体系に伝統的に貼り付けられた一切のもの、すなわち保護主義ばかりか重金主義的誤謬をも見いだす。スミスと同じように、マカロックはマンの『外国貿易によるイングランドの財宝』（*England's Treasure by Forraign Trade*, 1664）には、「より健全な意見への相当の前進」があったことを認める用意があった(23)。しかしながらマカロックが別の箇所で言ったように、マンは、「あまりにも広く流布し、……そのあまりにも悲惨な帰結を知る人がほとんどいなかった(24)」世間一般の思い違いの犠牲とならざるを得なかった。

この「重商主義体系」観の確立に手を貸した他の著作家のなかでは、リチャード・ジョーンズがことのほか目立っている。歴史派経済学者であった彼が、後の歴史派経済学者が解体しようと努めた、重商主義の定義を確立するのを助けたことは皮肉である。確かに彼は一八三〇年代のロンドンのキングス・カレッジでの経済学（ポリティカル・エコノミー）

講義において、当時は馴染みのなかったこの主題について、歴史的な説明を展開することを企図した。その「講義要綱」によれば、彼は経済思想と経済政策の諸段階ならびに諸制度について語った。彼の目的は経済政策や経済立法が、少なくとも一四世紀以来、いかにしてある一連の一貫した原理に縛り付けられえたのか、ということを明らかにすることであった。一七世紀まではずっと取引差額システム（balance-of-bargaining system）が支配的であった。このシステムの目的は、地金（ブリオン）を国にもたらし、その流出を阻止することにあった。これはまずなによりも、外国の商人が貨幣や地金を〔国から〕持ち出すことをはっきりと禁止した、ステイプル条例[*2]と使用条例の二つの有名な法令によって達成された。しかしながら、貿易の増加がもたらした圧力によって、また――ジョーンズがわれわれに教えるところでは「科学的観念の普及」からではなく――商人の社会的・政治的力の増大による圧力によって、このシステムは一六世紀の間に次第に変化した。こうして次の世紀には貿易差額という新たな「システム」が現れた。貨幣の流出を妨害するという目的は同じままであったが、新たな手段が採用された。そしてジョーンズによれば、この新たなシステムの主な推進者は、「ロンドンの著名な商人」たるトマス・マンであった[25]。

こうして、ジョーンズもまた貨幣と富の混同を、重商主義政策の背後にある主要な推進力であると見た。たとえば彼は、長い間、通俗的な重商主義観に影響を与えた、次のような効果的な主張をした。

アダム・スミスについて聞いたことのある者は誰でも、われわれの祖先が貴金属の所有に与えた、ロマンチックとでもいうべき価値のことを耳にしている。だが彼らが〔ギリシャ神話に出てくる〕金の羊毛を持ち帰ろうと探し求めた際の、奇異な成り行きをよく知る者はほとんどいない。このミダースの誤信の真の性質

〔金の羊毛が手に入れる価値のないものであったこと〕を同郷の人々に最初に啓発する栄誉を担った、昔の著作家たちの名前以上のことを知る者もほとんどいない。[26]

この物語の英雄はむろんスミスであり、彼はガリアーニ、ケネー、ハリス、ヒュームとともに、「人類の盲目的な敬意をかくも長い間受けてきた誤謬」を明らかにすることができた。[27] 過去のほとんどの経済的著作家はミダースの誤信で盲目になっていた、とジョーンズは述べた。ダヴナントでさえも――ジョーンズがここで「もちろん」と付言したのは、明らかに言い違いだが――「地金だけが富を構成する」[28]という信念の犠牲となった。

言うまでもなく、重商主義をこのように概念化することは、とくにこの〔二〇〕世紀においては徹底的に批判されてきた。しかしながら、「商業の体系」というスミス的な考えは、一九世紀前半を通じて徐々に現れ、一つのドグマとなった。この期間に発展した自由放任的経済学の類(たぐい)にとっては、子供じみたミダースの誤信にもとづく保護の体系という思想は、明らかにその目的に仕えた。このドグマが強力に基礎を固めたということは、重商主義者にむしろ同調的な見解をとっていたイングラムでさえもが、「最も極端な形における重商主義学説は、富と貨幣を同一視する」と繰り返していることで証明される。[29]

歴史的反応

ドイツとブリテンではともに一九世紀後半に、アダム・スミスに起源をもつ、重商主義についてのこの正統的解釈に対する反動が出現した。修正主義者は、ミダースの誤信という議論に根本的に疑問を呈し、大いに軽蔑されてきた順調貿易差額論には合理的基礎があったのかもしれないと主張した。このことは、もし重商主義が、より現実的に、広義における国家形成過程と見なされるならば、とくにそう言えると彼らは主張した。このようにして、この解釈にしたがえば、重商主義は近世における国家の政策形成のある諸形態、ならびに経済管理に焦点をおく広義の概念となっただけではない。それはまた、重商主義をある特定の利害を満たすために追求された学説と見なければならないとする、スミスの断定に重大な疑問を投げかけた。このようにして修正主義者は、これに代わって、重商主義はその核心において国民国家の利害を表現したと主張した。

国家形成過程としての重商主義という、この新たな幅広い定義の全面的な説明は、一八八四年から一八八七年の間の『〔ドイツ帝国〕立法・行政・国民経済年報』における一二本の長い論文の形で最初に現れた。その著者はドイツ歴史学派の経済学者グスタフ・シュモラーであった。シュモラーは一六八〇年から一七八六年までのプロシャの選帝侯と国王――とりわけ重要なのはフリードリヒ大王――が、いかにして後のドイツ統一の基盤を築いたかについて論じた。重商主義は、この期間にプロシャの行政当局によって追求された統一と中央集権化の政策を示すために、彼が使った用語であった。「一七世紀と一八世紀の国内史はすべて、……国家の経済政策と都市・地方・諸侯領の経済政策との対立として総括される」[30]。彼はその歴史主義的方法論に忠実に、強力な領邦国家の出現を歴史発展の偉大な進化過程の一部と見なした。こうして彼は歴史発展のすべての段階において、「種族または国民の生活」にとってなくてはならない「社会的・政治的生活を統制する諸機関」が発展したと考えた。このような連続的な諸局面または「諸組織」として、彼は村落・都市・領邦、そして最後に国民国家を考えた[31]。

こうして重商主義はシュモラーの手によってアダム・スミスのそれとはまったく異なるものとなった。それはまずなによりも、「一般に認められたある公準に結集点を見いだした国家全体の経済的利害」と表現された[32]。それを「国家的政策」として見れば、重商主義の思想家や著作家の特定の観点や思想は、小さな関心事にすぎなかった。こうしてたとえば、「貿易差額の思想と学説はすべて、……国ごとに異なる経済過程の副産物にすぎなかった」[33]。このようにしてシュモラーは重商主義を以下のような形で定義した。

肝心なことは、統一的有機体としての真に政治的な経済の創造であったが、その中心には、あらゆる方面に手を伸ばして干渉する国家的政策だけでなく、一体的な感情という生き生きと脈打つ精神がおかれるべきである。重商主義をこのように解釈する者だけが重商主義を理解するであろう。重商主義はその神髄において国家形成にほかならない。それは狭い意味での国家形成ではなく、国家形成であると同時に国民経済形成である。すなわち、政治的共同体から経済的共同体を創り出し、それに高次の意義を付与する近代的意味での国家形成である。この体系の本質は、貨幣や貿易差額に関する学説にあるのではなく、また関税障壁や保護関税や航海法にあるのでもなく、それらよりも遙かに重大なもののなかにある。すなわち、国家とその制度だけでなく、社会とその組織を全面的に変革すること、地方的・領域的経済政策を国民国家のそれに取って代えること、のなかにある[34]。

疑いもなく、重商主義をある特定の歴史段階の〈時代精神〉(*Zeitgeist*)のようなものとして描くシュモラーの広義の重商主義定義は、むろん彼より前の時代にその源があった。ロッシャーの記念碑的な『ドイツ国民経済学の歴史』(*Geschichte der National-Oekonomik in Deutschland*, 1874)とフォン・ヘイキンクの『貿易差額論の歴史』(*Zur Geschichte der Handelsbilanztheorie*, 1880)における重商主義論は、シュモラーの着想に役立った。こうしてシュモラーは、一八世紀のプロイセンにおける「重商主義」政策の理論的根拠は、ドイツ諸邦に広まっていた特殊な状況のなかに見いだされなければならないという、ロッシャー〔の意見〕に賛同した。それはとりわけ、大選帝候によって追求された意識的な政策の結果であった。シュモラーは、〔貿易〕差額論を近世ヨーロッパ諸国の間における激しい覇権競争のたんなる一例証として描いた、フォン・ヘイキンクを読むことにより、彼の解釈の強力な支えを見いだしたに違いない。したがって、フォン・ヘイキンクはその論考において、重商主義とは国力（ナショナル・パワー）を獲得するための経済学体系であると直截に定義した。[35] しかしながら、彼は彼でビューヒャーやヒルデブラントのような旧歴史学派の経済学者に依拠していた。重商主義を近代化と国力をめざす国民経済のプログラムとして最初に定義したのは、最終的にはむろん、卓越した「国民経済学者」フリードリヒ・リストであった。こうして「重商主義」国家の「理念」は、ドイツ歴史派経済学の思考に深く埋め込まれた。

ドイツ語圏諸国では、新歴史学派の経済学者と新古典学派のメンガーとの間の議論が、一八八〇年代にいわゆる〈方法論争〉となって爆発した。しかしながら、ブリテンでもこの種の〈方法論争〉は起こった。最近ジェラード・クートゥが論じたように、この論争はドイツの議論のたんなる模写にすぎないと見るべきではない。[36] そうではなくて、それは第一にこの時期におけるブリテンに特有の議論、ならびにブリテンにおけるいわゆる「新重商主義」の出現と関係づけられなければならない。「新重商主義者」は一八八〇年代以降、高関税、社会改革、「積極的」社会帝国主義を選択した。彼らの議会工作の最も華々しい成果は、一九〇三年におけるジョゼフ・チェンバレンの関税改革であった。彼らはその政治運動において、主に知的支持を、歴史的に思考する経済学者の間に見いだした。そのなかで最も重要な人物には、ウィリアム・カニンガム、W・J・アシュレー、W・A・ヒュインズが含まれていた。[37]

第二にブリテンにおける〈方法論争〉——たとえば一八九〇年代におけるカニンガムとマーシャルの間の白熱した論争——の起源は、ブリテンには特殊な種類の歴史派経済学が存在していたことに求められなければならない。[38] リチャード・ジョーンズはよくこうした歴史的経済「学派」の先駆者と見られている。これはたぶん正しいだろう。しかし、ジョーンズは自身をアダム・スミスの弟子と見なしていたことを想起しなければならない。彼は自分のことを、リカードウ派の演繹的かつ非歴史的な経済学に対立するスミスの信奉者と見ていた。リカードウ派への批判的態度を含む歴史的アプローチはまた、ソロルド・ロジャーズ、アーノルド・トインビー、クリフ・レズリーのような経済学者を結びつけた。とくにレズリーは一八七〇年代の正統派経済学を、その演繹的とされる方法と自由貿易の幻想のゆえに攻撃した。疑いもなくドイツ人たちを思い起こさせる調子でもって、彼は正統派の信条の中に含まれる快楽主義に反対する運動を展開した。人を駆る動機には、富だけでなく、道徳的・宗教的感情、家族への義務などもあると彼は論じた。彼は自由放任主義に代えて、政府規制、保護、バランスのとれた国内市場を要求した。[39]

しかしながら、ウィリアム・カニンガム、W・J・アシュレー、W・A・S・ヒュインズの三人組は、一八八〇年代には歴史派経済学の本格的なイギリス版に乗り出す機会を窺っていた。歴史派経済学と台頭する新古典派の間の衝突の最も壮観な場面は、カニンガムとマーシャルの間の激しい論争であった。年ごとに激しさを増していったこの論争は、最終的にはカニンガムがケンブリッジの講師職を辞任する結末となった。他方でマーシャルはイギリスのアカデミックな経済学の内部ではほとんど覇権的ともいえる地位を確立することができた。[40]

カニンガム、アシュレー、ヒュインズは共通して、新古典派の演繹的野心に深い疑いを抱いていた。快楽的動機で動く「経済人」のかわりに、カニンガム、アシュレー、ヒュインズは、人間を進化する制度と社会条件によって形成される歴史的な生物として捉えた。彼らは自由放任主義に激しく対抗し、新重商主義政策を支持した。もちろん彼らの政治的態度は互いに大いに異なっていた。カニンガムは、宗教的には保守的であり、生活様式や気質においてはほとんど反動的であった。アシュレーは一種の社会民主主義者であり、労働組合と社会帝国主義の熱心な支持者であった。他方でヒュインズは、ジョゼフ・チェンバレンの学問的なアドバイザーとして彼と親密に仕事をした、ある種の社会的自由主義者であった[41]。ジャッジズによれば、ヒュインズは、ほとんどあらゆる種類の規制策や重商主義政策を徹底的に称賛するカニンガムには愕然としていた[42]。しかしながら彼は、その正統派経済学嫌いと歴史派経済学のプログラム確立とのために、進んでカニンガムならびにアシュレーと力を合わせた。

こうしてカニンガムはその教科書的な『イギリスの工業と商業の成長』（*Growth of English Industry and Commerce*, 1882）においてチューダー王政によって押し進められた国家的な規制政策を擁護した。彼の主張では、この王政の歴史的役割は、一般的に言って、中世の地方個別主義と決別し、その後の国力と栄光ある植民地制度の基礎を準備することになる、国民精神を確立することにあった。カニンガムは一七世紀におけるいくつかの規制的秩序の解体には、利点があったと見ていた。しかしながら同時に彼は、あまりに行き過ぎた自由放任主義や産業の自由に対しては警告した。概して彼は、一九世紀の拘束なき産業の自由が貧民層の生活水準の低下をもたらしたという、トインビーの悲観的見解を共有していた。イギリスの経済と社会の急激な変化――有機的な〈共同社会〉（*Gemeinschaft*）に基礎をおく秩序から〈利益社会〉（*Gesellschaft*）に基礎をおく産業秩序への変化――は、疎外感の増大と国民精神の喪失とをもたらしていた。彼の一般的態度はこのように明快であり、シュモラーがとった立場と似ていた。

国家は結局、国民精神の具体的表現であり、それはあるがままの大衆の間の感情と思想の一般的な雰囲気を反映する。……国家はその国のさまざまな人に共通するものの具体的表現であり、それは各人が共有する精神を表現する。(43)

『イギリスの工業と商業の成長』でカニンガムは、重商主義を豊富ではなくて力を追求する体系として描いた。国家の力は、歴代の王朝や政治家の規制的政策が追求した究極の目標であった。彼が「重商主義体系」として定義したものは、この国力の体系であった。(44)これはむろんアダム・スミスが一世紀前に考えていたものとはまったく異なるものであった。ドイツのある学術誌への寄稿論文で、シュモラーはスミスの重商主義解釈を明快に論じた。重商主義は主に個別集団の利害をあらわしているというスミスの意見に、彼はとりわけ批判的であった。これとは反対に、重商主義政策は、個別主義に対抗する国家的利益ならびに国民的統一の追求を宣言する、と彼は主張した。

シュモラーと同様に、カニンガムは重商主義的著作家が抱いていた特定の思想には格別の興味をもっていなかった。それらは彼にとってはせいぜい副次的な関心事にすぎなかった。事実、彼は重商主義者が書いたもののほとんどが馬鹿げているという、スミスの見解に賛成する傾向を示した。しかしそれは小さな問題であった。より高い眺望から見たとき、それらは歴史的に妥当性をもつと彼は論じた。こうして長期的にはそれらは完全に合理的であった。重商主義者が追求していた目的は、歴史的には正しかった。彼らの手段の大部分は理に適っていた。これらの手段と目的は力を合わせて、強力な国民国家の建設に仕えた。(45)

エリ・ヘクシャー

解釈に主力をおくエリ・ヘクシャーの大著『重商主義』（*Mercantilism*）のスウェーデン語初版は一九三一年に出版された。それは一年後にはドイツ語に翻訳され、一九三五年には英語初版が刊行された。それとほぼ同時に同書は広く国際的に読まれて、このリベラルなスウェーデンの経済学者・経済史家を有名にした。しかしながら、彼の重商主義に関するこの著作は、経済学者と経済史家には概して批判的に受けとめられた。書評家たちはヘクシャーの博学と技量だけでなく、この著作に注がれた膨大な労力を認めることはした。しかしながら、彼らはこの著作の以下の欠点を強調した。

・ヘクシャーは重商主義の政策を、経済思想のみならず経済的実践からも遊離して論じる傾向があったという事実（T・H・マーシャル[46]）。
・彼は重商主義の「状況と思想と行動」との間の総合を確立できなかった（H・ヒートン[47]）。
・「重商主義」に関する彼の体系には、重商主義について非歴史的なところがある（マルク・ブロック[48]）。
・中世以後の国家によるすべての規制策は、共通の、かつ系統だった意図と目標に支えられていたと理解できるかどうかは、大いに疑問である（ブロック、ヒートン）。
・彼が力（パワー）そのものを重商主義の主要目的として解釈した事実（ヴァイナー[49]）。
・「財貨〔過剰〕の恐れ」に関する彼の考え、ならびにその説明を中世以降の西ヨーロッパにおける貨幣経済への移行のなかに求めることは、あまりに概括的かつ非現実的である（ヒートン）[50]。

だが、この批判のいくつかはヘクシャーの耳には奇妙に聞こえたに違いない。とりわけ、ヘクシャーは力が重商主義の主な目的であると定義したというヴァイナーの主張は、ヘクシャーをカニンガムのような歴史派経済学者と同列においていた。これはきっと彼を困惑させたに違いない。ヴァイナーが彼の最も厳しい反対者の一人として現れたのは、実のところ逆説的であった。それはヘクシャーがその著書においてヴァイナーにひじょうに好意的に言及していたからだけではない。「わたくしはこのテーマに関する彼〔ヴァイナー〕の議論を研究する機会があったとき、われわれの表現に大きな意見の一致があることを知ってうれしかった」[51]。おそらくもっと重要なことは、ヘクシャーは自身を歴史学派の容赦なき敵対者と見なしていたことである。理論的ならびに方法論的問題を扱った諸論文で、彼はいつも厳しい批判を歴史派経済学に向けていた[52]。さらに『重商主義』の第一章で、彼は重商主義の「経済的側面」――保護主義と貨幣的体系の形における――がシュモラーやカニンガムによって無視されていることを批判的に指摘している。むしろ彼はアダム・スミスの立場について好意的に語った[53]。確かにヘクシャーは、ウプサラ〔大学〕では謎めいたハロルド・イェーネ（Harold Hjärne）教授の指導のもとで保守的な歴史家として出発していた。しかし後にストックホルムの商科大学（*Handelshögskolan*）教授として、彼は自由放任主義と国際的自由貿易制度を擁護した（ヘクシャー・オリーンの定理として知られる国際貿易理論への彼の貢献を参照[54]）。さらに一九二〇年代以後、彼はまたその政治的傾向において一層リベラルとなった。

また彼は第二の点において、自分がヴァイナーと同一意見であると考えようとした。アメリカの同僚〔ヴァイナー〕と同様に彼は、重商主義が根底において、現実の経済世界において起こったものに対する合理的対応であるという、歴史主義的立場を熱心に批判した。周知のように、彼は重商主義の経済思想がそもそも経済的現実と幾分か係わりをもっていたことを否定するまでになっていた。そこで一般的にいえば、彼は一九三〇年にヴァイナーがおこなった「経済史家」への猛烈な攻撃を好意的に見ていたに違いない[55]。

しかしながら、ヘクシャーの最高傑作（マグナム・オパス）〔『重商主義』〕が歴史主義の擁護として読まれるかもしれないということは、実のところ彼自身の責任である。そのために、まさしくシュモラーと同じように、彼はきわめて広義の重商主義観をもっていた。実際に彼はそれをシュモラーやカニンガムよりもずっと広く拡大した。こうしてヘクシャーはその著書で、重商主義をその起源が中世の都市政策にまで遡る経済的、規制的、行政的、政治的な思考からなる体系として扱った。このようにして重商主義はその根本において、「経済政策史上の一段階」であった[56]。しかしながらそれは同時に、経済学説の体系、すなわち「保護ならびに貨幣の体系」（system of protection and money）であった。ヘクシャーのもとで、重商主義の経済的側面はシュモラーにおける場合よりも遙かに首尾一貫した性質を獲得した。彼は、それを歴史を貫いて現れた、ある種の常識的で通俗的な思考として論じた。それは特定の歴史的時期に制約されないと彼は主張した。しかし、これでもまだすべてではなかった。さら進んでヘクシャーによれば、重商主義は人間と社会に関する独自の概念でもあり、ほとんど世界観であった。

したがって、ヘクシャーによる重商主義の定義は、〔シュモラーのそれよりも〕さらに広義であるが、シュモラーの定義によく似ているように思える。さらに言えば、それは歴史学派によって推し進められたある種の歴史理論——ヘクシャーが本来批判的であったアプローチ——ときわめてうまく適合しているように思える[57]。ヘクシャーが歴史主義者のように見られるかもしれないということは、「財貨〔過剰〕の恐れ」という彼の示唆的な、ほとんどマルクス的ないしヘーゲル的な概念によって一層強められた。貨幣不足や「財貨〔過剰〕の恐れ」は、

「貨幣崇拝」の一形態として、物々交換経済から貨幣経済への移行を反映していた。

確かにヘクシャーの著書に対する世評が芳しくなかったことと、また一部誤解されもしたことの主な理由は、その複雑な構造にあった。たとえば、その構成部分がどのように相互関連するかを捉えることは概して困難である。その原因は大部分、重商主義とは実のところ何なのかということに関して、彼が意見をはっきりと表明しなかったことにあった。明らかにこれは、彼の定義があまりにも包括的で、しかも捉まえどころがないものとなった理由でもある。さらにこれは、なぜ彼が重商主義を、T・H・マーシャルが不平を述べたように、真の総合を実際に生み出すことなく、あのような折衷的なやり方で論じえたのかを説明する主な理由でもある。このようにして彼は、規制策、経済学説、一般的社会観からなる体系(システム)のような（システム・ライク）〔重商主義の〕特質を論じたが、これら個々のものの関連を明確にすることはなかった。

しかしながら、われわれはヘクシャーの一般的な議論を次のようなやり方で再構成できるかもしれない。このようにして彼は、ある特定の経済政策として捉えた重商主義の、体系のような特徴を強調することから議論を始めた。「重商主義は、理論的体系を構成していたか否か、ということがよく議論されてきた。しかしこの問いかけは拙い言い方である」。彼はこう言ってさらに続けた。

というのは、誰でも、本人が意識しているかどうかは別にして、自分の行動の基準としてある考えを抱いているからである。そして重商主義者には、どのようにして経済制度が創られ、その制度はどのようにして望ましいあり方から影響されうるのかということに関する経済諸理論が、たくさん提供されていたからである。(58)

さらに、重商主義を理解するためには、その目的と手段とを区別しなければならないと彼は説明した。重商主義政策の究極の目的は国家の対外的な力を強化することであった[59]。これは、個人の富を国民国家の富に優先させる、アダム・スミスや自由主義的経済学とは明らかに対立していた。しかしながら、それでもこれは、重商主義の核心と関連する顕著な特徴ではなかった。この体系にその特徴を彫り込んだものが、上述の一般的目的にしっかりと結びついた手段であったことを、彼は強調した。国家の政治的な力を支えるこうした経済的手段が、保護主義的かつ貨幣的体系と見なされた重商主義の本質的要素であった。この「体系」を経済政策と見なすべきか、経済的思考と見なすべきか、あるいはその両者かという曖昧さは、初めに明らかにされず、そこでこのことが全二巻を通じて読者について回ることになる。ヘクシャーが最も指摘したかったことは、重商主義が政策であったか学説であったかということとは関係なく、それは近世を通じて経済システムがどのように動いてきたかということに関する〔思考の〕合理的な反映と見なさるべきではない、ということであった。〔『重商主義』の〕序章で、彼は同書の後の方におけるよりも慎重であった。そこでは彼はこう指摘した。「ある特定の時期に追求された経済政策の描写は、その時期の経済的状況の十分な説明であると決して見なすべきではない[60]」。しかし彼はもっと後の方では一層断定的であった。「しかし経済的現実が時には前面に現れたとしても、それは経済政策の一般的傾向を脇にそらすことはなかった[61]」。第二版で付け加えられた章では、彼はなお一層明確であった。しかしながら、そこでは彼は議論の仕方を変えてきており、当時の経済的思考に言及した。

重商主義的著作家が彼らの〔政策―マグヌソン〕――それは頻繁かつ顕著に理論的志向をもつ――を、現実に関する何らかの知識から構築したと仮定することは、どのように推理されようとも少しも根拠がない[62]。

こうした概念上の準備を基礎に、ヘクシャーは彼が論じようとする重商主義には五つの側面があることを、われわれに知らせる。第一の側面は統一の体系としての重商主義であるが、これは言うまでもなくシュモラーの主要な論点であった。第二に彼は重商主義を力の体系として扱うが、これはたとえばカニンガムによって彼よりも前に詳説されていた。第三と第四に彼は、重商主義を保護主義的・貨幣的体系として論じるが、これは彼がアダム・スミスから出発した点である。第五に最後として、彼は重商主義を社会観として捉えるべきことを強調するが、これはしばしば忘れられた側面であると指摘する。ヘクシャーの主要な目的は、これらを背景にして、これらすべての側面の総合を提供し、体系的現象と見られる重商主義の一般的解釈を確立することである。

このようにして、彼はその著書の第Ⅰ部では重商主義を統一の体系として論じた。それは四〇〇頁を越える経済史と立法史の野心的ですばらしい部分であった。しかし基本的にはシュモラーを越えてはいない。「力の体系としての重商主義」は同書の第Ⅱ部として簡単に（四〇頁）扱われた。ここでは彼は主に、重商主義政策の目標と目的は、国家それ自体の力を強化することであるというカニンガムの立場を繰り返している。その後、第Ⅲ部は保護の体系（システム）としての重商主義の議論に充てられている。そこではヘクシャーは、中世都市の経済行政の大きな特徴であった「備蓄政策」と、重商主義時代に属する「保護の体系」との間の彼の有名な区別を示した。保護主義の体系は、概して「財貨〔過剰〕の恐れ」という心理的な傾向と態度によって説明されている。ヘクシャーによれば、この独特な「重商主義的心性」は「販売はそれ自身が目的である」[63]という点に特徴があった。この目的は、可能ないかなる手段を用いてでも、財貨を処分することにあった。それゆえに、これはこの時期に大いに広まっていた貿易差額説を支持する議論としても役立った。さらに財貨〔過剰〕を恐れるこの心理的傾向は、中世の自給自足的な状況にその歴史的な源があったことをヘクシャーは示唆した。しかしもう一つ別の要素はもっと重要でさえあった。それは一般的に「貨幣の収得が経済活動の唯一の目的として現れる」[64]ことを押し進めた、貨幣経済の拡大であった。

ヘクシャーは貨幣的体系としての重商主義を扱う次の節〔第Ⅳ部第Ⅳ章第４節〕でミダースの誤信に戻った。保護の体系としての重商主義解釈からして、ヘクシャーが重商主義の著作家は貨幣と富を混同したというスミス〔の意見〕に同意した、と期待するのは論理的であろう。しかしながら彼はここで、こうした重金主義的態度は初期の重商主義の著作家の間では普通であったかもしれないが、一七世紀にはまったくそうではなくなっていたことにとくに注目した。事実、彼はこう書いた。

> 貨幣的体系としての重商主義は、こうして、自覚的な貨幣の盲目的崇拝として説明されるべきではない。合理性の範囲内における、重商主義のきわめて重要な点は、社会における経済活動の発展のための、貨幣と貴金属の機能に関する概念であった。[65]

この節〔第Ⅳ部第Ⅳ章第４節〕でヘクシャーは重商主義的思考が、どのようにして貨幣の役割を重視する考えに取り憑かれたのかを明らかにしようと試みた。したがって重商主義者によると、経済発展は膨大な貨幣の流通に依存していた。彼の意見では、重商主義者の貨幣に対する高い選好を説明するのに役立つのは、富をつくり出す貨幣の力への神秘的な信仰よりは、むしろこの議論であった。

最終節〔第Ⅴ部第Ⅱ章第３節〕でヘクシャーは社会観としての重商主義を論じた。彼は冒頭で「自由主義」と「重商主義」との類似性を強調した。それゆえに両体系とも、人は自然権の学説を吹き込まれた社会的動物であるという考えに基礎をおいていた。しかし、どのようにして同じ種類の社会哲学が、自由放任主義や重商主義のような異なる経済体系を生み出すことができたのか、と彼は問うた。彼が示した一つの回答は、重商主義者の手中で自然権哲学は、道徳とは無関係なある特色をもったという指摘であった。こうして重商主義者は、彼らの「人類に対する広範な無関心[66]」のゆえに知られることとなった。高利などを禁止する法をもって貧民を保護するという早期の倫理は、唯物論的で世俗的な像に置き換えられていた。そのうえ一般原則として、個人の福利はいつも国家の力の犠牲となった。こうして近世には「純粋なマキアヴェッリズム」の興隆があった。典型的なのは、実に貧者に対する態度であった。概して、貧民階級は所有階級の思うままになる「自由財」とみなされた、と彼は考えた。

しかしながら、これがすべてではなかった。重商主義と自由放任主義との間の最も重要な相違は、疑いなく、後者の学説の方が一層人道的な態度をとったという点にあった。しかしながら重商主義的観点の主な特色は、国家の規制する力への強い確信であった。自由放任主義の支持者はしばしば、唯物論的な重商主義と同じくらいに非倫理的で無慈悲でありうるが、それでも彼らは重商主義者が信じない予定調和の存在を信じていた。ヘクシャーは彼の批判者に対する回答でこう書いた。「重商主義者の観点では、望ましい結果は、巧妙な政治家の機敏な管理によってもたらされるはずであった。それが経済活動の自由な諸力の結果から生まれるとは期待されなかった[67]」。こうして見えざる手の存在への疑念は、ヘクシャーによれば、実のところアダム・スミスの世界とトマス・マンの世界とを分かつ主要な境界線であった。こうして概して言えば、重商主義は、ヘクシャーの手中において、遠大な帰結をもつ世界観へと変貌していた。

豊富か力か

ヘクシャーは、シュモラーや歴史学派に同調して、「重商主義」という用語を、根源を中世に遡る経済政策の体系にとどまらず、経済思想体系ならびに社会観にもなるように拡大した。彼は国家を重商主義の主要な行為主体ならびに推進力とした。そして彼を論評する人たちに対し、彼は力と豊富（opulence）がともに重商主義政策の目標であることを認めたとはいえ、次のヒートンの意見には疑いなく多少の真実があった。〔ヒートンによれば〕ヘクシャーは、「富の創造をその指導原理とし、国力への影響にはわずかな関心しか払わなかった自由放任主義とは対照的に、重商主義は力を豊富に優先させたと強調する」[68]。

シカゴ〔大学〕のジェイコブ・ヴァイナーは、一九三〇年に二部に分けて発表された長文の論文において歴史主義的見解に挑戦し、アダム・スミスに敬意を表した。すでに述べてきたように、彼の歴史派経済学や経済史に対する批判はきわめて明快であった。歴史学派は「貨幣や貿易の過程に関して、それを理論化した近代の経済学に関心も知識も示さなかっただけではない」。歴史学派はさらに、この学派の意見の合理性に関する歴史主義的議論を持ち込むことによって、「ほとんど例外なく、それ自体が決定的に重商主義的な趣きをもつ論法でもって、重商主義の学説を擁護する傾向を示した」[69]。

ヴァイナーは、重商主義者を彼ら自身の視点から理解しようとするのではなく、「近代の貨幣・貿易理論」から始める戦略を展開し、これをもとに近代的理論の観点でもって検討した、スミス以前における「イギリスの思想の在庫目録」を提供する[70]。こうして彼は、このような批判的検討によって、学説の進化は歴史主義者の議論の仕方——こうした〔イギリスの〕思想は近代以前の時代における実際の経済世界の現実を、ある意味で反映していたとする議論——よりも、一層よく理解されるだろうと考えた。

ヴァイナーによれば、重商主義者の誤りは、アダム・スミスが彼らの誤りだと言ったまさにその点にあった。すなわち彼らは富と貨幣を混同した。この点が認識されないと、外国貿易が国民的利得への唯一の道であるという見解ばかりか、順調貿易差額説を理解することも不可能であると彼は強調した。こうして重商主義者は「少なくともしばらくは、貨幣以外の財貨はすべて価値がないと信じていた」[71]。そこでヴァイナーは、彼らの文章を適切な文脈において引用しながら、アダム・スミスよりもずっと強い調子で、重商主義者は心の底では正真正銘の重金主義者であったと力説した。さらに彼は一六二〇年代の論争から、何か新しいものが生じたということを拒否した。個別的取引差額（balance-of-individual-bargain）と全般的貿易差額（balance-of-trade-in-general）との間によく引かれる区別も、ヴァイナーによって否定された。すでに見たように、この区別は『国富論』にすでに暗黙の形で現れていたし、一八二〇年代のリチャード・ジョーンズのもとで正統的な見方となっていた。しかしながらこうした区別は、溌剌とした想像力の産物にすぎないとヴァイナーは述べた[72]。むしろ真の分断は、一七世紀後半にあったのであり、雇用議論、すなわち貿易の労働差額（labour balance of trade）の出現にあった。これが、順調貿易差額という旧い教義（ドグマ）を引き続き根絶することに仕えた[73]。

他方で、ヴァイナーは貨幣と富の完全な同一視は、若干の極端な重商主義者の間で起こったことであることを認めようとしていた。より穏健な重商主義者の間では、富としての金銀の強調は、別の観点から理解されたに相違いない。皮肉なことに、彼は一六・一七世紀の間に貨幣がなぜあれほど重要なものと見なされたのか、ということを論じる際に、その謬見の「物質的」基礎を強調する説明を容認した。この文脈で彼はこう強調した。

有能な重商主義者の著作では、富と金銀を絶対的に同一視することよりも、遙かに重要なことは、国民の福祉から見て、他の諸商品の価値よりも優れた価値を付与するにふさわしい、最高の重要性をもつ貴金属の機能上の属性であった(74)。

しかしながら、彼はこの道を進むことによって、後述するように、第二次世界大戦後に現れた新たな一連の歴史解釈への道をむしろ開いた。こうして歴史主義の方法論に対する彼の批判は、実際には、より優れた一層深遠な歴史的説明のための弁解に転じた。

ヴァイナーは、歴史派経済学者、なかでもむろんシュモラーによって最も適切になされた別の種類の推論にも挑戦した。彼はシュモラーに対抗し、アダム・スミスに同調して、重商主義の著作家が〈国家統制論〉(*étatisme*)に熱中しなかったことを強調した。これは彼らが一般的な善に敬意を払ったり、国家の立法や政策を擁護することが滅多になかったことによって、経験的に証明されていると彼は考えた。むしろ彼らのほとんどは、その時代の政治に批判的であり、この点で自らを改革者と考えていた。しかしヴァイナーが主張するように、彼らは間違いなく特殊な種類の改革者であった。それゆえに、旧い機構を改革しようと彼らが努力する際に、彼らはまずなによりも「特定利益」の担い手であった（現代的な専門用語を使えばレント・シーカーズ）。それぞれの集団は、自らの経済利益に合致しうる法的改革を目指していつも院外活動を行なった。スミスの辛辣な語句に明らかに刺激されて、ヴァイナーはこう書いた。

法と布告は、重商主義の徳に関する近代の若干の称讃者が、われわれを信じ込ませたであろうように、利潤を追求する商人たちの利己心に対抗した、強力で栄誉ある国家への崇高な熱意の結果ではなく、さまざまな種類の立派な人たちの相対立する利害の産物であった。(75)

ヴァイナーの二つの論文は、ヘクシャーの著書の出版と翻訳がなされる以前に公にされていた。しかしながらヴァイナーはヘクシャーを読んだ後に、歴史派経済学に対する彼の批判をさらに強めた。それゆえに彼はヘクシャーの著書に対する批評、ならびに一〇年後に出版されたある論文において、重商主義者にとって力はそれ自体が目的であったという考えを厳しく批判した。(76) すでに見たように、ヘクシャーがこの文脈でカニンガムの近くにいたと論じることは、まったく可能である。しかしながらヘクシャーをもっと好意的に読めば、力を目指す争いは重商主義の諸目的のうちの一つにすぎない、と彼が見ていたことが示唆される。結局のところ、力を目指す争いはいくつかの側面の一つにすぎないという、一般的な総合を提唱することが明らかに彼の抱負であった。そのうえヘクシャーは基本的に一つだけの説明に突き進まないようにつねに注意していた。すでに見たように、彼はヴァイナーなどへの回答で、力と豊富は双方ともに重商主義の最盛期において、その経済政策の中心テーマであったことを認めようとしていた。ここでまた彼は、これら二つの関連する目的の背後にきわめて独特の社会哲学、すなわち重商主義の世界観が潜んでいることを示唆したように思われる。

しかしながら、ヴァイナーの心はきっぱりと決まっていた。したがってヴァイナーによれば、「重商主義は豊富を力に従属させたという命題」をヘクシャーは支持していた。(77) 一九四八年の論文で彼はヘクシャーの黙諾に注目したが、しかし彼はそれを主に戦術的後退として見ていたようだ。彼の意見では、ヘクシャーは重商主義的著作家が「力を外交政策の唯一の目的といつも見なし、あるいは富は力に仕えるときにのみ重要であると見なした」[78]ことを論証するのに失敗した。その代わりにヴァイナーは、ヘクシャーが結局は同意したかもしれないようなものを、謙虚に（それほどでもないが）「正しい」解釈として提起した。

実際にすべての重商主義者は以下の命題に同意したであろう。（一）富は、安全のためであろうと侵略のためであろうと、力にとって絶対必須な手段である。（二）力は、富の獲得または保持のための手段として、必須なもの、ないし価値あるものである。（三）富と力はそれぞれが国家政策の適切な究極目的である。（四）これら諸目的の間には長期的な調和がある。[79]

重商主義の経済史

重商主義に関するヘクシャーの二巻本は疑いもなく議論に再び生気をもたらした。この本が最初に出版された一九三〇年代初頭には、重商主義はむろん論争を呼ぶ政治的争点であった。ヨーロッパでは保護主義と経済的ナショナリズムが広範囲に再び台頭していた。当時の全体主義の声には、とくに旧い重商主義の〈統制経済政策〉の音調に似た響きがあった。[80] またケインズ卿はその『一般理論』において重商主義について好意的な意見――ヘクシャーのようなリベラル派には不愉快であったろうが――を述べていた。[81]

しかしながら戦後、ひじょうに異なる政治情勢のもとでも重商主義をめぐる議論は続いた。しかしいまやその議論は、政治学者と経済学者の耳目をあまり捉えなかった。そのために彼らに代わって、重商主義という主題を自分たちの履歴書に書き加えたのは経済史家たちであった。一九五〇年代と一九六〇年代をとくに特徴づけたのは、アカデミックな仕事としての経済史学の急速な台頭であったが、それはとくにアングロ・サクソン世界において著しかった。少なくともブリテンではその成功は重商主義論争に少なからず依存していた。ブリテンでは議論はとくに二つの問題に集中した。第一にヘクシャーによる広範かつ包括的な重商主義定義の意義が疑問視され批判された。第二に国際貿易関係の新たな歴史的研究が、重商主義という現象の理解と解釈に新たな道を示唆しているように思われた。こうして、重商主義的思考の上部構造にとっての、堅実な経済的・歴史的基盤の構築を探究する活気ある議論が登場した。

これらの側面のうち第一の点に関しては、A・V・ジャッジズがすでに一九三九年に「重商主義国家」(mercantile state)観を激しく拒絶していた。彼のキャンペーンは、表向きは「ドイツの学問」(German scholarship)の〈歴史主義〉(*Historismus*)――カニンガムやアシュレーのような同行の仲間も含まれる――に反対することであった。ヘクシャーには簡単な言及しかなされなかったが、ジャッジズの批判的意見の多くはヘクシャーに向けられうる性質のものでもあった。ジャッジズは、重商主義を首尾一貫した「体系」と見なすことが妥当かどうかという問題を提起した。彼自身の答えはむろんはっきりしていた。重商主義には「信条がまったくなかった。その礼拝に献身する聖職者もいなかった」と彼は書いた。そのうえそれは、首尾一貫した学説、あるいは「少なくとも一握りの確定した原理」を示すこともなかったと彼は主張した。このようにして重商主義は、「自然法体系に己の信条の保証を見いだした人々によって一八世紀に」作製された藁人形であった。(82)

この観点はほぼ二〇年後に、主導的な経済史家D・C・コールマンによってさらに展開された。コールマンは面と向かって、ヘクシャーと彼の重商主義についての「総合化する議論の仕方」に対決した。ヘーゲル派に影響された彼「ヘクシャー」の手によって、重商主義はさまざまな外観をとりながら、数世紀にわたり自己を表現した実在（real entity）になっていた。[83] コールマンの結論は、概して承認されている。

この重商主義とは何であったのか。それは存在したのか。経済思想のある傾向の描写としては、この用語はおそらく有用であろう。……経済政策のラベルとしては、これはたんに誤解を招くだけでなく、大いに混乱を引きおこし、歴史叙述を惑わせる。それは、異なる諸事件に偽りの統一性を与えることに仕え、個別の時と個別の状況の精細な現実を隠蔽することに仕え、意見と先入観、政治経済的な利害と影響力、歴史家の考察対象である人間の個性とからなる、活力に満ちた混合体を見えなくすることに仕える。[84]

すでに書いたように、後の諸論文ではコールマンはさらに、この議論を経済思想の一傾向として捉えられた重商主義にまで拡げた。一九八〇年に彼は重商主義という用語には、ある種の発見を促がす価値（heuristic value）があったかもしれないことは認めた。それは実際には、「歴史研究が好古趣味の奈落に陥らないために創案されなければならなかった、存在しない実体」の一例であった。[85] しかしながら、現実の特定の思想や経済政策の流れの描写としては、この用語は適切でなく誤解を招くと彼は主張した。

これは進行中の論争に紛れもなく大きな影響を与えたとはいえ、一九五〇年代以後のたいていの論争者が、この問題に対するジャッジズとコールマンの、どちらかというと極端な見解に従う気がしなかったこともまた同時に明らかである。しかしながら、体系的な見方に対する一般的な懐疑は広まっていった。既述のように、ジョンソンはその影響力をもつ著作『アダム・スミスの先任者たち』（一九三七年）において、重商主義とは「不幸な語」だと考えた。またシュンペーターの『経済分析の歴史』における意見によれば、重商主義者――彼のいう行政顧問官――は、その立場上かなりよく精通していた事柄を理論化しえなかった実務的な人々であった[86]。ハチスンはこれに同調して、「重商主義」という用語は余りに広義であり一般的となっているから、できるだけ使用を避けるべきであると主張した。このような包括的な用語を、数十年にわたる、しかも多くの社会経済的関連のもとにある経済思想の描写に使うのは賢明でないだろう、と彼は考えた[87]。

しかしながら、多くの人はヘクシャーが重商主義から作りあげた「奇妙に非現実的な」シチュー料理を旨いものに作りかえる試みにしばしば同感を寄せながら、この用語を使い続けており、これは保存さるべきであると実際に主張してきた[88]。確かに一七世紀初頭からアダム・スミスの時代にいたる経済的文献には、ある主導的な諸思想を見いだすことができる。だからそれらの思想や系統的論述を表現するために、「重商主義」というラベルを使ってはならないということはない。そして、もしこの用語が発見を促す価値をもち、ウェーバー的な意味での理念型として使えるかもしれないとするならば、この用語は少なくともある程度まで、底流にある、ある現実を反映していないであろうか。行政顧問官は理論を立てることがまったくなかったというシュンペーターの見解を了解することもきわめて困難である。もちろん彼らが二〇世紀の経済学がつくり出したような方法論を使わなかったことは確かである。そしてある点では、重商主義者が下手な理論家であったというシュンペーターに同意することさえもできるかもしれない。だが、これがこのことのすべてであろうか。シュンペーターでさえも重商主義的思想家は、なんらかの系統的方法――それがどんなに不完全であったとしても――でもって考えることがまったくなかった、と信じていたとは思えない。

コーツが評したように、経済政策について一般化をはかることは、原則的に正しくないわけではない。したがってはっきりしていることは、「経済政策」――国家や他の共同社会の行政ないし立法機関によってなされるさまざまなレベルでの無数の決定――は、「経済」の機能の仕方と、立法・規制行為の究極目標とに関する、少なくともいくつかの見方や意見によって解明されなければならない、ということである。コーツはこう書いている。「経済学史家は、経済システムの機能の仕方に関する、また『手段』と『目的』との関係に関するある概念をもたずして、首尾一貫した政策の策定などはそもそもありえない、ということを認識している」[89]。こうした首尾一貫した政策策定が、一七世紀ならびに一八世紀初頭の統治機構には欠けていたと主張することは、むろん原則的には可能である。しかしこうした見解は、実際のところ現実的であろうか。この時代にも行政官と政治家は、その内容の堅実さとは関係なく、彼らが押し進めてきたひと組の目的を達成する手段を見つけだそうとしていたと議論する方が、確かに一層有益である。これらの人々を、統治と規制のあらゆる実際問題をその場しのぎのやり方で解決する、記憶もヴィジョンももたない経験主義者として描くことは、彼らをいかなる意味でも、いやそもそも人間として否定することである。ジャッジズとコールマンが提起したこの議論全体をめぐって、ワイルズが過度の一般化を一方で警告したときの、彼のむしろ真面目な態度に大多数の人はおそらく賛成するであろう。しかしながら［とワイルズは言う］、

このことは、重商主義者は体系がなく場当たり的であり、主権者を富裕にするためにいい加減な方法で急ごしらえした国家政策の提案を、その経済的著作において弁論するだけの連中であったという、批判的な文献によく見られる攻撃に賛成することでは必ずしもない。というのは重商主義的文献にはこうした見解が認める以上に連続性と一貫性があるからだ。……重商主義思想は、たいていの時代とたいていの学派の経済思想と同じように、確かに変化し発展した。だがそれにもかかわらず、連続性は存続した[90]。

一九五〇年代以降の重商主義をめぐる議論で二番目に重要なテーマは、重商主義時代における経済思想、出来事、政策の関係を考察することであった。すでに見たように、ヘクシャーは思想と政策の間の明確な関係を論証する用意はあったが、思想と出来事の間に積極的な関係があるという考えにはまったく否定的であった。このために彼はたとえばコールマンから厳しい言葉でもって批判的に喚問された。[91]コールマンは経済思想の唯物論的な基盤を強調した。

ヘクシャーが熱心に強調した思想の連続性は、彼が無視した基礎的な諸条件の連続性と並行関係にあった。人間が抱く経済活動に関する一般的概念が樹立されるのは、これらの経済活動の基盤の上においてである。[92]こうして一九五〇年代以降、コールマンの経済史の同僚たちは、この基盤が実際何によって作られているかを発見することに乗り出していた。どちらが重商主義の著作家が基礎においていた真の物質的な糧であったのか。多くの歴史研究がこうした解釈上の仕事に貢献するために捧げられた。さまざまな学者たちがさまざまな解答と解釈を携えて登場した。概してこれらの貢献は、重商主義の思想ならびにテクストの前提条件としてむろん役立つ、当時の経済構造と経済状態に関する一層完全な理解をもたらした。

このようにして、たとえばチャールズ・ウィルソンは一連の論文において、G・N・クラークがもっと以前に主張したこと、すなわち「重商主義的態度は、当時の商業状態、なかでも貿易商人が、しっかりした堅実な形態の資本を必要としたことから説明できるように思われる」ということの証明に乗り出した。[93]スミスにまで遡る〔重商主義〕解釈者の共通の誤りは、ウィルソンが言ったように、「地金へのこだわりには合理的な歴史的根拠があったかもしれないという可能性を、ほとんど検討することがない」点にあった(94)。こうしてウィルソンによれば、初期のイギリス重商主義者の著書（マン、ミスルデンなど）の中心的テーマは、いくつかの個別的貿易差額、とりわけバルト海貿易への不安であった。彼はこの時期のほとんどの貿易は双務的な形態でなされていたと主張した。バルト海諸国からの穀類、木材、鉄、銅の輸入はブリテンにとって決定的に重要であった。しかしこの貿易はブリテンからの金属貨幣の輸出によってのみ営むことができたということが、残された問題であった。この背後にある重要な原因は、オランダ人がバルト海地域への輸出業者として優勢な地位にあったことである(95)。それゆえに正貨のこの流出は、他の諸国や地域との貿易におけるプラスの「超過差額」によってバランスを取らなければならなかった。プラスの貿易差額に対する重商主義者の関心の背後にある理論的根拠は、この特殊な状況にあったとウィルソンは考えた。貿易が一七世紀の間により多角的に行なわれるようになると、この理論は次第に時代遅れとなり、結局は放棄された(96)。ウィルソンへの回答で、ヘクシャーは一七世紀を通じて双務主義が一般的であったことを否定した。とりわけ為替手形の存在は、ウィルソンの重金主義的解釈を論破していると彼は主張した(97)。ウィルソンはこれに返答して、「国際貿易の多くの部門において貴金属は、重商主義思想に合理的な要素を与える独特の役割を果たした」と、自己の見解を再説した(98)。さらにウィルソンはこう述べた。「硬貨（ハードマネー）」に対する見方が、「彼らの事業上の必要要件に関する、個々の商人たちの見解の根底にあった」。だから「貨幣形態での貿易資本は、財貨の交換における不可欠な環とみなされた(99)」、と。

重商主義の議論の背後にある歴史的合理性の説明をはっきりと目指す、一九五〇年代初頭における別の研究潮流もまた議論に緊張感をもたらした。こうして一九五四年と一九五五年の二つの論文においてJ・D・グールドは、一六二〇年代初期におけるブリテンの商業的・工業的大不況が重商主義学説の興隆を形成した要因であったと論じた。グールドによると、当時のほとんどの評論家は、危機が主に「貨幣制度と外国為替機構のいくつかの欠陥」によって引きおこされたという見解を共有していた。[100] ここから次の結論が生まれた。「一六二〇年代の貿易不況を詳細に研究した者にとっては、『イングランドの財宝』〔マンの最も有名な著書―マグヌソン〕のほとんどの部分が、当時の出来事と議論の反映の成果を単純に表現していることは明らかである」。[101] 貨幣の状況に関しては、グールドが、グレシャムならびに一六世紀の国際為替関係についてのド・ローヴァーの画期的な研究に依拠していたことは疑いない。ド・ローヴァーはこの研究において、この期間〔一六世紀〕ならびに一六二〇年代の危機にいたるまでのブリテンでの為替・貨幣問題をめぐる議論が、ブリテンとその商人に対して、アントワープの為替取扱い業者を中心的地位においた一連の特殊な諸事情によって、いかに大きく形成されたかを示した。したがって、悪意ある外国為替取扱い業者の力は打破されねばならないという、グレシャムの考えに、そしておそらくマリーンズの考えに、こうした背景があったことはほぼ確実である。[102]

これらの問題に対してグールドが採っていた見地は、バリー・サプルの研究『イングランドにおける商業危機と変化　一六〇〇―一六四二年』(*Commercial Crisis and Change in England 1600-1642*, 1959) によって一層押し進められた。サプルはこの重要な研究において、とくに一六二〇年代にイングランドから実際に「銀の流出」があったことを強調した。その主要な原因はイギリス銀貨の過大評価――これはまた三十年戦争による大陸における貨幣的混乱と貨幣価値基準の引下げ (debasement) が主な原因であった――であり、それがとくにイギリスの織物に対する需要の深刻な下落をもたらした。これが実は「貨幣の不足に関するひじょうに多くの当時の不満」の根底にあった現象であることを、サプルは認める。[103] マン、ミスルデン、マリーンズの間の白熱した論争は、このようにして、このデフレ過程と貨幣不足をどう説明すべきかをめぐる論争となった。グールドもサプルも、問題の根底には国際的な通貨操作の存在があるという、マリーンズの結論を支持する傾向があった。貨幣問題は中心的な問題であったから、マリーンズの立場は、イギリス鋳貨が高価なのは、逆調貿易差額によって引きおこされた二次的現象であるとするマンやミスルデンの立場よりも、より現実的であった。しかし問題の核心は、「イングランドは逆調貿易差額であるという当時繰り返された主張が、不愉快な事実に基づいていたことである」とサプルは論じた。そして彼はここから直ちに「実に歴史家が重商主義の『典型』と解釈してきた経済的文献の多くは、実際には特定の状況と短期的危機の産物である」[104]、と結論する。

これを背景にサプルは、重商主義が体系的な性質をもつとする考えに対する否定的な態度を（ジャッジズ、コールマン、シュンペーターとともに）共有した。「こうした著作家たちを『重商主義者』と呼ぶ場合には、一連のたぶん論理的原理にもとづく、彼らのものではない学説の連続性を、暗黙のうちに彼らのなかに認めるという危険性がある」[105]と、彼はわれわれに警告した。実際に彼らの著作は、「その基本的諸要素の変化が緩慢である経済環境における絶え間ない変動に対して、絶え間なく実際的な対応をしているのであるから、成熟した体系として扱うにはほとんど値しない」[106]〔と彼は言う〕。

ここで論じているような経済史的研究の出現が、重商主義学説の理解の増進に大いに貢献したことは疑いない。第一にそれは、重商主義的文献が現在の政治・経済問題や論争にどう関係しているかを示した。こうして主に、彼らの進取な努力の結果、重商主義の概念は以前に歴史主義者の手中にあったときのような、つかまえどころのないヘーゲル的なものではなくなったように思える。第二にそれは、この時期における経済思想、政治、利害集団の間の複雑な内的関係を説得的に示した。たとえば、以下で見るように、有能な史家Ｒ・Ｗ・Ｋ・ヒントンは、この期間に政府の政策は高度な自立性をもち、「重商主義的思考」の直接的結果と見なしえなかったことを明快に示した。
しかしながら同時に、経済史家による議論への参入の多くは、テクストを経済的、政治的、社会的状況の直接的結果として「説明する」還元主義的傾向をさまざまな度合いにおいて示している。だがこれまで論じてきたように、われわれがここで扱うような複雑な「諸状況」は、直接には決して観察しえない。それらの状況は、ある言語を背景にして、いつも解釈される。すなわち歴史的に引き継がれ、かつ〔歴史の〕行為者に理解可能な概念と語でもって解釈される。マンやミスルデンが実際問題に関する議論に係わっていたと論じるだけは十分とは言えない。むしろ完全に明らかなことは、彼らが貨幣投機の貿易差額に対する影響というような「実際的」な経済問題を議論したとき、彼らは経済がどのように機能し、また理解さるべきかについての、早期の概念や見解に深く根ざす概念的枠組みを借りてそれを行なったということである。彼らは、自分たちが道理に適うと思う諸概念を用いて、「〔貿易差額の〕余剰」、「〔貨幣の〕重量不足」、「為替」等々を議論した。たとえばコーツが強調しているように、これは認識論上の問題と同じくらいに経験上の問題でもある。

たとえば、どの出来事が、ある特定の考えや一連の態度を規定したのかということを証明する努力がなされなければ、「出来事」そのものは、どのようにして対立する意見の共存を説明できるのだろうか。出来事に対応する人々のなかには、変人、奇人、既得権を推進する一派、猟官者、政治家、ならびに私心なき真理の追究を主な動機とするごく稀な個人がいる。(107)

ケインズと重商主義

スミスの『国富論』を別にすると、最も有名な経済学のテクストは、たぶん一九三六年に出版されたケインズ卿の『雇用・利子および貨幣の一般理論』であろう。その第二三章は、過去において「古典学派」のメンバーによって虐待されてきたとケインズには映ずる、旧い経済学者の議論に充てられている。彼の意見では、重商主義者は奇妙な人たちでもないし、彼らの思想を知的混乱にもとづく馬鹿げた考え(ナンセンス)として捨て去ることもできない(108)。彼は重商主義学説の「科学的真理」のなかで、彼が最も重要な要素と見なすものをこう述べた。

一国の富がやや急速に増大している場合、この幸せな状況の一層の進展は、自由放任の状態においては新投資の誘因が不十分なために中断されがちである(109)。

そのうえ「国内投資の機会は長期的には国内利子率によって支配されるであろう。他方、対外投資量は順調貿易差額の大きさによって必然的に決定される(110)」。さらに利子率は「貴金属の数量によって決定される」。ここから重商主義者が順調貿易差額にこだわる論理がきわめて明確となる。こうして、

順調貿易差額を増加させる方策は、対外投資を増加させるために彼らがとりうる唯一の直接的手段であった。そして同時に、順調貿易差額が貴金属の流入に及ぼす効果は、国内利子率を低下させ、それによって国内投

資誘因を強化するための彼らの唯一の間接的手段であった。(111)

ケインズによれば、これが基本的に重商主義思想の中心的議論である。このアプローチ――言うまでもないが、これはケインズ自身の理論的抱負とうまく一致していた――を選択することによって、彼は重商主義的思考と政策の一般的な目的が、完全雇用であったと想定しなければならなかった。こうした目的が重商主義的文献として認められているもののなかに本当に見いだせるかどうか、彼は実際には踏み込んではいない。彼は単純にそれを当然のことと考えているにすぎない。しかしこの想定には一層広範な議論が必要であったであろうことは間違いない。ヴァイナーが指摘し、またチャールズ・ウィルソンが書いたように、「重商主義者の著作を読み直して見ると、雇用は地金の供給を増加するための手段と見なされており、その逆ではなかったという不安な感覚をぬぐい去ることができない」(112)。ケインズはこの点をさらに深く追究する代わりに、重商主義者の見解が道理に適い、古典派の自由放任主義的立場の見解よりも優れてさえいると見られる、特定の諸点に関する議論を続けた。

第一にケインズは、重商主義者が利子率を「適切な水準」に定めていく自動調整的な傾向が存在することを想定しなかったことを讃えた。それどころか、ケインズの主張では、重商主義者は高い利子率が経済成長に対する主要な障害であることを理解しており、「利子率が流動性選好と貨幣量とに依存することさえも知っていた」(113)。第二にケインズは、彼らは過剰な競争が、ある国の交易条件を悪化させるかもしれない危険を知っていたと指摘した。第三に彼は、「古典派の人々が二世紀後に馬鹿げたことであると非難することになったもの」、すなわち貨幣の不足は不完全雇用を引きおこしうるという重商主義者の見解を讃えた。第四に最後として「重商主義者は、彼らの政策の国家主義的な性質とそれが戦争を誘発する傾向について幻想を抱いていなかった」。「彼らが明らかに目標としていたものは、国家的な利益であり、相対的な強さ」であった[114]。

ケインズにおける重商主義思想の解釈は、彼自身の主張の擁護に供するための発見にすぎないとして退けることは容易であろう。だからウィルソンによれば、経済思想史を書く経済学者にきわめて典型的に見られるように、ケインズは時代錯誤の罠に陥っていた[115]。こうして彼は、重商主義者がほぼ確実に国民的成長、国力、近代化という広範なプログラムを提起することをむしろ目的としながらも、彼らの達成しようとした最終結果が完全雇用であったことを当然のことと見なした。彼の重商主義的文献への洞察は、徹底的でもないし、それほど鋭いものでもなかった。したがって、彼のテクストには事実に関する多少の誤りがあると推定してもよいかもしれない――そうであることは確かである[116]。

予期されるように、ヘクシャーはケインズの解釈の図式にむしろ否定的な態度をとった。彼は、重商主義者が経済的事実の観察から自分たちの意見を引き出したと断言することには「根拠が少しもない」ことを、しきりに指摘したがった[117]。確かに重商主義の見解を合理的かつ歴史的な観点から説明しようとする試みは、どれも当然ヘクシャーの批判に出会うであろう。しかしケインズとの関連では、ヘクシャーは、重商主義時代の失業が不十分な投資の結果と考えられるかもしれないという見解に、とくに批判的であったように思える。ヘクシャーによれば、そうではなくて、失業は摩擦的なものであり、凶作や戦争などによって起こったのである[118]。しかしながら、一六二〇年代のイングランドの大規模な貿易危機の背後にある諸原因に関するわれわれの理解からすると、この立場は支持しがたいように思える。この危機は明らかに「近代的」なものであったように思える。しかも後述するように、重商主的著作家のなかには、不完全雇用を低投資と低成長――別の言葉を使っているが――にかなりはっきり関連させていた者もいた。

結局のところ、重商主義者の解釈者としてケインズを簡単に片付けることはそれほど容易ではない[119]。第一に、資源の完全利用は、重商主義的著作家たちが提起した重要な政策目標であった。しかしながら、この目標は、国力と豊富とを強調した広範な構想の一部と見なされるべきである。第二に、ケインズは時代錯誤の誤りに完全に気づいていた。事実彼は、重商主義的著作家の口の中に彼自身の言葉を押し込むことがないようにかなり注意していた。そのうえさらに彼は当時支配的であった特定の制度的条件と、それが彼の時代の制度とどう異なるかという点に注意深く留意していた[120]。また彼の歴史理解は、ときにそれとなく言われてきたほど浅薄なものではなかった。第一に、彼はたとえばスペインの経済史に精通していた。第二に、重商主義者が向き合っていた特定の制度的枠組みについて彼が述べた意見は、歴史的観点から見て、先験的（アプリオリ）に不当なものとは思えない。

しかしながら、同時にケインズの解釈には若干の重要な問題点もある。そのうちのいくつかについて、われわれはすでに知っている。第一に、ケインズがみごとな過度の単純化を好んだことは明らかである。彼は公然と自分自身の直感に頼り、大雑把な概括を好んだ。第二に、彼は思想、出来事、政策の間の関係を過度に単純化する見方を、他の多くの人々と共有していた。ケインズの解釈では、これらすべての事柄は、首尾一貫した、しかし曖昧な「体系」の一部となっている。第三に、「完全雇用」が本当に重商主義の思想と政策決定の唯一の目標であったかどうかは大いに疑わしい。第四に、重商主義的思考の内的論理を見つけだそうとするケインズの試みは、あまりに立証しすぎる傾向があった。多くの研究者が述べているように、一七世紀の多くの著作家は、価格、貨幣、利子率などが互いにどのように関係しているかを論じる場合、ときおり非論理的となった。こうした欠点や論理的誤りの存在をわれわれがある程度容認しなければならないことは、きわめて明白である。そうしないと、たとえば、貨幣の過剰は利子率の低下をもたらす一方で、同時に低価格が重要な政策目標であるという、彼らの確信をわれわれはどう理解すればいいのか。実際に利子率はどのようにして価格水準、需要、雇用と相互関連をもったのか。重商主義的著作家がいつもこうした問題に関して明快であったと考えるのは誤りである。とくにこうしたことを背景に考えると、彼らの思考には首尾一貫した構造があったというケインズの主張は、実は見当違いであった。

それでもケインズ主義の古き良き時代には、重商主義者は完全雇用政策を追求した点でケインズ卿の先任者であったという見方は、ごく普通のことであった。だからヴィッカーズは一八世紀の貨幣理論を扱った研究で、ウィリアム・ポッターのような重商主義者が乗数効果を発見していたことを探し出しただけではなかった[121]。概して言えば、ヴィッカーズは、「前古典派の学識の最も重要な特徴は、それが雇用、繁栄、経済発展の諸問題の説明に取り組む貨幣理論を発展させたことである」という結論を導き出そうともした。そのうえさらに、

> 一方における流通する貨幣供給量の多少、他方における雇用量の多少または交易活動の有効な水準、この両者の関係が注目された問題であっただけではない。そこに存在する依存の性質もまた考察された[122]。

なるほど。同じ考えはA・K・センによる「後期重商主義者」のステュアートに関する過不足のない長さの研究にも行きわたっていた。センはステュアートについて直截にこう述べている。

> 彼〔ステュアート〕は実際に何を探し求めていたのかということは、ケインズの分析の光りによってのみ最終的に明らかになるのである。現金の性質と重要性に関する彼の分析は、その数量が交易と産業の状態、人々

の生活様式と慣習的な支出などに依存するという結論を要求する。そして貨幣数量の増加は、流通を促進することによってだけでなく、利子率を低下させることによっても、交易と産業に影響を与える傾向があるという事実の、彼による強調は、われわれが近年熟知するようになった考えであり、一九世紀のわれわれの先学にはまったく馬鹿げたものと響いたようには、われわれには響かない考えである[123]。

これらの問題には後に立ち返る。ここではケインズの重商主義解釈は、一九五〇年代と一九六〇年代の間にかなり広く行きわたるようになったということを指摘するだけにしておこう。この解釈はたとえば、一九五二年にウィリアム・D・グランプが出版した影響力のある論文にも行きわたっていた。この論文でグランプは「重商主義政策における完全雇用の重要性」をとくに強調した。そのため彼は完全雇用を重商主義の政策と思考とにおける主要目標であったと見なした[124]。彼の主張の核心はケインズからの借用であった。「順調貿易差額を維持したいという彼ら〔重商主義者―マグヌソン〕の願望は、イングランドが輸入するよりも、より多く輸出することにより雇用を増加させることができるであろうという想定――短期においてはもっともな想定――に基づいていた[125]」。結局のところすでに見たように、外国投資や地金の流入は、国内の利子率を低下させ雇用を増加させるだろうと強く主張したのは、ケインズであった。グランプは彼の論文で外国投資の役割をこの文脈においてとくに指摘した。しかしながら、グランプは明らかにケインズのマクロ経済学の影響を受けていたとはいえ、彼の議論は同時に、重商主義の著作家自身の実際の著作にもとづいていた。そのうえ彼は、彼らのテクストを引き合いに出すことにより、ある点でケインズの物語を修正することができた。

今日でも、修正された形ではあるが、雇用の議論は重商主義思想の核心として多くの場合受容されている。だから、リチャード・ワイルズはごく最近、重商主義的文献を概観して、適切にもこう述べた。「重商主義の体系に完全雇用の目標があったことは、ほとんど疑う余地がない[126]」。これがどこまで真実であるかについては、後に立ち戻る。

レント・シーキング社会としての重商主義

アダム・スミスは他の誰にもまして、「おのれの利益が、公益と厳密には決して同じでない人々」の自己中心的な利己心が、「重商主義体系」の背後にある推進力であったと強調した。すでに見たように、この考えは長年にわたりずっと支持されてきた。しかし最近、それは重商主義をレント・シーキングの形態として捉える極端な形で復活した。こうして二人の経済学者、ロバート・Ｅ・エイカランドとロバート・トリソンは、その過不足のない長さの研究において、「国家機構による独占権の供給とそれに対する需要とが、重商主義の本質と考えられる」という解釈を示した[127]。彼らの野心には意気軒昂たるものがある。彼らは自分たちのモデルにおいて、「重商主義の経済学（ポリティカル・エコノミー）を説明する」だけでなく、「イングランドとフランスにおける重商主義の社会秩序の勃興と衰退を合理的に説明する」ことにも乗り出した[128]。実際に彼らのモデルは、これらすべてを同時に実証的に説明することを提案しているから、彼ら自身が言っているように、以前のものよりも一層「堅固」である。さらに彼らの目的は、「不合理な誤りの観点からではなく、さまざまな制度的制約に直面した」個人の行動の観点から、「重商主義の秩序」を説明することにあった。こうして彼らは「重商主義的著作家たちの愚かさ[129]」に主に集中してきた「伝統的なパラダイム」から逃れようとする。

その代わりに彼らは、シカゴ〔学派〕[*3]に由来する公的選択の「実証経済学」を提示する。こうしてわれわれは、合理的利潤追求（プロフィット・シーキング）、方法的個人主義、進化する制度的制約が、そこに組み込まれた基本的変数であることを知らされる。しかし同時に、レント・シーキングは利潤追求よりも、一層特殊なものと見なされる。それは「純粋な移転を独り占めするための稀少資源の費消」（一九ページ）である。こうして重商主義の興隆は、同時にこうした行為者の出現を含意する。

> 特定の財貨やサービスを生産する独占権の獲得によってもたらされる、潜在的な利得に気づいた人々〔が出現する〕。これらの個人は国家に対して、認可によって生産を自分たちだけに限定させ、市場の諸力を破壊し、財貨とサービスの生産を独占しようと試みるだろう。[130]

エイカランドとトリソンは彼らの命題を例証するために、イングランドとフランスの事例を利用した。イングランドについては、規制と「重商主義の社会秩序」の段階的な衰退を説明することが課題である。他方フランスの場合には、規制の保持が主要な特徴である。旧い絶対主義の最盛期には、独占追求の費用はブリテンでは比較的低かったと彼らは示唆した。しかし「増加する私的収益」だけでなく「不確実性」のために、議会対策費は上昇し、それが旧い規制制度の崩壊をもたらした。「国家の庇護のもとでの独占追求は、こうした状況のもとでは、明らかに儲けの少ない活動になっていった」と彼らは述べる。[131] フランスでは旧い絶対主義と国王の独裁的権力とが居座り続けた。そのためフランスでは独占的地位の追求は、個人の間で最優先事項であり続けた。

しかしながら、エイカランドとトリソンはすでに最初に、重商主義を、個人が独占的地位を追求する体系と定義しているので、こうした議論はもう少しで循環的に――たんなる同語反復に――なりそうである。それにもかかわらず、彼らは「われわれの理論は……イングランドにおける重商主義の衰退、ならびにフランスで同時に起こっていた重商主義の強化の説明を提供する」と結論した[132]。しかしながらこの基準からは、ある批評家が述べたように、「どのような証拠――たとえあるとしても――が、彼らの理論が虚偽であることを立証するのだろうか。あるいはどのような反証――たとえあるとしても――が、彼らを説得して、その理論を放棄させるのだろうか」、と思わざるを得ない[133]。

さらにエイカランドとトリソンの解釈においては、思想、出来事、政策の間の移転のメカニズム（transfer mechanism）を見いだすことが困難であるだけではない。彼らは明らかにそれを問題外と見なしている。「レント・シーキング社会としてのわれわれの重商主義解釈は、知性の発達が公共政策に大きなインパクトを与えるであろうことを示唆するものではない」ことを、彼らは認めている[134]。ゲーリー・ベッカー、ジャームズ・ブキャナン、ゴードン・タロックが主導的権威と見られている彼らの世界では、重要なのは利己的な商人、君主、公衆である。彼らが論じる物語は、重商主義のレント・シーキングの過程に参加する行為者に生じる費用と利益である。

しかし、粗末な歴史と循環論を提供することに加えて、さらに彼らは重商主義的著作家たちが実際に書いたものにはまったく関心を示していないように思える。何といっても、これらの著作家が、条令や特許状ではなく、知的テクストを生み出したことは疑う余地がない真実であろう。疑いもなく、エイカランドとトリソンのアプローチの重要な欠点は、なぜ重商主義者が、たとえば貿易差額について語ったり、ある諸理論や諸概念を発展させることに関心をもったりしたのか、ということについて何の手がかりも提供していないことである。「順調貿易差額」のような概念は、利己心やレント・シーキングとどのようにして調和するのだろうか。この話はすべて、邪悪な利己心のためのたんなる口実にすぎなかったのか。それはマルクスが概念化した「虚偽の意識」の一形態と考えるべきなのか。あるいは彼らはわれわれには理解困難な何かを語るために、またレント・シーキングという単純な目的を越えた何かを語るために、それを用いたか。こうした重要な問題について、エイカランドとトリソンは沈黙したままである。

二人の著者は、その序文で「現代の経済理論の立場から」重商主義を「評価する」ことが自分たちの意図ではないと告げている。しかし、彼らが行なっていることは、厳密にはこれとは違うのではないか。(135) こうして彼らは、公共選択の理論から出発して、自分たちを一七世紀に引き戻し、自分たちが見いだそうと着手したものを、まさしくそこに見いだしたのである。

開発と低開発

われわれはこれまで簡単にではあるが、長期にわたる重商主義的議論の主要テーマの大部分を検討してきた。この白熱した論争のほとんどが、「重商主義」とは実際にどのようなものであったかをすべて知るために行なわれたのでなかったことは、明らかなように思える。すでに見たように、重商主義はより一般的な方法論や理論問題を議論するための口実として、むしろ多くの場合利用されてきた。さらに「重商主義」は、ヴァイナーやヘクシャーにいたる古典派的な経済学者によって、否定的な事例としてしばしば使われてきた。しかしそれはまた、人によっては、彼ら自身の理論的抱負を擁護するための肯定的事例として使われてきた（ケインズ）。肯定的な事例としての重商主義の役割は、それを多少とも急進的な開発経済学と結びつけることを意図する解釈においても見ることができる。急進的経済学の主要な創始者たるマルクスは、概して重商主義者について、あまり独創的なことは何も言わなかったように思える。スミスは彼ら〔の意見〕を主として誤謬と見なし、また分析以前のものとして扱う傾向があった。マルクスは確かにペティにはむろん賛辞を贈った。しかしこれは、この著者が重商主義的傾向を帯びているからではなく、彼が〔疑いなく最初の〕労働価値論者と見なされたからであった。

しかしながら、『資本論』の「本源的蓄積」に関する有名な章からは、アダム・スミス時代以前に実践されていた経済学と経済政策に関する、二つの異なる解釈を実は引き出すことができる。このようにして、この経済的思考ならびに政策形成は、マルクスにとっては、「譲渡にもとづく利潤」(*4)を引き出すための幻想としてか、あるいは「本源的蓄積」期を通じて実施されなければならなかった必要な方策を合理化するためか、このいずれかであると見られた。この二者択一の前者に傾くとき、マルクスは「譲渡にもとづく利潤」を重商主義思想の核心と見なした。この表現の仕方にはヘクシャーの「財貨〔過剰〕の恐れ」に似たものがあった。商品は国際取引では、その現実の価値よりも高い価格で販売できるという幻想には多くの原因があった。しかしながら、その主な原因は私的経済と国民経済の混同であった。だからこの誤謬の背後にある主な推進力は、安く買って高く売るという商業資本家の実践であった、と彼は主張した。後に論じるように、たいていの重商主義者は私的経済と国民経済とを完全に区別することができたから、この解釈には大いに疑問がある。さらに彼らのほとんどは、外国貿易だけでなく、生産もまた富の源泉であるとする点で一致していた。しかし、それにもかかわらず、この理論は若干のマルクス主義研究者の間に支持者を見いだしている(136)。

しかしながら、マルクスが提起した他のアプローチは、われわれを別の方向へ連れて行く。農業的な「封建」

経済から工業的な「資本主義」経済への移行を為し遂げるためには、小作農が自由のないプロレタリアートに変えられなければならないだけではない。後に工業生産に投資されうる資本もまた国際的な搾取——主に貿易による——の方法によって創出されなければならない。この解釈によれば、「重商主義体系」はもはやたんなる幻想ではない。それどころか、それはこうした搾取的な「本源的蓄積」[137]時代の歴史的現実にふさわしいものであった。

この理論にもマルクス主義研究者の間に若干の支持者がいた。[138]しかしながら、マルクス主義の衣装から少なくともある程度自由になった場合には、このアプローチは開発理論の的確さを、たとえば急進的な「低開発の開発」テーゼを、例証するために使われてきた。ここでの中心的テーマは、重商主義政策がどの程度、貿易を通じて搾取の促進を手助けしたかである。この文脈でとくに強調されることは、重商主義と、自国または外国の原料で仕上げた工業製品を輸出しながら、他方でいくらかの諸原料を輸入するだけのあからさまな政策との関係ばかりか、抑圧的植民地制度、ヨーロッパ列強に有利な交易条件、不平等な交換・侵略的貿易政策との関係である。

この解釈は多くの著作では暗に示唆されただけであったが、最近、イタリアの研究者コシモ・ペルロッタのもとで成熟した形で現れた。[139]彼は順調貿易差額論が、「実際には」E・A・ジョンソンが「労働差額論」として概念化したものであったことを力説する。それゆえに、重商主義の主要な関心は産業発展であった。その核心は国際貿易による国民的産業の発展であった。ジョンソンその他にとって、この労働差額論は一六六〇年以後に現れたにすぎない。しかしながらペルロッタによれば、それはもっと古くからあった。とりわけ「奢侈品の輸入に対する、それからまた製造品と交換に原料の輸入を求める数少ない要求に対する」一般的な非難の形では、それは中世にまで遡れた。[140]ペルロッタはこの学説を次のように定義する。「ある国は輸入品の価値が輸出品の価値よりも大きければ、その交換によって利益を得る。他方、輸入生産物に投じられた労働が、輸出生産物に投じられた労働よりも大きければ、損失をこうむる」[141]。こう書かれると、重商主義は輸入代替の別様の表現にほかならなくなる。この理論と政策によれば、工業の確立は、価値を付加する生産とより多くの雇用とをもたらすであろう。このようしてペルロッタによれば、一七世紀の重商主義者は、三〇〇年後にラウル・プレビッシュやグンナー・ミルダールのような自由貿易に批判的な開発経済学者が強調したプロセスの重要性を、すでに明確に描いていた。すなわち、「国際貿易においては、交換される諸商品の使用価値に依存している貿易当事国、あるいはより正確には、それら使用価値のさまざまな生産的潜在力に依存している貿易当事国は、不公平な利益のもとにおかれる」[142]。このようにしてペルロッタによれば、重商主義者はさらに、搾取や交易条件改善のために利用しうる技術的独占を、より発達した国に与える「近代」工業形態での一層高度な生産力〔の重要性を〕を知っていたのである。

ペルロッタのもとで、われわれは出発点に戻ったようだ。このように彼の解釈は歴史学派ならびにヘクシャーの結論ともうまく適合する。またペルロッタの解釈においては、重商主義は経済的手段による国家建設、すなわち国際競争場裡における成長の促進ならびに経済の近代化となる。ある程度までそれはまた、保護主義と同じになる。さらにそれは、輸入代替のための国内生産の推進策という意味では、中世にまで遡る——そして、それは以来ずっと時折現れてきた。重商主義を、時代を超えた政治形態とする、このように解釈はむろんヘクシャーを（理論的理由から）喜ばせたばかりか、（政治的理由から）不快にさせたであろう。

しかしながら、このアプローチには、重商主義が余りに広義で包括的な概念になるという危険性がまたしても伴う。重商主義は、諸国民国家がその歴史を通じて追求してきた経済政策の描写にいま一度転じることになる。

また思想と政策と出来事との間の区別は、ペルロッタによってとくに明確に描かれているわけではない。彼は、数十年に及ぶさまざまな国のさまざまな著作家のなかに割り込むために、ほんの数十年前にはひどく批判された多様な議論を大胆に概括しなければならない。また彼の解釈の仕方は、「貿易差額」概念を産業保護とはむしろ異なるものとして明瞭に理解する意見を、無視しなければならないことを暗に示している。本書の以下では重商主義の著作家について、より歴史に則した読み方を試みることになろう。私は、重商主義をそれが歴史に現れたとおりに、関連しあう一連のテクストとして扱ってみたい。

第三章　重商主義言説の誕生

J・D・グールドは重商主義思想の出現に関する画期的な研究において、トマス・マンの『外国貿易によるイングランドの財宝』（一六六三年）は、それが実際に書かれた一六二〇年代後半に——三〇年や四〇年後ではなくて——出版されていたならば、何が起こっていただろうか、と思いをめぐらした。[1] 周知のように、アダム・スミスはマンが決定的な重商主義宣言を提出したことを認めていた。それ以来ずっと、スミスのこの解釈はそういうものとして、われわれの重商主義理解に深い影響を与えてきた。しかしながら疑いもなく、スミスのマン解釈は、マンのこの重要なテクストが一六二〇年代ではなくて、一六六〇年代に出版されたという事実によって偏ったものとなった。他の注釈者と同じように、スミスは同書をとくにオランダに対する攻撃的な経済政策に加担した党派的なテクストとして解釈する傾向があった。しかしながら以下で見るように、これは誤解を招くものであり、同書のより原理的な側面も、また同書が目を向けていた歴史的状況も説明していない。

トマス・マンの「重商主義宣言」は彼の死後、彼の息子によって出版された。それが刊行された一六六〇年代に同書はオランダ人に対する反感を煽るために利用された。イギリスの航海法が施行された後の一六五二年に、双方の非難応酬と険悪な外交的やり取りはその頂点に達し、両国は戦争に突入した。一六七四年にいたるまでイングランドとオランダ共和国はほとんど絶えず戦争をしていた。このためにイギリスの読者にとっては、マンが

「オランダ人」について書いた事柄は迫真の現実性を帯びていた。『イングランドの財宝』において彼はこう指摘していた。「キリスト教国のなかで、彼らほど、わが国の海運と交易を、国内外において日々掘り崩し、痛めつけ、邪魔しているものはない[2]」。

第二にマンの主著の出版は、東インド会社の行為に対する批判の高まりへの対応としても見なければならない。たとえばトマスが示したように、地金を輸出しているというこの会社に対する攻撃は、一七世紀初頭以来、実に夥しい数にのぼっていた。しかし、より厳しい批判が突然のようにわき起こった。とりわけ一六二〇年代における深刻な経済危機と一六六〇年代以降のその再現の際にそうであった。このいずれの場合にも、イギリス織物業の内部での全般的な不満が、この批判噴出の背後にあった最も重大な理由だったと思われる。たとえば一六六〇年代に、この不満はパンフレットの奔流となって現れたが、そのパンフレットには失業と不況の唯一の救済策として、安価なインド・キャラコからの保護策が述べられていた[3]。

第三に最後としてマンのテクストは、王政復古期における主要な政策問題であった地金の輸出に対して、その規制の解除を支持する論拠を見いだすために有用であった。貨幣の自由な輸出を欲した人々は一六六三年に最終的な勝利を得ていた[4]。交易委員会（Council of Trade）は次のような議論でもって、地金が自由に輸出されるように勧告した。「世界の交易は、その進路を強制されることなく、すべての見かけの利益に束縛されずに、自らの道を見いだし開拓していくという、いくつかの法則に反して、貨幣と地金はいつもその進路を強制されてきた[5]」。とくに同委員会はさらに、ある貿易にとっては、とりわけ東インドに対しては、貨幣を運び出すことが必要であったと述べた。これとの関連では、マンの最初に出版された論説『貿易論』（*A Discourse of Trade, From England unto the East-Indies*, 1621）が、その後の『イングランドの財宝』とともに重要であったことは言うまでもない。この両著でマンは、「全般的」な「貿易差額」と「個別的」なそれとの間に区別をもうけることによって、ある状態のもとでの貨幣の輸出を擁護した。

一六六〇年代の政治論争において利用されたマンの宣言は、いくつかの広範な反響を疑いなく引き起こした。その結果、グールドによると、それは主として政治的パンフレットと見なされ、他方でその分析的で原理的な側面はしばしば無視されてしまった。そのうえ、その主要な議論が、全般的差額と個別的差額との区別、地金輸出に対する賛否などになってしまったのは、一六六〇年代の政治的動乱の時だけであった。一六二〇年代の時点で見れば、その中心的メッセージは全く違ったものに見える。この観点から見れば、その主要な関心は当時の不況と貿易（トレード）危機であった。もっと具体的に言えば、その意図は、ジェラード・マリーンズやその他の人々が提起していた危機の貨幣的説明への反論であった。『貿易論』（一六二一年）でマンは東インド会社を徹底的に擁護した。『イングランドの財宝』では彼の関心は別なところにあった。明らかにマンはそこでは、一六二〇年代の深刻な貿易危機について、いくつかの全般的説明を見つけ出すという課題を設定した。さらに、貿易と産業の危機に関する真の解釈を求める中で、マンはミスルデンとともに、当時の状況の混乱と惨禍を一層よく説明することになると彼が考えた、経済過程に関する新しい見方と洞察（ヴィジョン）を示した。

それゆえにマンの有名な小冊子は、さまざまな広範囲にわたる枠組みのなかで、さまざまな意味を獲得したテクストの明白な一例である。第一章で論じたように、テクストはそれが利用される歴史的文脈との関係で理解されなければならない。本章では一六二〇年代の危機に関する同時代の議論が、どのようにして、われわれが好んで「重商主義的」と呼ぶ経済問題を扱う独特の学識を生み出したのかを明らかにしようと思う。この独特の学識が、こうした経済的文脈において現れたということは、言うまでもなく、その分析的価値に限界を定めるものではない。反対に、当時の危機を一層よく理解し救済策を見いだすために、マンのような人たちは、経済がどのようにして動くのかということを、再考しなければならなかった。サプルがきわめて鋭く指摘したように、「経済的混乱と経済思想の発展との間には戦略的な関連」があることは確かである。(6) 以下で論じるように、この再考するという過程は、既存の教義(ドグマ)とはまったく異なる種類の分析の出現を意味した。ある程度まで、この議論の結果として、新たな経済学の言説が生まれたのである。

一六二〇年代の議論

リプソンは『イングランド経済史』(*The Economic History of England*, 1934)において、一六二〇年代を貿易と産業の危機の時代としてこう特徴づけた。「イギリス織物工業の年代記で最も忘れがたい不況の一つは、一六二〇年に始まって四、五年間続いた(7)」、と。織物の輸出貿易は劇的に落ちこみ、多くの織物業者が倒産の危機にさらされ、失業が広まった。困窮がイングランド全体に見られ、当局は「騒動」と物乞いや盗みが広がることを恐れた。「失業者が、群れをなして富者の家に押しかけて食べ物と金(かね)を要求し、市場(いちば)の食糧を奪った」とリプソンは書いた。(8) 一六二〇年五月に枢密院は、「われわれは最近、織物業の衰退に関して多くの織物業者・紡績業者・縮絨業者が発する不満、ならびに仕事の不足が彼らにもたらした厳しい困窮に注意を向けてきた(9)」と報告していた。二年後に枢密院は、「多くの織物が販売やはけ口をまったく見いだせないまま自分たちの手元に残っているので、仕事を進めることができないと不満を述べている、サフォーク州とエセックス州の織物業者から提出された」請願書のことを慨嘆した。(10)

この突然の経済的危機のために王立委員会の設置と委員の任命がなされた。危機の原因に関する議論は広範囲に及んだ。一般公衆の間では「われわれが追求し解決すべき惨禍の諸原因」として以下の諸点がとくに指摘された。(一)「諸外国による通商関係の違約」(外国鋳貨の価値低下)。(二)「わが国と他の諸外国との間での為替の悪用」。(三) 鋳貨の食器類への鋳潰し。(四)「外国人との通商から受ける損害」[11]。一六二一年に公表された覚書では、危機は主に貨幣的危機、すなわち「貨幣の不足」と見なされた。貨幣の不足の諸原因として以下が指摘された。


一．鋳造費が割高であり、これが貴金属の鋳造を押しとどめている。

二．使用条例が地金の流出を抑えるように適切に運用されていなかった。

三．スペインからのタバコの大量輸入。

四．外国人のイングランドへの入国制限。

五．アイルランド、スコットランド、東インドへの貨幣の輸出。

六．貿易の「制限」。

七．わが国での金と銀との〔価値比価の〕不均等。

八．高すぎる(?)関税。

九．〔新大陸から〕「スペインへの金銀の輸入不足」。

一〇．「イングランドにおける金銀の消費」ならびに貨幣の食器類への鋳直し[12]。

見られるように、確かにここには考えうる原因の列挙として足りないものはなかった。この原因の数だけで枢密院は困惑したに違いなかった。そして、混乱をひどくさせたのは、これらの要因がどうように協働して、問題となっている「貨幣の不足」をもたらしたのかということについて、何の手がかりもなかったことであった。しかしながら、枢密院の外でも、危機の原因について激しい議論は進行していたように思える。サプルはこの公衆の議論を概括して、広く認められている貨幣の不足のほかに、この議論で明らかにされた他の四つの説明を強調した。すなわち、狡猾な製造業者による低品質製品の生産、ヨーロッパにおける競争的な諸産業の出現、三十年戦争〔一六一八―四八年〕の勃発、貿易会社が独占的地位を利用して織物価格を引き下げ、織物業者や労働者を破滅させているという非難、がそれである。[13]

この劇的な産業的危機の背後にある諸原因を理解するために、これまでにいくつかの考えが示されてきた。初期の研究では、いわゆるコケイン企画[*1]の失敗を主な原因と見なすことが多かった。[14] しかし、もっと最近の学術的文献では、この不成功に終わった企画の重要性は低くなっている。完成した染色織物だけをオランダ人に売ろうとする、この失敗した試みは危機を悪化させたかもしれないが、一六二〇年代初頭の崩壊の背後には短期的原因だけでなく、より重要な構造的原因もあった。ヒントン、グールド、サプルのような経済史家が論じるところでは、この一〇年は長期の構造的変化と突然または瞬間的な惨禍との結合を経験した。構造的変化に関しては、イングランドは一六世紀末以来、その旧広幅毛織物（旧毛織物）におけるそれまでのほぼ独占的な地位の相対的低下を徐々に経験していた。このようにして一六二〇年代には、増大する国際競争とその結果としての市場の衰退は、多くの観察者にとって明白なものとなっていたに違いない。結局、この期間、エドワード・ミスルデンを含む多くの著作家は、「オランダ人はわがイギリスの織物なしには生存できなかった」という「誤った」憶測に対して警告を発していた[15]。したがってむしろ、一六世紀後半には、低地諸国〔現在のベルギー・オランダ・ルクセンブルグに相当する地域〕においてではまったくなく、ヨーロッパ大陸において、こうした織物業の急速な発展が見られた。この構造的危機の長期的な影響として、スペインと地中海市場とに狙いをつけた、より軽やかで色彩鮮やかな、しかもより安価な織物である新毛織物が代わりに台頭した。しかしながら、この変化は技術と技巧の置換を必要としただけではなかった。それはまた、伝統的な織物製造地帯の多くにおいて困窮と失業とをもたらす、産業上の劇的な再配置を含意していた[16]。

しかしながら、この構造的な危機を一層悪化させたと思えるものは、国際経済の通常の動きを混乱させた、いくつかの瞬時的な破滅的出来事であった。グールドとサプルが強調しているように、三十年戦争の勃発に続いて、イギリスの輸出貿易と製造業の状態をひどく悪化させた貨幣的混乱が起こった。ポーランドとドイツ皇帝領における君主や国王は、戦費を調達するためにその鋳貨の価値を名目的に高めること、〔実質的〕価値を引き下げること、ならびに鋳貨の縁を削り取ることによって、貨幣操作を行なった。つまりこの時代は、ドイツの研究者たちが命名したように、貨幣の〈偽造・変造時代〉〈*Kipper-und Wipper-zeit*〉であった。さらに、大陸における激しい悪鋳（debasement）は、イングランドの輸出品をますます一層高価にする一方で、同時に大陸諸地方からの輸入品を安価にしたので、イングランドの交易条件は悪化した。後者〔輸入品の価格が安価になったこと〕は、主に大陸における各地域の通貨を緩やかにではあるが、比例的に減価させることになった、あの悪鋳の結果であった。全体的にみて、これらすべての事柄はイギリス通貨の劇的な価値引上げ（リヴァリュエーション）を含意していた。サプルが示しているように、インフレ的な価格上昇は、「価格のもつ習慣性、制度の硬直、無知と混乱のために、貨幣操作」に遅れて後からやって来た[17]。このように、貨幣操作と悪鋳は、一六二〇年代初頭の不況をきわめて深刻なものにした主要な短期的要因であった。グールドが指摘したように、この説明が「かなりの確率で理論的な正当性を圧倒的に備えている」ことは疑いない。[18] 長期的にはこれは、イギリスの広幅毛織物の価格を引き上げ、それを市場から追いだし、旧毛織物から新毛織物への移行の歩調を速めることに仕えた。

すでに示したように、貿易不況の重大な帰結はいくつかの王立委員会の設置であった。一六二一年五月に枢密院は、焦眉の事態を調査し助言を与えるために、織物業地帯と外港〔ロンドン港以外の港〕の代表者だけでなく、イーストランド会社、東インド会社、ロシア会社、マーチャント・アドベンチャラーズ・カンパニー[＊2]などさまざまな貿易会社のメンバーからなる委員会を設置した。一六二二年四月には別の小委員会が「真の原因と動機を突きとめ、この王国を襲ったこのような異常な損害と難儀が今後は起こらないようにし、回避するための最適最良の救済策を検討する」という抱負をもって設置された。[19] この委員会の最も重要なメンバーには、ジェラード・マリーンズ、ラルフ・マディソン、ロバート・コットン、ウィリアム・サンダーソンがいた。[20] しかし、一六二二年には指導的な商人たちがそのメンバーに任命された第二の委員会も設置された。そのメンバーの中ではトマス・マンがグループの主要な代表者として傑出していた。少なくとも、彼はこの数年間における、このグループが提出したいくつかの覚書の筆者であった。[21] さらに一六二二年にはもっと規模の大きな、しかも今度は常設の委員会が、深刻な危機への適切な救済策を突きとめるという困難な問題について取り組み始めた。少なくとも枢密院の行動からみて、この常設委員会はきわめて活発であったように思える。有名なメンバーは、貿易商人エドワード・ミスルデンであった。彼はマーチャント・アドベンチャラーズに属し、一六二一年にはスペインとの貿易に従事する商人たちと関係があったらしい。[22]

為替と貿易差額をめぐる有名な論争がマリーンズ、ミスルデン、マンの間で始まったのは、この熱気を帯びた環境のもとにおいてであった。さまざまな委員会に席を占めていた他の人々もまた、この大津波に巻き込まれた。この議論が、危機の救済策ばかりか、危機の背後にある諸原因をめぐる二つの根本的に異なる見解を際立たせたことは明らかである。これらの本質的に異なる意見は、マリーンズ、ミスルデン、マンの周知の論考においてばかりか、異なる委員会を代表するマンとマリーンズが書いた未刊の小冊子においても詳細に説明されている。[23]

一方には「通貨主義者（マネタリスト）」、すなわちサー・ロバート・コットン、サー・ラルフ・マディソン、ウィリアム・サンダーソン、ジェラード・マリーンズを含むグループがいたことがわかる。彼ら全員が、マリーンズの強い影響を受けていたことは明らかなようだ。この点がとくに顕著なのはマディソンであって、問題の核心は「為替取扱い商人」によって「わが国の貨幣全般が使い果たされたこと」にあったと、彼は以後三〇年間いつも繰り返していた。[24] マリーンズと彼のグループの考えは後に一層詳しく論じるので、ここではマリーンズにとって、一六二〇年代初頭の状況は、彼が二〇年間唱えていたことを証明しているように思えたという点を、強調しておくだけで十分である。彼は委員会で自身の初期の著作、『イングランドの国家共同社会の癌腫に関する論考』（*A Treatise of the Canker of England's Commonwealth*, 1621）と華やかな『イングランドのセント・ジョージ――寓話風物語――』（*St George for England, Allegorically Described*, 1601）とを引き合いに出した。こうして彼は一六二二年五月に相変わらず、「したがって、この王国の損失と貨幣の輸出との有力な原因は、為替が不公平に取引されていることにある」という見解を提出していた。[25] 彼の意見では、外国生まれの為替取扱い業者と銀行家は共謀して、イギリスの通貨価値を彼が唱えた有名な〈平価〉（*par pro pari*）――これについては後述する――よりも遙かに低い水準のままにしておこうとしてきた。このことが、イングランドにおける「貨幣の不足」を説明する、貨幣と地金の「外国」への輸出を実際に引き起こしていた。銀行家のこうした策略や「操作」は、貨幣の不足による国内価格の下落をもたらし、それがイギリス商人をして利益を得るために、〔自国からの〕より多くの商品と〔外国からの〕より少ない商品との交換を余儀なくさせ、こうして一層ひどい結果がもたらされた。マリーンズとマディソンは、これを結局は貿易差額の悪化をもたらすことになる「不公平な交換」（unequal exchange）と表現した。こうして下落する為替相場を補うために、イギリスの商人は、彼らの商品を海外で投げ売りしなければならない。彼が一六二二年に書いたように、商人たちは「彼らの為替手形を支払うために、海の向こうにある商品を大急ぎで売り払わなければならず、そうすることで他の商人たちの市場を台無しにし、彼らがその商品を安く売るように仕向けた」。反対に「海の向こうへの貨幣」の移転は、「外国の商品価格を引き上げる原因となった[26]」。

マリーンズと彼のグループが見るところでは、唯一の改善策は為替相場を一五八六年の旧相場にまで引き上げることであった。〈平価〉を維持するためのこのような強制的な調整策によってのみ、貨幣をイングランドに引き戻し、交易条件を改善することができるであろう。唯一の改善策は、「今後は、わが国における貨幣の本当の真実（true intrinsique）価値に従わない交換がなされないように」取りはからうことである[27]。

この意味でマリーンズは確かに通貨主義者であった。イギリスの貨幣がこの間に過大評価され、そのために貨幣が輸出されたという彼の見解はまた、後代のたいていの研究者たちによって受け入れられてきた。この命題は、サプルのような現代の研究者によってだけでなく、またたとえばW・A・ショーによってもそのイギリス通貨史に関する著作で再説された[28]。マリーンズは、「イングランドの癌腫」が貨幣を輸出する銀行家と為替取扱い業者によって引き起こされたと確信したことにより、むろん直ちに重金主義者にされてしまう――リチャード・ジョーンズ以後の文献は実にしばしばこの前提で議論したが――わけではない[29]。そうではなくて、むしろマリーンズは、マディソンと同様に、スコラ学者に遡る学統を代表すると見るべきであろう。こうして彼においては外国為替取扱い業者は、高利貸と同じ扱いを受けた。銀行家と貨幣両替商の悪質な操作が、概して危機の原因だったというのは彼の根深い信念であった。この解釈はミスルデンが述べたように、むろん一六二〇年代にはお馴染みの意見であった。〔しかし〕マリーンズにとっては、「それを完成させるのに二〇年以上が必要であった」(30)。マディソンとサンダーソンの著作からわかるように、この解釈はこの議論の多くの参加者によって、たぶん多数派によって支持された。

しかしながら、通貨主義者の説明に異を唱える議論の帰結として、別の考えが登場してきていた。一六二三年にマリーンズはいつかの反対意見が商人委員会から出されているとして、「外国市場におけるわが国産商品の販売は、……輸入商品の差額を上回っている、という意見の人たちがいる」と報告している(31)。すでに一六二二年四月に彼は次のような意見を述べていた。「織物商人たち（アドヴェンチャラーズ）は、〔外国に〕持ち出される貨幣が多いか少ないかに応じて、為替が騰貴したり下落するという考えを肯定する方に傾いているように思える」。彼らの意見では、とマリーズは非難を込めてこう述べた。「鋳貨輸出の唯一の原因」は貿易の「不均等な差額」であり、「国内での売買を妨害するために、海外での商品〔売買を〕増加させることが問題を解決する」(32)。商人委員会の指導者であるトマス・マンは彼の小冊子でこの考えを展開した。彼はまずこう述べた。「われわれの過小評価された貨幣がこの王国から運び出される原因となっているのは、ポンドの価値引上げ、あるいは外国におけるわが貨幣標準の引下げではない。これらは、外国にあるとされているポンドが国内に持ち込まれることを妨害しない」。そうではなくて、マンの簡単な考えでは、為替相場の下落と貨幣の輸出をもたらすのは、貿易の逆調の（unfavourable）「不均衡（オーバーバランス）」であった。つまり彼が表現しているように、「われわれの商品のこの不均衡は……現金（レディマネー）によって決済されなければならない」のである。為替相場の水準は、原理的に、たんなる投機の結果として説明することはできない、と彼は強調した。「だから、われわれの貨幣が運び出される有力な原因が、ただの〔投機的〕利益にないことはむろん明白である。なぜならこの〔貿易上の〕不均衡（オーバーバランス）が、貨幣を流出させるにちがいないからである」[33]。

マンがここで述べ、後の著書『外国貿易によるイングランドの財宝』においてもっと包括的に繰り返されることになる意見は、貿易差額が逆調――一国が輸出する以上に輸入することによりいつも起こる状態――ならば、為替相場は外国の貨幣または為替手形に対する需要の増加にともない下落するに違いない、ということである。貨幣や為替手形は、他の商品とまったく同様に、その価格が需要と供給のメカニズムによって規定される商品である。それゆえに、たとえば為替手形の価値は、貨幣の「豊富と不足」によって規定される。ここから、為替相場をある水準に規制しようとするいかなる試みも無駄であるということになる。したがって、イギリス貨幣の為替相場を無理に一五八六年の相場――マリーンズと彼のグループが熱心に求めたもの――にまで引き上げる唯一の効果は、以下のことをもたらすだけであろう。「もしイギリス商人がこれらの地方で、為替相場のこの引上げに比例した、織物価格の引上げをすることができなければ、……イギリス商人はドイツと低地地方で約一五パーセントの損失を被り、その分、外国人に利益がもたらされるに違いない」。しかしながら、このような引上げの試みは、マン、ロバート・ベル、ジョージ・ケンドライク、ヘンリー・ウッド、トマス・ジェニングス、ジョン・スカイナーが一六二二年五月に提出した報告書で述べているように、「不可能ではないとしても、実行は困難[34]」であろう。

以上でもってマンが、彼より早期の解釈に挑戦する、経済に関する新たな別の概念を提起したことは明らかである。この革新の要点は、非人格的（インパーソナル）な需要と供給の法則からなる一つのシステムとして、経済を理解することであった。彼は、市場の主な担い手——銀行家とともに商人——はこのシステムによって組立てられたものであると考えた。経済危機が起こったとすれば、それは邪悪な操作によってではなくて、複雑な経済システムに何か問題があったからである。この危機の場合に問題だったのは、貿易差額がイングランドにとって逆調だったことである。

関連しあう市場システムについてのこの解釈が、長期的には勝利をおさめるであろうことは間違いなかった。〔しかし〕一六二〇年代の危機に関するマンの説明の方が、マリーンズのそれよりも優れていたかどうかは、むろんまったく別の問題であった。すでに述べたように、より最近の研究者たちは、マンの一般的で抽象的な解釈よりも、むしろマリーンズのおそらくもっと現実的な貨幣的解釈の方を選ぶ傾向がある。しかしながら、当時の経済問題を理解する手がかりとしては、貿易の「不均衡（オーバーバランス）」が決定的要因であるという見解が、だんだんと普及していった。この気配は、すでに見たように、マリーンズ委員会のメンバーであり、当時マリーンズとほぼ間違いなく意見を同じくしていたサー・ロバート・コットンには当てはまらない。しかしながら、彼も一六二六年には以下のことを認めようとしていた。

> これ〔不況〕を引き起こしたのは〔貨幣〕価値の引上げではなくて、貿易の差額である。というのは、われわれが売るよりも、多くの外国商品を買うならば、貨幣の価格がそれほど高く評価されていない場合には、われわれはこの不均衡（ディスプロポーション）を是正するために貨幣を手放さなければならないからである。もしわれわれが買うよりも、多く売るならば、反対のことが起こるであろう。(35)

以上のようにして、このよく知られた論争の過程で、貿易・支払差額（balance of trade and payments）に焦点を合わせた、重商主義的経済思想として理解されているものを生み出した新たなアプローチが出現した。しかしながら、後期の「重商主義者」世代や古典派経済学者によって一層彫琢されるであろう、経済領域についての新しい見方（ヴィジョン）の誕生を見るのもまた、この議論のなかにおいてである。というのは、われわれは明らかにマリーンズ、トマス・ミルズ、ラルフ・マディソンのような著作家の分析よりも、マンとミスルデンが提起した分析の方に、遙かに親近感をもつからである。それは、マンとミスルデンが、一六世紀ならびに一七世紀初頭の経済的文献によって言及された悪鋳、鋳貨の縁の削り取り、「ロンバード街」の銀行家によるイギリス通貨に対する陰謀、等々のような貨幣問題に代わって、市場の「実物的な（リアル）」経済諸力に焦点を当てたという理由からだけではない。彼らが分析的感覚においてマリーンズよりも数段優れているように思われるからでもない。経済過程についての彼らの見方が〔マリーンズらとは〕まったく違うということもまた、付け加えなければならない。こうして彼らは、約三〇〇年後のわれわれの画像にかなり近いシステムとして定式化された経済の画像を示した。

　われわれは残念ながら、エドワード・ミスルデン（Edward Misselden, 1608–54）についてあまり多くを知らない。しかしわれわれがわずかに知っていることは、彼がマーチャント・アドヴェンチャーラーズの有力なメンバーであったということである。おそらくこの立場から彼は、当時議論を引き起こしていたコケイン企画をめぐる論争に深く関係した。一七世紀初頭の一〇年間、マーチャント・アドヴェンチャラーズ・カンパニーは低地諸国に未加工・未染色の織物を売っていたために激しい攻撃の的となっていた。それらは低地諸国で完成品に仕上げられ、その地方の毛織物業者や労働者に利益をもたらしていたからである。もしイングランドがその織物を自国で染色・加工し、完成品として輸出しさえすれば、その方が有利であろうという意見は、少なくとも一六世紀以降においては常識であった。(36) このようにして、すでに一六〇二年に、ジョン・ウィーラーはまさしくこうした背景をもとに、このカンパニーを擁護しなければならなかった。彼は次のように指摘した。このカンパニーを通じて、

あらゆる種類の染色織布・長短のカージー織〔荒い織布〕・ベイ〔縞織物〕・綿布のほかに、少なくとも六万〔ヤード〕の白無地織布が……毎年輸出されている。……これら毛織物のほかに、羊毛、獣皮、鉛、錫、サフロン染料、……皮革、獣脂……も、イングランドから低地諸国に搬送されている。……これらすべての商品によって、商人が大きな利益を得るだけでなく、多くの労働者が仕事につき、多くの金(かね)を稼いでいる。(37)

彼は当時の標準的な政策論に対して当然の責務を果たしながら、次のように論じることの必要性もわかっていた。「私がこれまでに聞いた信頼できる報告では、イングランドを除いた、他のすべての諸国から搬送されるあらゆる商品は、イングランド一国から搬送される商品ほどには、低地諸国において多くの人々を仕事につかせてはいない」。(38)

いずれにせよ、善し悪しは別にして、一七世紀初頭にはこの常套句がマーチャント・アドヴェンチャラーズの特権の廃止を求める際に用いられた。このようにして、有名なコケイン企画が、国王のマーチャント・アドヴェ

ンチャラーズ（King's Merchant Adventurers）という新たな織物輸出カンパニーに独占的特権を付与して、一六一五年に始まった。その目的は明らかに最初のマーチャント・アドヴェンチャラーズを廃止することにあった。後者のメンバーの多くは、最初は新会社に参加することを拒絶したが、しぶしぶ新会社を認めざるをえなかった。エドワード・ミスルデンがコケイン企画の猛烈な反対者の一人であったことは明らかなようである。そしてジェラード・マリーンズは、ウィリアム・コケインの以前の企画、すなわち一六一三年の銅貨鋳造企画において、いわば彼のパートナーの一人であった。しかし、以前の企画が失敗に終わったように、今回もまた失敗した。一六一七年に国王のマーチャント・アドヴェンチャラーズは解散され、旧マーチャント・アドヴェンチャラーズの特権が復活した[39]。

アストリッド・フリース（Astrid Friis）によれば、ミスルデンはコケインの企画が始まった一六一五年には〔旧〕アドヴェンチャラーズの代弁者であった。その数年後には彼は経済危機に関する常任委員会のメンバーであった。彼が二つの論考を出版した――一六二二年と一六二三年――のはこの時期においてであった。以下で見るように、これらの論考の内容と政治的メッセージは、自家撞着的に異なっていた。アドヴェンチャラーズの副総裁の地位に依然ありながら、彼は一六二三年に東インド会社に加入した。人間として彼はあまり評判が良かったようには思えない。一六四九年にアドヴェンチャラーズのあるグループは、彼のことを「その生活と振る舞いにおいて悪い噂（スキャンダラス）のたえないな男」と決めつけた[40]。

ミスルデンの一六二二年の『自由貿易、または貿易を繁栄させる方法』（*Free Trade or the Meanes to make Trade Flourish*）には、当時の経済危機の標準的な解釈を越えて彼を際立たせるものは実はなにもない。この本のまさに第一章のタイトル「イングランドの貨幣の不足の諸原因」は、このことをよくあらわしている。「不足」

を説明する際に彼はその理由を「直接的」と「間接的」とに分けた。彼は、「陛下の鋳貨の価値を、諸隣国の鋳貨に対して引き下げたこと」が、「不足の」主要な「直接的」理由であるとした[41]。彼はマリーンズとまったく同様に、「価値を引き下げたこと」が貨幣を「王国から追い出す」原因となったと信じていた[42]。当時の他の多くの人々が言っていたことに同調して、彼の主要な救治策は「国王の鋳貨の価値引上げ[43]」であった。彼は価格の上昇が、こうした〔貨幣〕価値引下げの不可避的な結果であるということを知っていた。しかしながら彼は「貨幣の不足――これがいま多くの人々に不満を抱かせている――のために物が安いよりは、貨幣の豊富のために物が高い方が、王国にとって遙かに良い[44]」と言った。

ミスルデンは、イングランドからの銀貨の流出の背後にある原因を見極める際には、マリーンズとは異なる意見を抱いていた。マリーンズの「平価」に反対する彼の厳しい批評が、実はそれに応える小冊子をマリーンズに書くように促し、こうして有名な論争の口火が切られた。ミスルデンは言う。「貨幣の輸出を引き起こす原因は……為替の相場ではなくて、わが国では低く、他のところでは高い貨幣の価値である。そして為替ではなくて、貨幣の豊富と稀少が貨幣の価値を決める原因である[45]」。こうして主要な問題は貨幣の輸出であり、ミスルデンにとっては使用条例の一層厳格な強制以外に救治策はありえなかった。この条例は一五世紀から一六世紀にかけて、イングランドと取引をする外国商人に対し、その稼いだ貨幣を彼らの母国に持ち帰らせないで、イギリス製品の購買に「使用」することを定めていた。

さらに彼は、危機の「間接的」または「遠因的」(remote)な理由を論じる際に、この銀貨流出のはっきりした理由を見いだした。ここでは彼はとくに「この王国における諸外国の諸商品のきわめて過多な消費」を指摘した[46]。この政策を続ける国家共同社会は、遅かれ早かれ「窮乏する」と彼は言った。これと関連して彼は、東インド会社が行なう「キリスト教国から〔トルコ、ペルシア、東インドのような地域へ〕の貿易」では、持ち出された貨幣が「決して再び環流しない」ことをとくに強調した[47]。もう一つの重要な「間接的」原因は、ドイツにおける貨幣価値の〔名目的な〕引上げをもたらした「キリスト教国の戦争」〔三十年戦争〕であった[48]。

このようにして貨幣の流出は、交易の衰退の説明において一つの独立した役割を与えられた。ミスルデンも、イタリア人為替取扱い業者の不当な活動が、「彼ら自身の利益のために」イギリスの貨幣を低い相場のままにしておく陰謀であったという、通俗的な説明から逃れることができなかった[49]。しかしながら彼は、これらの「直接的」と「間接的」との諸原因が、どのように関連していたかということには、何の手がかりも示さなかった。

しかしながら、この課題はミスルデンの二番目の出版物『商業の環の中心、または貿易差額』(*The Center of the Circle of Commerce or the Balance of Trade*, 1623)で扱われた。この小冊子はマリーンズに向けられた鋭い論争的な論調でもっておそらく最もよく知られている。ミスルデンは個人的な攻撃さえも控えることはなかった。「この男〔マリーンズ〕はおかしいのではないか」と彼は問うている。マリーンズは「粗野で不作法な書き方をする」意地の悪いオランダ人として描かれた。そのうえ彼は「まったく才能がない憐れな男」で、彼の「がらくた」のほとんどはミルズやグレシャムなどの著作家からの剽窃として描かれた[50]。しかしこうしたことから、この本をただ奇抜なものと見なすべきではない[51]。というのは、印刷物としてはこの小冊子によってはじめて、マンならびに商人委員会が到達していた結論に近い、〔経済〕危機に関する解釈が示されたからである。たとえば東インド会社や外貨取扱い業者に向けられたいかなる批判的言説も、もはやなくなっていた。概して、彼は彼の以前の分析をひっくり返していた。彼は原理的な評言でもって議論を始めた。「商品の価格を高くしたり安くしたりするのは、マリーンズがここで推論しているような、為替相場が高いか低いかによるのではない。商品の価格を引き上げたり引き下げたりするものは、商品の豊富または稀少、その有用性または非有用性である」[52]。彼が以前に指摘したように、「為替を引き上げたり引き下げたりする、いつに変わらぬ原因は、貨幣の豊富または稀少である」[53]。しかし貨幣のこうした干満は、それはそれで輸出入市場における商品の需要と供給に関係する。「もし輸出される国産商品が〔外国産商品を〕圧倒し、輸入される外国商品を価値において上回るならば、その場合必ず起こる原則は、その〔輸出の〕余剰（オーバープラス）が財宝の流入をもたらすに違いないから、王国は富裕となり、暮らし向きと蓄え（ストック）において繁栄するということである」。もしこれと反対のことが起これば、「〔輸入の〕余剰は財宝の流出を引き起こすにちがいない」[54]。

　これが実は、有名な貿易差額説について英語で書かれ、最初に印刷された表出であった[55]。ミスルデンはこの学説を「ある王国と他の王国とにおける商業の重要性の相違を示す優れた政治的発明」と自讃した[56]。この「発明」を使って彼は、一六二〇年代の経済危機の主要原因と彼が考えたものを、「われわれは他の諸国との貿易において大きな輸入超過（アンダー・バランス）に陥っている」[57]と明確に言い直した。通貨の交換をめぐる「謎めいたもの」が占める場所はもはやなくなっていた。

　ミスルデンを一六二二年と一六二三年の間に、こうした異なる方向へ導いていったものは何であったのかを、少し考えてみよう。すでに見たように、彼は確かに東インド会社と関係をもつようになっていた。この関係で彼はおそらくこの会社による地金の輸出に対し批判的でなくなり、マンとそのグループに近づいたのであろう。だがそうだとしても、このときまでに彼が商人小委員会以前のマンの著述に接していたことは明らかである。一六二三年に彼はマンを大いに評価してこう語った。「あらゆる取引における彼の判断、国内での彼の精励、外国での彼の経験は、当時の多くの商人たちに容易に見いだせるというよりはむしろ、すべてにおいてそうであることが望まれるような、天賦の才能で輝いていた」[58]。彼はマンが危機についてすでに書いたものをまず間違いなく知っていたであろう。そのうえ彼はマンの公式を受け入れ、それをマリーンズに対する激しい攻撃に利用した。

トマス・マン（Thomas Mun, 1571-1641）が、危機に関する通貨主義的解釈に代わる別の解釈を明確にした中心人物であったことは明らかである。残念ながら、われわれは彼について、ミスルデンと同様にあまりよくは知らないように思える。マンの息子によれば、彼は「業務に広い経験をもち、貿易に通暁していたから、商人たちの間で有名であり、商業界の多くの人々によく知られていた」[59]。さらにわれわれはマン自身が書いたものを通じて、彼がイタリアで商人の経験を積んでいたことを知っている。イタリア在住中に彼はトスカナ大公フェルディナンドに仕え、レグホーンで数年間を過ごした[60]。その後一六一五年に東インド会社の役員となり、その後いくつかの王立委員会の委員に任命されたことは知られている[61]。そして彼が多くの報告書や覚書を提示したのは、この地位に就いていたときのことであった。

しかしながら、マンの生存中には短い論考一つだけが、彼の名前で出版されたにすぎない。それは東インド貿易に関する小冊子『イングランドの東インドとの貿易に関する一論』（*A Discourse of Trade from England unto the East Indies*, 1621）であった。それには当時の危機に関する言及はなく、危機の数年前に書かれたものと思われる。それはむしろ「東インド会社に対していつも向けられている種々の論難」に対する、この会社の党派的な擁護と見なければならない[62]。そうした擁護論としては、マーチャント・アドヴェンチャラーズを弁護するための論陣を一六〇一年に張ったジョン・ウィーラーの場合と、根本的に異なるところはなかった[63]。マンはこの小冊子を、外国貿易の役割を認めることから書き始めた。「商品の貿易は、諸国民の間の通商がそれによって立派に達せられる称賛すべき慣行であるだけでなく、一王国の繁栄にとっての試金石そのものである」[64]。この後で彼が述べていることは、事実上、〔貿易〕差額論の初期的な定式化である。

大いなる配慮と慎重さをもって、外国商品を輸入し消費するよりも多くの国産商品を輸出する王国では、〔支出を収入に適宜順応させる個人が富み金持ちになるのと〕同じことが起こる。というのは、この場合には、その残額が必ず財宝としてそのような王国には戻ってくるはずだからである。しかしこれとは逆の道がとられ、不節制や放蕩によって、外国品でも国産品でも、度はずれた浪費がなされるところでは、貨幣が必然的に輸出されねばならない。(65)

「この王国から……金、銀、鋳貨」を輸出しているのではないかという、東インド会社への非難に対する、彼によるこの会社の弁護はよく知られている。彼は輸出入の数値を示しながら、この会社はむしろ「この王国の他の貿易を……全部ひっくるめた以上の財宝をこの王国にもたらしている(66)」ことを読者に説得しようとした。このようにしてこの会社は、運び出された地金を遥かに上回る価値をもつ商品を持ち帰っている。そのうえこれらの商品のうちの多くは、後に他の諸国に再輸出されるであろう、と彼は指摘する。再輸出されることによって、これらの商品はイングランドに対し、「この王国の財宝の増加に貢献する余剰を提供するであろう(67)」。

マンは、「東インド貿易を非難から解放するために自分の仕事を果たした」、この小冊子に満足しているようだったが(68)、死後出版の『外国貿易によるイングランドの財宝』での論調はこれとはまったく異なっている。最も重要なことは、おそらく一六二〇年代後半に書かれたこの「重商主義宣言」を、原理をもって議論することのできない人物が描いた、現実の自然のままの反映と見なすことは、完全な誤称であるということである。そうではなくて、同書は、その著者の原理をもって議論する能力においてだけでなく、そのスタイルと議論における明瞭さという点でも際立っている。それはある会社の利益を擁護する、もう一つの党派的文書などでは決してない。確かにマンは商人層の熱烈な一員である。しかし彼はこの商人層の擁護において、より多くの貿易と製造業とをもたらすことが国家共同社会全体の利益であると指摘した。彼はどんな特定の利害をも擁護していない。彼は一国を富と力において繁栄させることのできる諸要因についての、全般的な分析を展開しようと努めている。

このようにして、この著書でのマンの抱負は、「王国を富裕にする一般的方法」(69)を提供することであった。この方法を達成する規則は簡単で、「われわれが消費する外国商品の価値額を上回るものを毎年外国人に販売すること」である(70)。自らの鉱山を持たない国にとっては、外国貿易がより多くの財宝を手にする唯一の可能な手段である。貨幣は「交易の命」ではない——物々交換でもって代えられうるから——としても、財宝の純流入は疑いなく有益な効果をもつと彼は考える(71)。こうした貨幣の流入は、交易を活気づかせ、土地の価値を上昇させる。それはまた「君主の金庫」により多くの財宝を提供する。貨幣の「過多」は物価を上昇させ、そのことが原因で、輸出の沈滞と「消費の減少」が引き起こされるかもしれないことを、彼は認識していた。しかしながら、こうしたことは、われわれが貨幣を貯蔵し、「われわれの貨幣で貿易すること」を停止する場合にのみ起こることであろう、と彼は言う(72)。この疑いもなく重要な文章をどう理解するかについては後に立ち戻る。

しかしながら、こうした新たな原理を提起することのほかに、この論考のもう一つの目的は、一六二〇年代の危機に関するマリーズの解釈に反撃することであった。こうしてマンはミスルデンと同様に、為替相場は貨幣と為替手形との流入・流出によって調整されると主張した。こうした流入・流出は、それはそれでまた、「実物的な（リアル）」貿易差額によって引き起こされる。このようにして彼は、「為替によって貨幣が、過少あるいは過大に評価されるのは、為替が組まれる場所において貨幣が豊富であるか稀少であるかによる」と主張する。そして彼は一例をあげる。「アムステルダムに向けて送金される貨幣が豊富ならば、わが国の貨幣は為替では安値に評価されるであろう。なぜなら貨幣を受け取る者は、それがきわめて豊富に自分たちの方に向かっているのを見て、それを安く評価して受け取ることで利益を得るからである」[73]。さらに一六二二年と一六二三年の草稿からの、ほとんど逐語的な繰り返しの文章で彼は言う。「わが国の財宝を運び出すものは、為替におけるわが国貨幣の低い評価ではなく、わが国の貿易の〔逆調の〕不均衡（オーバー・バランシング）である」[74]、と。

ひじょうに多くの人々が指摘しているように、確かにマンの「貿易差額」はむしろ「支払差額」(balance of payments) であると解釈すべきであろう。ミスルデンと同様に、彼がその有名な差額のなかに賃貸料や手数料などの「隠れた」(hidden) 所得を含めていることは明らかである[75]。だからわれわれがそこに見るものは、実に、外国為替の近代的な関係論の萌芽以上のものである。たとえばジョージ・ゴッシェンが指摘しているように、根本において「為替とは請求権あるいは負債の交換である」[76]。これは根本において、すでに見たように、マンとミスルデンも言っていたことである。しかしながら、ここでの課題は、近代理論の観点からマンの為替関係に関する表現の長所や欠点を論じることではない。もっと重要な注目すべきことは、彼がこの「古典的」理論をマリーズと彼の支持者とを批判するために大々的に利用しているということである。

ここから明らかなことは、富裕な君主の財宝を、利得が生まれるところへ移動させるのは、為替の力ではない。為替を動かしているのは、外国貿易における商品の貨幣的やり取りである。そしてその貨幣の豊富または稀少に応じて、為替の価格の高低が左右される[77]。

マンが後に「重商主義体系」として知られるようになったものを提起したのは、『イングランドの財宝』においてである。彼は一国が繁栄するためには、輸入する以上に輸出しなければならないと主張する。これが貨幣の流入を引き起こし、その貨幣で貿易をすれば、国家共同社会（コモンウェルス）の蓄えは増加する。さらに一国はその貿易を管理して、製造品を輸出し、加工を加えるための原料を輸入するように仕向けなければならない。実に彼は、「わが国の富は、もしわれわれが自然に対して技術を加えさえすれば、すなわちわが自然資源にわが労働を加えさえすれば、すべてのキリスト教国が称賛し畏怖するような、すばらしい話題の対象となろう」と述べている[78]。このメッセージは、明らかにイギリスの公衆を念頭においていたから、オランダの利益と直接に対立する攻撃的な調子をとくに帯びていた。「ニシン、リング〔北ヨーロッパ産のタラ科の魚〕、タラの漁業」のような重要な産業の支配は、「言葉よりも剣によって迅速になされるだろう」と彼は期待した[79]。

一国が繁栄するためには、できるだけ多くの加工を施した財貨を輸出するとともに、輸入する以上に輸出すべきだというメッセージは、当時の正統的見解とほぼ完璧に一致していた。すでに見たように、こうした政策は一六世紀を通じて、すでに最高の英知と見なされていた。たとえばエドワード・ミスルデンはこの点ではきわめて明瞭であった。「王国の貿易のこの差額には奇抜さも新奇さもない。それは実に昔からの英知であり政策である」[80]。この見解にしたがえば、国にとって戦略上重要な原材料〔軍艦に必要な丸太材など〕や国内産業で加工されうるようなものだけが、輸入されるべきである。さらに、原材料の輸出は抑制されるべきである。この政策がいかに古かろうとも、それはマンとミスルデンの後、「順調貿易差額」説によって次第に擁護されるようになった。この差額は、ある国家がその外国貿易において成功しているかどうかを測る尺度となった。マンが強調したように、それは「わが国の取引の真の規則」となり、その成功は国の「蓄え（ストック）」の増加によって明瞭に示された。

マンその他の重商主義者が「富」、「蓄え」等々の概念で何を理解したかということだけでなく、差額論がどのように解釈されたのかということについても、後に立ち戻る。しかしながら、マンとミスルデンの役割を、順調貿易差額の「学説（ドクトリン）」を広めたという点だけで評価するのは誤りであろう。すでに述べたように、彼らの目的は一六二〇年代の危機をより一般的な用語で説明することにあったが、一六六〇年代の激しい論争のなかでは、そのことはほとんど見落とされてしまった。この点をもっとはっきり言えば、彼らの努力は新たなものを提起したのである。

（I）バリー・サプルにとって、マンは「競争時代の経済学者（エコノミスト）」であった[81]。経済学者としてマンとミスルデンはともに、市場メカニズムがきわめて重要であることを明確に認識していた。そのためにミスルデンによれば、「熟達の商人は、普通、ある商品の価格は、他の商品のそれが下がれば上がる。そして商品の騰落は、その商品への欲求と有用性の大小によって左右されることを知っている[82]」。確かに市場は「誰もがおのれを最もあからさまに現わす」場所であった[83]。しかしながらマンとミスルデンはともに、こうした自己中心主義（egotism）が市場の諸力によって緩和されることを熱心に指摘した。したがって銀行家や為替取扱い業者は、社会に損失を与える企（たくら）みを好き勝手にすることはできなかった。市場は、不確実性にその特徴があるとはいえ、秩序ある場であった。非人格的な市場の諸力が、さまざまな市場参加者の行動のあり方をつくりあげた。適切に機能するためには、この秩序は「自然の事柄」として認められなければならなかったし、したがってまた自由に「その進路を取ら」なければならなかった[84]。

マンとミスルデンはともに、この市場メカニズムを価格形成全般に適用した。需要と供給の関係は、財貨の高価または安価を引きおこした。この関係は、「食料と衣料」の実際価格を決定することによって、同時に貧民の賃金を割り当てた[85]。すでに見たように、マンとミスルデンによれば、需要と供給は、他の諸国との手形や貨幣の交換をも規定した。このようにして「商人手形による交換」は、「貨幣の豊富または稀少によって」決まるという考えは、マンが一六二二年五月に書いた「謹んで呈する報告書」においてすでに現れていた[86]。そのうえ二人とも、需要と供給の状態は、為替手形を送るかわりに、貨幣を輸出する方が有利となるのはいつかということ――つまり実際のいわゆる〔金銀〕現送点の水準――を決定する、と考えていた。この文脈においてミスルデンはこう書いた。「いまもしわれわれの貨幣を外国人に向けて持ち出すことによる利得が一〇ないし一五パーセントとするならば、われわれ自身のもとにある為替は、この利得に対応して〔貨幣の〕輸送を阻止するほどの、もっとずっと高い水準に設定されなければならない[87]」、と。マンはとりわけ、市場の法則が、商人、独占業者、銀行家、国王によって容易に操作されうると考える人々を大いに蔑視した。こうして、『外国貿易によるイングランドの財宝』における彼の結論には、ほぼ一五〇年後のアダム・スミスの寛容さを思わせる響きが幾分かある。

しかし、商人の建てる為替相場が高かろうと低かろうと、〈平価〉（*Par pro pari*）であろうと、あるいはまったく建てられなくても、かまわない。外国の君主がその鋳貨を引き上げようが、その貨幣の基準を引き下げようが、かまわない。わが陛下が同じようなことをしても、あるいはその鋳貨を現状のまま不変に保つようにしても、かまわない。外国の通貨が、造幣局での価値以上の高い水準でもって、国内のあらゆる支払いに使われてもかまわない。使用条例が外国人によって悪用されようと、かまわない。君主が抑圧しようと、法律家が脅そうと、高利貸が高利でもって噛みつこうと、放蕩者が浪費しようと、かまわない。最後になるが、商人が取引のために必要なだけの貨幣をどれほど運びだそうと、かまわない。これらがどうであれ、こ

　れらの行為はすべて、貿易の運行において、この論考において書いたこと以上の結果をもたらすことはできないのである。というのは、外国貿易が価値において順調の不均衡（オーバー・バランス）になるか逆調の不均衡（アンダー・バランス）になるかに応じて、その金額と同じだけの財宝が一国に持ち込まれるか、一国から運び出されるかするからである(88)。

市場過程の役割を強調する彼らの一層重要な結論もまた認めなければならない。両著者は、高い価格が低い需要を含意することをよく知っていた。さらに彼らはこの法則が外国貿易にも適用されることを知っていた。だから輸出財の需要は原則的に弾力的であった。たとえばマンは、一国は「高価格のために販売量が減少してしまうということが起こらないかぎり(89)」、できるだけ高くその生産物を売るようにむろん努めなければならない、と述べた。

　このことを念頭に置いて、なぜ彼らは、バーボンにならって、ジャーヴェイズとヒュームが正貨流出入機構として認識することになる、明白に論理的な結論を引き出さなかったのかということが、大いに議論されてきた。とくに彼らはヴァイナーが指摘したように、貨幣数量説の原理を認めただけでなく、海外需要が弾力的であることも認識していた。なぜ彼らはそこで第三の道をとり、そこから生まれる結論、すなわち貨幣の流入は価格上昇と輸出低下をもたらすだろうということを認識しなかったのか。しかしながらヴァイナーによれば、マンとミスルデンはこれら二つの命題を結びつけて、「金属貨幣の自動調整的な国際的配分に関する首尾一貫した理論にする」ことができなかった。ヴァイナーの確信するところでは、もし結びつけていたならば、それは順調貿易差額論の基礎を疑いなく破壊していたことであろう(90)。しかしながら、グールドが提起しているように、マンがある理由から正貨流出入機構を無視したとしても、彼が実際にこの機構をあまりよく知らなかったのかどうかは、大いに疑わしい[91]。マンの言うところでは、こうである。

誰もが認めるように、ある王国における貨幣の豊富は、その国の産する商品を一層高価にする。それはある一部の人々にとっては、その収入からみて利益となるが、社会にとっては、その貿易量からみて利益にまさに反する。なぜなら、貨幣が豊富ならば商品は一層高価になるのと同じように、商品が高価になればその使用と消費は減少するからである。……これは若干の大地主にとってはなかなか理解しにくい教訓であるが、しかし国全体としては守るべき真の教訓であると私は確信する。というのは、われわれが貿易によって幾分かの貨幣を蓄えたとしても、その貨幣で貿易を行なわないならば、それを再び失うからである[92]。

(Ⅱ) このように、マンとミスルデンは疑いもなく需要・供給のメカニズムを価格形成全般に適用することによって、永続的な影響力をもつ新たな原理を提起した。もちろんこれは、彼らが市場の日々のかけ引きに参加する実務的商人として得た洞察であったといえるかもしれない[93]。確かに彼らは経済的探究のために経験的観察が果たす役割についてはっきりと言及していた。だから彼らの「方法」は、その時代に発達し、フランシス・ベイコンの名前と結びついていた、一種の経験主義とかなり緊密に結びついていたように思える。ベイコンは、一六二〇年代にはすでにその有名な『随筆集』の初版〔一五九七年〕で、彼の一般的な見解を広範な読者に提供していた。

マンとミスルデンに対するベイコンの直接的な影響を突き止めることは、確かに困難である。ミスルデンが哲学的著作を引用している場合、それはたいていアリストテレスや他の古典的思想家〔の著作〕である。そのうえ彼の『商業の環』における質量・形相・本質に関する議論[*3]は、まぎれもなくアリストテレス哲学のそれである。[94]しかしアリストテレスへの言及は当時は通例のことであり、そのことは著者の本当の立場が何であるかをあまり多くは語っていない。しかしながら、ミスルデンが論争好きな「フランスの有名な論理学者」ラムス[*4]にとくに言及していることは、彼がアリストテレス主義に対する根本的な反対論を知悉していたことを示している。さらにベイコンは初期の段階でラムスの影響を受けており、彼の著作にはこの年長の師匠との一致が見られる。[95]しかしながら、ミスルデンがラムスについて言わなければならなかったことは、一層大きな関心を呼び起こす。「われわれは分類に過度の好奇心を寄せてはならない。その場合には方法を求めて努力しながら、〔二分法を欠くために〕質料を見失うことになるからだ[96]」。この引用は、ミスルデンがマリーンズの中傷から自身の二分法（*dichotomy*）の使用を弁護した際の文脈から取ったものである。これは確かにアリストテレス派の形式主義と中身のない定義づけに対する批判であり、ベイコンの精神に沿っているものと読むことができる。だからベイコンは『ノヴム・オルガヌム』〔一六二〇年〕において、アリストテレスは「事物の本性に、無数の恣意的な区別を押しつけたので、いたるところで、事物の恒久的な真理の探究よりも、教説の定義、ならびに彼の命題の言葉遣いの正確さの方に、一層熱心であった」と指摘した。[97]

　こうして以上のことを基礎に、マンとミスルデンはより多くの帰納とより少ない演繹に賛成する議論をした。彼らは自分たちの経済過程の見方を健全な経験的基礎の上に確立しようとした。それゆえに自分たちは大学者でも大思想家でもないと彼らは主張した。「この問題は私にはあまりに高度で手に余る」とマンはある事例について言っている。[98]さらにミスルデンは王侯の高位者に献呈した一六二二年の小冊子で、自分の主題はきわめて控えめなものであると書いた。彼はそれがおそらくあまりにも卑俗なものであるから、国王がそれに時間を割くことはないだろう、と問うている。[99] 東インド会社を擁護した最初の小冊子でマンは、「学識の不足から、……言葉をいろいろ変えてみたり、流暢に述べたり、というわけにはいかなかった。それでもすべての問題について、私は誠心誠意取り組んだのだから、もし指摘があれば、そのあらゆる場合について、それを論証する用意がある」として、彼の職務を遂行することを許してほしいと求めている。[100]

こうした例は、ただの謙遜というよりは、むしろ経験的方法を説明する陳述として明確に理解されなければならない。それと同時に、彼らの方法論的プログラムに囚われてはならない。彼らが自分たちの経済世界の概念化を個別の経験的事実によって基礎づけたとするのは、あまりにも単純すぎる。マンの『外国貿易によるイングランドの財宝』をこのように解釈することは、とくに誤解を招きやすい。同書は、市場の諸関係によって支配される、均衡化する諸力からなる、きわめて抽象的な経済世界を描いている。だからマンが、ずっと後に古典派の人々が行なうことになったのとまったく同じ定型化された方法で、経済過程を描いたと主張しても、決して強引ではない。たとえば彼は貨幣的混乱のような短期的要因が、どの程度需要と供給の自動調整的秩序を混乱させうるかということを、まったく考慮していない。

しかしながら、マンとミスルデンとベイコン主義者との間には、また他の明白な繋がりが存在する。[101] 第一に、とくにマンの場合には、すべてのものは数で測れるはずであるということを意味する、ベイコンに由来するいわゆる「パノプテス」(panoptes)が明瞭に見てとれる。こうして彼の『イングランドの東インドとの貿易に関する一論』では、東インド貿易の有益な効果を示すために、たくさんの数字が並べられている。さらに一般的に言って、経済と社会についてのこの新しい研究方法は、「均衡（バランス）」という語句の頻繁な使用と結びついている。この語は、一六〇一年のマリーンズのある経済的テクストにおいて「不均衡（オーバー・バランシング）」という独特な形で最初に現れる。[102]

しかしベアーが明らかにしたように、「貿易差額」が一つの概念として明確に用いられたのは、サー・ライオネル・クランフィールドとサー・ジョン・ウォステンホルムという二人の税関吏による一六一五年の未刊行の報告書においてであった[103]。その翌年、この語はベーコンの「サー・ジョージ・ヴィラーズへの助言」という文書で使われた[104]。すでに述べたように、この語が最初に印刷に付されたのは、一六二三年のエドワード・ミスルデンのもとにおいてであった[105]。最後にそれは、一六二五年にベイコン『随筆集』第三版におさめられた随筆の一つ、「暴動と事変ついて」において現れた。

一般的に言って、「均衡」概念の使用の増加は、社会の過程を描くために、自然界からの比喩の借用が増加したことと関係があった。一七世紀中頃にとくに目につくようになったこの借用は多くの場合、科学全般に対するベイコン的プログラムの躍進と関係していた。ベイコンにとって科学的進歩の崇高な進路は、学問の一大企画において自然と人間と社会とを結びつけることにあった。

「均衡」は、この意味では、本来、自然界における均衡状態を叙述するために、物理学者によって展開された用語であった[106]。こうして自然的世界と社会的世界はともに、内的に相互関連して動く「機械的諸力」からなるものと見なされた[107]。経済の世界は原理的に自然界と同じように研究しうるというこの着想（アイデア）は、疑いなく計り知れない結果をもたらした[108]。最も深遠なことに、この着想は、社会や経済も、人間によって発見できる法則や一般原理によって構築されたという見方を確立した。ここから、これら「自然の」機械的な諸力は、それをなすがままに放任しておけば、一層うまく機能するだろうという、一層進んだ着想がまもなく出現することになった。

（Ⅲ）このように、経済を「実物的な（リアル）」経済諸力からなる機械的システムという観点から理解するように、マンとミスルデンを促したものが、貿易から得た実践的経験だけであったはずはない。もちろんこれに対するきわめて素朴な反論は、同時代に生きた他の観察者たちが、まったく同じ経験から全面的に異なる結論を引き出したということである。さらにまた、ド・ローヴァーが示したように、グレシャム、マリーンズ、ロビンソン、マディソンのような「通貨主義者」は、マンやミスルデンが住んでいたのと同じ競争的世界に住んでいなかった、と理解することは誤りである。(109) あるいは、このような視角からは、〔後述のような〕トマス・ミルズの奇妙な見解をどう考えるべきなのだろうか。すでに見たように、これらの観察者は、マンやミスルデンよりもこの時代の経済状態を一層正確に描いていたとさえ言えるかもしれない。こうして、マリーンズが一六二〇年代のイギリスにおける為替関係の悪化の背後にあった重要な原因として、貨幣的破局と外国の悪鋳の役割とを指摘したとき、彼の方がおそらくより現実的であった。他方、マンとミスルデンは、長期的展望の点では、おそらくより正確な抽象的画像を描いていた。

さらに、マンがとりわけ『外国貿易によるイングランドの財宝』において、現実に起こったことの厳密な分析を提供する抱負をもっていた、と想定することは完全に誤解を招くことになろう。そうではなくて彼の目的は、ミスルデンと同様に、一組の一般原理にもとづく枠組みを提供することであった。彼らが描写しようと試みていたことは、市場システムの「本質」であって、その現実の歴史的表出ではなかった。(110) さらに彼らが生きていた競争的環境から彼らが導き出した結論は、ほぼ確実に、さまざまなイデオロギー、世界観、言語で彩られていた。『商業の環』においてミスルデンは、経済を「自然的」体系(システム)として、それ自体の法則をもつ自律的性質のものとして、描写した。為替手形の受取りと振出しを論じるとき、彼はこの体系のミクロ的基礎を以下のような見方で示した。

為替手形の受取りや振出しは、自由意思にもとづく契約であるから、当事者間の相互合意によってなされる。他のすべての売買契約や取決めにおけると同じように、為替手形の受取りや振出しにおいても、両当事者の意向は自由である。そして、交易は、その振る舞い（course）と慣わし（use）において、何ものの強制にも耐えないであろうような種類の自然的自由（naturall liberty）を、そのなかにもっている。〔交易を〕強制しようと試みても、それはほとんど見込みがない。交易は、思っていたほどには悪くない状態に、放任されるであろう。

さらにこの一節で彼は、「どうでもよい事物の慣わしにおける自然的自由」と「政府権力の行使」とを明確に区別した。そして最後に賛意を表して、〈自然が与えるものは、誰も取り除くことができない〉（*Quod natura dedit, tollere nemo potest*）という金言を引用した[111]。

これと同じことがマンにはもっと多く見いだせる。市場経済は、機械的諸力によって調整されるという彼の確信は、彼のテクストのいろいろな文章から見て、完全に明らかである。たとえば彼は、「ある方法で無理矢理に入れられたものは、それがなんであれ、別の方法で再び出て行くにちがいない」と強調した[112]。人がこうした諸力に干渉することは、可能ではないと彼は考えた。「富裕な君主は、大きな力をもつとはいえ、だからといって、その富裕なすべての君主が、貨幣を扱う主要市場を君主の好きなところに移させる力をもっているだろうか[113]」、と彼は指摘した。

これらがこの時代における急進的な見解であったことは疑いない。われわれはヨーロッパのほとんどいたるところで、王室絶対主義が進展中であった時代を論じていることを忘れてはならない。このことを考えると、アダム・スミスによって提起された「重商主義体系」の標準的な概念は再考されるべきではないだろうか。明らかにこうした再評価にはいくつかの妥当な理由がある。強調すべき一つの重要な点は、通俗的見解とは異なり、マンとミスルデンは政治組織体（ポリティ）や国家の外側に独立した経済領域があることを確信していた、ということである。そのうえ彼らの道徳哲学は、人間が利己的であり私悪に満ちているということを暗に含んでいた。彼らは人間を唯物論的な仕方で解釈していた。実際に彼らの手中で、人間は型どおりの「経済人」となり、それはそれ以後ずっとわれわれに取り憑いている。マンは高利貸のようなものに対して不満を言うな、とわれわれに語っている。「ある人の貧窮は、他の人の好機となる」というのは、いつものことである[114]。貨幣が不足しているところでは、いつでも高い利子率が現れるのが通例である。それゆえに、高利貸は自然的なもの、すなわち市場経済における諸力の均衡の反映にすぎない。そのうえすでに見たように、ミスルデンは「誰でも……わが身が一番」であることをはっきりと理解していた[115]。

しかしながら、この基本的な快楽主義は、経済活動の究極的目的としての公益とは抵触しなかった。われわれは、自らの義務と責務とを自覚した道徳的なキリスト教徒に信頼をおくことができないとはいえ、それでもよき秩序を手に入れることはできる。こうしてマンによれば、「わが国に対する愛と奉仕は、他人が行なうはずの義務について知ることよりも、むしろわれわれ自身の義務を遺漏なく遂行することのなかにある」。したがって「私的利得はつねに公益に同行するだろう」と彼は言葉を続けた[116]。確かにここでは、「同行するだろう」という言葉をマンはかなり意識的に使っている。彼は経済的自由が果たす積極的役割と市場諸力の相互作用とを強調したが、「私悪と公益」の一致は、国家共同社会が自然的秩序の原則、すなわち順調貿易差額の保持を貫くということを前提条件としていた。周知のように、一八世紀の思想家たちは別の結論を導くことになった。しかし、より急進的な学説の基礎が、マンとミスルデンによって据えられたことは、まったく明らかである。[117]

高利の貪り

一六二〇年代初頭のパンフレット合戦におけるミスルデンの論敵たるジェラード・マリーンズ（Gerrard Malynes, 1583-1641）が、オランダ系の出自であることはほぼ確実である。アントワープに生まれた彼は、その最初の出版物ではドゥ・マリーンズと自称した。しかしその後、彼は接頭辞のドゥを省いた[118]――おそらくその方がよりイギリス風に見えるから。マリーンズは、当時のたいていの経済的著作家以上に「レント・シーカー」と呼ばれるに相応しかったので、この「イギリス風に見えるという」意味での良い世評は間違いなく重要であった。彼は、ウィリアム・コケインと一緒に銅貨鋳造の独占権を得ようとしていた。彼は王室の支援を前提とする多くの経済的企画に参画していただけでなく、銀と銅の採掘にもかかわっていた。彼は早くから国のさまざまな委員会のメンバーに任命された。枢密院は貿易問題で彼に助言を求め、早くも一六〇〇年には彼は枢密院から「為替の真の平価」を確立するための委員を委託された。[119]その後、彼はさらに造幣局の試金官を務めた。彼はむろん何よりもまず商人であった。商人として彼は、「どこか胡散臭い商取引や大いに投機的な事業に関係しているかぎり、汚れなき名声を享受することはなかった」。[120]このような冒険的事業の多くもうまくいかなかった。そのうえ一五九八年には負債のためにフリート刑務所に収監され、一六一九年には銅貨鋳造企画に関与したことにより刑務所に戻ってきた。他方でこれらすべての事柄は、金融問題と貿易問題に対するすぐれた洞察力を彼に与えたに違いなかった。こうして彼は疑いもなく一六二〇年代初頭の経済危機をめぐる議論において、多少の権威をもって語ることができた。

エドワード・ミスルデンが告げているように、一六二〇年代初頭には〈平価〉（*par pro pari*）の観念は、マリーンズの古びた図式であった。すでに『イングランド国家の癌腫に関する論考』（一六〇一年）には彼の一般的アプローチの概要が示されていた。イングランドにとって主要な問題、すなわち「わが国家共同社会という政治体の未詳の病」は〔逆調の〕「不均衡（オーバーバランス）」であった。さらに、

この〔逆調の〕不均衡は、正しくは商品の価格に原因があるのであって、商品の量や質に原因があるのではない。そしてこの不均衡を相殺するために、わが国の財宝は必然的に使い尽くされ、消費されねばならず、その結果王国の深刻な窮乏とわが国の貨幣の搬送とが引き起こされる。[121]

「外国の商品が価格において、わが国産の商品よりも高い」理由として、彼はとくにこの国からの貨幣の搬送をあげた。[122] マリーンズによれば、イングランドにとって不利な展開となっている交易条件の背後にある、一つの重要な要因は、「西インドからキリスト教国への」銀の流れが、イングランドにとっては他のヨーロッパ諸国よりも少ない利益しかもたらさなかったことであった。[123] この考えは、彼の後期の著作だけでなく、小冊子『二つのパラドックスの正体を暴くためのイングランドの見解』（*England's View in the Unmasking of Two Paradoxes*, 1603）におけるボーダンと貨幣数量説に関する議論において繰り返された。[124] しかしながら、彼のそこでの主要な説明はいつものように、こうした搬送は、正貨での輸出を有利とするような、イギリス貨幣に対する低い為替相場に左右された、というものであった。すでに一六〇一年に彼は、低い為替相場は主に、独占的な外国の銀行家

と為替取扱い業者が行なう為替操作によることをとくに強調していた。最終的に彼は「この病のきわめて重大な原因をなしていたものは、貨幣を求める為替の悪用」[125]であったと結論した。そして彼が提案した救済策は、いまではわれわれに周知のもの、すなわち貨幣の搬送は阻止さるべきであり、貨幣はその「真の価値」(true value)に引き上げられるべきだ、というものだった。

彼はこの考えを後の著作でさらに彫琢したとはいえ、基本的には同じままであった。彼の百科事典的な『商慣習法』(*Consuetudo vel Lex Mercatoria*, 1622)では、外国為替を(「商品の価格と価値を、貨幣との公正な比率で指示し管理する」)「精神(スピリット)」または「船の舵」として交互に表現した[126]。この見解では、外国からの「貨幣を求める交換」が、イングランドの「商品の〔逆調の〕不均衡」をもたらすうえで主要な役割を演じた。このようにしてイギリス貨幣の過少評価は、イギリス商人たちに、価値で測った旧来の輸入を維持するために、より多くの商品をますます〔外国に〕提供するよう仕向けた。すでに見たように、彼らは、悪化する交易条件のこの悪循環のなかで、交易条件がますます悪化していくのに従って、自分たちの為替手形の支払いをするために、「すばやい販売」や「安売り」をしなければならない[127]。彼がミスルデンへの反論として用いた議論の一つの重要な結論は、ますます安くなっていく価格での輸出が、「不公平な交換」をもっと悪化させるだろうということであった。「わが国の製造業」を増進させることが、「〔逆調の〕不均衡を緩和させるようには思えない」と彼は言った。これには以下のような論拠があった。「見識あるすべての人の言うところでは、当該製造業の収益や利益は、外国商品の形でわが国にもたらされるだろう。なぜなら貨幣や地金は、状況がこのままであるならば、損失をこうむらずに持ち込まれることはあり得ないからである[128]」。

彼が銀行家と外国為替取扱い業者の悪行を軽蔑したのは、とりわけ『商慣習法』においてであった。彼が書いた悪魔のような「銀行家の策略」の長い一覧表は、実は一五六〇年頃におそらくグレシャムが書いたと思われる覚書からの借用であった。[129]それでも、彼が銀行家や為替取扱い業者の所業として非難するもののなかには、彼らが承諾なしに貨幣を輸出し、「海上の冒険や労苦なしに」、とりわけ為替の操作によって「金持ちになって生活する」ことがあげられていた。[130]最後に、彼の後期のすべての著作には、〈平価〉(*Par Pro Pari*)が貨幣の過小評価と貿易の不均衡に対する唯一真の救治策として現れる。『商業の環の中心』で彼は〈平価〉(*Par*)をこう定義した。

したがってこの規則は……絶対に正しい。為替が、わが国の貨幣の真の価値に対応している場合、つまりわが国の貨幣の内在的な(inward)重量・品質、ならびにその外面的〔額面的〕な評価どおりである場合には、われわれの貨幣は決して輸出されない。なぜなら、〔この場合には〕利益は、〔貨幣の〕輸出の原因である為替によってかなえられるからである。[131]

すでに論じたように、一六二〇年代初頭の深刻な危機の背後にある真の原因を、同じ時期における貨幣的大混乱に見いだそうとするマリーンズの試みは、実際にはミスルデンの風刺を受ける類のものではなかった。とりわけ為替を取扱う銀行家のことを、市場を買い占める独占者としたマリーンズの論難には、「根拠がまったくなかったわけではない」。[132]疑いもなく一六世紀末の外国為替に関するド・ローヴァー、エーレンベルク、トーニーの研究には、マリーンズの観察や議論の多くの妥当性がはっきりと示されている。[133]それとともに、投機と独占の役割に関する彼の執拗な主張は、より長期の過程の叙述としては、それほど説得的とは思えない。イギリスの輸出品の低価格は、その高すぎる価格よりもむしろ問題であるという彼の見解は、さらに一層現実から離れているように思える。このようにして、彼はマンやミスルデンとは対照的に、需要の弾力性の役割を認識していなかったように思える。その代わり彼の主な関心は、イギリスの織物は輸出においてあまりにも安く売られているということであった。彼は「織物がいま売られているよりも一・五倍高い価格で売られていたとき、〔他の諸国民は〕それが高すぎると不平を述べたことは決してなかった[134]」と指摘した。こうして「他の諸国民よりも安く売るために……われわれの織物価格を引き下げることにより」、織物貿易の減退を救済しようとする試みは不可能であった。「というのは、悪魔をもって悪魔を追い払うことはできないからだ[135]」。「貿易を確立することも、商品のはけ口を増やしたりすることも決してできないような、商品の価格に文句をつける」かわりに、彼は貨幣の価値引上げ（リヴァリエーション）を提案した。しかしながら、マンとミスルデンにとっては、この提案がもたらす唯一の帰結が、事態の一層の悪化であろうことを示すことは容易であった。

トーニーが明らかにしたように、マリーンズの議論は初期の国際信用システムの出現を反映していた。それゆえ手形と貨幣との交換は、一六世紀半ば以降にはかなり発達していた。これは国際的な貨幣市場の成長と国際的な貿易の拡大、とりわけ織物貿易の拡大の結果であった[136]。商品と商品との「自然な」交換に代わる手形での交換取引は、当時の観察者から疑いの目で見られていた。貨幣を交換することによって利益を稼ぐ行為は、『ヴェニスの商人』でシェークスピアが非難した「貨幣という金属の不妊種」の邪悪な行為の適例と見なすことができないだろうか。実際に一六世紀半ば以降、国際信用は増大したから、「外国為替は最も重要な社会的問題となっていた[137]」。ロンドンでは、為替取扱い業者からなるイタリア人居留地は、イングランドが経験した為替相場引下げの画策者と見なされた。またアントワープの銀行家と富裕な商人は、イギリスの貨幣価値を低くしておくために巧妙な共謀を企てていると見なされた。[138] この観点からすれば、マリーンズは、貨幣の進路を「彼らの好きなように」支配する「大為替業者や銀行家」を非難した、長い系列の中の一人にすぎなかった。[139]

しかしながら、マリーンズの為替と平価とに対する執着ぶりを理解するには、彼の社会観を少し詳しく見ておかなければならない。この点で彼が、独占や高利の問題に関する見解において、古い起源をもつスコラ派や教会法学者から大きな影響を受けていたことは疑いない。[140] 当時も依然として「高利問題」は、この後すぐに述べるが、激しい議論の的であった。彼がこうした「邪悪な」行為に対して猛然と闘ったという事実から、彼がその時代にしては並外れて保守的であった、という誤った結論を導くべきではない。

マリーンズによれば、貨幣と外国為替の関係にはさまざまな形態が存在した。その最も有害な形態は、〈偽装為替〉(*cambio sicco*) によって、あるいは〈架空為替〉(*cambio fictio*)[*5] を通じてなされたものであった。[141] 彼が最も激しく非難し、アントワープばかりかロンドンの少数の外国人銀行家グループにその出所があるとしたものは、この種の活動であった。彼の激怒の主な理由は、独占的投機と高利が、こうした「偽装」(dry) ならびに「架空」(fictitious) の為替とかかわっていたからであった。彼はこうした「違法行為」の存在を幾度も繰り返し述べた。[142] 独占とは、彼の定義では、「法または時には個人による強奪でもって、彼または彼らの私的利益のために、他のすべての人に対し商品の買い占めを行ない、他のすべての人に損害と損失をあたえるような、売買・取引・物的交換における一種の商取引」であった。[143]『自由貿易の維持』(*The Maintenance of Free Trade*, 1622) において彼は、マーチャント・アドベンチャラーズを独占業者であると激しく非難した。彼らについて彼はこう言った。「なぜなら、多くの他の商人が公益のために交易し取引しているかもしれないときに、ある少数の商人が交易のすべてを管理して国家共同社会に害を及ぼす場合、一団体 (Society) は事実上、一独占体となるかもしれないからである」[144]。

彼は、独占的態度の諸形態のなかに、通貨価値を低く押さえておくために投機を行なう、小グループの為替取扱い業者の行為を含めた。「商人のなかには、鋳貨の価値に関する知識にきわめて疎い者もいた」ので、為替取扱い業者は、それら商人たちを誘って彼らの貨幣を不利な相場で交換させた。これらすべてのことは、商人と国家共同社会全体にとって有害であると彼は考えた。しかしながら、これは実際に起こったことから見ると、まったく不正確ではないかもしれないが、それでもなぜイギリス商人と社会だけが、ある邪悪な力によって損害を受けたのかを理解することは難しい。マンとミスルデンの解決策は、むろん不利な為替が、逆調貿易差額と関係があるということであった。しかしながら、マリーンズは、「実物的（リアル）」な経済諸力が貨幣の流れの背後で働きうるという考えを、決して認めなかった。彼は彼の反対者に対して自分の意見を頑固に弁護した。

マリーンズにとって「独占の悪弊」は高利の一形態であった[145]。それは彼の言葉を借りれば、実際に「高利を貪ること」であった。だから「偽装」ならびに「架空」の為替取引は、実際には高利の隠された形態であった。『イングランドのセント・ジョージ』（一六〇一年）で彼は寓話の形を借りて、高利をイングランドにおけるすべての尊いもの――「仁愛」、「平等」、「調和」――を破壊する怪獣（ドラゴン）として描いた。怪獣は「諸国における謀反と不和の頭目であり原因であった」。彼はこう言う。

〔高利は〕ある人々をあまりにも豊かにし、他の人々を抑圧し窮乏させ、国家共同社会における一連の良き統治の調和をずたずたにしてしまう。……そこでは誰もが各人の生業に満足し、その職業に応じて義務を果たすべきであるのに[146]。

彼は高利のすべての形態を非難し、神の激怒を怪獣に投げつけた[147]。「儲け以外のためにはビタ一文も金（かね）を貸さない怪獣には、一切の慈善はまったく無縁である[148]」。しかしながら、彼の主な標的は為替取扱い業者であった。「彼らは、貨幣が人と人との間の堅い約束あるいは正義として、また契約や取引における公正な尺度・割合として、定められているとは考えない[149]」。それゆえに、これらの人々は「貨幣を世界の信条に仕上げ」てしまった。さらに彼らは「わが国において、一〇〇ポンドを一一〇ポンドにしたり、慈善と無利子の貸出しを破壊したりして、貨幣の性質と値打ちを変えてしまった[150]」。

マリーンズが非難した「高利を貪ること」が、外国為替取扱い業者が為替手形の売買において課した利子であったことを理解するのは困難ではない。確かにこの業者は為替手形の振出人として、ある一定期間、手形の受取人に常に信用を供与したであろう[151]。しかしながら、為替手形が主に貨幣の貸借のために用いられた場合には、一層質（たち）が悪かった。この時代に是認されていた一般的な考えでは、こうしたやり方は、貨幣と貨幣との交換によって得られた利得を暗に意味していたから、道徳的に不当であった。こうした活動はむろん、ヨーロッパのいたるところで、一六世紀の文献では非難されていた。しかしながら、とくにイギリスの文献はこの点で、ことのほか厳しかったように思える。だから国教徒であったトマス・ウィルソンは彼の『徴利論』（*Discourse upon Usury*, 1572）において、為替取引に対して、たとえば二世紀前のパリのカトリック教徒のスコラ学者よりもずっと厳しかった。たいていのスコラ学者は利潤の獲得が確実でないときには、利子を取ることを認めていた。今やウィルソンは、影響力のあった彼の著作で、銀行家の利得はほぼ確実であるとして、この主張を退けた[152]。ウィルソンは、高利が道徳的に不当であると非難しただけでなく、外国為替がしばしば利子の取得を伴うことを明確に証明した[153]。たとえば彼はこう述べた。「このように偽装（ドライ）の類の為替取引は完全に忌み嫌われてしかるべきである。なぜなら、それは明白な質の悪い高利以外の何ものでもないからである」。この活動は「まったく自然に反する」と彼は指摘した。「なぜなら、その〔偽装為替の〕占有者は、貨幣でもって貨幣を売り買いするわけだが、貨幣はそうした目的のために創案されたものでも、任じられたものでもないからである」。

しかしながら、これらの見解を根絶することが困難であったということは、一七世紀に入ってもなお出版され続けた高利反対の小冊子によって証明されている。一六三七年になってもボルトン氏なる者はこう書いた。「すべての高利は貪りつく。そのように貸付けられた貨幣は、空手では帰ってこない。しかしそのような貨幣は、貪りつき、ならず者のように盗み、その貨幣とともに借り手の富と財産の一部を持っていく」[154]。もう一つの例はトマス・カルペパーの有名な『高利反対論』（*A Tract against Usury*, 1621）であり、同書は息子のトマス・カルペパーとジョサイア・チャイルドなどを巻き込んだ、一六六〇年代まで続いた議論の引き金となった[155]。

それにもかかわらず、マリーンズが、着想の源泉として、とくに一六世紀を振り返っていたということは、まったく不当なわけではない。彼が一六世紀とともにあったと思われるものは、高利に対する否定的な態度だけではない。一般に彼の社会観は彼の論敵よりも古風であった。秩序だった国家共同社会という彼の考え方は、アリストテレスやスコラ派の思想家たちに多くの拠り所を見いだしていた。彼らと同様に彼は、経済関係は分配上の正義によって取り仕切られるべきであると感じていた。さらに、どこか受動的で、原則的に売ることはできないとする彼の貨幣観は、疑いもなく、一三・一四世紀のパリ派のスコラ学者からの遺産であった[156]。商業は本来危険であるという見解を彼は彼らと共有していた。少数のグループによる貪欲と利潤追求は、道徳秩序として捉えられた国家共同社会を脅かした。「高利の貪りと法外な奪取」を行なっている連中は、道徳秩序を破壊し、「無慈悲」であった[157]。彼らは「貧民や職人たちの欲求や必要」を無視する点で、その「心は、無慈悲の氷で凍てついている」と彼は述べた[158]。『商慣習法』でも彼は依然として、高利の「怪獣」は「国家共同社会に不平等をもたらす」という議論を繰り返した[159]。この怪獣が尾を振ることで、われわれの基準、すなわち「汝の欲せざることを、他人になすなかれ」という一般原則はねじ曲げられ、「調和は破られ、慈善心は冷え冷えとなり、不平等が入り込んでくる」[160]。疑いもなく、キリスト教的経済のスコラ派的道徳観は、はるか彼方に立ち去ったわけではなかった。

しかしながら、マリーンズがこの見方を、この時代の他の論者と共有していたことは疑いない。すでに見たように、サー・ラルフ・マディソンは、マリーンズと同じく、一六二二年に不況救済策を建議するために設けられていた委員会のメンバーであった。彼は一六四〇年に依然として古い公式を原則的に保持していた。だからマディソンはその『内外イングランドの眺望』(*England's Looking In and Out*, 1640)において、「わが王国の商品の衰退、とくに最近価格が大きく下落したこの王国の毛織物の衰退」について不満を述べた[161]。この衰退の主な理由は、「わが国の貨幣が、他の諸国へ流出または漏出していること」であった[162]。マディソンによれば、貨幣の不足は逆調貿易差額によるか、または「為替の売買」によって引き起こされた。こうして彼はマリーンズの独創的な解釈を保持しつつ、他方ではマンとミスルデンが提起した、矛盾した解釈をも認めていた。貨幣の不足は、二つの独自または主要な方法や手段、すなわち「外国人との取引における貿易の不均衡、ならびに外国人とわれわれとの間で用いられる手形による為替の売買によって」もたらされると彼は書いた[163]。しかし少し後になって彼はこれらの原因のうち、最初の原因を忘れてしまったようであった。いまでは彼は「商人為替」(Merchant Exchange)が「一般にわが国の貨幣を消尽させる有力な原因である」とだけ述べた[164]。理想は「価値と価値」との「公正な」交換であった。しかしこの「平価」は、「貨幣を好きなときに好きなように増減させている」有害な銀行家たちによって妨害された。彼らは「利得を求めて、わが国の貨幣が正貨の形で輸出される」ように、低い為替の維持を謀ったのである。[165]

一六二五年になってもヘンリー・ロビンソンは、この立場に近い「貿易と航海」の改善策を提案した。彼が提案した一つの重要な救済策は、「わが国の貨幣の輸出」を阻止する目的をもつ、新しい「銀行」を樹立することであった。こうしてこの銀行は、「為替手形による交換が行なわれるときに、世界のあらゆるところで、この国の商人を完全に騙してきた、為替の売買を覆す」ことができるであろう。[166]したがって必要なことは、「われわれと他の諸国民との間の為替を平価に従って設定すること」であった。[167]しかしながら、ロビンソンは新しい考えのいくつかを認めてもいた。たとえば、イングランドにおける価格上昇、または他の地域における価格下落は、この王国からの貨幣の輸出に弾みが与えられることを含意し、そのために「貿易の不均衡」を引き起こすかもしれないと彼は考えた。[168]

しかしながら、最後の例であるヘンリー・ミルズのもとで、われわれは疑いなく一六世紀に立ち戻る。地金を輸出しているとしてマーチャント・アドヴェンチャラーズを激しく攻撃したこの税関吏は、当時の公衆にとっても受け入れがたかったに違いない、気取った華やかなスタイルで書かれた数冊の小冊子を出版した。[169]しかしながら、彼をただの変人として片付けてしまうのはあまりにも安易すぎる。ド・ローヴァーが主張したように、彼は凡庸な理論家であったかもしれないが、だからといって彼が興味なき存在になってしまうわけではない。外国為替に関する彼の見解は、当時において実はごく当たり前のものであった。[170]一つには彼は、「利子付き手形」(Bils of interest)によって実際には支えられていた、「ロンドンの現在の分かりにくい為替手形による取引」のことを、はっきりと理解していた。[171]「為替は王国の身体全体を健康に保つものである」から、「為替の謎」はわが国の貨幣不足とわれわれのすべての問題とを解く鍵である、と彼は考えた。彼はその特有なわけの分からない専門語(ジャーゴン)でこう指摘した。

取引における為替、ならびに為替取引は、罪過と私的策略の迷路である。それにより国王は王冠を戴き、力強く君臨するように思えるであろう。だが、自分たちの目的が私的利益にある、とりわけ銀行家、私的な団体を形成した商人や強欲な人々は、自分たちの主権者、国王、女王に上納金を差し出し、……皇帝や国王に利子付きで貸出しをしながら、彼らの意図を宙ぶらりんにさせ、彼らの政策を支配することができる。……敬虔の汚点と妨害、正義の侮蔑、不和の種子、戦争の世界、魔法、このようなものが高利の力であった(172)。

重商主義の言説

本章では、ジェラード・マリーンズをその主要な代表者とする思想の流れとの断絶を明確に意味した、一六二〇年代の論争に焦点を当ててきた。それに代わってこの一〇年間に、エドワード・ミスルデンとトマス・マンという二人の商人である著作家によって象徴される、経済を理解する仕方の新たなアプローチの出現が見られた。この断絶は重商主義の研究史では、しばしば重金主義から重商主義への移行として描かれてきた。しかしながら、われわれが論じてきたように、ジェラード・マリーンズか、さもなければマディソン、ロビンソン、ミルズ、サンダーソンのような著者を「重金主義者」と見なすことは正しいとは言えない。彼らはある意味では、通貨主義者と見なせるかもしれないというのは正しい。事実彼らは、すでに見たように、一六二〇年代の経済危機を貨幣的諸要因――鋳貨の悪鋳、低い為替相場など――によって引き起こされたと解釈しようとした。しかしながら、彼らは、貨幣の流入はある意味では国家共同社会にとって有益であるという考えを、マンやミスルデンのような「重商主義者」と確かに共有していた。

そこで、「新」と「旧」との真の境界線を理解するためには、他の争点にむしろ目を向けなければならない。第一に、「重商主義者」が、諸国間の貨幣の流れは「実物的な（リアル）」経済諸力、すなわち支払差額（balance of payments）によって決まると確信していたことは明らかである。為替相場を決めるのは貿易の「超過差額（オーバーウェイト）」か「不足差額（アンダーウェイト）」であって、その逆ではなかった。第二に、これとならんで、彼らは市場機構（メカニズム）の全般的な重要性を認識していた。従前よりも遥かに急進的なやり方で、彼らはこの市場機構を価格形成全般に適用した。第三に、彼らは経済を、一連の倫理的規則を定めたキリスト教の道徳的秩序の一部とは考えなかった。市場での需要と供給は、いかなる種類の分配上の正義をも圧倒するだろう、と彼らは確信した。さらに彼らは唯物論的であり、人々は利己的であると力説した。第四に、経済は完全に自律的に動く諸力の体系である、という見解を展開した。これらの機械的諸力は、競争過程を通じて一つに結びつけられた。しかしながら、個人の利益と社会の利益とは自動的には一致しなかった。なおそのうえに、個人的利益の追求は経済を正道から逸らせることになるかもしれない。しかしながら経済が、認識されたある「自然の」諸原理にしっかりと従っているかぎり、こうした調和は、少なくともある程度は達成されよう。これら諸点のなかで、順調貿易差額の原理は、最も重要であった。

さらに指摘しうる他の相違点もある。そこで第五に、マンとミスルデンは経済世界の研究に、以前には一般的ではなかった、ある方法的アプローチを導入した。一方で、彼らは一つの理想として、ベイコンによって周知となっていた帰納法を提唱した。同時にマンの『外国貿易によるイングランド財宝』は、とりわけ経済過程を抽象的かつ一般的な方法で描写した。いかなる短期の混乱も、機械的諸力からなる、ほぼ自動均衡化するシステムに関する彼の見方に干渉することは許されなかった。結局のところ、マンからリカードウへの道はおそらく、それほど遠くなかったのである。

それはともあれ、次の世紀の間にブリテンで経済問題の議論が確立されることになったのは、この新しい基礎のうえにおいてであった。われわれが「重商主義的」と呼ぶ——たぶんもっと良い名称がないからだが——のは、それ独自の問題・表現形式（ボキャブラリー）・理論をもつ、この言説のことである。次章ではこの議論を辿る。もっと後でさらに、この議論が他の諸国の経済的議論とどう関係していたか、ということを見るであろう。

第四章　一七世紀の議論

前章では、混乱の一六二〇年代に、経済問題を論じる新たな言説が出現したことがわかった。一七世紀の残余の期間と一八世紀初頭には、新しい枠組みが、短期と長期の経済問題を議論するためにパンフレット著作家や経済的論客によって用いられた。順調貿易差額の定式が使用されるようになっただけではない。さらに経済領域は、需要と供給の諸力によって調整されるという考えがますます適用された。その考えはフランスに対するある保護的諸政策を弁護するために、あるいは交易の一層の自由を勧めるために使われた。それは新たな改良鋳貨の必要や悪鋳をめぐる激論のような貨幣問題を議論するために用いられた。それは利子率を法律で下げるべきか否か、等々の議論に活用された。こうした結果、マンやミスルデンの基礎のうえに築かれた独特のタイプの経済分析は、さらに発展した。しかしこれらの小片を「重商主義」と呼びうるもっと首尾一貫した言説体系に結合させることを目指した、より一般的な言説の確立が見られるのは、実際にはやっと一七世紀末になってのことであった。こうして、一般的には市場過程が、特殊的には外国貿易の増進が、どのようにして国民経済の富と力を増加させるのか、ということに議論を集中する「交易の科学」（science of trade）が出現したのは、とくに一六九〇年代においてであった。この一〇年間に数多くの経済的著作家は、商業と交易を基礎とする自律的な体系を支える原理の確立を求めて努力した。本章では一六九〇年までに出現した個別の諸議論を採り扱う。続く章ではこれらの個別の議論が一七世紀末に、どのようにして重商主義のより一般的な言説に総合されたかを見る。このような関連の中で、さらにこの時期の幾人かの主導的な重商主義著作家を登場させる。

一七世紀のブリテン

一六五二年には第一次オランダ戦争が勃発していた。その直接的原因は国民の誇りが傷つけられたことにあったと思われる。したがってドーヴァー沖で、トロンプ提督指揮下のオランダ艦隊は、イギリス海軍の軍艦と遭遇したときに旗を降ろして敬礼することを拒絶した。しかしこの戦争の直後に、一六七四年に終わったオランダとの第二次と第三次の戦争が続いたのだから、この〈歴史的偶発事〉〈*histoire éventuallement*〉よりももっと根本的な要因が働いていたに違いなかった。そのうえ戦争は一六七四年の後も決して終わらなかった。こうして先ずスペインとの短い戦争が続いて起こった。その後、一六八八年の「名誉革命」に続いて、フランスと二つの長期の戦争が戦われた。九年戦争（一六八八―九七年）とスペイン王位継承戦争（一七〇二―一七一三年）である。こうして一六五一年の航海法制定から一七一三年のユトレヒト講和条約までの期間、ブリテンはほとんど絶え間なく戦争をしていた。この永続的な戦争状態は、間違いなく、重大な経済的・政治的な帰結をもたらした。最も重要なのは、戦争のもとでは一般にそうであるように、この状態がリヴァイアサン的な国家機構の強化をもたらしたことである。たとえば、永続的な戦争は、租税と税収入に対する統制の強化を余儀なくさせた。さらに国家的利益は、人間と産業と貿易とに対する管理の強化を要求した。さらに国家的利益を守るための法律がつくられ、新たな法令が制定された。こうして、アメリカの歴史家フィリップ・バックが「重商主義の政治」に固有の要素であると理解した権威主義は、実は大部分が永続的な戦争の所産であった[1]。

永続的な戦争がもたらした経済的帰結を解決することは一層困難であった。しかしながら、イングランドの貿易については、一六五二年から一七二三年までの間に多くのことが起こったことは明らかである。一七世紀中頃にイングランドは、毛織物の輸出にほとんどもっぱら依存していた。このためにたとえば一六四〇年代に、ルイス・ロバーツとヘンリー・ロビンソンを含む数名の経済的パンフレットの著作家は、イギリス経済は経済的な脆さを克服するために、もっと多様化されなければならないと論じていた[2]。こうした多様化の拡大は、半世紀後にはかなり達成されていた。製造業生産の増加、中継貿易の興隆、インドからの安価なキャラコの輸入と再輸出、そして「植民地(プランテーションズ)」――大部分は戦争によってオランダ人から奪い取ったもの――との植民地貿易を通じて、イングランドの貿易関係はずっと広範囲なものになった。イングランドは世界の主導的な貿易国家になるための第一歩を踏み出していた。さらに言えば、これが一八世紀の間にブリテンが世界の工場として、さらに目覚ましく登場した背後にあった主要な原因であったことは確かである。

以上から、これらの戦争は大部分、貿易の確保や拡大のために戦われたと推論しても、おそらくそれほど不都合ではないだろう。いかに多くの当時の観察者が、状況をこのように見ていたかということも間違いない。それゆえにフランスとの講和が結ばれた翌年の一六九八年にチャールズ・ダヴナントは、「貿易と戦争とは歩みをともにできなかったと言う人たちがいるが、それは明らかに誤りである」として、その考えを嘲笑した[3]。国家は「貿易の保護」のために必要であるという逆の考えを、ダヴナントはもっていた。彼は「貿易をうまく統制し保護するためには、他の諸国民の利益を挫くことのできる、多くのことがおそらくなされなければならない」と言った[4]。

しかしながら、これは戦争が、金と特権的地位を求めた商人たちの共謀を利する、私的利益のためにのみ戦われたということを意味しない。それどころかヒントンとウィルソンが強調したように、イギリス政府は他の諸国とのあからさまで攻撃的な競争のなかで貿易の増進をはかるために、少なくともこうした私的利益集団の目先の利益と直接対立する政策をたびたび遂行した。このようにして、たとえば一六五一年の航海法をもって始まる政府の政策に共通した主題は、マーチャント・アドヴェンチャラーズやイーストランド会社のような規制会社、ならびに一六八八年以降では東インド会社[5]が以前に保持していた、貿易に対する私的統制を政府統制に置き換えることであった[6]。

このようにして国民経済の拡張と国家統制の増大は、ほぼ確実に、攻撃的で好戦的な「重商主義の政治」(バック)の背後にあった動機であり、金持ちの商人の私的利益よりも、もっと永続性のある動機であった。この時代の政治家は、力は貿易を必要とする、という見解を抱いていた。どんな国もこれまで強力な経済的基盤なしには強大になることはできなかった。この文脈において、とくに重要であると見なされたのは、外国貿易から入ってくる利益であった。こうしたシナリオは、間違いなく、なぜ順調貿易差額論がこの時代にあれほど人気のスローガンとなったのかを理解するのに役立つ。

当時の議論においては、こうした順調貿易差額はさまざまな手段によって達成されうるということが強調された。第一にそれは、地金と原料との輸出を制限し、製造品の輸出を奨励することにより達成できた。しかしそれはまた、大規模な中継貿易、すなわちある外国から別の外国への輸送貿易の確立によって得ることができた。この場合、運搬と輸送に由来する「目に見えない」ものからの利益はむろんのこと、人々の賃金も、この貿易を遂行した国民のポケットに入ってくることになった。こうした方法でもって、敵との戦争に役立つ一層多くの船員が雇用されるばかりか、より大規模な艦隊が構築されるであろう[7]。

当時の好戦的精神のもとでは、この二つの方法はともに、他の諸国から収益性のある貿易路を争奪することを必要とした。ヘクシャーを含む後の数名の論評家は、一七世紀が国際貿易をどの程度までゼロ和ゲームと見なしていたかということに注目してきた[8]。この見方は、静態的貿易観のたんなる反映である以上に、一七世紀後半の好戦的な雰囲気の結果でもあった。こうしてある国が有利な貿易路において利得できたものを、他の国は失わなければならなかった。順調貿易差額のスローガンに大いに懐疑的であったチャールズ・ダヴナントやニコラス・バーボンでさえも、こうした世界観に囚われていた。もっと多くの例を挙げることができる。たとえば一六九〇年代にジョサイア・チャイルドは、一七世紀を通じてとりわけオランダ人に対して「損失した貿易」のことを、長々と論じた。そのような損失となったイギリスの貿易に関する彼の一覧表には、以下のものが含まれていた。ロシア貿易、グリーンランド貿易、ポルトガルのサンク・ヴァルスからの塩貿易、白ニシン貿易、ビルバオからのスペイン産羊毛の貿易、東インド貿易のいくつかの部分、中国ならびに日本との貿易、そして「オランダ人がわれわれをそこから追い出した」「スコットランドならびにアイルランドとの貿易」がそれであった[9]。

この世紀の大半を通じて、オランダ共和国の貿易はイギリス人の嫉妬の的であった。この強欲さが、一六五一年と一六六二年の航海法による制裁、一六六二年のステイプル法（貿易促進法）、一六五〇年代以降オランダ人との三次にわたる継続的な戦争、を引き起こしたことは確実である。オランダ人が本来イングランドのものであった貿易を分捕ったという感情が、この時期の経済的文献に共通するテーマであった。実際の状況を考えると、この感情は特段おかしいわけではなかった。たとえば、チャールズ・ウィルソンはこう書いた。

オランダの船団は毎年二月から九月まで、シェトランド諸島からテームズ川までの沿岸近くを航行して、ニシンを獲った。それは塩漬け・樽詰めされて、国内には食糧として、外国には価値ある輸出品として提供された。イギリス製の織物はアムステルダムで仕上げられ染色された。ドイツの亜麻布はハーレム〔オランダ西部の都市〕で漂白され、ノーフォークの大麦は蒸留されたり醸造されたりした。カリブ海諸島の砂糖は煮詰めて精製され、バルト海地域の木材は船や樽や厚板に作りかえられた。そしてこれら貿易のかなりの部分は、それがイングランドとの間で営まれるかぎりは、オランダ船を使って、とりわけ貨物輸送を安くするために建造された比較的新式のフライボートを使って、行き来した(10)。

しかしながら、一七世紀後半には別の強敵・フランスが舞台に登場した。サミュエル・フォートリーは、一六七三年〔に刊行されて〕以降影響力を及ぼした小冊子において、ブリテンはフランス国民との貿易でどれほど多くの損失を被ったかということをとくに強調した。この著者は、フランスからの奢侈品とワインの大量輸入のために、イングランドがマイナスの貿易差額の増加という結果になってしまったと指摘した。このことはルイ一四世の大臣コルベールが一斉にイギリス輸入品に対する効果的な保護システムを確立した時代に、とくに当てはまることであった。他の多くの人たちと同様に、フォートリーはこれが目下のブリテンの経済的困窮の最も重要な原因であると見た。ロジャー・コークもまたこの見解を共有していた(11)。ダヴナント、バーボン、チャイルド、サー・ダッドリー・ノースのような著作家によって異議が唱えられたとはいえ、ブリテンの貿易は、フランスからの奢侈品の輸入増加が原因で、一六六〇年代以降逆調に転じてしまったという見解は、フォートリー以後、共通の論調となった。そしてこれは一七一三年のユトレヒト講和条約以後に起こった論争においても、依然として中心的なテーマであった。ブリテンでは当時、フランスとの講和条約はブリテンにとって不利かどうかという、白熱した論争が沸き起こった。そこで、反フランス派の政治家と著作家は、条約廃止のために結集して『ブリティッシュ・マーチャント』を出版した。そして後に見るように、彼らは成功した。(12)(*1)

フランスに対する敵意は、貿易が中心的役割を果たしていたかもしれないが、政治的原因によっても疑いなく助長された。こうしてステュアート王家の二人、チャールズ二世とジェームズ二世の復位は、反フランス感情を明らかに昂進させた。そのうえ、九年戦争の時期までには、フランスはヨーロッパにおける勢力均衡に挑戦できるほどに軍事的・政治的に強力となっていた。この脅威はスペイン王位継承戦争の時期には一層強く感じられた。というのは、この出来事は、スペインとその巨大な帝国がフランス国王の手中に落ちる可能性を残したからであった。

経済論議

上述の政治的・経済的状況は、一六二〇年代の危機以後イングランドで続いていた経済論議に対して一般的な枠組みを与えた。それは、国力の問題、富の獲得の仕方、オランダ人とフランス人によるこの富形成の一般的過程への干渉の仕方、といった問題を議論するために、経済的な表現形式を用いるように促した。さらに著作家たちは、国を富裕かつ強力にすることのできる最善の方策を議論した。それは利子率を引き下げることによって達成できるのか。国家共同社会(コモンウェルス)により多くの貨幣と流動資本を提供する、順調貿易差額を確保することは必要なのか。その順調貿易差額はどのようにして達成できるのか。旧使用条例に従って地金の輸出を禁止するのは最善の方策であるのか。あるいはそれとは逆に、地金の輸出は、もしそれが再輸出されうる製品か、さもなくば国内の製造所で加工されうる製品の輸出をもたらすならば、奨励されるべきであるのか。さらにこうした問題を念頭に置いて、さまざまな著作家が、貨幣問題、戦争か平和か、オランダとフランスとの条約内容、東インド会社、インドからの輸入制限の是非、等々に関連した当時の政治論議に加わった。かくしてチャールズ・ウィルソンはこう指摘した。

アダム・スミスが「重商主義体系」と呼び、後の著作家が「重商主義」と呼ぶことになったものは、個人の諸集団からこれら各種の政府委員会に向けられた請願の流れ、競合する私的利害の間の軋轢が生み出す絶え間ない議論、国家内の商人的要素の要求と国家共同社会全体のものと思われる要求とを調和させる試みから出現した。[13]

しかしながらすでに述べたように、この叙述はそれらの著者が実際に何を言ったのか、また彼らがどのような議論を用いたのか、ということをほとんど説明していない。むろんここでの主張は、たとえば東インド会社による安価なキャラコの輸入が有益であったか否かに集中した議論が、多くの論争を引きおこし、著者たちにそれを非難するか（ケアリ、ポレックスフェンなど）、擁護するか（チャイルド、ダヴナントなど）を迫った問題であったことを、否定しようとするものではない。事実まず確実なことは、すでに簡単に触れたように、フランスとのユトレヒトでの講和条約が一七一三年に公表された後、『マーケイター』（ダニエル・デフォー）と『ブリティッシュ・マーチャント』（チャールズ・キング、テオドール・ヤンセン、チャールズ・クック、ジョシュア・ジーなど）との間の有名な論争の引き金になるとともに、チャールズ・ダヴナントを刺激して彼にその見解を表明するように仕向けたものも、フランスとの貿易をめぐる議論であった。さらに既述したように、ジョン・ケアリやジョン・ポレックスフェンのようなイギリス製造業利害の擁護者に、彼らの小冊子を出版するよう促したのも、インド諸国からの安価な織物の輸入であった。また一六二〇年代と一六九〇年代がともに、とくに織物産業を襲った貿易不況の時期であったことは注目に値する。

パラクネル・ジョゼフ・トマスは、その影響力の大きい『重商主義と東インド会社』(*Mercantilism and the East India Trade*, 1926) において、この方向になお一層進んでいった。彼が大いに強調したのは、フランス貿易、アイルランド貿易、そしてとくに東インド貿易に関する政治論争が、一七世紀の間にブリテンで起こった活発な経済議論にとってきわめて重要な役割を果たしたということであった。トマスによれば、「重商主義」は主として経済政策の体系、すなわち「物質的な面での国家の強化、ナショナリズムの経済的側面」であった(14)。著者〔トマス〕は確かに、経済政策の発展を経済的言説から切り離すことには慎重であった。しかしながら同時に、彼の議論から容易に推測できたことは、こうした政策に関する党派的観点がさらに、理論と思考の発展にとって決定的な役割を果たしたということである。このようにしてトマスは、順調貿易差額説が主としてフランス人のいわゆる攻撃的な貿易政策に対抗するために展開されていたことを、少なくとも暗示した。とくに一六八〇年から一七三〇年にいたる時期に、多くの経済的パンフレットの著者は、ブリテンがフランスとの貿易では「逆調の不均衡(オーバー・バランス)」にあると感じていた。こうしてフランスの奢侈品やワインのブリテンへの「自由な」輸入によって、ブリテンは地金の手痛い損失を被った。

しかしながら、トマスが続けて論じたように、一六九〇年代に論争を再燃させた東インド貿易の賛否論は、元来、他の議論とともに行なわれた。それ〔東インド貿易賛否論〕に代わって、保護主義の問題、ならびに安価なインド・キャラコの輸入がどの程度ブリテンの製造業と雇用にとって有害になるだろかということが、関心の的であった。この新たな文脈のもとでは、差額説を「外国の支払う所得」(foreign-paid incomes)として解釈する方が、貿易余剰の役割を強調する定式よりも一層適切なように思えた。[15] このようにして、少なくとも暗黙のうちにトマスは、この数年の間に外国の支払う所得論が順調貿易差額論に次第に取って代った原因が、東インド貿易をめぐる論争の昂進にあったことを示唆した。きわめて明らかなことは、これら学説のうち一方〔順調貿易差額論〕が、理由は何であれ、地金や貨幣の余剰を受け取ることは一国にとって重要であると強調したのに対して、他方〔外国が支払う所得論〕は、国民の富にとって国内の生産、雇用、製造業が果たす役割を支持したことであった。[16]

トマスが描いた画像は確かに、ある程度は、正確である。しかしながら、それは物語の全体を語ってはいない。したがって、現実の政治問題に関する経済学者(エコノミスト)のあからさまな党派的見解の表明は、少なくともある程度、〈パロール〉(*parole*)の文脈から独立したものと見なしうる、分析的カテゴリーや経済学の表現形式(ボキャブラリー)を彼らが用いることを阻んでいる、と主張することは完全な誤解を招くであろう。前に論じたように、文脈上の諸要素にそれほど大きな注意を払わないことにより、広範囲にわたる実践や言語の果たす役割を見落とすということはきわめて重大である。したがってまた、知性の発展を言説の発展として理解することが重要である。われわれが言及する経済的テクストを、ある「外部の」現実を直接に反映する〈白紙〉(*tabula rasa*)と見なすことはできない。著作家は、過去から引き継いだ、語・概念・系列をなす議論、そしていくつかの論題(トピックス)さえも用いた。したがって、彼らは、ある程度まで、一定の表現形式、特定の〈ラング〉(*langue*)と結びつけられた。しかしながら、すでに論じたように、彼らは時の経過とともに、この〈ラング〉を、さまざまな広範囲にわたる文脈のなかで用いなければならなかった。したがって、〈ラング〉はさまざまな問いに答えるために用いられたので、彼らが発する〈パロール〉は、時の経過とともに変化していかなければならなかった。こうして、このように変化する文脈は、長期において〈ラング〉それ自体が構築される仕方に変化をもたらす、主な要因であった。[17]

他方では、この言語が使用されるようになったのが、こうした政治的議論の文脈のなかにおいてであったことは明らかである。したがって、たいていの小冊子が書かれ、議論が激しさを増したのは、とくに激論が交わされた時期——王政復古期、一六九〇年代、ユトレヒト講和条約後の時期など——であった。こうした論争それ自体が、分析上の進歩を促したこともまた明らかである。前章で見たように、経済学の言語は、トマス・マンやエドワード・ミスルデンの名前と結びついた、一六二〇年代の激しい議論のなかで現れた。だがしばらくの間、ヘンリー・ロビンソンやラルフ・マディソンのような著作家——ついでに言うとジェラード・マリーンズも——は、経済的困窮の背後の主要な原因として「銀行家の策略」や為替相場の操作を強調する小冊子を出版し続けていた。しかし長い目で見て勝利したのは、需給関係によって支配された自律的な経済領域という別のヴィジョンであった。一六三〇年以降の経済的文献では、商品価格、賃金、利子率、貨幣、為替などについての需要・供給的な説明への言及が一層多く見られるようになる。また次第にこの時期以後、順調貿易差額の決定的な重要性に関するマンやミスルデンの主張が、経済的テクストに現れるようになる。しかしながら、順調な差額の帰結について、彼らの意見が一致することは比較的少なかった。このテーマについては、本章と次章で立ち戻る。ここでは、たとえばT・W・ハチスンが一六九〇年代における経済的思考の「急速な隆盛(ブーム)」について語っている、と言うだけで十分である。[18] 疑いもなく、この一〇年間にダヴナント、バーボン、ロック、ノースのような著者によって達成された知的跳躍は、こうした文脈を外しては理解できない。

一六四〇―九〇年における経済論議の論題

本節では、一六九〇年代以後のブリテンにおいて、より充実した重商主義言説の形成をもたらした経済政策の諸側面に関する議論のいくつかを論じる。

規制会社と自由貿易

一七世紀を通じてイングランドの経済的著作家たちは、頻繁に「交易の自由（フリーダム・オヴ・トレード）」について語った。しかしながら、彼らがそうするとき、彼らは一八世紀、とりわけ一九世紀の間に一般的となるものとはまったく異なるものを指していた。実際のところ一六九〇年以前には、われわれの意味での「自由貿易（フリー・トレード）」学説を、国家に支援された保護政策全般と対立するものとして語ることは誤解を招きやすい。交易のより多くの自由が、一国にとって有益であるということは、たとえばマンが同意したであろう立場であった[19]。しかしながら、このことは彼が順調貿易差額を獲得するために保護を勧めることを妨げなかった。一六七〇年代と一六八〇年代の間に、サミュエル・フォートリー[20]やジョン・ホートン[21]のような著作家は、「配分理論」（allocation theory）にもとづくより緩い規制を主張した。こうして一六七三年にフォートリーは、アダム・スミスが一世紀後に論じることになったのとほぼ同じこと、すなわち交易の自由は資源のより効率的な配分を導くと主張した。交易のより大きな自由のもとで、われわれは「すべてのわが隣国に供給するために」、わが国の牧草地で馬、羊、去勢牛を飼育し、その代わりに穀物を輸入することができる〔と彼は論じた〕。彼は実際こう述べた。

われわれがそれら〔畜牛—マグヌソン〕を輸出する自由を得るならば、……穀物の輸出を妨げるような法律を一切必要としないだろう。というのは、われわれはこれによって〔畜牛を輸出する自由を得ることによって〕、一エーカーごとの土地が生み出すかもしれないよりも、遙かに大きな利益を見いだすだろうからである。それは現在われわれが穀物を売ることで得られる価格よりも、遙かに高い価格でもって、穀物を〔外国から〕買えるような余裕をわれわれに与えるであろう。というのは、牛の食肉・獣皮・獣脂の形で〔わが国の〕一エーカーの牧草地から生まれる利益は、……土地の等しい産出高が穀物である場合よりも、遙かに大きな価値を外国ではもつだろうからである。[22]

フォートリーがこの文脈で触れた問題は、穀物の輸出は認められるべきかどうか、ということであった。数十年にわたって、これは政治的論争の争点であった。こうした輸出に反対した人々は、穀物がその場合には供給不足になるだろうと論じた。フォートリーのような他の人々は、いかなる輸出も、それが利潤を伴って行なわれるならば、認められるべきだと主張する傾向があった。そうなれば、より多くの所得がもたらされるだろうから、それでもって必要なものは何であれ、外国から購入しうるからであった。

しかしながら、一七世紀の間は、交易の「自由」を求める運動は、ほとんどの場合、これとはまったく異なるものを意味した。一七世紀の表現形式では、それは主として規制会社への批判を含意した。この観点によれば、自由貿易政策は、マーチャント・アドヴェンチャラーズ、ロシア会社、レヴァント会社[*2]、東インド会社のような諸会社が維持していた、支援された独占または事実上の独占を、廃止するために採られる施策からなっていた。すでに見たように、とくに東インド会社への攻撃は一七世紀全体を通じて通例であった。少なくとも研究者トマスによれば、この会社をめぐる論争は、この世紀の大半を通じて、経済的論争それ自体を推進した、すべてにわたる重要な要因であった。

規制会社に対するこうした批判は、——特定の観点からではあったが——、むろんすでにジェラード・マリーンズの著書に広く見られた。彼はとくに東インド会社が「海外に」貨幣を輸出していると攻撃した。また彼は時折、他の議論を利用した。たとえば彼は、これとの関連で、東洋から製品を輸入するかわりに、「われわれ自身の材料と原料」を加工する方が良いだろうという正統的見解を提出した。[23]

しかしながら、一七世紀の間に東インド会社を、その言われているところの独占的活動のゆえに非難する別の批判的意見が登場した。その代表例は、一六四五年のパンフレット『貿易の拡大と自由を求める一論考』(*A Discourse consisting of Motives for the Enlargement and Freedome of Trade*)であるが、そこで匿名の著者はマーチャント・アドヴェンチャーラーズに対し重砲を放った。[24] 彼の目的は明らかに、「マーチャント・アドヴェンチャーラーズの名称を独り占めして名乗っている人々からなる法人組織(corporation)が違法であることを、明瞭かつ反駁不可能な議論でもって論証することであった」。[25] この論証の誓いに取り組む理由がいかなるものであったとしても——疑いもなく党派的なものだが——、著者はその攻撃を原理的な用語でもって着飾った。「今日、交易において、共同社会(コミュニティ)と自由ほど、有益にして推奨に値するものは他にない」[26]と彼は指摘した。彼はとりわけオランダ向けに織物を輸出するその特権を理由に、アドヴェンチャラーズを攻撃した。この著者が、安く買って高く売るという独占的行為のゆえにアドヴェンチャラーズを非難するとき、彼は疑いなくロンドンの外部の製造業利害——リプソンが「地方の嫉妬」と呼んだもの[27]——を代弁していた。彼は「どのような王国や国家共同社会にとっても、独占ほど有害で破壊的なもの」はない、とまで言い切った[28]。ベイコンの貨幣の比喩を用いて彼はさらにこう指摘した。「交易は……牛馬の糞のようなものだ。それは一、二のかたまりで積み上げておけば悪臭を放つが、広く散布すれば、土壌を肥沃にし、より多くの収穫をもたらす[29]」。

　規制会社と彼らのいわゆる独占的行為に反対する、原理的にはこれと同じような議論が、続く数十年の間にいくつかの小冊子において現れた。たとえばそのような非難は、一六七〇年代以降のロジャー・コークの論説に見いだすことができるが、そこで彼は「豊富と安価」のためのキャンペーンを展開した[30]。もう一つの例は、ウィリアム・ペティットがまず間違いなく書いた、注目すべき著書『疲弊せるブリタニア』（一六八〇年）である[31]。この著者は実際、いかなる「われわれの貿易の妨害物」に対しても、とりわけ独占に対して強い疑念を抱いていた。規制会社は、貿易を独占していた——「すべてのイギリス人が、（彼らの権利に従って）自由に会社のメンバーになれる」ことを認めない——かぎりにおいて、ペティットにより強い言葉で酷評された。彼はさらに進んで、より近代的なジョイント・ストック・カンパニーをその独占的行為のゆえに批判した。そのようなカンパニーという性質のもとで、

　彼らは、われわれ自身の原料でつくられるすべての国産製品や他のわれわれの輸出品のはけ口にとって、おそらく有害であるに違いない。なぜなら、ジョイント・ストックにもとづく貿易によって、彼らはただ単一の買手となり、それでもってあらゆる本来輸出可能な財貨に対して独占権をもつからである[32]。

彼はまた時折、東インド会社が輸入しなければ、国内で生産されたかもしれない製品を彼らが輸入したことを主な理由に、同社をはっきりと攻撃した[33]。

他方で、一七世紀全体を通じて、規制会社はまた、「秩序だった貿易」（ルイス・ロバーツ）をもつことにむしろ利点を見いだした著者たちの間で支持を得ていた。マーチャント・アドヴェンチャラーズの幹事（セクレタリー）であったジョン・ウィーラーは、すでに一六〇一年にイングランドの貿易と雇用の増加がアドベンチャラーズのおかげであったと主張した。とくにその織物をもって行なう貿易は、「商人の利得のほかに、たくさんの労働者を働かせて、たくさんの貨幣を稼いでいる」〔と彼は言った〕[34]。そのうえ「秩序ある管理と規制」は、より少ない購買者とより安い販売価格とを含意するものではまったくない。それどころか、会社の市場知識は織物製造業者に、そうでなかった場合よりも、多くの顧客を提供した。もう一つの有益な効果は、それが小生産者に信用を提供したことであった。実際に彼は、「すべての者に食物が与えられ、ある者は欠乏で飢えるということがなくなり、他の者は腹一杯で動けないほどになった」と述べた[35]。

規制会社に賛成する同じ主張のほとんどは、この後数十年間の議論においてそのまま繰り返された。一六四八年に、アドヴェンチャラーズの明らかにもう一人の役員であったヘンリー・パーカーは、交易のあまりに行き過ぎた「自由」に反対する主張をした。自由と規制は対立するものではなく、相互に調和しうることを彼は強調した。概して彼は同書でウィーラーにはっきり言及するにとどまらず、彼の議論を繰り返した[36]。

さらにルイス・ロバーツは『交易による財宝』（*The Treasure of Traffike*, 1641）において、彼の「王国」ではもっと多くの規制会社が設立されるべきであることを勧めた。こうして彼によれば、「人々が法人組織や会社に相次いで加入すること、そして彼らがその交易を、離ればなれになったり、ばらばらになったりして追求しないこと」が、貿易国家に力の増進と最大の利益とをもたらすであろう[37]［ということであった］。すでに見たように一六二〇年代に、トマス・マンとエドワード・ミスルデンはともに、とりわけマリーンズからの攻撃に対して東インド会社を擁護した。しかしながら、この擁護はとくにマンにとっては、主として、この会社の地金輸出が逆調貿易差額の原因であるという不満に対して向けられた反論であった。

順調差額

一六二〇年代以降、繁栄する国は順調貿易差額をもたなければならないという見解が、経済的文献に頻繁に現れた。この概念によってさまざまの著者が実際に何を意味したかについては、後の章で立ち戻る。以下で見るように、一七世紀末に至るまではずっと、この教義は主に、地金と貨幣が国家共同社会に流入することがもつ積極的な役割を強調するために用いられた。しかしながら、この時期以降、それはこれとは違って、プラスの「労働差額」の利益を示す、より比喩的な意味で用いられた。ここでは、貿易差額への関心が、一七世紀全体を経て一八世紀へと続く議論を引き起こしたことを指摘するだけで十分である。全般的差額への関心は、特定のどの貿易が最も有利か、同様にどの貿易が放棄されるべきか、という問題を際立たせた。ウィルソンがヘクシャーとの論争で指摘したように、この時代は実際、個別的差額の収益性に取り憑かれていた。明らかに最も関心があったのは、オランダ、フランス、北欧諸国、インドとの差額であった[38]。しかしながらこの関心は、ほとんどの著作家が全般的差額の存在に気づかなかったことを含意するものではまったくない。彼らのほとんどは、実際にこうした個別的差額が、国全体にとっての貿易・支払差額（balance of trade and payments）との関連で判断されなければならないことを認めていた。

マンやミスルデンのような著者は、主に、イングランドがオランダに対して損失を受けていた交易について懸念した。こうしてたとえばマンは、とくに漁業に不安を抱いていた。『イングランドの財宝』で彼は、「これらオランダ人の栄光と威力は、わが陛下の海上におけるニシン、リング〔北ヨーロッパ産のタラ科の魚〕、タラの漁業に存する」(39)とまで述べた。その他の点では、彼はミスルデンと同様に、ある国への地金輸出は必ずマイナスの差額をもたらすという見解に主に反対した。こうしたマイナスの差額は、一般的に余りに多く輸入し、余りに少ししか輸出しない場合にのみ起こる、と彼らは述べた。それゆえに外国の輸入品は、国産品によって、あるいは新たな産業(たとえば漁業)の確立によって、代えられるべきである。同時に国産品は輸出されるべきであり、輸入原料は加工されて再輸出されるべきである。すでに見たように、これはある程度まで主に、当時のほとんどの為政者が抱いていた正統な見解の繰り返しであった。

時の経過とともに、地金の輸出それ自体が問題を含むという議論は、次第に消えていった。しかしながら、マリーンズの系統を引く「貨幣の搬送」の破壊的結果に関する議論は、一六四〇年代のラルフ・マディソンの著作(40)において、また一六五〇年代のヘンリー・ロビンソンのもとで(41)、依然としてそのまま繰り返された。この議論はまた一六九〇年代以降にも、時折、東インド会社に反対するために利用された(42)。しかしながら、概してほとんどの著作家は、たとえば鋳貨や地金の輸出を妨げる法律をつくることは「まったく無用」であるという、サミュエル・フォートリーの意見に同意していたように見える(43)。多くの著作家は「貨幣を輸出することは、わが国の大きな利益である」というジョン・ホートンの主要な格言に同意さえしたであろう(44)。彼は東インド会社をこう言って擁護した。「上記の会社は、われわれが消費するよりも遙かに多くの財貨を輸入し、その余剰分は輸出される。そしてその輸出分が利潤をもたらすことについては誰も異論がないと私は思う(45)」。

マンから一六七〇年代のフォートリーにいたる著作家たちは、個別の貿易がどのように全般的貿易差額に影響するのか、ということを議論することで満足した。すでに見たように、フォートリー以後、オランダへの関心は、ほとんど異常なほどのフランスとの差額に対する関心に取って代わられた。この差額は確かに、一八世紀に至るまでずっと、ほとんどの経済議論の主要なテーマであった。しかしながら、ホートンと、とりわけペティットのもとで、一国の全般的差額を概括する最初の試みが現れた。フィラングルス／ペティット[＊3]は、その論考の第一一節でさまざまな国や地域とイングランドとの貿易の包括的な一覧表を提供した。これは、イングランドが個別の貿易において、どれほど損得をしているかをはっきり示すために提示された[46]。

しかしながら、こうした全般的な貿易差額計算が、文献に数多く現れるのは一六九〇年代以降になってからにすぎない。そのような計算は、チャールズ・ダヴナントの著作や、もっと後にはジョシュア・ジー、チャールズ・キング、マシュウ・デッカーのような一八世紀前半の著作家のもとで広く見られる[47]。彼らの計算では、各国との貿易は別々に扱われている。普通は〔差額の〕結果は、輸出価値から輸入価値を単純に引くことで得られた。こうした計算は時には、たとえばダヴナントやジーによって一層大がかりに行なわれた。しかしながら、国民所得計算を提供する、これらの疑いなく大まかな試みは、一八世紀以降の近代的な国民経済計算の確立を促進した（詳しくは一九七頁以下を見よ）。

利子率

これまで、一七世紀後半までの経済的文献は、主として経済問題――貿易、貿易差額、富、貨幣、外国為替、等々――を論じた、かなりの数の、多少とも個別的な議論に口を挟んだものと見なされるべきことを強調してきた。それらは、ただゆっくりと互いに結合して、より首尾一貫した重商主義の言説を形成することになった。経済を機械的システムとして理解する方向への最初の一歩は、一六二〇年代に始まった。しかしながら、こうした見方は、一六九〇年代になってやっとその成熟した形態に達した。

小冊子文献の切れ目ない流れを疑いなく引き起こした、このような個別の議論の一つに、利子問題が含まれていた。イングランドにおけるこの議論の起源は少なくとも一六世紀にまで遡る。たとえばトマス・ウィルソンが一五七二年に有名な『徴利論』(*Discourse upon Usury*)を出版したのは、こうした文脈においてであった。中世スコラ学者の見解にある程度まで共鳴しながら、高利の問題は、一七紀初頭にジェラード・マリーンズが書いたほとんどのものにおいても主要テーマであった。この〔マリーンズの〕文献の大部分において、高利はむろん悪しき行為として非難された。マリーンズにとって、さまざまな装いをした高利は、イングランドに苦痛を与えるまさしく「癌腫」であった。事実、一六三〇年代に至るまでずっと、「すべての高利は貪る」という見解は経済的文献においては広く行きわたっていた(48)。

このようにして、父カルペパーの『高利反対論』(*A Tract against Usurie*, 1621)が出版されたとき、それは高利と利子取得とを糾弾するイングランドの長い伝統の文脈のなかで理解されねばならない。この結果、カルペパーはたいてい中世的思想家として扱われてきた。しかしながら、これは正確ではない。彼は高利と利子の問題を論じた他のほとんどの著作家よりも遙かに道徳的でなかっただけではない。さらにそのうえカルペパーは、高利が道徳的に正当化されるかどうかという問題にはむしろ無関心であったように思える。事実、彼は賃貸料(レント)の起源についてはまったく無頓着であった。また彼はマリーンズとは異なり、高い利子率が悪意ある投機の結果であるとは主張しなかった。むしろ彼は議論を逆さまにして、たとえば商人が自分の事業を捨てて、代わりに「高利」を稼ぐことに走る理由は、「それによる利得の方が遙かに容易だからである」と言った[49]。したがって彼のテクストは、古い方法で高利を非難した別の小冊子以上に、貿易危機を扱った一六二〇年代の時局的な議論の文脈のなかで理解されなければならない。そのうえ、彼の立場は、マリーンズよりもマンやミスルデンの方に一層近いように思える。

カルペパーの主な関心は、高い利子率がもたらす一般的な経済的帰結にあった。彼がその小冊子で提起した中心的な問題は、イングランドが後れをとっている間に、なぜオランダはあのような富裕へ向かって上昇したのか、ということであった。この問題への主要な回答として、彼はイングランドの利子率がオランダ共和国のそれよりも高い水準にあることを強調した。

こうしてカルペパーの主張は、現在の「高い利子率は交易を衰退させる」ということであった。高い利子率の主要な帰結は、すでに見たように、「一般的に、何らかの大きな富を得た商人はすべて、自分たちの交易を捨てて、利得がきわめて容易で確実で大きい高利に走る」ということであった[50]。利子率は法令や法律によって低くされるべきであると彼が提案したのは、これを背景にしてであった。彼はその小冊子で、自分の計画に反対するかもしれない議論に対し、綿密な注意を払った。最高利子率が設定されると、貨幣は「借りるのが難しい」かもしれないという、分かりやすい反対論に対して、彼は次のように反論した。「私の回答はこうだ。もし高い利子率がこの国において貨幣を実際に増加させるとするならば、これは真実であろう。しかし高い利子率はきっと高利貸だけを金持ちにし、この王国を貧しくさせる」[51]。

利子率の上昇は、実際には貸付け可能な貨幣資金を増加させるかもしれないということを否定するとき、われわれは確かによく知られた論拠に立っているように思える。この点で彼は疑いもなくマンやミスルデンよりもマリーンズに近かった。このようにしてカルペパーは、貨幣数量の増加が利子率を引き下げるかもしれないことを知っていた。同時に彼は、このことが貸手の数を減らすだろうとは考えなかった。[52] しかしながら、こう考えることは実は例外であって、この一見非論理的な意見が、ジョサイア・チャイルドを含む、後の多数の著者によって共有されたことを知るのは興味深いことである。

一六六〇年代にカルペパーの議論はいま一度繰り返され、彼のパンフレットは再版された。一六八八年にはこの著者の息子である子トマス・カルペパーとジョサイア・チャイルドがともに、利子率を論じたパンフレットを出版した。この時までに、チャイルドはすでに東インド会社の代表者となっていた（チャイルドについては、さらに一六九頁以下を参照）。しかしながら、チャイルドの『交易と貨幣利子に関する簡潔な考察』（*Brief Observations concerning Trade and Interest of Money*, 1688）は明らかに、新たに設置された交易委員会のために彼が行なった仕事の成果であり、東インド会社の利益への党派的な関与としてのみ見ることはできない。[53] 事実、彼の立論はまったく卓抜していた。こうしてチャイルドは、イングランドの現在の危機の原因が「オランダ人の国内外交易における驚異的な増大」にあると見た。[54] さらに彼らが優勢である最も重要な原因の一つは、「彼らのもとでは貨幣利子が低く、平時において年三パーセントを超えることがない」[55]——他方イギリスの利子率は六パーセント——点にあった。このことは、チャイルドによると、オランダではイギリスよりも貨幣が豊富であり、借りるのがより容易であることを含意した。このことはブリテンでは高い利子率のために儲からない交易が、オランダでは行なえることを含意した。この観点から、父カルペパーはほぼ五〇年前に、利子率が四パーセント以上に上昇しないように定める法律を導入すべきであると主張していた。

父にぴったりと従って、〔子〕トマス・カルペパーは法令による利子率の引下げが焦眉の急であるという点について、チャイルドに賛成した。こうして彼の小冊子には、利子率が引き下げられた場合に生じるであろう利益に関する、生き生きとした実例が数多く載っている。たとえば彼は、「それは短期間にこの国の土地の年々の収穫を三倍とまでは言わないまでも、二倍にはするであろう。……それはわが国の死にかけている製造業を復活させるだろう」ことを保証した。[56] しかしながら、彼はチャイルドと同様に、利子率の水準を調整する諸力に関しては、父カルペパーに比べて一層わずかしか語らなかった。彼らのうちの誰も、利子率の引下げが潜在的貸手に対し、彼らの貨幣を貸付市場に提供するのとは別のことを、彼らの貨幣で行なうように誘導するかもしれない、という恐れを抱かなかった。いや、貸手は新たな条件を承諾しなければならないであろう、とチャイルドは言った。この議論が、貨幣資本は諸国の間を、たとえばオランダからイングランドへ移動することはできないという、制限条件に依存していたことは間違いなかった。その確実な証拠として、彼はオランダでは貸手は三パーセントで満足しているようだ、と指摘するだけで十分であった。[57] 疑いもなく、一六六〇年代の視点から見れば、この推定がまったく非現実的であったわけではない。すでに見たように、イングランドとオランダは互いにほとんど絶え間なく戦争をしていた。以上のこと〔オランダでは貸手は利子率三％で満足〕は、戦争のような状態と一緒になって、通常諸国間での貸付可能な資本の流れが、これまで以上に拡大することを断じて許さなかった。

チャイルドとカルペパーの小冊子――カルペパーの著述が原因となって、次の数年間にいくつかの他の小冊子が続いた――は厳しい批判を引き起こした。一六八八年にトマス・マンリーなる人物が、法令によって利子率を下げることは「自然を強制すること」だと主張した。利子率がオランダでひじょうに低い理由は、自然的原因によるものだと彼は論じた。彼はマンやミスルデンがマリーンズを批判するとき用いたような立論を引き合いに出した。

われわれのもとで為替について言えることが、〔利子に関して〕オランダとその他すべての地域においては貨幣について言える。貨幣が多ければ多いほど、そして〔為替手形の〕引受人が少なければ少ないほど、それだけ為替〔相場〕は低い。借手よりも貸手の方が多い場合には、利子はそのための法律がなくても、低くなろう[58]。

このように子カルペパーとチャイルドは、利子率を、その変動によって富の水準が決まる独立変数と見なしていたようだが、マンリーはこの議論を逆転させた。彼は「利子率の低さが富裕の原因である」ということを真っ向から否定した。逆に彼は利子率を従属変数と見なした[59]。彼は、ほとんどの同時代人と同様に、利子率は当該国における貨幣の数量（または貸付け可能な資本）によって調整されると考えた[60]。彼の見解はこのかぎりでは、マンの順調貿易差額説と大変うまく合致していた。他方でチャイルドは、周知のように、この説には不満であった。この問題全体に関して、疑いもなくチャイルドやカルペパーは、たとえばマンやマンリーとはまったく反対の立場にあった。以上のことをもって、利子率はどのようにして決定されるのかという点に関して意見を異にする、二つの対立する「学派」のことを十分に語ったとするのは、ボーリーが言うように、おそらく言いすぎであろう。しかしながら、彼らの意見は、「重商主義」が何よりもまず完成された学説ではなく、さまざまな目的のために使われた、共通の表現形式を用いた、一連の議論であったことを示す興味深い対照をなしている。

貨　幣

貨幣問題は一七世紀を通じていつも経済論議の中心であった。そのうえ、この世紀の大半を通じて、イングランドは地金の絶え間ない不足に悩まされている、と一般に信じられていた。この想定された不足は、イングランドから諸外国へのほとんど絶え間ない貨幣の流出によって引き起こされた、と頻繁に言われていたものであった。すでに見たように、流出の原因は、イギリスの鋳貨を過大に評価することへ導く投機の結果か、またはマイナスの貿易差額の結果か、そのいずれかであると見なされた[61]。

「鋳貨流出」の原因が何であれ、ブリテンにおける貨幣供給を増加させる三つの主要な方法が、一七世紀を通じて議論された。銀貨の悪鋳（debasement）、為替平価の導入、プラスの貿易（支払）差額の確立、がそれであった[62]。

第一の方法は有害であるとして一般に退けられた。確かに銀貨の悪鋳は、一六世紀を通じて貨幣の蓄えを増加させるための通常の政策――とくにヘンリー八世の統治下において――であった。しかしその世紀中頃から、この方法は厳しく批判された。こうした批判は実際、『このイングランド王国の繁栄（コモン・ウィール）に関する一論』（*A Discourse of the Common Weal of this Realm of England*）という書名をもつ、一時はシェークスピアがその著者ではないかとされた有名な、作者不詳のパンフレットにおける主題であった。現在ではこの著者は普通トマス・スミスであったとされているが[＊4]、その原文は出版年の一五八一年よりもずっと前に書かれたらしい。この著者によれば、鋳貨の悪鋳は、「あらゆる人々がさかんに苦情を述べる、最大の災禍である食糧不足をもたらしていた[63]」。スミスは確かに、〔貨幣〕数量の原理に気づいていた。「鋳貨の外見の名称で交換されるものは、人の使用に供される必要な物品である。だが、その価格を上げたり下げたりするものは、その〔鋳貨の〕稀少と豊富である[64]」。鋳貨の悪鋳は、高価格を引き起こすこととは別に、次のような結果をもたらしていた。すなわち「わが国の鋳貨は、〔かつては〕その良質のために、われわれにとって必要なあらゆるものを、他のすべての国民を差しおいても、われわれに提供しようといつも欲していた外国人の間で、すでに信用を失っている」[65]。

さらにこれに続く時期にも、悪鋳の支持者は——たとえいたとしても——ほとんどいなかった。だから一六二〇年代にジェラード・マリーンズは悪鋳に猛烈に反対しようとした[66]。また悪鋳が当時の切迫した問題の解決策として再び提出された、一六二〇年代の半ばにおいても、サー・ロバート・コットンは国王陛下の御前と枢密院において、この方法に激しく反対する意見を述べた。悪鋳は何ら真の解決にならないと彼は主張した。銀貨の名目価値の変更は、「それと交換される商品のより少ない量を受け取らなければならない」ことを意味するだけであろう[67]。さらにコットンが指摘したように、国王は悪鋳によって損失を被るだろう。国王は、「イングランドにおける交易の大部分の発展を挫くこと」によってばかりか、「彼の土地の地代において損失」を受け、関税収入の減少、彼の兵士の賃金の増加によっても「損失」を受けるであろう[68]。すでに述べたように、こうした不賛成の態度は、この世紀には、ライス・ヴォーン、ヘンリー・ロビンソン、後にはジョン・ロックを含む、明らかに大多数の著者や論客によって共有された。

貨幣の供給を増加させる第二の方法は、むろんとりわけマリーンズによって勧められていた、有名な為替平価（Par of Exchange）であった。イギリス貨幣と外国貨幣との交換における相対的価値を決定することになる、安定した「平価」の提案は、多くの場合、地金の輸出を違法とした旧「使用条例」を施行する助言と一体であった。しかしすでに見たように、イギリス鋳貨の過小評価は、詐欺的な銀行家や為替取扱い業者によってなされる為替操作が原因であるという意見は、一七世紀の間に次第に、マンやミスルデンの考えに取って代わられた。しかしながら、鋳貨の価値がその「真実の価値」（intrinsick value）——名目的価値と、銀としての貨幣的価値との間の安定的関係——の状態にとどまることを強いる法令は、その世紀半ばでも依然として提出された。たとえば、一六五二年にヘンリー・ロビンソンは鋳貨の輸出に全面的に反対し、為替は決められた平価に従って取引されるべきであると提案した。(69)彼の意見では、それ〔為替取引〕は実際のところ「貿易の最も不可解な部分」であった。(70)「為替取引」は規制されなければならないと彼は考えた。

しかしながら、貨幣供給を増やす第三の解決策は、この時期に支持を得ていた。マン以来ますます主張されていたように、自ら鉱山を持たない国にとって唯一有効な方法は、外国貿易からの純余剰によって貨幣供給を増加させることであろう。この理論についてはすでに論じたし、また後の章でもそれに立ち戻るであろう。しかしながら同時に、貨幣数量説がひとたび受容されると、実は論理的な前進となる別の意見もまた広まっていた。この意見は、結局、貨幣供給を多少とも〈統制経済政策〉によって増加させるという問題全体を時代遅れなものにした。それは、貨幣はその価格が需要と供給によって調整される一商品である、という見解であった。皮肉なことに、この見解はある意味では、マンやミスルデンが提出したような、需要・供給分析の方法からの論理的な帰結でもあったが、彼ら自身は貨幣について、このような分析を十分には貫かなかった。なぜ彼らがこの点を認識しなかったのかという疑問は、言うまでもなく、一八世紀以降の重商主義をめぐる論争のなかで、ありふれたものとなった。しかしながら、彼らがどの程度までいわゆる「正貨流出入機構」を知っていたかという点については、後に立ち返ることになろう。ほとんどの解釈者にとって実際に理解するのが困難だったのは、彼らが需要・供給メカニズムの全般的な重要性を認識していながら、なぜ地金に関して純余剰を強く要求しようとしたのか、ということであった。(71)

一七世紀末までに、貨幣の価格はその需要と供給とによって調整されるという見解は、広く受け入れられるようになっていた。さらにもっと進んだ段階、すなわち貨幣に対する需要は、営まれる交易量と関係するというところにまで達していた。これはたとえば、新たな改鋳企画が始まった一六九〇年代に起こった大論争において、はっきりと見てとれた。次章で見るように、ジョン・ロックがとくに強調しようとしたことは、貨幣はその価値表示物（denominator）――金銀――との関係において、「一般的同意」にもとづき決定される、安定的な真実の（intrinsic）価値をもつということであった。それと同時に彼は、貨幣のこの「真実の」価値（すなわち金銀）が、「これら物品〔取引されうる財貨―マグヌソン〕の豊富と稀少に比して、貨幣が豊富であるか稀少であるか」[72]によって調整されることを、はっきりと認めていた。

ロックが強調しようとしたような、貨幣の価格もしくは価値は、取引にかかわる需要と供給とによって調整されるという見解の最も重要な含意は、ある国における貨幣の絶対的不足という問題が無意味になったということである。相対的に少量の貨幣の流通は、ただデフレーションだけを意味し、他方、その反対の状態はインフレーションを引き起こすであろう。インフレーションならびに〔または〕デフレーションの効果に関して、さまざまな著者が異なる観点に立っていたことは間違いない。このことは、たとえば改鋳企画をめぐる議論が十分に証明している。しかしながら、はっきりしていることは、貨幣の価格は需要と供給によって調整されるという合意に達した見解は、伝統的な順調貿易差額説と調和することが難しかったということである。こうしたアプローチが為替平価設定の可能性を排除したことも確かである。このアプローチは、為替における貨幣の相対的価値が、諸国間の貨幣の流れ、ならびに〔または〕為替手形に対する需要と供給によってもたらされるということを、含意していた。これはまた、鋳造貨幣の不足は、イギリスの貨幣が国内よりも外国で大きな価値をもつように市場を意図的に操作した外国投機家によって引き起こされたという、一六世紀の疑念が否定されたことを意味した[73]。確かに、王立造幣局が少量の鋳貨を鋳造しただけでも、そのことは、銀が貨幣としてよりも、地金として一層高い価値をもつことを疑いなく含意していた。しかし国王の貨幣に対する低い評価は、交換においてその貨幣に対する需要を低下させたマイナスの貿易差額が主な原因であった。

一六九〇年代になって初めて成熟した表現をもったこの新たな見解は、一六七五年の刊行であるが、一六三〇年代にはすでに書かれていたライス・ヴォーンの『鋳貨と鋳造に関する論考』(*A Discourse of Coin and Coinage*)においてすでにはっきりと見られた[74]。ヴォーンによれば、貨幣の価値はその「稀少性」によって調整される。貨幣の「稀少性」は四つの原因から生じると彼は言う。第一は「貨幣の素材を輸入する手段の不足」からである。第二は「貨幣の素材を輸出することの容易さ」で、第一と同じ結果をもたらす。第三は「この王国における貨幣の素材の浪費」からである。第四は「金銀と、その金銀によって価値がはかられる物品との間の比率の大きな増加」からである[75]。さらに、諸外国が「その貨幣〔の名目価値〕を引き上げる」のに対して、イングランドが同じことを行なえない理由は、もっぱら貨幣の純輸出が原因で生じた「貨幣の稀少性」による、と彼は述べた[76]。

こうした見解が一七世紀中頃にますます一般的となっていたことは、かなりはっきりしているように思える。一六六〇年に交易委員会は、貨幣の問題と、想定された貨幣の流出の背後にある原因について再び議論した。「使用条例」は再強化されるべきであり、地金は輸出されるべきではない、という意見に反対して、ある匿名の著者はこう述べた。「貨幣と地金はいつも、さまざまな法律に逆らって進んできた。世界の貿易は、それ自身が進むべき道を強いられることはないだろう。それは見かけの利益に拘束されることなく、それ自身の道を見いだし、切り拓いていくであろう[77]」。代わりに、彼はよく知られていた仕方でもって「貿易差額が……地金の輸出入の理由、ないし主要な原因である」と述べた[78]。

ジョイス・オーダム・アップルビーが指摘しているように、一七世紀の大半を通じてイングランドで行なわれた活発な経済論議は、なによりも「イングランドの革命の世紀において抗争する諸党派間の激しい対立」と関係があった(79)。しかしながら、こうした対立の結果として生じた経済・政治・宗教に関する書物、パンフレット、小冊子の大流出には、ある決定的な制度的前提条件があった。最も重要なことは、この大流出が、主にロンドンにおける大きな読書界の存在のみならず、きわめて高い程度の出版の自由にも依存していたということである。

しかしながら、ここから確かに言えることは、これらの文献は、政治闘争や党派的見地のたんなる反映ではなかったということである。それらはまた、この大きな読書界を納得させる言語でもって、こうした対立を見ばえよくさせたテクストでもあった。たとえば、鋳貨、交易、貨幣の輸出などのような、政治問題と密接に関連していた一群の経済的文献を扱う際には、われわれもまたその広範囲に及ぶ内容を認識することが必要である。このようにして、これらのテクストは、ある一定の方法で互いに結びつけられた議論・概念・観念を含んでいる。これらテクストは、一六二〇年代の間に創案された経済学の新たな表現形式を大いに包含していた。しかしながら、このようなさまざまな議論から生じた観念や概念が、一層首尾一貫した総合に継ぎ合わされたのは、一七世紀末になってからである。次章では、これら観念や概念が、どのようにして重商主義の「成熟した」言説の形成へと導かれたのかを、より厳密に検討したい。

第五章　交易の科学

テレンス・ハチスンは、一六九〇年代のイングランドで起こった、経済的著作と思考との急速な隆盛（ブーム）に注目している。彼は主に、この時期にノース、マーティン、バーボンのような著作家によって分析の進歩がなされたことに関心を払っているけれども、さらにこの時期が交易（トレード）と商業（コマース）についての一般的・総合的な著作で目立っていることを指摘している。このようにして、およそこの時期に多くの著作家は、それ以前の議論で用いられていた思想・理論・概念を繋ぎ合わせて、もっと整合的な「交易論」（discourse of trade）を生みだすように骨折った。その目的は、商業と交易が創始される際に拠り所となる、数多くの一般的原理を提示することにあった。(1)

この時期が一般的論説に取り憑かれていることは、きわめて明白である。総合への熱望は、たとえばジョサイア・チャイルドの「テクスト」『新交易論』（*A New Discourse of Trade*, 1693）にはっきりと認められる。それゆえにこの書物は、三年前に彼が刊行した『交易論』（*A Discourse about Trade*）をたんに拡大しただけのものではなかった。このようにして一六九〇年版には主に、利子率は法令によって引き下げられるべきであるという、チャイルドが頻繁に繰り返した意見が収められていた。しかしながら新版はかなり新しい題材で拡大された。『新交易論』においてチャイルドは、交易と商業が経済発展に対して果たす全般的役割について、多くの一般的議論を示そうと意識的に努めた。この著書はその後、次の一世紀間に数多くの版が刊行されたことから、幅広く読まれたことは明らかである。これと同じ熱望を抱いていたけれども、それほどの営利的な成功をおそらく遂げなかったこれ以外の著書も、他の著作家によって刊行された。本章ではその幾人か——チャールズ・ダヴナント、ニコラス・バーボン、サイモン・クレメント、ダッドリー・ノース、その他——について、述べたい。この時期のもう一人の重要な著作家——ブリストル出身の商人ジョン・ケアリ——は、交易に関するいくつかの一般的原理を示そうと試みた際に、「科学」という言葉を使おうとさえした。

ある国が交易によって得るのか失うのかどうかを発見するためには、交易がもとづく原理を最初に探求することが必要である。というのは、交易は他の科学と同様にその原理を、しかも理解するのが同様に難しい原理をもっているからである。(2)

なぜ、とりわけ一六九〇年代が経済的著作と思考との急速な隆盛（ブーム）を包含したのかということを理解するのは、さほど難しくない。名誉革命は政治的景観をひっくり返していた。スチュアート王家とともに多くの旧来の寵臣たちは評判を落とした。他の人々は、運が上向きになったけれども。たとえば東インド会社にとって、将来は確かに以前ほど輝いてはいないように見えた。王政復古期にこの会社はジョイント・ストック・カンパニーに変わっていた。カニンガムが示したように、名誉革命の時代に、それは貿易独占だけではなく、政治的・司法的権力でもあった。(3) しかしながら、この会社は一六九〇年代に、それが握っていた特権を羨んで見ていた、競争する商人・毛織物製造業者・ウィッグの政治家による激しい反対を受け入れた。その結果、その特権の多くは廃棄された。さらに、競争相手の「ウィッグ」東インド会社が一七〇〇年に設立されたときが、新しい状況がやってきた

ことを知らせる明らかな徴候であった。(4)

この一〇年間に多くの論争を引き起こした別の大きな問題は、新たな改鋳の企画であった。すでに見たように一六二〇年代以降、通貨の価値を低下させるどのような試みも、国王によってなされてはいなかった。しかしながら社会全体には、貨幣は流通において必要とされる〔不足する〕であろうという危惧が、ほとんど継続してあった。この危惧は、地金輸出に対する旧来の禁止が解除された一六六三年より後には、遙かに顕著になった。(5)実際のところ、鋳貨の輸出という申し立てられた問題よりももっと重要なそれはおそらく、旧い銀貨が流通において摩滅している傾向が見られるというものであった。それゆえに、その鋳貨の実際の含有量は時の経過とともに減少する傾向にあった。グレシャムの法則に従って、この傾向は実際のところ、新しく鋳造された銀貨が流通に入るのを阻んでいるように見えた。新しい鋳貨は一層多くの銀を含んでいたので、溶解され、――少なくとも幾分かは外国人に対して――地金として売られた。これに対応して、新たな改鋳の企画が開始された。その企画は、旧い摩滅した鋳貨を回収して新しい鋳貨を流通させることを宣言した。ウィリアム・ラウンズが起草した原案によれば、新しい鋳貨の導入はクラウン銀貨の六〇ペンスから七五ペンスへの価値引下げ〔＝呼称における価値引上げ〕を含意するものであった。しかしながらジョン・ロックの干渉は、この試みが頓挫することを意味した（一八四頁以下を見よ）。その試みは実行に移されないで、旧来の基準は保持された。このことは次の数年間に、すでに生じていた商業恐慌を悪化させる、ひどいデフレーションをもたらすことになった。それゆえに、一六九四年のイングランド銀行の創立をめぐる激しい議論をも含んでいた、物議をかもす政治状況を考慮すれば、一六九〇年代が経済的議論と思索とにとって実り豊かな一〇年にならなければならなかったことは、おそらく驚くに値しない。

しかしながら、このような議論は、この激動の時代における一般的原理だけではなく新しい考えをも確立するための一般的な枠組みを提供したにすぎなかった。そのような枠組みはすでに論じたように、この時期に公にされた著作がもつ独特の内容について実際には何も説明していない。このようにして、「一六九〇年代の急速な隆盛(ブーム)」を理解するには、広く行きわたっていた知的環境もまた考慮に入れなければならない。さらに前章で述べた、一七世紀における前述の議論は、この一〇年間に行なわれた総合的試みのための基礎を形成した概念や観念が発達するように導いたことも、認めなければならない。

第一に、このような総合的試みを理解するには、一六二〇年代の初めに現れた、経済現象への自然科学的アプローチが、一七世紀後半に達成されたということを、指摘する必要がある。商業的経済はそれ自身の運動法則をもつ独立した肉体と見なしうるという考えは、このアプローチがもたらしたもっと重要な成果であった。この一群(ボディ)の学識において、人間の肉体とその機能とが経済過程を描写するために、いかに頻繁に比喩的に用いられたかということに気づいて驚くばかりである(6)。たとえば血液の比喩は、きわめて頻繁に貨幣および(または)交易と比較された。それゆえに、たとえばジョン・ポレックスフェンは「交易は政治体に対し、血液が自然体に対してもつのと同じ関係にある(7)」と力説しようとした。さらにジョン・ケアリは不適当に統制された交易によって貧しくなるかもしれない国に言及しながら、「というのは自然体におけるように、血液を作りだす器官が供給できるよりも速く血液を抜き取るならば、それは必ず衰弱し腐敗しなければならないからである(8)」と書き入れることになった。そのような言及はまず確実に、ほとんどいくらでも追加できる。

しかしながら、そのような自然科学的アプローチの適用とともに、数量化と経験的調査研究のスタイルが広まった。商業社会の法則はある点まで自然界の法則と類似していた。このようにして、商業の法則はある範囲内でのみ操作できると理解された。そうでなければ、その過敏な機構［＝商業］は破壊され、きちんと作動できない。この観点から見れば、一六九〇年代の最も重要な経済的著作家の幾人か――バーボン、ペティ、ロックなど――が、自然科学者として教育をうけたことは、たんなる偶然の一致ではありえないし、また彼らが当時の自然科学の学識に造詣が深かったと見なすことができるかもしれない。同時に、デカルトの原理にもとづいて築かれた哲学的論法へむけての漸進的な飛躍的発展と、その結果として起こったアリストテレスの形式論の解体とが、この文脈において重要な役割を果たしたに相違ない(9)。

第二に、この自然科学的アプローチはまた、自然法思想にもとづいて築き上げられた道徳哲学とときどき合流した。この影響はとくにジョン・ロックにおいて顕著であった。しかしそのような傾向はさらに、たとえばチャールズ・ダヴナントやニコラス・バーボンの著作においても突き止めることができる。一七世紀における自然法を扱った活発な議論から、経済的著作家は一般的な意味で、交易関係の「自然的体系」が存在することを信じるように仕向けられたのであろう。しかしながら、この影響は幾人かの著作家においてのみ明確である。このようにして、たとえば交換関係と価格とは主観的基礎を踏まえているというバーボンの主張は、フーゴー・グロティウスに、そしてとりわけサミュエル・プーフェンドルフにほぼ従っている。周知のようにプーフェンドルフは、強固な主観的基礎にもとづいて価値論を形成していた。彼の価値概念は、人間を〈社交性〉(*sociabilitas*)によって導かれる社会的生き物と捉える、一般理論に由来していた(10)。

先行する経済論議から集められた新しい考えや見方は、一六九〇年代における創造性の時期に、科学ならびに方法への新しいアプローチと融合した。このような時代に経済学が、体系的な科学として大きな進歩を遂げたことに疑いがあろうはずがない。しかも一八世紀後半に至るまでは、このような大きなことが為し遂げられなかったことも確かである。一六九〇年代に刊行された、いくつかの著作——チャイルドの『新交易論』が最も注目に値する——は、継続して再版された。このようにして、独特な重商主義言説の絶頂期を確証するとすれば、それは関心を向けなければならない一〇年〔＝一六九〇年代〕であることは、確かである。

一六九〇年代の急速な隆盛（ブーム）に関与したものと見なされうる数多くの経済的著作家のうち、おそらくは最も重要な六人——ジョサイア・チャイルド、ニコラス・バーボン、チャールズ・ダヴナント、ジョン・ロック、サイモン・クレメント、ウィリアム・ペティ——について、もう少し詳細に見たい。

ジョサイア・チャイルド（一六三〇—九九年）

ジョサイア・チャイルド（Josiah Child）は、東インド会社の有名な理事、のちには会長〔総裁〕であった。この会社を彼は「あたかも自分だけの会社であるかのように独裁的に」[11]支配した、と言われた。このようにしてチャイルドは死ぬまでに、ほぼ二〇万ポンドの財産を残すことができた大財産家であった。彼は政治に関してはウィッグとして出発していたが、富と財産のためにトーリーに共感するように変わった。彼と東インド会社とは、とくにチャールズ二世の短い統治期間に大成功を収めた。しかしながら一六八八年以後は、事態は悪い方へ変わった。しかしチャイルド自身は、この会社の問題が大きくなることによって金銭的には影響をうけなかったようである。

チャイルドは経済的著作家として、多くの読者を得ることができた。彼の最初に刊行された小冊子『交易と貨幣利子に関する簡単な考察』（一六六八年）はすでに見たように、法による利子率の四％への「引下げ」を擁護するために書かれた。チャイルドによれば、低い利子率は主要な「この国の繁栄と富の原因」[12]であった。彼は交易委員会の職にあったときに、主に実践的・政治的理由によりこの小冊子を書いていた。固定利子率の問題が再び提起された一六九〇年に、この小冊子はいくつかのわずかの修正を加えられ、『交易論』という表題で刊行された。さらに三年後に『新交易論』が出版されたとき、これもまたしてもチャイルドの利子についての見解や主張を含んでいた。しかし、商人会社の役割、航海法、貧民の雇用、海外植民地、それに「貿易差額」のような論題を扱った、数多くの追加的な章が加えられた[*1]。

チャイルドがあまり体系的な思想家・著作家でなかったことは真実である。しかしながら『新交易論』できわめて明瞭に示されたところによれば、なぜオランダ人は「国内外交易・富・多数の船舶」において、そのような「驚異的な増大」[13]を達成できたのかということを説明するのが、彼の主要な目的であった。この目的のために彼は、次のような一五の理由を列挙した。オランダ人においては利子率が比較的低い。彼らは比較的経験が豊かな商人である。彼らは北欧の海に巨大な漁業を確立していた。彼らは新しい発明者を奨励した（そして名簿に登録した）。彼らは傑出した造船業を確立していた、等々[14]。

しかしながら彼はこのような個別的な事柄を越えて、国家共同社会（コモンウェルス）を豊かで強力なものにすることができるようないくつかの一般的原理を探求していた。それゆえにチャイルドによれば、国民の富——国家共同社会（コモンウェルス）の全住民にとっての物質的幸福——は主に生産によってもたらされる成果であった。とくに重要なのは、製造業において加工される近代的な財貨であった。彼は次のように指摘した。

どんな国であれ、一国を主として富ませるものは国民の数の豊富であり、国民を増加させるような良い法律である。そしてわれわれが法律によってわれわれの国民の労働〔の賃金〕を削減するならば、われわれはより良い率をあたえる他の諸国へ、彼らをわれわれから駆逐することになる[15]。

このようにしてチャイルドは生産と貧民の雇用〔という問題〕から着手した。このかぎりにおいて彼は、たとえばマン、フォートリー、ペティットとは確かに異なる。イングランドの「大きな幸福」は財宝を導き入れることができる大きな貿易に依存すると、彼らは力説していたからである。さらには、外国貿易の黒字という側面がチャイルドにあってはほぼ全面的に失われているということも、注目に値する。外国貿易の問題も彼にとって重要であったことは、確かであるけれども。外国貿易は首尾よく組織されれば、急速に成長する生産と雇用とを支えたであろう。しかしながら基本的には、国民の物質的富を供給するのは、製造業と交易とに雇用された人々であった。

チャイルドはすでに見たように、雇用のほかに、良い法律が必要であると力説した。労働に関しては、労働者は怠惰であり、後方屈伸供給曲線に従って振舞う——彼らは時間が良ければ、仕事を止めるだけである——という、同時代人の大部分が抱いていた見解を、彼は共有していた[16]。それゆえに、生産的労働を奨励し、外国の熟練労働者が移入して滞在すること等々を、鼓舞するような法律を実施する必要があった。しかしながら、外国貿易もまた有益に組織されなければならない。彼はアダム・スミスと同様に、そのような有益な規制として航海法をとくに指摘した。「私の考えによれば、交易・船舶・利益・国力に関して、それ〔航海法〕はこれまでイギリスで作られた最も優良で最も賢明な法律の一つである。この法律がなければ、われわれは今まで、船舶も交易も現在の半分しか所有していなかったであろうし、船員を半分しか雇用してこなかったであろう[17]」。

見られるように、ここでチャイルドはとりわけ、海運業における雇用を維持するための保護を支持する主張を行なった。しかし彼の議論は、そのような狭い文脈を越えて遙か遠くにまで広がった。実際のところ、『新交易論』は大部分が一層多くの製造業の設立と国内生産の増大とを求める議論である、と理解されなければならない。この目的のために彼は、いくつかの場合における対外的競争からの保護を提唱した。しかし国内に関しては彼はむしろ、職業の一層の自由、制限の一層の縮小、同業組合による規制の解体などに賛成する意見を述べた(18)。しかしながら彼はこの点において、首尾一貫していなかった。それゆえに、成長を奨励するために彼はいつも、利子率はオランダ共和国で広まっている率と同じか、それよりも低くなるように、力づくで引き下げられるべきであるという、彼の旧来の提案に戻っているように見えた。イギリス人は一層低い利子率をもてば、オランダ人ともっと容易に競争できると、彼は確信していた。イギリス人は、貸し付けられる貨幣が一層利用しやすくなったならば、利子率が比較的高い場合に利益が得られなかったであろうような職業と企画に、従事できるようになったであろう(19)。

また、チャイルドが正統的な順調貿易差額論を批判していることを認めなければならないのは、彼が生産と雇用のほうを好んでいることに照らしてである。しかしながら、そのような差額を成立させることは実践的な理由により不可能であるというのが、彼の主な主張であることは確かである。正確な差額の算定は、技術的な問題をすべて伴うという理由により不可能であると、彼は思っていた。他方で、たとえそのような差額を明らかにすることができたとしても、そのことはある国が外国貿易によって利益を得たのか、損失を被ったのかということについての、どのような結論的な証明にもならないであろう、と指し示した。ここでチャイルドは、順調な差額を得ていたが、それにもかかわらず貿易で損失を被っていた（その主な理由は、原料を輸出して、工業製品を輸入していたからであった）、ヴァージニアとバルバドスを示した[20]。

このようにして、わが国は貿易と支払との差額に大きな関心を払うのではなく、製造業と雇用とが促進されるように貿易を統制すべきであると、彼は提唱した。そしてこれは、「われわれの製品の大部分を吐きだすか、イングランドで新たに製品にされるための原料をわれわれに供給するような貿易を、奨励すること[21]」という公式を、順守することにより最も良く為し遂げられた。彼はこの観点から、東インド会社をその敵対者から守ろうという覚悟を決めた。イギリスはこの会社が実行する貿易によって、大いに利益を得たと、彼は力説した。とりわけこの貿易は、完成製品を再輸出し、国内製造業によって仕上げられうるであろうような製品を輸入することを通じて、イングランドにおける雇用を促進する手助けをした[22]。

それゆえにチャイルドは後期の著作『交易の性質・用途・利益』（*A Discourse of the Nature, Use and Advantages of Trade*, 1694）においてばかりか『新交易論』においても、正統的な順調差額説に対するはっきりとした批判を表明した。この差額が無用であることに気づいた彼は、それに代えて、当局が目を留めるべき別の重要な「差額」を示唆した。これが「外国の支払う所得」論にもとづく、有名ないわゆる「労働差額」であった[23]。この「差額」はもっと後のいくつかのテクストにおいて、最も適切に定式化されているので、やがてそれに戻るであろう。しかしながら、ここでの主な論点は、チャイルドが生産と雇用とを物質的富と国力との主要な生みの親として、どれほど強く強調したかということである。この目的のためには、良い法律が設定されていなければならない。したがって、彼がある段階までは、国家による〈統制経済政策〉（state *dirigisme*）の唱道者であったことは、確かである。このようにして彼をアシュレーのように自由貿易主義のトーリーと呼ぶことは、本当は正確ではない。すでに見たように、彼が経済的自由をある程度まで擁護する心積りがあったことは確かである[24]。

彼はトーリーで東インド会社の理事であったけれども、とりわけ一六九〇年代に見られた保護を求める喊声の高まりに対しては、強い疑念を抱いていた。しかし他方で彼にとって、富裕の成就は、国家の組織と諸力との効率にとって重要な部分であった。このことにより彼が、もっと革新的な自由貿易主義の教義を避けたことは確かであった。

ニコラス・バーボン（一六四〇―九八年）

ニコラス・バーボン（Nicolas Barbon）はこの最後の点で、まったく異なる傾向を示した。彼は――ロンドン大火後に、さすがに投機的な建築業界の大物であったから――、大筋では〈統制経済政策〉に心をひきつけられていた。彼もチャイルドと同様に、順調貿易差額のテーゼに対してはひどく批判的であった。彼においては実際のところ、まず最初に「外国の支払う所得」説の含意が充満しているのが見られる。

ニコラスは、有名なプレイズゴッド・バーボン（その名を採って命名された、名うてのバーボン議会をもっていた）の息子として、ユトレヒト大学を医学博士として卒業し、そこで一六六四年に内科医カレッジの特別研究員（フェロー）になった[(25)]。一六六六年のロンドン大火によって与えられた好機に便乗して、彼は大物の建築業者、相当な銀行業者、イギリスに火災保険制度を最初に導入した人物になった。彼は、二つの小さいけれども注目すべき小冊子、『交易論』（*A Discourse of Trade*, 1690）と『鋳貨論』（*A Discourse concerning Coining the New Money Lighter*, 1696）を書いた。最初の論説の全般的色調は、少なくとも幾分かは、バーボンの投機的建築業者・銀行業者としての経験によって説明されうる。それを刊行した彼の目的が、交易と生産との健全な増大を妨げてきたと彼が理解していた規制と、闘おうという願望によって、誘発されたものであったことは、おそらく確かである。第二の論説は、実質的にまったく異なっていた。それは主に、一六九〇年代中頃における改鋳をめぐる議論に際して、ロックに対して示された批判的回答であった。

バーボンはロックに向けて書いた第二の論説において、銀には「真実の」価値があるという信念がロックの主要な誤りであることを、きっぱりと述べることから始めた。この真実価値が「商業の用具と尺度[26]」となるべきであるという見解は、誤っていたからである。バーボンによればそうではなく、貨幣一般と同様に銀も、効用と量にもとづいて価格が変化する商品であった。このようにして、銀に「真実の」価値はないし、また名目貨幣と銀との間に必然的な関係も存在しなかった。「価値」は、主に効用によって〔その大きさが〕決まる「事物の価格」であると、彼は定義づけた。「すべての事物は価値をもつ、二つの一般的効用によって価値をもつ。すなわち事物は、肉体の欲求を満たすのに有用であるか、精神の欲求を満たすのに有用であるかのどちらかである」。次に彼は富を、「大きな価値をもつようなすべての事物[27]」と定義づけた。

彼はそのような価値の定義にもとづいて、順調貿易差額説に対する批判を進めた。銀と金は「真実の」価値をもっているという考えは、ミダース王に取り憑いていたのと同じ混乱から生じたものであると、彼は主張した[28]。この誤りは、「金と銀が唯一の富である[29]」という誤った仮定にもとづいていた。それゆえに、順調差額説は単純な「誤り[30]」であった。彼は二つの異なる主張に依拠して批判を行なった。第一に彼は、そのような差額を算定することはほとんど実行不可能であるだろうという、チャイルドの信念を繰り返した。外国為替〔の相場〕が「ある国にとって不利になるように上がっている」という事実でさえ、逆調貿易差額の真の徴候ではない。とりわけ、為替手形は「毎週上下し、一年のある特定の時期に、ある国にとって不利になるように〔相場が〕上がる〔また別の時期には、有利になるように、同じくらい上がる[31]」から、そうである。しかしながら第二に、彼は主要な論点を強調することにより、ここから議論を進めた。

> しかし貿易差額を算定することが可能であるとしても、そうすることの利益がどこにあるのか、私には分からない。というのは、過剰は地金で支払われる、そして国民は、差額が地金で埋め合わせられるから、その分だけ一層富裕になるという、それに対して示される理由が全く誤りであるからである。というのは金と銀はたんなる商品にすぎず、ある種類の商品が別の種類の商品と同じくらい良ければ、そのことにより同じ価値をもっているはずだからである。ある商人にとって、一〇〇ポンドの価値をもつ銅が、まるで一〇〇ポンドの価値をもつ銀を輸入したかのように、良い物であれば、彼は銅により〔銀によるのと〕同じ大きさを手に入れるかもしれない。……というのは、一国はその住民が豊かになることによって、豊かになるのであるから[32]。

彼は貿易差額の算定に代えて、ある国がその貿易によって豊かになっているか貧しくなっているかを判断する、別の方法を提案した。第一に、そのことは、住民が「豊かになっていた」か、そうでなかったかを観察することによって、判断できるかもしれない。第二に、ある国がその貿易によって利益を得たか、損失を被ったかを知る方法は、「どのような種類の財貨が輸入と製造とによって、最も多くの人手を雇用するか」という点を考察することであろう。このようにして「ある国において多くの人々が雇用されているほど、その国は一層豊かになる[33]」から、最大限の人々が雇用されるように、良く統制された貿易が整えられるべきである。

さらに彼は、このような観点から貿易差額「説」の代案を提示することに加えて、貿易の「超過」は「貨幣がその領域から運び去られる」という状態をもたらすに相違ないという、広く受け入れられていた見解を批判した。実際のところ彼は、のちにジャーヴェイズ、ヒューム、その他によって展開された正貨流出入機構を予期しながら、次のように述べた。逆調貿易差額はただイングランドの為替手形の市価の下落を、またその下落した為替手形と価値の釣り合いが取れた輸出価格の下落を、もたらすだけであろう。「為替手形あるいは取引勘定残高の価値をもつすべての種類の財貨は、貨幣ばかりか為替手形や取引勘定残高にも反応するであろう」[34]。このようにして貨幣の純流出はありそうにない、少なくとも長期的にはありそうにない。しかしながら彼は、次の点をはっきり示唆しなかった。すなわち、そのような長期的な均整がとれる釣り合いは、たとえば海外市場での需要が弾力的であることを必要とし、さらに輸出価格の一層の下落は、海外需要の一層の高まりを意味したという点である。しかし、それでも彼は弾力性の原理をはっきりと知っていた。したがって、彼がその原理を明快に述べることなく、それを前提条件として仮定していたことは、大いにありうる。

バーボンの初期の著作『交易論』はもっと性質が一般的で、とりわけロックに向けて書いた、後期の論説のための枠組みを提示した。この著作で彼は、富と価値の概念についてかなり詳しく論じた。「役に立たない事物は無価値である」と彼は指摘した[35]。さらに彼が続けたところによれば、「市場は価値についての最良の審判者である。なぜなら、買手と売手とが合するところにより、商品の量と商品の必要とが最も良く知られるからである」[36]。彼は貨幣に関しても同じ立場をとり、貨幣が「それだけで真実の価値」をもつと信ずることは大きな誤りであろう、と指摘した。貨幣はそれどころか、どのような商品とも同様に、その価値が変化した[37]。

この論説において彼はさらに、交易の全般的利益について論じた。豊富な外国貿易は土地の価値を引き上げ、その国の自然的蓄えを改善し、国家の収入ばかりか賃金をも増大させるであろう。さらに交易はその文明化の作用により、富の増大だけではなく平和をももたらすであろう[38]。

バーボンはチャイルドとは反対に、交易を繁栄させるための、政府の見える手をさほど強調しなかった。それよりも交易は、主に「貧民の勤労」と「富者の寛大」によって促進された。このようにして、富裕階級のあいだでの奢侈品の消費は、反対されるべきではなく、むしろ奨励されるべきであると、彼は提案した。彼はさらに進んで、「浪費」を擁護さえした。彼の主張によれば、浪費は個人の観点から見れば悪徳であるけれども、需要を高めることにより社会的利益をもたらすのであった。

> 浪費は人間にとって有害な悪徳であるが、交易にとってはそうではない。それは放蕩な生活をすることであり、一生涯持ちこたえるものを一年で消費することである。強欲は人間にとっても交易にとっても有害な悪徳である。それは人間を飢えさせ、交易業者を破滅させる。強欲な人は、自分が豊かになると考えるその方法によって、貧しくなる[39]。

彼は、広くゆきわたって大いに議論されていた、イングランドにおける交易の衰退の原因としてとくに、「多くの禁止と高利子[40]」を指摘した。このパンフレットにおける彼の論調は概して、まったく「自由主義的（リベラル）」であった。むろん彼は、「わが国のサージ・反物・織物が未加工の財貨と交換されるならば、……前者を作る人手と後者を作るそれとの間に差異があるから[41]」、イングランドにとって最善であるだろうということを認めた。しかしながらこのことから、もっと多くの禁止が導入されるべきであるという結論を導きだすのは間違っていると、彼は指摘した。それよりももっと良い解決として、イングランド商品が低い利子率、食糧の低価格、低賃金によって、もっと競争できるように作られるべきであることを、彼は力説した。この目的のためには、とくに貧民のあいだでの「勤労の増大」が最も必要であった。

このようにしてバーボンは、様式化された重商主義的著作家からは、かなりかけ離れているように思える。彼は貿易差額の黒字を実現するという利益よりも、むしろ生産と需要とが、成長と富の増大とを推進するダイナミックな経済力として果たす役割を、強調した。この観点からすれば、彼が貨幣の貸付けに対して支払われる価格としての利子——それは、この時代のほとんどの経済的パンフレット作者が用いていた定義であった——と、真の利子率との関係に関心を払ったのは、いかにも彼らしい。このようにしてバーボンはその『交易論』において、利子を「資本の賃料（レント）」であると定義づけ、それを土地から生ずる賃料（レント）と比較検討した。[42] このような推理の道筋は一八世紀において、たとえばジョゼフ・マッシー、ジョサイア・タッカー、デイヴィッド・ヒュームによりさらに展開されることになった。

しかしながら、バーボンの業績をもっと幅広い観点から見れば、その当時の自然権論から受けている影響に気づかないではおれない。バーボンはこの種のどのような著作にもはっきりとは言及しなかったので、彼がこの学識から受けた影響が正確にはどのようなものであるかは、さほど確かではない。しかしながら、この時期における政治・道徳・司法問題についての議論は、ほとんどが自然権の言説の文脈のなかで行なわれた。そしてバーボンについては、彼の——サミュエル・プーフェンドルフの名と結びつけられる場合が多い——主観的価値論において直接的にこの影響を見ることができる。しかしながら、むろんこの理論はそれ自体、中世のスコラ哲学者のあいだで見られた道徳哲学的論議にまで遥かに遡る起源をもっていた。[43]

バーボンの『交易論』が、この伝統の典型的な特徴である、交易がもつ文明化の機能についての論及をいくつか含んでいたことは、まったく明らかである。さらにわが著者は、一八世紀に流行することになったのとほとんど同じ方式で、野蛮状態から近代的文明化にまで至る進歩の歴史的な因果的連鎖――ほとんど段階論――を提示した(44)。したがってバーボンに、かつて理解されたような、様式化された「重商主義学派」にぴったりと適合する著者を見いだすことはできない、と結論しなければならない。

チャールズ・ダヴナント（一六五六―一七一四年）

ダヴナント（Charles Davenant）は、高貴な、かつては有名であった詩人サー・ウィリアム・ダヴナントの息子であった。彼はオックスフォード大学のベイリオル・カレッジを卒業し、正規の学位を取得することなく、政治家と著作家として生涯を送ったようである。コーンウォール州セントアイヴズを代表して議会に選出され、一六八三年から一六八九年まで内国消費税委員に任命された。彼はウィリアム三世に忠誠であり続けたけれども、一六八八年のクーデター〔名誉革命〕後はいかなる官職にも就かなかった。しかしながら彼は、アン女王の王位継承後にもう一度認められて、一七〇五年に輸出入総監に任命された(45)。

ダヴナントは多作の著作家であり、刊行された彼の著作集は五巻に及んでいる。彼は、快活にウィッグと争った、戦闘的なトーリーとして、それなりに認められた。政治的小冊子においては、仮借のない言葉で、内閣の悪弊と腐敗を糾弾した。代表的な例は、驚きあきれさせる『現代ウィッグの真の画像』（*The True Picture of a Modern Whig*, 1701-2）で、彼はそこでウィッグ党員が個人的利益のために公金を食い物にしていると告発した。

しかしながら、「経済的」問題を扱った、彼の最も重要な著作は、『戦費調達論』（*An Essay upon Ways and Means of Supplying the War*, 1695）と『東インド貿易論』（*An Essay on the East-India-Trade*, 1696）と『公収入・交易論』（*Discorses on the Publick Revenues, and on the Trade of England*, 1698）であった。また彼は、サー・ウィリアム・ペティから鼓吹されたことが明らかな（しかし様式と方法においてペティを凌いでいた）「政治算術」（political arithmetic）についての重要な論説『貿易差額改善論』（*An Essay upon the Probable Methods of Making a People Gainers in the Ballance of Trade*, 1699）を書いた。

ダヴナントはたとえばチャイルドやバーボンとは対照的に、交易についての一般的で主要な著書を決して刊行しなかった。また彼が自分自身を「純粋な経済学者」と見なしていたであろうと思うべきではない。交易・富・貿易差額についての彼の比較的一般的な見解はむしろ、具体的な経済問題・対仏戦争・政治問題などを扱ったテクストに散在している。さらに彼は経済的著作家としては、実際のところ、アシュレーが創作した「トーリー派自由貿易論者」（Tory free-trader）という藁人形にぴったりと適合している。彼は、一六九〇年代にウィッグが煽りたてた熱烈な反フランス感情には、とくに抵抗した。彼は当時の対フランス戦争を避けられないものとして受け入れていたようである。しかし同時に、フランスはイギリスの毛織物がフランス市場に入るのを禁止したけれども、ワインと奢侈品を輸出することによってイギリスを破滅させた、という定説には異論を唱えた[46]。このようにして彼はある程度までは「自由主義的」であった。彼は、フランスのワイン・酢・亜麻布などのイギリスへの自由な輸入を妨げていた、一六七八年の禁止的法令に反対した。さらに彼は、イギリスが対仏貿易においてどのくらい損失を被ったのかという点を明らかにすることと関連する、サミュエル・フォートリーが一六七三年に公にしていた算定数値に対して、精力的に異論を唱えた（一三八頁を見よ）。イギリスが対仏貿易において損失を被ったという、一六七〇年代以降の立論の大部分は、実際のところフォートリーのパンフレットに依拠していた。

さらに、ダヴナントがもっと原則的な点においても「自由貿易論者」であったということは明らかである。彼は交易と富を増大させるために、「良い法と統治」の役割を無視しなかった。しかしながら彼は、一般的原則として次のように述べた。

交易は本来的に自由で、自分自身の水路を見いだし、自分自身の進路を最も巧く指示する。交易に規則と指令とを与えるすべての法は……個々の人々の特定の目的に仕えるかもしれないが、公共体にとって有益であることは稀である。(47)

このようにしてダヴナントによれば、たとえばイギリスの毛織物工業を促進する最善の方法は、保護という手段によるものではなく、その工業製品が「安価に製造される」であろうことを保証する、良い法という手段によるものであった。(48) さらに、「イギリスを毛織物工業における真の利得者となすためには、われわれは商品をひじょうに安価に作って、海外市場へやって来るすべての人よりも安価に売ることができるようになるべきである」(49)。この基本的原則が堅実であることを、彼は少なくともバーボンと同じくらい信じていたように思える。彼は、「知恵は自然を指揮しようとするときには、たいてい誤りを犯す」(50)とさえ述べた。

重商主義を扱った文献において、ダヴナントはたいてい、国を富裕で強力なものとなすための最善の方法として多数の人口・低賃金・製造業の増大という原則に固執した、「後期の」重商主義者からなる学派を代表する人物として描かれている。これは確かに、ある程度までは正しい。しかしながら、同時に彼はこのことにより、この学派の真の代表者としてときどき示される、国家や少数のレント・シーカーの利益を満足させるために、いつでも大衆の福祉を犠牲にするような無慈悲な、人で無しにされるわけではない。エドガー・ファーニスがきわめてくっきりと輪郭を描いたような、通俗的な見解とはまったく反対に、ダヴナントは低賃金と貧しい労働者階級それ自体にどのような利点をも見なかった[51]。そのような立場は実際には、この時代の重商主義的文献のどこにおいてもほとんど見られない。こうしてダヴナントが賃金は低くあるべきだという見解を伝えたとき、彼はその見解を同時に、食糧やその他の貯蔵品も同様に安価であるべきだという重要な前提にもとづいて示していた[52]。しかもファーニスの上述の解釈は、ダヴナントが頻繁に述べた、「富裕であるとは、国民の……主要な全般的な人々を豊富・安楽・安全な状態に保っていることであると、われわれは理解する[53]」という見解と、一体化することは難しい。

またこの解釈は、多くの製造業をもっていた先進諸国と、たとえばスペインを悩ましていた低開発とのダヴナントによる比較とも、調和しない。第一のカテゴリーの諸国には、確実に安楽で快適な生活を送っている、繁栄する住民がいた。ところが、スペインは金銀で満ちていたが、「その臣民は貧しい[54]」。最後に、そのような〔ファーニスの〕見解は、ダヴナントの深慮のある冷静な姿勢とは一致しがたい。腐敗に対して向けられた彼の皮肉のほとんどが、ウィッグに対する反感で彩られていたことは、そのとおりであったかもしれない。しかしながら、彼は同時に腐敗についての議論を、一七世紀の政治的言説における共通認識であった、シヴィック・ヒューマニズムの表現形式で飾りたてた。ジョン・ポーコックが力説したように、マキャヴェッリ以降のシヴィック・ヒューマニズムは腐敗を、市民の徳（civic virtues）に対する致死性の脅威であると見なした。政治的議論のほとんどは、どのような形態の統治が――君主制か共和制か専制か――公共の徳を腐敗から最もよく守るであろうかという問題を、中心にして行なわれていた[55]。ダヴナントはその政治的著作において頻繁に、「この偉人」マキァヴェッリとその腐敗についての議論とに言及した。それゆえに、この伝統に従ってさらに、統治者は市民の徳を保つために、「公共善」を追求し、「国民に仕え」、「国に仕えて」働かなければならないと、ダヴナントは主張することになった[56]。

ダヴナントはチャイルドやバーボンと同じ議論を多く用いながら、さらに順調貿易差額の考えを批判しようとした。真の差額〔の算定〕を為し遂げることは、実践的な理由により不可能であると、彼は力説した。また実際に為し遂げられたとしても、「〔差額についての〕ひじょうに細々とした精査が役に立つであろうかどうか[57]」ということも、確かではなかった。一国が外国貿易によって損失を被ったのか、それとも利益を得たのかということを知る唯一の方法はむしろ、物質的富の発達がどのようにして行なわれてきたのかということを、全般的に吟味することであった。金銀はたんに価値の尺度にすぎず、「価値の源泉や起源」ではなかったので、そのような貴金属を蓄えることに特別の意義はなかった。増大した物的富を獲得するためには、それよりも産業活動（インダストリ）と製造業との発達が主導的役割を果たした。加工製品は海外に輸出されたならば、「外国の支払う所得」と、遙かに大きな規模の製造業部門とを生ぜしめたであろう。しかしながら、過大な国内消費は諸外国への輸出を妨げるから破壊的であるという、幾人かの重商主義的著作家が疑いなく共有していた独特の見解を、彼が示唆したのは、この文脈においてであった。そこで彼は次のように述べた。工業製品が海外に輸出されて、国内であまり多く消費されないならば、国は利益を得るであろう。「なぜなら、国内で消費されたものにより、一方は他方が利益を得る分だけ、損失を被り、その国は全体として、少しも一層豊かにならないからである。しかし外国による消費はすべてが純粋で確実な利益だからである」[58]。

次章で論ずるであろうように、ダヴナントやその他の人々が上述の叙述によりいったい何を意味したのであろうかという点について解釈するのは、難しい。ヘクシャーにとっては、それは重商主義者の「財貨〔過剰〕の恐れ」の直接的な表れであった。また他の者にとっては、「後期の」重商主義者でさえ順調貿易差額の原理に固執していたことを示す実例として役立った。しかしながらこの叙述を、純黒字を貨幣や地金で獲得するために、輸出が必要であることを擁護したものとして解釈することはできない。すでに述べたように、ダヴナントはそのような伝統的な命題に対しては、――原則として――きわめて批判的であった。彼の命題を、資本と貨幣との同一視から生じた帰結と見なすことは、おそらくもっと現実的であろう。そのような（明らかに誤った）同一視は、次章で見るであろうように、当時は少しも珍しいことではなかった。

ダヴナントは貨幣の輸入が利益をもたらさないことを知っていた。だから、工業製品を海外に輸出する方が、それらを国内で消費するよりも有益であるだろうと、彼が思ったことは、依然として不可解である。彼が工業製品の輸出について、はっきりと語っているのは明白である。だからこれは、国内の原料を輸出向けに仕上げることの重要性を強調した、「外国の支払う所得」論の一部であった、と示唆してもあまり意味がない。彼が示唆したことはおそらく、財貨が輸出されなければ、隠れた差額（貿易と輸送からの利益）は利益喪失を含意するであろう、ということであった（前述の一〇七頁）。

ジョン・ロック（一六三二—一七〇四年）

偉大な哲学者ロック（John Locke）はこの分野のある権威者〔T・ハチスン〕により、おそらく理論においては「比較的自由主義的」で、実際的な政策決定においては「比較的重商主義的」であるものとして描かれている。[59] しかしながら、「重商主義」と「自由主義」との区別がともかくも多少は有益である——この区別が疑わしいことはすでに見た——かぎりにおいて、ロックはこれら〔理論と政策決定という〕双方の点においてほぼ完全に「重商主義者」であったと主張することは、もっと適切である。ロックが経済問題についてそれほど多く書かなかったことは、言うまでもなく本当である。しかしながら彼は、その専門職の立場から、経済事情にかなり大きな関心を抱いていたように思える。彼はなんといっても、イングランド銀行の創立者の一人であり、また一六九六年から一七〇〇年まで交易植民委員会（Council of Trade and Plantations）の有給の委員を務めた。さらに彼は一六七〇年代にはすでに、初期の交易委員会の業務に従事していた。[60]

彼は経済的著作家として一六九〇年代に、世論を喚起していた政治問題を論じた、二つの小冊子を刊行した。第一に彼は、一六九一年に「貨幣の賃借の価格……を法によって規制する」というチャイルドとサマーズ卿の提案に反対する議論を公にした。[61] 利子はそうではなく貨幣の需要・供給によって調整される「自然現象」であると、彼は述べた。したがって、すべての「債権者が同時に自分たちの貨幣を回収するならば、かなりの貨幣不足が生ずるであろう」。[62] すでに見たように、市場諸力によって調整される経済的均衡という考えは、当時は決して珍しくはなかった。また彼は貿易差額に関する見解においても、とくに独創的ではなかった。むしろ彼は、順調貿易差額論の正統的な説明を繰り返す傾向にあった。

なぜなら、われわれは鉱山を持たず、貿易による以外に国内に富を獲得し保持する手段を持たないので、わが国の貿易が失われるだけ、それだけ多くのわが国の富が必然的に失われざるをえないからである。わが国と近隣諸国家とのあいだの貿易差額の超過は不可避的にわが国の貨幣を持ち去り、わが国を急速に貧乏で危機にさらされた状態にするに相違ない(63)。

この文脈において彼は、マンが示した、国民国家と、自分の貨幣を使うかロッカーに蓄えておくかする人間とのあいだの類比を用いた(64)。実際のところロックは、貨幣流通の拡大は、急速に拡大する貿易国家にとってとりわけ適切であることを指摘したときにも、マンに負うところがあった(65)。

このようにしてロックは一六九一年の小冊子〔『利子の引下げおよび貨幣の価値の引上げの諸結果に関する若干の考察』(*Some Considerations of the Consequences of the Lowering of Interest, and Raising the Value of Money*)〕においては、マンがずっと以前に述べていたことを主に繰り返す、正統的重商主義者のように見えた(*2)。次の小冊子『貨幣の価値に関する再考察』(*Further Considerations concerning Raising the Value of Money*, 1695) においては、彼はなお一層伝統的であるように見えた。ここでの彼の主な論点は、価値低下の一形態であると彼が捉えた、ウィリアム・ラウンズの改鋳企画〔=名目的価値の引上げ〕に反対する議論を行なうことであった。その企画に代えて、名目貨幣と金銀とのあいだの旧来の比率は保持されるべきであると、彼は力説した。ロックの改鋳企画に対する不賛成はおそらく、一七世紀における、〔貨幣〕価値低下に対する全般的な猛反発に由来していた。というのは実際のところ彼は、「ひとたび公権力によって決められた基準」は決して変更されるべきではないということを、固く信じていた理由について、まったく説明していないからである。[66] 彼は自然権の観点から所有を解釈するように動機づけられながら、「貨幣の〔名目〕価値を引き上げる」ことは、疑いなく幾人かの人々――主に債権者と地主――の利益を害するであろうから不法であるだろう、と思っていたかも知れない。しかしながら彼はこの理由について、あまり明確に述べていない。そのうえ、貨幣と貴金属とのあいだにおける〔比率の〕基準は不変であるべきだという彼の力説は、彼が主張した商品価格の需給説とは両立しがたい。それゆえにたとえば、彼は貨幣価格に関して繰り返し次のように主張した。「価格を規制するもの、すなわち貨幣と交換に与えられる〔商品〕量（それは売買と呼ばれる）、〔または〕他の一商品と交換に与えられる〔商品〕量（それは物々交換と呼ばれる）は、それらの販路に対するそれらの量の比率に他ならない[67]」、と。あるいは利子率に関しては、「したがって、それゆえに法律によって利子の市価（プライス）を効果的に引き下げようと試みるのは無駄なことである。家屋や船舶の賃貸の場合と同様に、貨幣の場合にも、固定的な価格を設定したいと望むのはもっともであるかも知れないが[68]」〔と主張した〕。ヴォーンはロックが一貫して価格（貨幣を含む）比例説の立場にあったことを力説した。それにもかかわらず、たとえばバーボンが主張したように、貨幣と同様に銀も、それらの相対的な関係ばかりか絶対的な価値においてもまた変化が起こりうる商品であると主張することは、間違いなくもっと首尾一貫していたであろう。しかしながら、なぜ「価値低下」は違法であるのか、ということについての彼の議論の道徳的な要点は、きわめて明瞭である。

被害者の側に何も過失がなく、また国民に少しの利益も与えないのに、このようにある人の権利や所有物を

恣意的に他人に与えるということが正義の社会的破綻にならないかどうかは、自分でご判断いただきたい。(69)

サイモン・クレメント（?—一七二〇年）

「ロンドン商人」で経済・政治問題のパンフレット作者サイモン・クレメント（Simon Clement）に関して、あまり多くのことは知られていない。しかしながら彼は一六九六年に、ベラモント卿により「交易についての独創的な書物を書いた……商人」と叙述された。さらに彼は、「優れた人であり、実業をよく理解している」と言われた。彼は「高潔な〔ベラモント〕卿」の公式の推薦により「ニューイングランドの国務卿」に任命された。(70)さらに一七一二年から一七一四年まで、クレメントはおそらくは交易のための政府の何かの任務で、ウィーンに在住したことが知られている。

このような文脈において言及された「独創的な書物」は、クレメントの『貨幣・交易・為替論』（*A Discourse of the General Notions of Money, Trade, & Exchanges*, 1695）であった。われわれはもうすでに、「交易の科学」を総合する試みにおいて示された全般的な考えにすっかり馴染んでいる。クレメントはこのようにして、自然権の言説から明らかに影響を受けて、交易がもつ文明化の作用を強調した、歴史的素描から始めた。

しかし世界が一層人口稠密になったとき、さまざまな人々は、彼らがもつ非凡な才能による性向により、あるいは彼らが巡り合った居住地がもつ有利な事情と適性とにより、一層特殊な経営に専心した。(71)

さらに、その種の外国貿易は、「彼〔＝商人〕が最大額の貨幣をもって戻るときには、その国に最大の利益を生ずる」[72]。貨幣を輸出することは有益でありうると、彼は述べた。しかし「そうするのが有益でありうる」のは、「他の諸国との貿易によって彼らが引きずり込む貨幣が、彼らがそのように〔＝有益な商品を買うために〕送り出すであろう価値を全体として凌ぐ」[73]場合においてのみである。

クレメントによれば、貨幣は貴重な「すべての商業の媒体」であった。金銀はすべての国際貿易において、そのような目的のために用いられた。彼は地金を「価格が上昇し下落する可能性がある……より優れた商品」[74]であると見なした。国内における多量の地金は富の徴候であり、「この規準に従って一国の富裕と貧困は、個人の富が彼の支配できる地金の重量によって判断されるべきであるのとちょうど同じように、算定されるべきである」[75]。ここから、「彼らの鋳貨の基準〔＝内在的価値〕の引下げ」は、国内において地金が不足していることの真の徴候である、という結論を彼は導きだした。この叙述は、ジョン・ロックが一年後にそうするであろうのとほとんど同じように、ラウンズの企画を攻撃する機会を彼に与えた。このようにして、貨幣の〔実質〕価値を銀と比較して二〇％ほど引き下げることは、一層の貧窮の原因であるだけではなく、貧困の徴候でもあった。この行為はまた、われわれの貨幣の一層の輸出を妨げないであろう。その問題の根本的な原因は逆調貿易差額にあるからだと、彼は述べた。この「超過」が存続するかぎりにおいて、われわれの地金〔としての銀〕の価格はわれわれの貨幣〔＝銀貨〕よりももっと高い傾向を依然として示すであろうと、彼は結論した。クレメントは他のひじょうに多くの人々と同様に、イギリスの逆調差額は主にフランスとの「取引」によって引き起こされたと考えていた。他方で彼は東インド貿易を擁護した。それは「われわれが最初にインドへ送り出したよりも、もっと大きな価値がある貨幣や通貨（Money and Moneys）」[76]を返送したからである。

それゆえにクレメントを彼の時代においてさえ、ひじょうに独創的な著作家として特徴づけることは、とうていできない。注目に値するのは、それよりもむしろ、彼の様式（スタイル）と彼が議論を開陳したその背景とである。彼は自分の考えを一般的命題として、ほとんど警句的な表現形式で提示した。彼の目的は疑いなく、自分の見解を公理的な格言の形態で示すことにあった。その結果彼は、自分の一般的格言の実践的適用は〔巻末の〕補遺〔で述べるよう〕に残した。クレメントは、「科学」――彼はおそらく「交易一般」よりはこう呼ぶことを好んだであろう――を確立し、それに貢献しようとした。しかしながら彼は、交易と為替についての一層科学的な言説を、一般的な「自然の」原理にもとづいて構築しようとする試みにおいては、確かにきわめて典型的な一六九〇年代の子孫であった。

ウィリアム・ペティ（一六二三―一六八七年）

サー・ウィリアム・ペティ（Sir William Petty）はむろんクレメントとは対照的に、典型的な「重商主義者」として描くことはとてもできない、ひじょうに独創的な思想家であった。けれども、この文脈においてさえ、この偉大な政治算術家について何も述べないでおくことはできない。それは「重商主義」と「政治算術」とを区別することが、実際のところ難しいという理由によってだけではない。このようにして、重商主義は交易と商業とが経済成長と近代化とのために果たす役割を論じた、一連の議論であったのに対し、政治算術はむしろ、経済的な性質をもつ特定の問題を解決したり説明するための独特の方法であったといえる。したがって一例として、ダヴナントが「重商主義者」であり、また「政治算術家」でもあったことは確かである。しかしながら第二に、ペティが実際のところ一六九〇年代の急速な隆盛(ブーム)の時期における著作家・思想家としてきわめて重要であったという理由によっても、彼に関心を向ける必要がある。たとえば、『政治算術』(*Political Arithmetick*, 1690)、『アイルランドの政治的解剖』(*The Political Anatomy of Ireland*, 1691)、『賢者には一言をもって足る』(*Verbum Sapienti*, 1691)、『貨幣小論』(*Quantulumcunque concerning Money*, 1695)のような、彼の著作の大部分が死後に出版されたのは――もっと早期に書かれたけれども――、実際のところこの一〇年間であった。したがって、ペティが自分の着想と提案とを幅広い読者に聴いてもらったのは、一六九〇年代であった。

ペティの伝記は、労働と土地を価値の源泉と見なす彼の考えについての記述と同様に、ここで関心を寄せる必要はない。[77]彼の「価値論」はその同時代人よりも、マルクスのような後の時代の経済学者に対して遙かに大きな影響を与えたことは、ほぼ間違いない。したがって、経済問題に対する彼の一般的な態度と、この時代の重商主義的議論において彼が果たした役割とについて、少しだけ述べることにする。この文脈において、ペティは「自由主義の」陣営にも「保護主義の」それにも属していなかったといえることが、一般的に認められている。彼自身がトマス・ホッブズからはっきりした影響を受けていることを認めたので、彼がどちらかといえば〈統制経済政策的な〉態度をとったことは驚くべきことではない。このようにして彼の最初に刊行された著作『租税貢納論』(*A Treatise of Taxes & Contributions*, 1662)は、公共的経費・宗教・富籤・自由港・租税に関するベイコン流の小論文集であるというのが最も適切であるけれども、もっと後に刊行された彼の諸著作は別の方向を向いていた。それらはさらにもっと統合されて、経済を組織的統一体とはっきり見なした著者の特徴を表している。このようにしてたとえば、彼は『貨幣小論』においては、自然科学的方法の立場から貨幣問題を論じた。彼はきわめて明快に、たとえば貨幣価値が引き上げられた場合に――他の事情が同じならば――生ずるであろう、体系的な結果について説明した。彼はこのような背景のもとに、地金輸出の妨止や、利子率の引下げを目的とする法を、「実行不可能であり」「自然の法に反する」ものであると見なした(78)。それゆえに良い統治とは、規則正しい経済に見られる自然法則に逆らってではなく、それに従って統治することであった。

当時最も大きな影響を与えたものが、ペティが提起した方法であったことは確かである。彼は『政治算術』(一六九〇年に出版された)において、ベイコンの方法ときわめてよく似た経験的方法を提示した。「私がこれを行なうために採用する方法は、まだあまり広く用いられていない。というのは私は比較級や最上級の言葉だけを用いた理知的な議論をする代わりに、自分の見解を数・重量・尺度を用いて表現する……方針をとったからである(79)」。このようにして彼が述べたところによれば、「国民・土地・蓄え(ストック)・交易などの真の状態」を知りさえすれば、真の原理を提出して、目下の諸問題に対する正しい救済策を見いだすことができた(80)。

しかしながら、彼は実践的な提案に関しては、実際のところまったく月並みであった。富と貨幣とを混同した「重商主義体系(マーカンタイル・システム)」が創作されたことにより、ペティは実際にそうであったよりももっと独創的であると見られる傾向が、おそらくあった(次章を見よ)。実際にはこの時期の大部分の著作家と同様に、イギリスはその貿易と漁業と製造業を発達させた場合にのみ、オランダと釣合がとれるくらいに多くの住民をもつことができると、彼は指摘した。さらにペティは、国産の商品にもとづく製造業だけではなく、輸入された外国産原料を使用する製造業も重要であることを、とくに力説した。また多くの他の人々と同様に——次章で一層詳しく論ずるが——、経済的な成長と改善は、雇用の一層の拡大からもたらされるものであると考えていた。この観点からすれば、大きな人口は決して即座に有益ではない。「さらに何百万〔ポンド〕もの利潤を得るための余分な人手が今あったとしても、それらに対する雇用がなかったならば無意味である(81)」。このような背景のもとに彼は、順調〔貿易〕差額論に関してはきわめて両義的であった。金・銀・宝石は「腐敗しやすくないし、他の商品ほどに変わりやすくない[82]」という理由により、貨幣は国家にとって特別に重要であるということを、彼はまだ認めていた。しかしながら彼は、またあるときは、「貨幣は政治体の脂肪にすぎず、貨幣が多すぎることは、それが少なすぎることが政治体を病弱にするのと同じくらいに、しばしばその敏活さを妨げる[83]」と考えた。彼の見解がこの点について首尾一貫していたかどうかということは、おそらく判断を下さなければならないほどに重要ではないであろう。彼が他の大部分の人々と同様に、差額論と、この理論が外国貿易による地金の純余剰に対して与えた重要性とによって、影響を受けていたことは明らかである。しかしながら、彼の第二の叙述は、経済問題に対する彼の全般的なアプローチと一層ぴったりと調和している。またそれが、土地と労働とが価値と富との源泉であるという彼の一般的観念と、なお一層ぴったりと調和していることは、明らかである[84]。しかしながら、次章で見るように、彼だけがそのような見解を抱いていたのではなかった。

連続と変化

共通の方法を共有し、一連の共通の問題を論じた経済的学識が一七世紀に出現したことが、これまでのところ認められた。その学識がジャッジズ教授の指摘とは異なり、単一の教義をもった「学派」を形成していなかったことは確かである。また「重商主義的」著作家はすでに見たように、政治問題について必ずしも意見が一致していなかった。彼らの幾人かは、他の人々が自由貿易を部分的に、あるいはもっと原則的に強調したけれども、保護貿易法（protectionist legislation）を擁護した。第三のグループはこの問題について決断を下すことができなかったように思える。またロジャー・コークのもとでは、「有益な貿易はすべて自由な状態に置かれるべきである」[85]ことは自明である、と力説された。

このような文脈において、重商主義的学識を一連の継続した議論と捉えることは、一層実り豊かである。すでに見たように、その議論は多くのさまざまな問題を扱った。またその議論のいかなるものにおいても、保護主義対自由貿易一般は、重要な焦点ではなかった。このような著作家たちは、利子率は法によって固定すべきかどうか〔という問題〕や東インド会社などについて議論しながら、共通の言語や表現形式を発達させた。彼らは外国貿易が経済成長と発展とに対して果たす役割を詳述するために、貿易差額説を用いた。貨幣、需要・供給の役割、みずからの法則をもつ自立した経済領域という考えについて、彼らはいくつかの共通の見解を切り拓いた。そのような経済論議は、時の経過とともに共通言語（common language）を生みだしたが、そのような言語は一八世紀の間になお一層発達した。

このようにして一八世紀はある程度まで、その前の〔一七〕世紀から受け継いだ経済的言語の、たんに漸進的で連続的にすぎない発達過程を包括した。諸概念と理論的諸命題はゆっくりと時間をかけて徐々に、一層明瞭で、一層首尾一貫したものになった。価値・価格論に関しては、リカードウに至るまで決定的な混乱はなかった。貨幣論においては、一六三〇年代のライス・ヴォーンから、一七五〇年代の「古典派の」ジョセフ・ハリスに至るまでずっと明瞭な連続があったことは確かである[86]。また、利子は実質利潤率に依存するという古典派的な見解も、優勢になりつつあった。われわれはそのような見解を、一六九〇年代のニコラス・バーボンにすでに突き止めた。それは一八世紀の間に、たとえばマッシーやヒュームの手のなかで成熟した。

さらに他の点でも、急速な転換や変化よりも、むしろ連続が強調されねばならないことは確かである。「経済」

は「自動均衡化のシステム」であるという見解は、言うまでもなく一八世紀にもっと先まで発達した。しかし先に見たように、その見解がすでに一六二〇年代における「重商主義的大躍進」の一部をなしていたことは、確かである。さらに、成長はある程度まで、海外からの地金の正の流入と繋がっているという見解は、一八世紀の間に消滅することになった。しかしながらこのような考えは一六九〇年代にすでに、成長の過程で雇用と製造業とが果たす役割をむしろ強調したチャイルド、ダヴナント、バーボンのような著者によって、ひどく攻撃された。このような立場は消滅するどころか、タッカー、ヒューム、スミスのような一八世紀の著作家により、さらにもっと力説された。そのような〔成長に際して重視された〕製造業はどのようにして確立され改善されうるのかという点に関しては、むろん幾分か意見の相違があったかもしれない。しかしながら、自由貿易の立場はすでに一七世紀の間に見つけることが可能であり、この方向に向かうもっと一般的な変化は、ただゆっくり現れたにすぎなかった。

外国の支払う所得

このようにして一六九〇年代は、経済的思考と著作とにおける急速な隆盛（ブーム）を包含した。この一〇年間は疑いなく重商主義的著作の絶頂期を包含した。その見解の多くのもの、その多方面にわたる独特の文脈、この一〇年間に現れた共通の表現形式は、少なくとも次の半世紀か、あるいはそれ以上の期間が受け継ぐ大きな流れを方向づけることになった。

この一〇年間に特有の際だった特徴は、チャイルド、ダヴナント、バーボン、ポレックスフェン、ケアリ、その他の著作家が、雇用と製造業の役割を強調したということであった。この強調は一七〇〇年以降に、成熟した「外国の支払う所得」の経済発展論に発達した。この理論はある程度まで、順調貿易差額論を全面的に放棄することなく、それを再公式化しようとする試みであることを含意していた。しかしながら、これら二つの「理論」は核心においてまったく異なるものであった。後の方の学説〔外国の支払う所得論〕は貴金属流入の必要を強調するよりも、むしろ生産・雇用・収入を拡大させるために外国貿易はどのように組織化されうるであろうかということに焦点を合わせた。

この〔外国の支払う所得という〕考えは、とりわけジョンソンによって指摘されたように、この時期にはもう決して新しくはなかった。その最も単純な説明では、輸入品はともかく必要な程度において、原料が持ち込まれるのが望ましいのに対し、他方ではできるだけ多くの付加価値を含んでいる財貨を輸出することが、ある国にとって有益である、と述べられたにすぎない。この考えはこのような形では、一六世紀においてさえ珍しくはなかった。[87] さらに次章で一層詳しく論ずるであろうように、一七世紀全般を通じて、労働と技芸によって作り出された「人工的」富は、国の成長と繁栄にとって著しく重要であると見なされた。

しかしながら、適切に組織化された貿易は、「労働の輸出」の極限までの増加を含意するということを、幾人かの著作家が力説したのは、とりわけ一六九〇年代においてであった。このようにして付加価値財貨の輸出は、諸外国が輸出国の賃金と利潤とを支払うであろうということを含意した。そのような製品が輸出されるほど、イギリスはポルトガルやスペインなどから一層多くの所得を受け取るであろう。イギリスは世界の製造業者になることにより、「外国の支払う所得」によって償還される、数千人の労働者と多量の資本とを使用するであろう。この命題は――一七六七年のジェームズ・ステュアートのもとで――労働差額論として、その最も完成された形に定式化された。そこではおよそ輸入されるよりももっと多くの仕事が輸出されるならば、その外国貿易により国は利益を得るであろう、と定式化された[88]。

すでに見たように、東インド会社は一六九〇年代に厳しい批判に耐えなければならなかった。ジョン・ケアリ(John Cary, ?–c. 1720)とジョン・ポレックスフェン(John Pollexfen, c. 1638–?)という二人のパンフレット作者がとくにそのような批判に加わった。これら二人の、毛織物工業の利益の熱烈な擁護者によれば、安価なインド産キャラコの輸入は、イギリス毛織物工業を破滅に導いていた。しかしながら、東インド貿易は「危険な」、地金の純輸出をもたらすという旧来の議論を繰り返すことに、ポレックスフェンは満足していたようであるのに対し[89]、ケアリはこの点を明らかにするために、別の議論を用いた。第一に彼は他の多くの人々と同様に、とりわけきわめて多くの貿易が為替手形を用いて営まれるという理由により、真の貿易差額の算定は困難であることを指し示した[90]。しかしながら彼は一般的原理として、さらに次のように述べた。

われわれの貿易の基礎は、わが国の生産物であり、わが国民の労働によるその生産物の改善である。その生産物は輸出されて海外で販売されるならば、その代わりに、もっと快適でもっと素晴らしいわれわれの暮らしに役立つものだけではなく、さらに多量の地金やその他の財宝を持ち帰る。しかも、その生産物にわれわれは労働以外にはほとんど何も費やしていないのである[91]。

また彼は、工業製品の輸出から生ずる利益について論じた別の文脈において、次のように述べた。「われわれは工業製品を、値が付くところへ輸出する。その値は、原料と労働との真の価値に従ってだけではなく、さらに買手の必要と気分とに従っても生ずる余剰によっても、付くのである。そしてこの余剰は利潤を増し、この王国の富を増大させるのである」[92]。

しかしながら、外国の支払う所得という考えがなお一層磨きをかけられたのは、とりわけ、一七一三年におけるユトレヒト条約と英仏間で提示された貿易協定とに続いて行なわれた、議論においてであった。ダニエル・デフォー（Daniel Defoe, 1661?–1731）が編集した出版物『マーケイター』（*Mercator*, 1713–14）に反対する議論として、この考えを用いたのは、とりわけ『ブリティッシュ・マーチャント』（*The British Merchant*, 1713–14）の周りに集まった著者たちのグループであった。デフォーはよく知られているように、週三回刊行の出版物において和平・貿易協定を擁護するために、トーリー政府によって雇われていた。しかしながら、ウィッグ支持者のグループは『ブリティッシュ・マーチャント』において、この「雇われ作家」と、彼がひじょうに精力的に擁護した条約とを厳しく批判した[93]。それは、チャールズ・キング、ジョサイア・ジー、テオドール・ヤンセン（Theodore Janssen）、ヘンリー・マーティンのような多くの著者によって書かれた論文を含んでいた。しかし、この新しい「学説」がとくにきちんと詳しく説明されたのは、ヤンセンによって書かれた「貿易の一般的公理」と題する論文においてであった[94]。

ヤンセンによれば、次のような貿易は国にとって不利益であった。（1）「たんに奢侈と娯楽だけのための事物を持ち込む」貿易、（2）「わが国自身の製品の」消費を妨げる貿易、（3）「われわれが製造するのと同じ財貨を供給する」貿易、最後に、（4）「すでに国に導入されているような製品の、ゆるやかな条件での輸入」[95]。対仏貿易協定はこのような破滅的な結果のすべてをもたらすであろう、これまで以上にそのようなことが起こってもおかしくないと、ヤンセンと『ブリテッシュ・マーチャント』のその他の著作家は主張した。さらに、「一般的公理」の著者〔ヤンセン〕は次のような一般的原理を提示した。

わが国の完製品（finished manufactures）を持って行き、わが国で製品にされる未加工原料をわが国に送り返すような国はいずれも、このような原料を製品にするための〔労働〕費用と同じくらい、わが国民の雇用と生存とのために貢献する。(96)

しかしながら、この原理の独創的な側面が詳らかにされたのは、――ポルトガルが実際のところ、「この国の繁栄と幸福」にどれほど貢献したのかという――実例に、具体的に応用されたときにおいてであった。

まず初めに、わが国の対ポルトガル貿易から始めたい。その国にわれわれが送っている財貨に対する、われわれの積み戻し品が、ワイン・油・その他われわれ自身の使用と消費のための、いくつかの物であることは、認められている。しかしわれわれの積み戻し品の最も大きな価値〔を構成するもの〕が金銀であることは、議論の余地がない。したがってポルトガルはわが国民の雇用と生存とに対して、またわれわれの土地の生産物に対して支払っているのと同じ大きさだけ、すなわち金銀で決済するのと同じ大きさだけ、この国の繁栄と幸福に貢献している。(97)

さらにヤンセンはこのテクストにおいて後に、この同じ原理を地代と利潤に関しても応用した。(98)このようにして彼は、次のように結論した。「私としては、二国間の貿易の得失を評価する他の方法を知らない。一方の国における国民の労働、土地生産物、商人の利益が、他方の国におけるそれらを価値のうえで上回っている分の総量と同じ大きさだけ、前者は利益を得、後者は損失を被るのである」[99]。

差額の概念に実際に新しい内容を与えると同時に、その概念を保持することを可能にしたこの考えは、その後の一〇年間に多くの著者により有益であると認められた。実際のところ『ブリテッシュ・マーチャント』以降、国は工業製品を買うよりも、もっと多く売るべきであるということが、広く認められるようになった。さらにまたこの「差額」は、自国の労働者・製造業者・地主に対する所得という形をとって支払われた。このようにして、たとえばウィリアム・ウッド（William Wood, 1671-1730）は一七一八年に、「われわれから買うのと同じくらいに多くの製品をわれわれに売らない国は、その差額の全額だけ、われわれの国民の雇用と生存に、またわれわれの土地の生産物に貢献している」[100]、と指摘した。もう一つの例はジョシュア・ジー（Joshua Gee, ?-1750）で、彼はその幅広く読まれた『グレイト・ブリテンの航海と貿易』（*The Trade and Navigation of Great-Britain*, 1729）に含まれた、算定された「全般的差額」において、イギリスはその拡大する植民地領域で獲得した原料を仕上げる工場にならなければならない、と熱心に力説した。われわれはそのような加工製品をもって貿易することにより、多大な利益を得るであろうと、彼は述べた。そして、われわれはこのような方法を通じて、植民地領域の貧民ではなく、われわれ自身の貧民を雇用するであろうと、彼は結論した[101]。

最後の例は、おそらく満足のいくものであるかもしれない。一七四四年にマシュウ・デッカー（Matthew Decker, 1679-1749）は、一七五六年までに七版に及ぶことになった、評判の高い著書を刊行した。経済学説史家により、この著書は「自由貿易」の傾向にあったことがもっぱら認められてきた。このようにして彼は、たとえば『ポールグレーブ辞典』においては「アダム・スミスの最も重要な先任者の一人」[102]として迎え入れられた。

しかしながら彼は、それに逆らって、やや生硬な差額論を示した。「ブ、リ、テンの輸出がその輸入を超過しているならば、外国人はその差額を財宝で支払わなければならないので、この国は豊かになる」[103]と指摘した。彼は金銀に関しては、「ある国は保有する金属が多いか少ないかに応じて、豊かであるとか貧しいとか称せられる」[104]とさえ述べた。しかしながら、デッカーはこの問題に関しては分裂していたように思える。彼は後にこのテクストで、輸入されて、「国民の労働により少なくとも二回改良された」原料は、それにより「国の財宝をそれに比例して」[105]増大させるであろう、と指摘することになった。

デッカーにとって腹を決めることは困難であるように思えたけれども、彼の『外国貿易の衰退の原因に関する一論』（*An Essay on the Causes of the Decline of the Foreign Trade*, 1744）がひじょうに重要な著作であることは確かである。この論説は結局、新生の重商主義言説の一部としてわれわれが扱った着想・概念・問題を、伝統的枠組みのなかで総合化しようとした、一八世紀における最後の試みの一つであったということになる。このようにして、交易に関するいくつかの一般的原理を提示することが、デッカーの目的であった。またこのテクストが一六九〇年代の形式に従って、交易の科学の概論として構成されたことも明らかであった。その最大の焦点は、イギリスの外国貿易に看取される衰退の原因について論ずることであった。すでに見たように彼は、貴金属を持ち込むことが外国貿易の究極の目的であると強調する、紋きり型の順調貿易差額説から出発した。後になって、外国貿易は一層多くの仕事と雇用をもたらすことができるかもしれないという、一六九〇年代に比較的近い解釈を彼は採用した。このようにして彼が重商主義的伝統に恩義があることは、実際のところきわめて明らかであると思える。このことは彼が文献を頻繁に参照していることからも明らかである。デッカーはジー、チャイルド、コーク、ペティット、その他の著者を引用することにより、長い、多方面にわたる伝統の一部を、自身が担っていると考えていたことは、疑いない。

すでに見たように彼は、一国を繁栄させるためには一層多くの製造業と貿易が必要であるという、もっと古い時代の同業者〔＝著作家〕に同意した。しかしながら彼は、工業と貿易を増大させる方法に関しては、たとえばチャイルドの〈統制経済政策〉からはまったくかけ離れた立場にあった。彼は一般原則として自由貿易が良く、もっと競争できるようになるために、関税や規制を放棄する必要があると考えていた。「交易の真の性質についての」適切な「知識」だけが、「物は安価であるほど、一層多くが輸出されるであろう、そして国を豊かにするのは輸出だけである」[106]という結論を導くことができると、彼は述べた。彼はさらに進んで、「あらゆる国産の商品は、自由貿易においてその本来の価値を見いだすであろう」[107]とまで述べた。さらに彼は、ただ生産の低費用と低価格とを保持するだけのために、低賃金が適切であると考えていた。彼は多くの人口が重要であることを認めたが、それと同時に「あなたの〔国の〕雇用が国民にとって多いほど、あなたの国民は多くなるであろう」[108]と力説した。

それゆえにデッカーの著作は、異なるけれども明らかに繋がりをもつ、二つの理由により、注目に値する。第一にその著作は、一八世紀の初めには自由貿易が原則として称賛されたけれども、それと同時にまったく正統的な順調貿易差額に固執することがまだ可能であったことを、確かに例証している。第二にデッカーは、輸出が一八世紀に経済成長と発展のために果たした役割を認めることが、どのようにして、――自由貿易を助長し、規制に反対するのと――同じ方向に至ることができたのか、ということを示す実例である。一九世紀における「重商主義体系（マーカンタイル・システム）」の普及者が、この主張されたパラドクスを認めることは困難であると思ったであろうことは、真実である。しかしながら、一八世紀に生きた人々は、さほど驚いたり肝をつぶしたりしなかったに相違ない。

衰退

重商主義言説――「交易の科学」――は、自由貿易論の必然的な帰結として崩壊したにすぎなかったと考えることは、容易である。しかしながらすでに言及したように、デッカーは旧来の定式を固守しながらも、自由貿易の立場を併有することが可能であることを示した好例であった。これを例証するもう一人の人物として、一七三四年に小冊子『貨幣万能』(*Money answers all Things*)を刊行したオランダ商人ジェイコブ・ヴァンダーリント(Jacob Vanderlint, ?–1740)が挙げられる。幾人かの著作家が指摘しているように、ヴァンダーリントの論説においては「正統的な重商主義的見解」と自由貿易の原理との結合が含まれていた。[109] 彼の主な不満の訴えは、逆調貿易差額が原因であると主張された貨幣不足であった。この逆調差額は立ち代わって、人口が多い割には農業生産物の産出量が低すぎることが原因で生じた、「必需品」の高価格によって引き起こされた。[110] このようにして彼は、この時期におけるひじょうに多くの他の人々と同様に、低い生産費と費用競争とが果たす重要な役割を強調した。

またそのような自由貿易の性向は、もっと早い時期においてさえ珍しくはなかった。そのような傾向は実際のところ多くの場合、重商主義的な表現形式と結びついていた。これを理由にして、――グランプ、ワイルズ、その他が、主張したように――少なくとも一七世紀以降の重商主義者はほとんどが、保護主義者よりも自由貿易論者として一層適切に描写されると主張することさえ、可能であるかもしれない。

それゆえに、なぜ重商主義言説は一八世紀にゆっくりと崩壊したのかということの原因を探るために、他の推進力を見つめなければならない。このような文脈において、順調貿易差額の定式についての不安が増大したことが、比較的重要であったことは確かである。すでに見たように、一六九〇年代にはすでに幾人かの著作家が、この差額の算定を行なうことがいかに困難であるかということを指摘していた。彼らは国が貿易によって利益を得たのか、それとも損失を被ったのかということを判断する目的で、その算定を行なうことは不可能である、と理解した。

しかしながらこの時期にはすでに、この［順調貿易差額の］学説に対するもっと急進的な態度が、その存在を人々に印象づけていた。すでに見たように、ニコラス・バーボンはそのような批判の一助となっていた。この文脈におけるもう一人の重要な著者は、トルコ会社の富裕な商人で、チャイルド、バーボン、ダヴナントとちょうど同じようにトーリーであったダッドリー・ノース（Dudley North, 1641-91）である。しかしながら、彼の小冊子『交易論』（*Discourses upon Trade*, 1691）がこの頃大いに読まれたようには思えない。その理由は簡単である。この小冊子は政治的な理由で出版禁止となり、実際のところその大部分の冊数が廃棄されたからである。(11) この小冊子の目的は主に、通貨改革と、ちょうどそのときに急上昇していた利子率の規制とに関する、広く行なわれていた議論に口を挟むことであった。しかしながらその数頁は、当時の紋切り型の経済的思考のほとんどに対する徹底的な猛攻撃から成っていた。彼は自分の方法に関して、経験的調査にもとづいて真理を確立することの必要性を強調した。彼が主張したところによれば、旧来の哲学はほとんどが、明白に抽象と、事実とは無関係な原理とに関心を寄せていた。また彼は交易と経済現象とを、彼がはっきりと自然の法であると呼んだ、いくつかの単純な原理によって支配されるものであると見なした。その結果、彼は精力的かつ原則的に、利子——貨幣の使用に対する「自然的」価格としての——は法によって規制されうるであろう、という考えを攻撃した。この観点から、彼はさらに順調貿易差額説を攻撃した。貨幣は過少であったり過多であったりすることがありうる、単なる媒体にすぎないと、彼は述べた。「このような貨幣の干満は、政治家の助力がまったくなくても、みずから補充し調節する」[112]。彼は商業を、一国だけではなく全世界をも包含する自然的体系の一部として論じた点では、なお一層急進的であった。「全世界は交易に関しては、一つの国ないし国民のようなものにすぎず、そこでは諸国は〔一人ひとりの〕人間のようなものにすぎない」[113]。

このようにしてバーボンと同様にノースにとっても、外国貿易によって地金の安定した長期に及ぶ余剰が達成されるという考えは、とりわけ擁護できないものであったが、それは貨幣を媒体として、実際のところ普通の商品として捉える、という考えにもとづいてであった。ほぼ五〇年後にジョセフ・ハリスのもとで、この主張は「古典的」形態に達していた。その頃には誰も、「貨幣は流通しているその総量に応じて、みずからの価値を定める」[114]というハリスの見解に反対する議論を、真剣には行なわなかったであろう。

差額論に反対して起こり、次第に無視することが難しくなっていたもう一つの主張は、後に「正貨流出入機構」として知られるようになる原理であった。この分析用具がどのようにして徐々に洗練されていったのかということについての、もっと詳細な吟味は手掛けないことにしよう。この機構は、一七五二年からヒュームによりその有名な論文「貿易差額について」（"Of the Balance of Trade."）で採り上げられたときには、相当な期間に及んで用いられていたということを述べれば十分である[115]。それゆえに、貨幣の純流出は価格を引き下げるであろうし、そうすることで輸出を奨励するであろう、またしばらくして「われわれが失った貨幣を呼び戻すであろう」[116]という提案は、すでにバーボン[117]、ヴァンダーリント[118]の著作に、またアイザック・ジャーヴェイズ（Isaac Gervaise, 1680–1739）の著作においてもある程度見いだされる。フランスのユグノーの移民の息子であったジャーヴェイズは、一七二〇年に注目すべき小冊子を刊行した。経済は自動調節の秩序であり、放任されるならば、貿易と工業の関係者をすべて豊かにするような最善の方法を発見するであろうということを、彼はそこで示した。ヒュームとは少し異なる仕方で、貨幣の純流入は、需要（「富者」）が供給（「貧者の労働」）以上に増大する状態をもたらし、この状態は一層大きな輸入を余儀なくさせるであろうと、彼は主張した。

ある国が世界の大分母(*3)〔＝貨幣――マグヌソン〕の妥当な割け前を超える、もっと大きな割り前を誘引してしまうと、その誘引の原因はなくなり、その国は妥当な割り前を超過する量の大分母を保有することはできない。なぜならその場合には、その国における貧者と富者との釣り合いが壊れるからである。換言すれば、富者の数が貧者と比較して多くなりすぎているからである。しかもその状態は、大分母のうちその国が保有している部分と、釣り合った労働の割け前を、その国が世界に供給できないほどだからである。その場合には、貧者の労働全体が、富者の支出と釣り合いを保つことはできないであろう。その結果、その国にはその国から出ていくよりも多くの労働が入り、その国の貧民の不足の埋め合わせをすることになる。そして貿易の目的は金銀を誘引することであるから、その労働の差額は金銀で支払われ、その支払いは、分母が他の諸国と比較して少なくなるまで行なわれる。(119)

このようなタイプの分析的考案が今日、いかに重要であると思えようとも、ジャーヴェイズのような著作家はその生涯を通じてまったく無名で、その小冊子はほとんど無視されたことは、強調しておかねばならない。このようにして正貨流出入機構がもつ強い影響力と、それが順調貿易差額説に対して与えた影響とは、ただゆるやかに受け入れられていったに相違ない。確かに、貨幣や資本の正の純余剰が外国貿易から生ずるという考えの解体と、その考えが「外国の支払う所得」説によって取って代わられたことはさらに、重商主義的な経済的言説の一八世紀における漸進的な崩壊を意味していたに相違ない。この漸進的進行にとって、貿易差額の算定はほとんど不可能であるというチャイルドなどが示した実践的主張は、需要・供給アプローチの完成が経済学にとってそうであったのと同じくらい、重要であったかもしれない。

しかしながら、重商主義言説が少しずつ崩壊していったことを理解するには、経済的テクストは何に配慮するのかという点に関する考えが変化したことも、さらに強調されねばならない。そういうわけで、その経済的テクストが現れた形態に眼を向けなければならない。少なくとも一八世紀中頃まではずっと、経済論議のための文脈上の枠組みは、実践的問題や目下の論争を扱った小冊子や小論説であった。しかしながら、もっと一般的な形式を備えた、もう一つ別の様式（ジャンル）が、とりわけ一六九〇年代から徐々に現れた。その目的は、交易に関する一連の原理や公理を提示することにあった。すでに見たように、ジョン・ケアリはこのような文脈のなかで、独特の「交易の科学」について語ろうとさえした。

しかしながら、経済的公理を提示し、諸国民の富の一般的原因を論じるのに、商業論が最も適切な文脈であるかどうかという疑問が、次第に提出されるようになったに相違ない。とりわけ、外国貿易は独力では、生産と製造業の助力がなければ、富をもたらすことができないことが、時が経つにつれて次第に明らかになったからである。次章で見るように、富は生産において獲得されるという見解は、一七世紀にはごく普通のものであった。しかしながらこの見解は、この時期を通じてなお一層力説された。しかも、その必要性は一層緊急を要するものになった。経済は、自然力によって釣り合いが保たれた発条（ばね）・天秤・交換部品からなる機械システムであるという見方がなお一層広まったからである。したがって、外国貿易は他の活動と繫がっているということが、次第に強調されるようになった。このような文脈において、サー・ジェームズ・ステュアートが『経済の原理』（*Principles of Political Economy*, 1767）において旧来の定式に固執しながらも、どのようにしてこのような見方を自分の総合に加えようと試みたのかということを、凝視するのは興味深い。ある程度まで同じことを、一七四四年のマシュー・デッカーのもとでも目にすることができる。彼の議論は異なる方向を向いていたようであるけれども、それでも彼はその議論を統合するという重々しい問題を抱えていたからである。

この観点から、この時期における道徳哲学と自然権論の変容とからの影響力が、旧来の「交易の科学」を時代遅れのものとなすうえで重要な役割を果たしたことは、確かである。このことはむろん繰り返し強調されてきたが、このような文脈においてとくに強調されなければならない。この影響力はたんに経済的テクストの知的核心に作用を及ぼしただけではなかった。このような進展はおそらく、そのようなテクストの形態と一般的目的とにとってなお一層重要であった。このようにして、経済的探究の目的は次第に、経済過程を、もっと幅広く、もっと体系的に考察することに向けられるようになった。その中心部分においてこの目的は、〈社交性〉を身につけた人類が他者との経済的交流を通じて、どのようにして諸国民の富を供給できるのかということを理解することである、と定式化された。すでに見たように、どのようにして私悪は公益に変えられうるのかという問題は、確かに一八世紀よりも古い時代のものであった。しかしながら、活発な自然権の議論、ならびにスコットランド啓蒙思想の興隆などからの影響のもとで、この旧来のテーマを新しいやり方で論ずる機会がやって来た。この観点からすれば、トマス・マンやジョサイア・チャイルドによる古い「テクスト」は確かに不満足なものに思われたに相違ない。さらに経済は、社会的情念と欲求とを与えられた多数の諸個人を、基盤にして作り上げられた社会システムとして次第に把握されるようになったので、経済的言説の構成（フォーマット）・内容・様式（スタイル）を変える時機が来たように思えた。このような新しい目的にとって、アダム・スミスの『国富論』のようなテクストは遙かに満足のゆくものであると思われたに相違ない。

第六章　力と豊富

――順調貿易差額――

これまで、独特の表現形式と共通の位相（トポロジー）をもった、経済学の特殊な言説が一七世紀に出現したことに関心を寄せてきた。前章でジョン・ケアリの用語との類比により「交易の科学」と呼んだ、一種の総合の試みが、時を経ながらゆっくりと出現した。このようにして、マンとミスルデンによる需要・供給のアプローチがなお一層磨きをかけられたのは、「一六九〇年代の急速な隆盛（ブーム）」に先立つ経済的論題をめぐる議論においてであった。また、商業的経済は「自然の」システムとして捉えられねばならないという見解が、なお一層広まったのも、このような論議においてであった。

アダム・スミス以来、「順調貿易差額」は独特な重商主義言説の形成にさいして重要な役割を果たしていることが、強調されてきた。これは確かにある程度までは真実である。このようにしてこの〔順調貿易差額の〕「学説」は、この時期の経済的テクストに何度も繰り返して甦った。この「標語」（スヴィランタ）[*1]は、外国貿易と商業が国民経済の成長と発展のために果たす役割に焦点を合わせていたという点において、「思考の手立てとして役立った」[*2]。確かに、この学説はこの時期にほとんどの経済的パンフレット作者や討論者が積極的に関心を向けた争点をなしていた。それゆえに、彼らがフランス産ワインの輸入の役割や東インド会社について、あるいは高利子率の影響について議論しようとも、いずれにせよこの「国民的な」目標が中心にあった。しかしながら、このような関心は一七世紀の所産でもなければ、イギリスだけにかぎられたその特殊性でもなかった。それゆえに一六・一七世紀のヨーロッパの大部分において、——次章で見るように——国民国家はどのようにして豊かで強力になるべきかということを論じた、個々の国民的言説が現れた。そのような言説のいくつかにおいて、外国貿易から生ずる貨幣の余剰が果たす積極的な役割についての言及が見られた。この事例はたとえば、この題目を扱ったイタリアとイギリスの論説において見られた。

しかしながらすでに見たように、順調貿易差額説の解釈はさほど容易ではない。その意味を解きほぐすことが、当時の人々にとってさえ容易でなかったことは、ほぼ間違いない。第一に、その学説はさまざまな著者のあいだで異なる意味をもっていたようである。第二に、少なくともイギリスにおいて、その学説の内容は時が経つにつれて根本的に変わった。それゆえに一七世紀末には、それは以前とはまったく異なる内容の「労働差額」ないし「外国の支払う所得」説に発展していた。この学説はすでに示唆したように、国民経済の成長と近代化とを推進する重要な要因である外国貿易に、焦点を合わせていると思われたので、引き続き用いられた。

本章では、順調貿易差額説が、国民国家はどのようにして豊かで力強くなるべきかという議論と、どのようにうまく噛み合っているのか、という点について検討したい。そこでは、この学説がとりわけ一七世紀の観点から見て、本当のところ何を「意味していた」のか、という議論に関わるであろう。しかしながら研究文献においては、順調貿易差額説は多くの場合、「重商主義者」が富と所得とをどのように理解したのかということを解く手掛かりとして、差し出されてきた。したがって以下の諸節においても、重商主義者がこれらのもの〔富と所得〕をどのように定義したのかということについて、議論したい。

力と豊富

一七世紀にオランダ共和国は実際のところ――サイモン・シャーマの言葉を借りれば――「豊富の海に浮かぶ島」[1]のように見えた。ハプスブルク家との血腥い、解放のための戦争からまだほとんど復興していない、このちっぽけな共和国は、どのようにして一七世紀の間に繁栄する強国になったのだろうか。このような恐怖心に満ちた驚きをもって、他のヨーロッパ強国は〔この共和国を〕見つめていた。当時の観察者によれば、疑いなく最も印象的なのは、この小さな土地区画がそのような豊富な人口を収容できたということであった。しかしながらオランダ共和国の功績は、より多数の国民が政治力・軍事力の礎石であると捉えられたことにより、ただ敬意をもって傍観されただけではなかった。この共和国はさらに、いくつかの国家が学んで真似ようとする見本ともなった。

それでは、この繁栄に向かう進歩はどのようにして為し遂げられたのであろうか。トマス・マンは『外国貿易によるイングランドの財宝』において、おそらく当時はさほど珍しくはなかった表現法を用いて、賞賛の意を表した。

わが国の最大の州の二つほどの大きさも十分にはないような小さな国が、しかも自然の富、食糧・材木、平和や戦争のために必要なその他の軍需品を〔国産としては〕ほとんど持っていないのにもかかわらず、それらすべてを並はずれて豊富に所有している。その結果、彼らは自分たち自身の（ひじょうに大きな）欲求を

満たすばかりか、なおそのうえに他国の君主に対して、船舶・武器・船の索具・穀物・火薬・弾丸を、また
その他の、彼らが勤勉な貿易活動によって世界のすべての方面から集めている何やかやを、供給し販売する
ことができる。このようなことは世界の人々にとって驚異であるように思える(2)。

このようにして、この国の豊富と欲求がひじょうに大きくなっていたのが、農業がひときわ優れて生産的であったという理由によってではなかったことは、確かである。ウィリアム・ペティ――このような事柄において正確であることを好んだ経済学者・政治算術家――によれば、「これらの地域が最初に植民されたとき、フランスの一エーカー〔の土地〕がホラントとゼーラントにおける同量〔の土地〕よりも良質であったとは言い難い。したがって最初の植民のときに、植民者の数は土地の量と釣り合いが保たれていたということ以外には、どのようなことを想定する理由もない(3)」。

オランダ共和国を現在のような人々の富裕と力とにまで導いたのは、そうではなく貿易と工業であったということは、一般に同意された。一七四四年にサー・マシュー・デッカーは次のように概算した。「ホラントで交易が扶養している国民は、交易を奪われたときにこの国が食を給することができるであろうその数の七倍である(4)」。ほぼ六年前にジョサイア・チャイルドは、オランダの成功の秘訣についてはっきり理解していたように思える。「オランダ人の国内・国外交易の並はずれて大きな増大、富裕、多数の船舶は、現代の人々の羨望の的であり、将来のあらゆる人々にとって驚異となるかもしれない(5)」。さらにニコラス・バーボンによれば、「ネーデルラント共和国とヴェネツィア共和国の偉大さと富裕とは、領土に属する土地の広さがいずれにおいても僅かであることを考慮するならば、交易が一国にもたらす優位と利益が大きいことを十分に証明している(6)」。

サー・ウィリアム・テンプル（Sir William Temple, 1628–99）が、ひじょうに大きな影響を及ぼして、頻繁に引用されることになった『ネーデルラント連邦共和国の観察』（*Observations upon the United Provinces of the Netherlands*, 1673）を刊行したとき、オランダ人とイギリス人とは二〇年のあいだに三度目の戦争を行なっていた。[＊3] 彼は次のように、この敵国について長々と論じた。

> ひじょうに多くのものを読み、ひじょうに遠くまで旅行したことがある人にとっては明らかなことであるが、この共和国の四つの沿岸諸州という狭い領域での交易ほどに巨大なそれが営まれている国は、現在においても、いかなる物語の記録においても、見いだすことはできない。いやそればかりか、彼らに所属する船舶の数は、彼ら以外のすべてのヨーロッパの船舶よりも多いことが、広く認められている。……またホラントは何らかの国内産商品によってではなく、産業活動（インダストリ）によって豊かになったのである。換言すれば、すべての外国産物を改良し製品に作り上げることにより、そのようになったのである。ヨーロッパ全域の貯蔵庫となって、すべての地域に、市場が欲して引き付けるありとあらゆる物を供給することにより、そのようになったのである。[7]

第一にテンプルによれば、オランダ人はその健全な政治的諸制度——「国制と秩序」——により、成功した商人として現れていた。彼はこの共和国の自由な国制を賞賛しながら、次のように述べた。「交易は個々人のあいだでの相互的な信頼がなければ生きながらえることができない。それと同様に交易は、公共と個人との双方の安全に対する信頼がなければ、したがって政府の力・知恵・正義についての評価にもとづく政府に対する信頼がなければ、あまり成長したり繁栄したりすることはできない」[8]。さらに寛大なオランダの国制は、非国教徒がこの国に移住することを認めた。その結果、多くの有能な貿易業者と製造業者が定住できるようになった。このことは今度は、開放的で競争的な雰囲気のための重要な前提条件を整えた。さらに、一層自由な貿易を弁護して論ずる傾向にあった重商主義的著作家たち――前章で見たようにさほど珍しくなかった例――により、比較的高度の経済的自由は、オランダが到達した繁栄の背後にある重要な要因である、と断言された。このようにして、『疲弊せるブリタニア』の著者（ペティット）は一六八〇年に次のように述べた。「オランダ人はこの点において、われわれに勝るなお一層の利点をもっている。なぜなら彼らは、自由港・自由貿易・その他の国民的自由を外国人に認めているからである。それにより彼らのすべての種類の人々、彼らの交易のための航行と資本とは、絶えず増大している」[9]。

しかしながら、ウィリアム・テンプルはさらに巨大な人口を、オランダの奇跡の背後にあった第二の原因として挙げた。「小範囲の土地に押し込められた巨大な数の国民は、交易の真の源泉であり基礎であると私は考える。それにより、生活に必要なすべての物は高価になり、財産を持っているすべての人々は極度に倹約するように誘導される。しかし何も持っていない人々は、勤勉になって労働するように強いられるからである」[10]と、彼は述べた。こういうわけでテンプルによれば、巨大な人口は人々を一層勤勉で一層極度に倹約する状態に向かわせるから、貿易と工業が進歩するための必要条件であった。次の段階として、一層大きくなった勤勉と交易は自然に、人口増大が一層進展することを可能にした。この人口と経済成長との螺旋型の進行により、「ホラントと広さが同じで、それといくらか釣り合いがとれた数の国民を抱えている国は、世界においてそれ以外には知られていない」[11]というような状態が、ホラントにもたらされていた。もう少しばかり早く――一六二〇年代に――トマス・マンはこれとかなり同じ内容のメッセージを、次のように高らかに示していた。

> 豊富と力が国民を堕落させ将来のことを考えなくさせるように、貧窮と欠乏は人々を賢明にして勤勉にする。この後者に関して、キリスト教世界のさまざまな国家共同社会(コモンウェルス)を挙げることができるであろう。そのような国は自身の領土内にはほとんど、あるいはまったく何も持たないにもかかわらず、他国人と勤勉に商業を営むことによって、巨大な富と力を獲得したからである。そのなかにあってもネーデルラント連邦共和国は現在もっとも注目されており、誉高い。というのは彼らはスペインに隷属する頸木(くびき)を脱ぎ捨てて以来、まったく人道にかなった政策をとって、どれほど驚異的に進歩していることか[12]。

オランダ共和国の成功物語は幾人かの重商主義的著作家により、交易が果たす文明化の機能を強調する歴史的推測と融合された。たとえばチャイルドによれば、交易とコミュニケーションの増大だけが「多くの未開人の非社交的な気質」を啓発するのに役立つことになった。このようにして、貿易と商業は概して相互依存と協力との心的枠組みを提供することによって、国家共同社会(コモンウェルス)のための前提条件そのものを創出した。実際のところ彼は、交易と交通が近代化のために果たした役割を褒め称えているときには、ほぼ半世紀後にヒュームとスコットランド啓蒙学派が力説することになったものと、遠く離れていない〔ことを述べている〕ように見えた。しかしながら、このような文脈のなかで彼が示した歴史的見取り図(スケッチ)は、彼自身の時代においてさえ典型的であった。

> この国の人々は土地資産を持っていないけれども、そのいかに多くの人々が耕作に従事したかということを、

われわれはこうして見るのである。すなわち彼らはこの国の土地を最大限に効果的に改良し、その天然の産物を製造業で使用するように振り向け、さらにその産物を交通によって一方から他方へ運んでいる。だから商業はこの国の全般的富裕にとって、紛れもない特別な重要性を帯びている。[13]

それゆえにこの見解に従えば、交易は文明化と経済成長とをもたらした。同時に、外国貿易それ自体は、運命をオランダに有利に転じるように仕向けなかったということが、広く同意された。それどころか、貿易は誤ったやり方で営まれるならば、富と力とにではなく、むしろ貧窮〔の状態〕に国を導くであろうことが強調された。外国貿易が逆調貿易差額をもたらしたならば、そのことは一国にとって貧困と衰弱の増大を確かに示唆しているであろうというのは、最も重要であった。しかし外国貿易が国家共同社会(コモンウェルス)に順調貿易差額を生みだすようなやり方で営まれたならば、そのことが富裕の増大を意味したであろうことは間違いなかった。本章でさらに進んで論ずる、このような公式に、またオランダの経験は合致しているように見えた。

しかしながら、なお一層詳しく説明したいのだが、順調貿易差額は国を富ませるのに役立つという公式は、さまざまな著作家にとって異なる事柄を意味した。マンによれば、そのような順調貿易差額をもたらしたのは、とりわけ貿易を港から港へと誘導するオランダ人の能力であった。このようにしてオランダ共和国は、「キリスト教世界のほとんどの地域のための商品の」倉庫ないし「貯蔵庫」としての地位を確立していた。マンによれば、オランダ人が多大な利益を得たのは、このような実践によってであった。さらに、彼らの「富・船舶・水夫・技芸・国民、およびそれらの結果としての公収入と内国消費税の驚異的な増大[14]」をもたらしたのは、そのような活動であった。

またマンによれば、もっと先でわれわれは論じたいが、地金の余剰が貿易資本を増すために用いられたならば、順調貿易差額は有益な影響だけをもたらしたであろう。けれども他の人々にとっては、オランダを襤褸をまとった人間から富者へと向上させたのは、貨幣や地金の余剰それ自体ではなかった。このようしにてジョシュア・ジーは一七二九年に次のように書いた。オランダとイギリスとの双方に関して、これら二つの国が繁栄するようになったのは「製造業に雇用されたその貧民の労働と、その製品を他の諸国に輸出することによってであった」[15]、と。ここでジーが以前にわれわれが論じた「学説」、「外国の支払う所得」論に言及していることは明らかである。このようにして製造業と雇用の役割を強調することは、彼にとってはしごく当然なことであった。したがって、オランダが他の競争者――とりわけフランスとイギリス――と比較して徐々に衰えていった理由は主に、この国の製造業が相対的に少量であったからである。

しかしながら、オランダの繁栄の高まりをもたらした原因に関して、意見の相違はいくらかあったかもしれないが、その富は国力と切っても切れない関係にあったという点では、当時の論評家はほとんどが同意していたように思える。その結果、力（power）と、貿易・工業から現出する豊富とは、結合した力（forces）であるということは、実際のところほとんどの重商主義的著作家がはっきりと力説していた。しかしながらこのことにより、力対豊富という問題が〔研究者の〕重商主義的議論において永続的論題となることを妨げられる、ということはなかった[16]。このようにして、とりわけジェイコブ・ヴァイナーにより、重商主義者はその活動の目的として、決して力それ自体をではなく力と豊富を強調したということが、いわゆる歴史主義（historicism）〔の解釈〕に反対して、力説された。シュモラーやカニンガムやヘクシャーが、力の観点を重商主義者の唯一の目的として本当に考えていたかどうかは、疑わしいかもしれない[17]。けれども、ヴァイナーの立論が妥当であることは間違いない。

実際のところ、そのような見解を擁護するために、多くの例を引き合いに出すことができる。このようにしてジョサイア・チャイルドは一六九三年に航海法の効力を論じた文脈において、「利益と力とは一緒にして考慮されるべきである[18]」とはっきりと力説しようとした。さらにチャールズ・ダヴナントは次のように提起した。経済的探究の目的は一般的に「いつも、イギリスの富と力とはどのようにして確保され改善されるべきであるかを明らかにすることであったし、これからもずっとそうであるだろう[19]」、と。別の小冊子で彼は次のように問うた。「国民は力なくして安全でありうるだろうか。力は富なくして獲得され確保されうるだろうか。いずれにしても国民は、十分に管理された広大な取引という助けによらないで、豊かになることができるだろうか[20]」。このような問いに対し、ダヴナントは最終的に率直に「否」と答えようと思っていたが、それと同様にルイス・ロバーツもまた半世紀ほど前に、「なぜなら、富を生みだすものが、その結果としてさらに力と安全とを生むからである[21]」と最終的に述べていた。

したがって、ほとんどの重商主義的著作家によれば、貿易と製造業は軍事力と国力の前提条件であった。同時に国力は、富の蓄積と保存との前提条件であると見なされた。それゆえにダヴナントによれば、「交易」は「力に続いて生ずる」傾向があった。彼によれば、歴史的記述は次のことを示していた。交易は最初「力がかなり勝る隣国によって囲まれた小国家によって」迎え入れられた。そのような小国は国力を欠如していたために、しばしば大国によって攻撃され、その結果その商業は衰退していた。「一つの戦闘が、長年の勤労が蓄積したものを一掃した[22]」。このようにして交易は力を必要とした。しかし同時に、力は豊富と交易との関数であった。

富の創造

ジェイコブ・ヴァイナーは一九三〇年に、ひじょうに大きな影響を与えた、スミス以前の貿易論に関する小論を発表した。この論文でヴァイナーは、重商主義者の主要な誤りは貨幣と地金を富と同一視したことにあったという、スミスの基本テーゼを支持した。彼はこのテーゼを立証する、事実にもとづく証拠を与えるために、そのようなミダース〔王〕の誤魔化しに騙されていたと彼が考えた、多くの重商主義的著作家――マリーンズ、ミスルデン、マン、コーク、フォートリー、レイネル、ポレックスフェンなど――を引き合いに出した。[23]金と富を同一視するという誤りを犯したのは、主に「極端な」重商主義者であったことを、彼は認めた。しかし彼はそれにもかかわらず、次のように仄(ほの)めかした。重商主義はその核心において、「貴金属を、国富を構成する唯一の要素として[24]」崇める学説であった、と。

しかしながら、これはしばしば言及したように、確かに誤称であった。[25]しかしこの文脈において、重商主義の最も優れた解釈者であるエリ・ヘクシャーはさほど助けにならなかった。彼は一方でいかにもそれらしく、次のように述べた。重商主義者は「貨幣を除いて経済的価値は存在しないであろう」と提起するほどに「非常識」ではなかった。しかしながら他方で、彼らは「貨幣と富は同等であるか、ひじょうによく似たものである[26]」と信じていたと、彼は示唆した。

この問題を包囲する霧を晴れあがらせるためには、とくに一六二〇年から一六九〇年までのほとんどの経済的著作家が、貨幣や地金の純流入を、国家共同社会(コモンウェルス)の富の増大を可能にする特別の利益として考えていたことが、認められねばならない。他方でシュンペーターが述べたように、彼らが「貨幣と貨幣で買うことができるものを混同した[27]」ということを仄(ほの)めかしたものは、まったく見られない。この点に関して、ヴァイナーが示した引用文は結論的な証拠をまったく与えていない。その引用文のほとんどは状況説明もなく引用されており、しかも多くの場合、ヴァイナーが示唆したのとはまったく異なることを意味している[28]。

それゆえにシュンペーターが力説したように、ほとんどの重商主義的著作家のあいだで、「富はわれわれ自身がそれを定義するのとまったく同じように……定義された[29]」。大多数が、チャールズ・ダヴナントの次のような言明に同意していたであろうことは、間違いない。「金銀は確かに交易の基準であるが、すべての諸国における交易の水源と起源は、その国の自然的ないし人工的産物である。すなわち、この土地が、あるいはこの労働と勤労が産出するものである[30]」。また彼らは、ダヴナントが次のように指摘したとき、それと意見が同じであると感じたであろう。「土壌と立地条件とにおける利点を改善する勤労と熟練は、国民にとって、金銀山の所有と比較してさえ、それよりも本当にもっと大きな富である[31]」。

さらにたとえばウィリアム・テンプルにより、富の基礎は「国民の全般的な勤労と極度の倹約であると[32]」考えられ、またサミュエル・フォートリーにより、「イギリスの利益と改善は、主に蓄えと交易との増大に存する[33]」と見なされた。ニコラス・バーボンによれば、国の富はその国民の富裕に存した。ある国の住民は、「勤労と技芸と取引」によってのみ豊かになることができた。また彼が述べたように、「勤労と技芸によって、鉱物は地面から掘り出され、有用なものとされた。土地は一層肥沃にされた。……またこの蓄えの増大から生じた利益により、国民はその時間・技芸・勤労に対する支払いを受けた。これらはそのような住民を豊かにするからである[34]」。

さらに一八世紀の初めには、有名な小冊子『東インド貿易の考察』(*Considerations upon the East-India Trade,*

1701）の著者（ヘンリー・マーティン?-）[35]は率直に、「地金はたんに二次的で従属的な富にすぎず、織物と製造品が真の主要な富である」[36]、と述べた。このような文脈において、ウィリアム・ウッドはさらに、「生まれつき不具であるか、不慮の災難によって不具になった人を別とすれば、勤労と骨折りによって自分が必要とするものを供給するよりももっと多くを稼がないような人はほとんどいない。真に勤勉であることによって、それ以上にもっと多くを得る人はだれもが、その分だけ自分自身と家族を豊かにする」[37]、と書き入れた。

トマス・マンはすでに、ほぼこのようなことを述べていた。彼は一六二一年に出版されたその最初の小冊子〔『イングランドの東インドとの貿易に関する一論』〕において、「富や十分な蓄えは、いずれの国家・王国・国家共同社会（コモンウェルス）においてもみな、社会生活に必要な物の所有に存する」[38]、と述べた。また彼は『外国貿易によるイングランドの財宝』において、次のように述べた。

> というのは、自分たち自身が豊富に使用するためだけではなく、さらに、多額の貨幣が毎年獲得されるような方法で、他の諸国の必要を満たすためにも、そして幸福を完全なものとなすためにも、食糧・衣服・戦争・平和にとって必要なすべての物をこのように豊富に自然に所有しているという状態、そのような状態よりももっと大きなどのような栄光と利点を、どのような強力な国がもつことができるのか。[39]

このようにして、貨幣と富を混同する「誤り」は重商主義的文献の大多数においてまったく見られないようである、という結論を出して差し支えない。シュンペーターは間違って述べたが、実際のところ『疲弊せるブリタニア』（一六八〇年）においてさえ見られない。シュンペーターはこの一般的傾向に対する例外を、この著者の「粗野な振舞い」のせいにすることにより、すなわち、すべての「思想様式」はたまに「気紛れの言」を吐く傾向をもっていることに、〔その例外の〕原因があると見なすことにより、巧く釈明した。[40] しかしながら『疲弊せるブリタニア』の著者は最初からすでに、「外国貿易によって」持ち出される「国民的利益」の形態だけを論じるつもりであることを、きわめてはっきりと示していた。彼が他の形態の国民的利益について語らなかったとしても、豊富と富裕はさらに貨幣と地金以外の事物においても存することができると、彼は考えていたかも知れないということは、むろんありうる。[41] そして彼は、「貧困は財宝の欠乏にすぎない」と力説したけれども、実際には同時に、財宝の増加は「国民の勤労」によって達成されうるにすぎないと強調した。そして彼は、「それゆえに国民は本当に、最も重要で、基本的で、貴重な商品である。すべての種類の製造品・海運・富・征服・しっかりした統治は、国民から得られるかもしれないからである[42]」、と述べた。

重商主義的著作家は概して、「自然的」と「人工的」という二つの形態の国民的「富」について語った。このようにしてマンは典型的なやり方で次のように述べた。「自然的富」は「領土そのものから生じ」、もう一方の形態は「住民の勤労に依存する[43]」。ルイス・ロバーツにとっては、「ある階級や国民の富」は、「自然的」・「人工的」商品や製品に、および「商業と取引との双方による有益な使用と分配」に存した。彼は「自然的商品」という名称のもとに、「土地が自然的かつ原初的に供給するような品物や、労働によって土地から生みだされる品物」を理解した。一国の「人工的製品・商品」として彼はとくに、「すべての商品の製造所[44]」を仄めかした。

この区別には概して、大多数の重商主義的著作家が従った。[45] この区別は、彼らのほとんどが貨幣を富や財産の唯一の形態として理解していなかったことを示しているが、さらに別の観点からも重要である。このようにして重商主義的著作家のほとんどは貿易と製造業を中心においていたけれども、「自然的」富がもつ重要性をまったく無視したわけではなかった。それどころか幾人かは、適切に組織化された農業が、富と交易との増大のために果たす役割について語った。この観点から見れば、農業に対して全面的に無頓着である――後の重農学派の「農業システム」の正反対である――という、重商主義の一般的画像は、誤った印象を与える。したがってたとえばルイス・ロバーツはその『取引による財宝』（*The Treasure of Traffike*, 1641）の数頁を費やして、この王国の自然的富は農業を含めて、どのようにして改善されるべきであるかという問題に取り組んだ。「土地の富」は「世界のすべての富と豊富の源泉であり母」であったけれども、たいてい完全に無視された。このようにしてさらにロバーツによれば、地主と農夫は、

> 勤労・改良・世話によって、このような彼らの私有地と地所を拡大するために、すなわち、荒れ果てた不毛の土地部分において種を播き、草を刈り、肥料を施すことによって、さもなくば沼のような湿地を乾燥させることなどによって、しかもこのようにして、純粋に彼ら自身の向上によって自らを豊かにするために、骨を折らなければならない[46]。

それゆえに「富裕」（wealth）や「豊富」（riches）はほとんどの重商主義的著作家にとって、われわれの「物的な幸福[47]」（external happiness）を満足させることができる物質的な物に存した。そのような物は、労働と技芸と勤労とによって生みだされ増大した。それは別として、貨幣は、価値を蓄えた形態の富――ペティが語ったような、「この王国の貨幣だけではなく、この王国の一般的な富[48]」――であると見なされた。

この問題にはすぐに戻るつもりである。ここでは、貨幣や地金は重商主義的著作家によりきわめて頻繁に「財

宝」と同一視されたことを指摘すれば十分である(49)。また、彼らはさらに「貨幣の蓄え」(50)や「財宝の国民的蓄え」(51)について語ることがあった。「最も重要な、地金の蓄え」(capital Stock of Bullion)という概念が用いられた『ブリティッシュ・マーチャント』に、極端な例が見いだされる(52)。さらに「豊富」という概念や、ときには「富裕」という概念も、貨幣や地金の見地から語られた。このことは、たとえばトマス・マン、ジョン・ケアリ、ジョン・ポレックスフェン、マシュー・デッカーのもとでは明らかにそうであった(53)。

しかしながら彼らがさらに、「物的な幸福」を生みだす他の品目に、「富」(wealth)というラベルを貼ろうとしたことは、ほぼ間違いない。幾人かはこの点について、確かに明確に述べた。このようにして、たとえばノースとヒュームだけではなく、チャイルド、ダヴナント、テンプル、ウッド、バーボンも「富裕」や「豊富」〔という語〕をもって、貨幣や地金以上のものを含めようとした(54)。さらにバーボンは、「金と銀は唯一の富である……という仮定(55)」が誤りであることを知らせた。またジョサイア・チャイルドは、「金と銀は富の尺度・基準と見なされている(56)」と指摘した。

それゆえに、「豊富」および「富裕」の概念は入れ替わって、貨幣および(または)他の品目をも表した。ある著者はときどき、同じテクストで双方の表示を用いる傾向があった。それゆえにマンは『貿易論』において、「富」を「現金」であると語った。少し後には、「富や十分な蓄えは、いずれの国家・王国・国家共同社会(コモンウェルス)においてもみな、社会(シビル)生活に必要な物の所有に存する(57)」と述べたけれども。最後に、「蓄え」はときどき、「貨幣の蓄え」を表示するために用いられることも可能であった。しかしながら、著者たちは「蓄え」の概念を用いるときにはほとんどいつも、比較的特定のものを意味しようとした。この語法は貿易差額説をもっと十分に理解するために、きわめて重要であるので、すぐにそれに戻ることにしたい。

このような定義は重商主義学説の解釈者のあいだで、多くの混乱を引き起こした。この混乱には、むろんいくつかの原因があった。第一に、一七世紀の語法をわれわれ自身の表現形式に翻訳しようとするときに現れる、「言語」の問題を考慮しなければならない。ラシードが指摘しているように、「富裕」や「豊富」(riches)のような概念は当時は、今日とは幾分か異なる意味をもっていた。それゆえに一八世紀中頃よりも前の重商主義的著作家は、「富」と「力」とをほとんど区別しなかった。実際には彼らは、それらの用語をしばしば無差別に用いた。このようにして、これが本当であるかぎりにおいて、富対力を強調するすべての議論は控えめに言っても、まったく見当違いであるように思える。またダッドリー・ノースのような正統派の重商主義的信条に対する反対者は、「富」(wealth)を「豊富」(plenty)としてばかりか「勇敢」や「武勇」としても定義しようとした。[58]それゆえに、もっと後に経済学の理論構成のなかで意味を獲得した語は、一九世紀以前には、まだ「非経済的」含意を多く保持していたことが明らかである。言うまでもなく、首尾一貫した構造をもつ、一つの独立した学科としての経済学というようなものは、まだ現れていなかった。だからこの時期の経済的著作家は、自分自身と読者とのどちらにとっても、ときどき意味がきわめて不明瞭である語や概念を、用いる傾向があった。

第二に、この〔語や概念の〕不明瞭さはまた、一八世紀までずっと経済問題に関する言説に付きまとった——シュンペーターが強調した——分析的問題のようなものを、支えていたかも知れない。[59]ヴァイナーが的確に指摘したように、分析的「誤り」はどのような時代においても知性史に付きものであり、ある一定の経済的環境や、ある時期の特定の論法、「知的風土」などにその原因を帰することによって、確実に言い逃れることはできないものである。[60]しかしながら、そのような「誤り」はさらに特定の概念的・知的枠組みと関係しているに相違ない。それゆえにすでに強調したように、一七世紀の初め以降の重商主義的議論は、新しい概念と分析用具との発生が見られた過程を形成した。そのような概念と用具は、富の創造、生産と欲求との関係、交換と貿易差額との関係を理解するために活用された。「蓄え」・「富」などの概念が、理論構成と関連した、はっきりと規定された意味（connotations）を徐々に獲得していったのは、そのような知的過程の最終結果という形においてであった。しかしながら、このような〔はっきりと規定された意味を獲得する〕ことが起こる前には、著作家たちが用いた概念は、おそらくは、一つの特定の言説と関係づけられていないという主な理由により、意味が曖昧であった。

それゆえにこの時期については、「豊富」（riches）や「富裕」（wealth）の概念を正しく解釈することが難しいのと同様に、著作家が「蓄え」（stock）の概念を用いたときに、何を意味したのかということを確定するのも難しい。この〔「蓄え」という〕用語もさまざまな著者により、それぞれ異なって理解されていたことは明らかである。しかしながら彼らはほとんどが、「蓄え」をほぼ資本の形態（たいていは貨幣の形態をとった）として定義した。しかしこれは、必ずしもそうであるとは限らなかった。それゆえに、たとえばダヴナントは事態を一層混乱させようとして、「蓄えや富」を「年収が支出を超過する」場合に「生ずる余剰利得（superlucration）」[61]であると語った。彼が多くの著者と同様、ストック概念とフロー概念とのあいだに明確な区別をつけるのに苦労したことは明らかである。このことがさらに、「富裕」と「豊富」はどのように理解されるべきかという問題を混乱させる、重要な要因となったことは間違いない。これらの概念はある時は、貨幣や所得（フロー）の増加を表示するために、またある時はそれと同じ品〔貨幣・所得〕の「蓄え（ストック）」を記述するために用いられた。

さらに「国民的利益」（national gain）という概念も、「蓄え」〔の概念〕についてと同様、ある時は順調貿易差額によって可能となる貨幣の流入（フロー）を、またある時は、いっそう多くの製造品と「外国の支払う所得」とによって達成される国民所得の増加を指すことがよくあった。たとえばジョシュア・ジーが一八世紀の初めに行なった説明は、多くの重商主義的著作家が国民所得と支出という現象とそれらの概念化との双方で経験した苦労〔がどれ程であったか〕を痛切に例証している。ジーはその書物において、「毎年何一〇万ポンド」だけ国民的利益を増加させる方法についての多くの提案を示した。第一に、この国は輸入代替によって四〇万ポンドを得るであろうと、彼は考えていた。たとえば、フランスの毛織物衣服「とそれ以外のフランス製品」とを身につける代わりに、「織り目の細かいレース、ビロード、金銀糸製の織物」のようなイギリスの製品が奨励されるべきである。第二に、「モスリンその他の上等な製品」をフランスから輸入するよりも、むしろインド産の同じ品目を用いることにより、二〇万ポンドが得られるかもしれないと彼は説明した。第三に、プランテーションすなわちイギリス領北アメリカ植民地から麻と亜麻を取ってくることにより、三〇万ポンドが節約されるかもしれないと、ジーは考えた。

ここまでは、われわれの著者〔ジー〕が語ってきた利益（gain）は明らかに地金の蓄えと関係しており、このようにしてそれは（彼が執着した）順調貿易差額の見地からみて理にかなっていると見なすことができる。先に述べたような、地金の流入を増加させる方法についての彼の提案は、数頁にも及んでいた。しかしながら彼はその計算においてさらに、国民国家のために獲得されるべきであると考えた、別の種類の利益にも言及した。このようにして彼はたとえば、ブリテンは「その植民地貿易を統制し……ポルトガル、ジブラルタル海峡などに向かっていくすべての船を強制的にイギリスへ来させて、イギリスで彼らの貨幣を使わせるようにする」(＊4)ことを通じて、四〇万ポンドを得るかもしれない、と示唆した。それゆえに、この統制的な命令を通じて、母国における需要はそれと同じ金額〔四〇万ポンド〕だけ引き上げられるであろうと、彼は考えたようであった。最後に彼は次のように計算した。「イングランド北部・スコットランド・アイルランドに、わが国の植民地産の麻と亜麻とを供給すること」により一二五万ポンドが得られるかもしれないが、その一二五万ポンドは「一人あたり一日に一ペニーを稼ぎ、一年が三〇〇労働日〔＝一二五万ポンド〕であることを認めた場合、現在仕事からあぶれていると想定される一〇〇万人の人々に雇用を与えるであろう」、と。(＊5)

ジョシュア・ジーの実例は、一八世紀の初めの著作家が国民の所得と富を論じたときに悩まされた、分析的・概念的問題を明瞭に描写している。このようにして、ジーのいう雇用と需要とにおける「利益」(gain)と、輸入代替によって可能になると彼がいう地金の蓄えや増加とが、国民の年間の利益(profit)を構成するために、どのようにして合計されうるのかということを理解するのは容易でない。(62)

順調貿易差額

前の諸章ですでに見たように、順調貿易差額説はさまざまな著作家によりさまざまに解釈されてきた。このようにして、この「学説」により何が理解されるべきかということに関して、全般的な意見の一致は見られない。また、そのような「順調差額」から生ずると想定された利益に関しても、どのような全般的な意見の一致も見られない。このことは、通常「重商主義的」であると評されている一群の経済的文献を少しじっくりと見つめてみれば、誰にとっても疑いなく明らかである。このような事実にもかかわらず、この文献の解釈者はスミスからペルロッタに至るまでほとんどが、前述したような首尾一貫性を強調してきた。彼らはこの差額説を「重商主義的価値論」と呼びながら、この学説が「真に」意味していることを確証しようとしてきた。と同時にとりわけ経済史家は、重商主義的著作家はなぜ順調貿易差額説を信じていたのかということについての、一つの主要な「物質的」説明を——しばしば還元主義的な仕方で——背後から見いだそうと試みてきた。それゆえに彼らは、この定式をどのように解釈するかという点に関して、この時期の著作家のあいだで、意見の真の一致はなかったということを見落とす傾向にあった。

順調貿易差額説が一六二〇年代にマンとミスルデンによりどのようにして確立されたのかということは、先行する諸章ですでに見た。しかしながら、この〔順調貿易差額という〕考えはこの時期においてさえ全面的に新しいものではなかった。一国は輸入するよりももっと多くを売ることにより利益を得ることができるかもしれないという見解は、少なくともイングランドでは中世末期を彷彿とさせる。この見解がこのような意味において、ミスルデン、マン、テンプル、ウッド、ジー、ペティット、ロックのような著作家により、一七・一八世紀においても用いられたことは確かである[63]。しかしながら、そのような著作家は別の観点からもまた、順調差額を解釈し議論する傾向を示すようになった[64]。このようにして、「外国の支払う所得」というこの学説の解釈は、とりわけチャイルド、ダヴナント、バーボン、ポレックスフェン、デッカー、『ブリティッシュ・マーチャント』、ステュアート、その他により力説された[65]。しかしながらジョンソンが指摘したように、この考えもまた比較的古い起源をもっていた。だから外国の支払う所得説を、「重金主義的な」貿易収支の黒字（trade surpluses）観に「改良」を加えた見解として見るべきだという主張は、確かに正しくない。外国の支払う所得論——労働差額説——が、バーボン、ダヴナント、ステュアートのような遅れてやって来た重商主義者によって、なお一層発展を促されたことは真実である。しかしながら、工業製品だけが輸出され、加工されうる原料は輸入されるべきであるという、基本的な考えはもっと古い起源をもっていた[66]。

またこのような文脈において、一七世紀の間に関心が「部分的」差額から「全般的」差額へ移ったことを示すどのような経験的証拠もない。すでに述べたように一七世紀の著作家も一八世紀の著作家も、合計が全般的差額となる個別的差額と同じくらい、全般的貿易・支払差額に関心をもっていた。したがって個別的差額はいつも全般的差額の観点から見られた。このようにして、この区別――リチャード・ジョーンズから始まる――は主に「生き生きとした想像力の産物」であったというヴァイナーの判断は、確かにそのとおりであるように思える。[67]またこの観点からすれば、個別的差額はこの時期にはひじょうに重要であったので、この差額への関心が異常に掻き立てられたのかもしれないという、チャールズ・ウィルソンの示唆は、ほとんどの重商主義者が実際にはそれよりも遙かに見識があったことを見落とす傾向がある。すでに力説したように、彼らはその時代の経済状況を受動的に写し出していたのではなかった。さらに彼らはこの状況に対して意識的に影響を与えた。

以下においてはこのことを考慮に入れて、順調貿易差額説を継続的かつ執拗に使用する動機を与えていたと思えるいくつかの根本的なテーマを示したい。この学説についてのあまり妥当とは思えない、いくつかの解釈と取り組むことから始め、その次にもっと適切であると思えるいくつかの解釈について議論したい。

順調貿易差額は、貨幣と富を混同した主張からもたらされた帰結にすぎないものと見なされるべきだという見解に対しては、すでに異論を唱えた。そのような愚かな考えはすでに見たように、重商主義的文献においてほとんど目につかない。さらに、国民経済のためになるかもしれない他の諸要因についての沈黙を、著者がミダース王と同じ誤りを犯したことの証拠と見なすことはできないことも、確かである。しかしながら、順調貿易差額についてのあまり妥当とは思えない他の解釈もある。

第一に、(a) ほんの少数のイギリスの著作家だけが、君主や国家が財政的蓄えを流動形態で持っておくために、貴金属を蓄積する必要があると主張した。実際のところヴァイナーも指摘したように、この〔重商主義的〕

文献において、国王の財宝についての言及はほとんど見られない。したがって、国王を富ませることが、順調貿易差額に賛成するための論拠としては、ほとんど用いられていない[68]。しかしながらトマス・マンは、この一般的な傾向に対する紛れもない例外をなしていたように思える。彼は少なくとも『外国貿易におけるイングランドの財宝』において、順調差額により「国王は、彼の年々の収入のうちから一層多くの財宝を蓄えることができる[69]」であろう、という見解を抱いていた。しかしながらマンの発言を、順調貿易差額を擁護するための議論と見なすことは、完全な誤りである。一国にとって、そのような順調差額の増加〔の原因〕はそうではなく、「国王の蓄え」の増大に存していた（以下を見よ）。このようにして防衛の立場からマンは君主に対し、貿易差額からの利益が、彼らの財宝を蓄える場合の規準でなければならない」と、彼は述べた[70]。このようにして、支配者は自分の財宝についてが許容するよりも多額の租税を臣民に課することがないように、と警告した。「彼らの外国貿易からの利益が、彼らの財宝を蓄える場合の規準でなければならない」と、彼は述べた[70]。このようにして、支配者は自分の財宝について極度に倹約しなければならないというのが、彼のメッセージであることは明らかであった。もし支配者が、国民の利益が彼に認めるであろうよりも多額の租税を取り去るならば、「彼は自分の臣民の毛を刈るのではなくて、皮を剥ぐことになるであろう[71]」。それゆえに疑いなく、租税の増大は国民所得の実際の増大によって抑制されるべきであるという見解が、マンが国王の財宝の増大を順調貿易差額の動因と見なしていたことを立証するものであるとは、とうてい理解できない。

順調貿易差額は国王の財宝を豊富にするはずであろうという見解は、ヴァイナーが示唆した少数の著者の他には[72]、『疲弊せるブリタニア』（一六八〇年）においても現れた。その著者によれば、財宝の増大は国王が「厖大な蓄えをこしらえ」て「巨大な艦隊」を建設することを可能にした。このような理由によって「ほぼ二〇の君主と国家との戦争において[73]」持ちこたえることができた、フランス国王を、彼〔その著者〕は羨んで見つめた。巨大な財宝が要求されたのは、とりわけ戦争目的という理由によってであった。「国の財宝がもっとずっと多ければ、それは戦費をもっとずっと長く支えるであろう[74]」。

この見解はもっと一般的な形態で、この時期の他の重商主義的著作家によっても確かに共有された。たとえば、貨幣や貿易は「戦争の神経[75]」（sinews of war）であるという広く行きわたった表現は、確かにこの方向を指し示していた。しかしながら国王の財宝の増加は、国力と戦争を支援するために、貿易がなすことができる唯一の貢献にすぎなかった。また大きな貿易は、必要な食糧の輸入の拡大ばかりか国家の海軍力の拡大をも、もたらすであろう。貿易と財宝との増加はさらに、『疲弊せるブリタニア』の著者によれば、「勇敢な精神、腕力、思考力、能力をもつ人々を諸外国の征服へ向けて運び出す」まさにその「乗物[76]」を、生みだすであろう。国王の財宝の増大が順調貿易差額の主要な目的であるという議論がはっきりと用いられたのは、ほんの少数の場合においてであった。

第二に、（b）重商主義的著作家は相対的高価格を利点と見なしたので、順調貿易差額を支持したという、頻繁に抱かれてきた見解について、その経験的証拠を見いだすことは難しい[77]。ヴァイナーがさらに指摘したように、「イギリスの重商主義者のあいだで、物価インフレ主義者（price inflationists）はごく少数である[78]」。実際のところ、重商主義者はほとんどがはっきりと相対的高価格に反対した。高価格は海外需要の減少と輸出シェアの縮小とを含意するであろうというのが、その主張であった。このようにして、価格弾力性の原理をほとんどの重商主義的著作家が認識していたことは明らかである。たとえば一六二三年にミスルデンは、マリーンズに反対する論争的な小冊子〔『商業の環』〕において、自分の以前の通貨膨張論〔の立場〕を離れ、今度はイギリスの織物が高すぎるとはっきり警告した。このようにして、「オランダ人はわれわれイギリスの織物がなくては存続できない」という議論は「誤っている」[79]と、彼は述べた。これと同じ警告は重商主義的文献において何度も繰り返された。たとえばマンが考えたところによれば、高価格が「販売量を減少」させるかもしれない場合には、「われわれはできるだけ安価に売るように努力しなければならない」[80]。さらにダヴナントは次のように提案した。イギリスの毛織物製品は「われわれが海外市場を支配できるようになる」ために「安価に作られる」[81]べきである、と。またヴァンダーリント、デッカー、ロックのような他の著作家は、低価格がイギリスにとって有利であると力説した。[82]たとえばジョン・ロックはきわめて重要な観点から、個々の製品に対しては、それぞれに異なる弾力性があるということを論じた。

多少とも便宜品的な物品の価値は、貨幣に対して類似の増減の比率によって騰落するが、ただ次の点だけが異なる。すなわち、生活に絶対的に必要な物品は、どんな値段でも入手しなければならないが、便宜品は他の便宜品に対して優先的な関係に立つ場合にのみ所有されるであろう。[83]

これに大筋で異議を唱えようとした著作家を見いだすことは、難しい。ジェラード・マリーンズとその後継者たちは交易条件の改善に賛成する議論をした。したがって彼は確かに、ある点では通貨膨張論者であったと言える。彼らの見解によれば、国内における一層多量の貨幣は、一層高い輸出価格、一層良い交易条件、一層有利な為替相場をもたらすことになった。[84]同様にミスルデンも、マリーンズのような通貨主義者（マネタリスト）からの影響が依然として明瞭に見られた、その最初のパンフレットにおいて、次のように力説した。「貨幣が豊富であるがゆえに物品が高価である場合には、人々はそれぞれの職業で生活することができるかもしれない。だからそのような状態は、貨幣が不足しているがゆえに物品が安価であるよりも、王国にとってずっと良い」[85]、と。しかしながらミスルデンの場合には、高価格に賛成するこの主張は、海外需要に対する価格の影響について彼が直接に論じていない文脈において、示された。このようにして彼が実際のところ、価格水準と海外需要との関係について省察したのかどうかということは、まったく明らかではない。おそらく彼はある理由により、これら二つの変数を関係づけることを怠っただけであった。どういうわけか他の著作家たちも、この関係に注意を払うことを怠った。このようにして、たとえばフォートリーは次のように述べることで満足した。「豊かになるための唯一の方法は、出ていく商品、すなわち海外できわめて大きな価値をもつ商品を、豊富に所有することである」。彼がこの一節において、「高く売り安く買う」という方法の適用が可能となったならば、海外需要はむしろ非弾力的にならなければならないということを、考慮に入れていたようには思えない[86]。

重商主義的文献の研究者によれば、ほとんどの著作家が順調貿易差額説に固執しながらも、低賃金〔に賛成する意〕を伝え広めたことは、かなり矛盾している。重商主義者はほとんどが価格と貨幣量との関係について知っていたのであるから、なおいっそう矛盾している。彼らの多くはジャン・ボーダンにはっきりと言及して、貨幣供給の増大は国内における価格上昇をもたらすであろうということを認識していた[87]。スペイン領植民地からの貴金属の流入は、価格上昇をもたらすかもしれないという考えは、すでに一六世紀の著作家のあいだに擁護者を見いだしていた――一五八一年に刊行された有名な『このイングランド王国の繁栄に関する一論』を、われわれはすでに示唆した。この論説は長い間ジョン・ヘイルズの作であると、またウィリアム・シェイクスピアのものとさえ考えられていたが、おそらくは一五四九年にサー・トマス・スミスによって書かれた。「品物の価格を高くしたり低くしたりするのは、それの稀少性と豊富である[88]」。さらに一六二〇年代にトマス・マンは、「王国における多量の貨幣が国産の商品を一層高価にするということについては、すべての人々が同意する[89]」と述べた。半世紀後に『疲弊せるブリタニア』の著者は、「国内商品の価格は……国民の財宝の量と釣り合いを保つであろう。すなわちその価格は、財宝が増加したり減少したりするのに応じて、上昇したり下落したりするであろう[90]」、と書き込むことになった。最後に、貨幣数量説の断固とした擁護者ジョン・ロックによれば、「貨幣と交易とのあいだには」一定の「比率」が存在した。それゆえに、もしわれわれがわが国における貨幣の蓄え(ストック)の半分を回収するならば、われわれの「国産の商品」が半分の価格で売られるようになるであろうことは間違いないと、彼は指摘した[91]。

それゆえに、重商主義的著作家は大多数が、貨幣量と国内の価格水準との関係を認めるばかりでなく、低賃金を支持していたことは明らかであると思える。しかしむろん疑問は生ずる。どのようにして彼らは、国内にもっと多くの地金が必要であると力説する見解〔＝順調貿易差額説〕に、固執することができたのであろうか。

流動資産としての貨幣

マックス・ベアーがその『初期のイギリス経済学』(*Early British Economics*) においてとくに力説したところによれば、順調貿易差額説の背後にある道理にかなった意見は、一層多量の貨幣が流通において必要であるという申し立てであった。「貿易差額を求める競争は流動資産を得ようとする闘争であった」と彼は述べた[92]。このようにして、貿易差額の定式はその本質において、この時代における経済的に不可欠なものの表明であった。イギリスはそれ自身の金銀山を持っていなかったので、輸出の営みによる純余剰を通じてのみ地金を獲得することができた。それゆえにこのような議論の筋道に従えば、商品の差額が価値の点からみて等しい場合には、金も銀も獲得できなかった。そのような貴金属品を獲得するには、そうではなくて、それ〔貴金属品〕以外の諸商品が、輸入されるよりももっと多量に輸出されなければならない[93]。

この文脈におけるもう一つの意見は、経済において流通する貨幣量の増加はそれだけで貿易と工業に対する刺激剤としての働きをなす、というものであった。緩やかな流通は、血液が生きた有機体にとって必要であるのと同じくらい、交易にとって必要である――このような言及はすでに見たように[94]、重商主義的文献においてはよく見られた――ので、繁栄する交易は、国内に貨幣が豊富にあるときにのみ為し遂げられた。国内に多量の貨幣があれば、「交易を載せる大きな台はほどなく確保されるであろう[95]」と、ベイコンは述べた。

それゆえに多くの重商主義者にとって、一層多量の地金を手に入れることは、高く評価される目標となった。そのような見解の代表的唱道者は、『イギリスとインドとは製造業において相反する』（*England and East-India Inconsistent in their Manufactures*, 1697）というパンフレットの著者〔ポレックスフェン〕であった。

金銀は唯一の、もしくは少なくとも最も有用な、国の財宝と呼ぶに最も相応しいものである。また金銀は商業を営むのにひじょうに必要であるので、その多量がなくなるならば、交易も多くがなくなるであろうことが予想される。このように示唆されてきたので、次のように断言できるであろう。商品の物々交換は、金銀の不足を埋め合わせできない。なぜなら物々交換は少しも急速には発達しないからである。また金銀の不足は、信用によっても埋め合わせられない。なぜなら、信用は貨幣への期待や貨幣による保証に、その起源と存在との根拠をもたねばならないからである[96]。

このようにしてこの時期に、多くの人々はたとえば「交易は貨幣が不足しているところでは、いつも衰える」[97]というデッカーの言明や、「一定の割合の貨幣が交易には必要である」[98]というロックの見解に確かに同意したであろう。しかしながら実際には、一層多量の貨幣はそれだけで交易を活気づかせると明快に述べられた主張を、見いだすことは難しい。この観点からすれば、ベアーの見解は経験的な理由により、擁護できないように思える。実際のところ、流動資産の必要が順調貿易差額説を頑固に守るための中心的論点であったならば、われわれは著者たちがこの方向をもっと明確に示していることを期待したであろう。しかし彼らは実際のところ、それを明確に示していなかった。例を挙げれば、ロックは貨幣量の増大よりも、貨幣の一層迅速な流通に一層大きな関心を寄せた。したがって、貨幣の蓄えが比較的少なくても、その流通が拡大するかぎり、国は十分に存続できるであろうと、彼は述べた[99]。さらにもっと早期にマンは、流動形態にある多量の貨幣が交易に必要であるというすべての考えに対して、懐疑的であるようだった。『イングランドの財宝』で彼は次のように述べた。「貨幣は交易の生命であり、貨幣がなければ交易は存続できないかのようであるとは、言えない。なぜなら、世界にほとんど貨幣が広まっていなかったときに、振替え（commutation）や物々交換によって交易活動が盛んに営まれていたことを、われわれは知っているからである」[100]。さらにたとえばペティは、国家共同社会（コモンウェルス）には貨幣があまりに少なすぎることがあり得るように、あまりに多すぎることもあり得ることを、明らかにした。彼が肉体の比喩を用いてこの議論を明らかにしたことは、意義深い。「貨幣は政治体の脂肪にすぎず、貨幣が多すぎることは、それが少なすぎることが政治体を病弱にするのと同じくらいに、しばしばその敏活さを妨げるからである」[101]。「貨幣を保有するか減少させるかということは、多くの人が思っているほど重要ではない」という意見を、彼はさらに述べた。それゆえに、一国の現金貨幣を二倍にすることは、その富を二倍にすることではない。この符帳（トークン）〔現金貨幣〕により、富の貨幣的表現は二倍になるであろうけれども、富は同じままであるだろう[102]。

しかしながら、流動形態の貨幣を一層多く受け取ることの重要性はまた、そうすることがたんに流通の増大に貢献するにすぎないというのとは別の議論においても、ときどき主張された。それゆえに一七世紀に、貨幣の純流入は購買力の増大を含意するということが示唆された。たとえば『疲弊せるブリタニア』によれば、財宝の増加は、自分のポケットに一層多くの貨幣を持っている人々を生みだすであろう。このことにより、「売手」は「買手」に一層多くの品物を差し出すことが可能になるであろう。さらにそのような「買手」は自分たちの「豊富な貨幣」により、「わが物にしたいと思うような、どのような商品に対しても、一層大きくて素早い販路をもたらす[103]」ことができるかもしれない。『疲弊せるブリタニア』の著者は独創的であると認められるかもしれないが、彼は必ずしもさほど明瞭でも明晰でもなかった。このようにして彼は、一層多量の貨幣が、需要の増大をもたらすに至るまでの過程を条件づける道筋を、詳しく説明していない。しかしながら現代の理論は疑いなく、どのようにしてインフレーションが――さほど劇的ではないとしても――総需要に対して有益な影響を与えることができるかということを、示すことができる。われわれの〔『疲弊せるブリタニア』の〕著者がそのような〔現代の理論の〕兆しから遠く離れていなかったということは、確かである。このような文脈で彼が仄めかしたのが、その兆しであったとすれば。

しかしながら順調貿易差額説を擁護するために、これよりももっとありふれた議論が、頻繁に見られた。そのような別の考えをトマス・マンがどのように展開したかということが、とりわけJ・D・グールドにより指摘された[104]。このようにしてマンは、一六二〇年代の初めの貿易危機の間に書いた覚書においてだけではなく、『イングランドの財宝』においても、価格と輸出量とのあいだの緊密な関係を知っていた。さらに彼は、地金の輸入が価格の急上昇をもたらすかもしれない、ということにも気づいていた。このような背景のもとに、彼はどのようにして順調貿易差額論を依然として擁護できたのであろうか。しかしながらマン自身は十分な回答を示さなかったように思える。

というのは、貨幣の豊富は商品をより高価にするが、同様に高価な商品はその使用と消費を低下させる、ということにすべての人々は同意する。……それは幾人かの地主には理解するのが難しい教訓であるけれども、この国のすべて［の人々］が遵守すべき真の教訓であると私は確信している。貿易によって貨幣の蓄えをある程度獲得したときに、われわれの貨幣で貿易しないことによって、その蓄えを再び失うというような事態を避けるために、われわれはこの教訓を遵守すべきなのである。(105)

この一節がさまざまに解釈されうることは、確かである。グールドの主張によれば、マンが「われわれの貨幣で貿易しないことによって」という叙述で立証しようとしたことは次のような点、すなわち、地金の流入は必ずしも国内の価格水準の引上げをつうじて輸出の衰退をもたらさないであろう、という点であった。しかしマンによれば、それには「増大した地金の蓄えが、より多量の貿易に融資するための流動資本（liquid capital）として用いられる(106)」ということが必要とされた。マンはここで、資本を流動資本（circulating capital）と同一視していたことが明らかである。この問題には、すぐに立ち返りたい。

しかしながらマンの叙述を、同時期の他の人々が述べたこととももっとぴったりと調和するような、別の仕方で解釈することも可能である。このようにして、マンは正貨流出入の主張の主要点を受け入れたかもしれないけれども、その主張を順調貿易差額論に反対する有力な論拠としては受け入れなかったように思える。そうではなく、順調差額によってもたらされる地金の流入がなければ、交易は沈滞し、土地価格は下落するであろう等々、と彼は考えていたように思える。貿易と工業は貨幣の流通速度――貨幣数量説の方程式〔MV=PT〕におけるV――よりも速く拡大するというのが、その主な原因であった。これが事実であると仮定すれば、貨幣の恒常的な増加が、一定量の交易を維持するために必要であったし、それゆえに貨幣の増加は、必ずしも価格の上昇を含意しなかったであろう。それどころか順調貿易差額により貨幣が〔交易の拡大ほどに〕増加しなかったならば、価格は下落する傾向を示すことになった。疑いなくマンはそのテクストにおいて、この可能性を仄めかしているように思える。このような解釈の枠組みが、実際に存在した経済状態を反映していたかどうかということは、むろんまったく別の問題である。

しかしながら、これと同じ基本的見解がさらに一七世紀の文献のいたるところで現れていることが目に留まるのは、興味深い。このようにしてライス・ヴォーン（Rice Vaughan, 1638-72）は、マリーンズが「銀行業者の偉業」を示したのよりも後に貨幣現象を詳細に分析した、最初の論説〔『鋳貨および貨幣鋳造に関する一論』（*A Discourse of Coin and Coinage*, 1675）〕において、貨幣量が価格上昇に比例して増加しないときはいつも、一層多量の地金が必要であるかもしれない、と指摘した。[107] このようにしてイギリスにおいては、「それら〈すなわち貨幣――マグヌソン〉で評価された物[*6]」の量が貨幣量よりも速く増加していたという理由により、「貨幣の稀少」〔という問題〕が生じていた。この貨幣の稀少はそれが原因で、「このような金属〔=地金〕の稀少と不足[108]」を引き起こした。この見解はさらに一八世紀の初めにジェイコブ・ヴァンダーリントによっても共有された。彼は一七二九年にブリテンの目下の状況について、「国民一般のあいだにおける現金はかなり減少している、少なくともそのような現金は国民の数と物価とに比例して増加していない[109]」、と言及した。ヴァンダーリントが順調貿易差額論〔に賛成の意〕を伝え広め、また一方で同時に正貨流出入機構を認めることができた主な理由は、疑いなくそのような状況と関係があった[110]。

王国の蓄えの増加

ヘクシャーがとくに強調したところによれば、貨幣は多くの「洞察力のある重商主義者」にとっては、たとえば土地と対等の関係にある、生産の一要素であると見られた[111]。さらに彼によれば、市場経済における資本と信用はつねに貨幣形態で表現されるので、この「混乱」〔が生じた事情〕は容易に理解できた。この混乱〔の原因〕には特殊な歴史的に規定された要因が付け加えられるかもしれない。ヘクシャーによれば、この時期には投資資本はほとんどが流動資本として存在し、実物の物的資本の蓄えという形態にはなかった。それゆえにほとんどの重商主義者が言及した「人工的富」や「蓄え」は、束ねられて、商品の貯蔵所に置かれていたか、さもなければ貨幣や信用として存在していた。

しかしながら、重商主義的著作家はすでに論じたように、「蓄え」、「国の蓄え」、「王国の蓄え」というような概念を、交互に貨幣あるいは実物の見地から用いた。ほとんどの著作家によれば、実物の見地からの「蓄え」は、物的ないし価値の見地からみた生産が、消費を上回って上昇した場合にのみ、増大が可能であった。さらに貨幣の見地からの「蓄え」は、順調貿易差額がもたらす対外的純余剰〔黒字〕によってのみ増加することができた。最後に、双方の〔見地からの〕「余剰」は、今度はその国の「自然的」および「人工的」富をなお一層増大させるために用いられうる節約と見なされることが可能であった。[112] 蓄えが食器類などの形態で退蔵されること――重商主義的著作家によりしばしば非難された行為――がなかった場合のことではあるが。[113]

貨幣の純流入は、後ほど「流動資本」[114](liquid capital)の形態で投資されうる、節約されたものと見なすことができるかもしれないという考えは、当時はまったくありふれたものであった。さらにこれを背景にして、輸出できる財貨の消費はある限度まで低く押さえられるべきであるという見解は、おそらくさほど奇妙ではなかった。したがって、たとえばヘクシャーが「財貨〔過剰〕の恐れ」と表現したものを引き起こした、ある心理的態度ないし〈精神状態〉(*mentalité*)についてのいかなる言及も必要ではないだろう。疑いなく、国民は輸出するために節約しなければならないという格言は、重商主義的文献におけるきまり文句であった。トマス・マンが早い時点で『イングランドの財宝』において、われわれは「あらゆるものをできるだけ多く節約して」送り出したり、「海外へ吐き出したり」[115] しなければならないと力説したとき、論調が定まった。

しかしながら、貨幣の純余剰〔黒字〕は資本と見なすことができるという、頻繁に強調された命題に戻ることにしよう。このような見解の最も成熟した形態は、マンの諸著作に見つけだすことができるが、それはまた他のところでも仄めかされている。マンはすでに一六二一年のパンフレットにおいて、「この王国の全般的な蓄え」は、東インド商品の再輸出がもたらす地金の純輸入によって豊富になるであろう、と力説していた。この流入は「上述の蓄えを増大させて、臣民に雇用を与えることになる」[116] と、彼は述べた。さらに彼は『イングランドの財宝』では、「外国貿易の差額によってこの王国にもたらされる財宝は、われわれのもとにとどまって、われわれを豊かにする唯一の貨幣だからである」[117]、と指摘した。マンがここで実際に伝えていることは、こうである。すなわち順調貿易差額は、この王国の蓄えを増すかもしれない、一層多量の資本を国民に与えるであろう、というものである。[118] 一国が輸出よりも多く輸入した場合に起こるであろうことについての、彼の有名な悲観的な類比は、この文脈を外れては理解できない。

というのはこの場合、王国の蓄えと個人の財産とは事情が同じであるということになる。ある個人が年収一〇〇〇ポンド、収納箱に二〇〇〇ポンドをもっていると仮定しよう。そのような人が不節制によって毎年一五〇〇ポンドを支出するならば、彼の現金は四年間ですべてなくなってしまうであろう。ところがもし彼が質素な暮らしをして、毎年五〇〇ポンドしか支出しないならば、彼の上述の貨幣は同じ期間に二倍になるであろう。[119]

同じような悲観的な例は、七〇年後のジョン・ロックの諸著作にも見いだせる。次の立論が意味をなすのは確かに、ロックがここで資本形態としての貨幣に言及していることが認められる場合においてのみである。「このような貿易がわれわれのあいだで営まれて、一〇年間続くとしよう。そうすれば、われわれの一〇〇万ポンドの貨幣は一〇年が過ぎると、すべてが不可避的にわが国から世界の各地へ流出しているであろうことは、明白である」。[120]

外国の支払う所得

前章ですでに、「外国の支払う所得論」と名づけられた順調貿易差額説の解釈(バージョン)について詳細に説明した。どのようにしてその所得論が、地金の純余剰〔黒字〕は一国にとって有利であるという、旧い見解に取って代わったように見えるのかということが、一七世紀末に次第に分かるようになった。このようにしてこの所得論は、地金の流入それ自体を国富の前提条件とは見なさなかった点で、たとえばマンとミスルデンが詳説したような旧い差額説とは異なっていた。したがって、一層多量の貨幣を受け取ることは、国家政策にとって最も重要な戦略目標ではなかった。まったく反対に、「順調で」あるべき「差額」は、雇用であり、商人・製造業者・労働者がポケットに入れる要素所得であった。したがって外国貿易は、諸外国が工業製品を輸入することにより、輸出国に対してその賃金と資本（ストック）の利潤とを「支払う」ように組織化されるべきであった。

さらにすでに見たように、ある者はこのような文脈において「差額」について語ったが、他の者はそれについて語ることを控えた。たとえばウィリアム・ウッドは、「われわれが売る商品の量が、われわれが買うその量を上回る部分について[121]」、われわれに支払われる「差額」について論じた。また『ブリテッシュ・マーチャント』は、このようなやり方で差額説を再定式化する傾向を示した。「われわれが売る製品の量が、われわれが買うその量を上回る部分について、われわれに対して支払う」「差額」は、それゆえに次のようなことを含意した。「われわれの完製品（finished Manufactures）を連れ去って、ここで製品にされる未加工の原料を投げ返すような国はいずれも、このような原料を製品にするための費用ばかりか、わが国民の雇用と生存にもある程度貢献する[122]」。

しかしながら、外国貿易をつうじて「雇用」の増大をはかることに反対の意見を述べた他の著者たちは、差額論をまったく用いなかった。むしろ彼らの焦点は、外国貿易が為し遂げるもっと一般的な利益に合わせられていた。このようにしてすでに見たように、たとえばチャイルドは順調貿易差額を全面的に無視し、それに代えて、貿易は組織化されるべきであることを、すなわち「われわれの製品の最大量を吐き出し、イングランドでさらに進んで製品にされる原料をわれわれに供給するような貿易を奨励すること[123]」を力説しようとした。

実際のところチャイルド、ダヴナント、バーボン、ノースなどのような著作家は、貿易差額の概念に反対する、技術的で、しかも一層本質的な議論を行なおうとした。前章ですでに見たように、そのような差額がどれ程であるかを算定することは、あまりに難しくてまったく不可能であると、まず最初に主張することが次第に一般的になった。このようにして、それに代わって外国貿易が供給できる雇用量が、有利な貿易を示す遙かに優れた指標であった。ときにはさらに、諸外国との為替相場が「貿易のバロメータ」と見なされうることが、力説された。このようにして為替相場は、外国貿易が有益であるか否かを示す合図（サイン）として、用いられることが可能であった。[124]

また次第に、貿易差額概念に対する、もっと重要な批判が現れることになった。この文脈において、ニコラス・バーボンはすでに見たように、この「広く流布した考え」が「誤り」であることを率直に述べた、最初の一人であった。結局、「外国の貨幣によって、商人の外国勘定を決算するという慣習はない[125]」ことを最初に強調していたのは、彼であった。

差額論の回顧

本章ではとりわけ、一七世紀と一八世紀の初めにおける順調貿易差額概念のさまざまな用法について論じた。そこでは、この概念がどのように解釈されるべきかという点に関して、実際にはこの時期には意見の真の一致はなかったという、以前に示した結論の重要性が明確にされた。このようにして同時に、この〔順調貿易差額という〕語句は「思考の手立てとして役立った」ので、それは実際のところ、さまざまな著者にとって異なる事柄を意味した。このことは現存するテクストを調べればまったく明白であるけれども、重商主義的文献の解釈者はほとんどがこの〈事実〉(*factum*)から目を逸らしてきたように思える。〔解釈者のあいだで〕なぜそのようなことが起こったのかということは、ただ推測できるにすぎない。アダム・スミスにとって、順調貿易差額説は貨幣と富との混同を反映したものだという見解は、少なからず論争のために適切であったことは明らかである。また一九世紀の自由貿易論者にとっては、この誤った「重商主義派」の見解は、自分たち自身の「体系」の保証を促すのに役立つことがあった。しかしながら、なぜそのような一義的な説明が今日においてさえ相変わらず生き生きとしているのかという点は、むしろ謎である。もしかすると、ある現象についての決然とした、単純な説明を、つい求めたくなるのかもしれない。しかしあいにく、重商主義的著作家が順調差額の語句を執拗に用いたことについての、一つの単純な説明を見つけることが可能であるという考えは、いかなる経験的支持をも得ていない。

さらに、この〔順調貿易差額の〕用語についての〔一七・一八世紀〕当時の解釈が異なっていただけではない。それればかりか、その解釈のいくつかは実際のところ排除しあっていたことも明らかである。それゆえに外国の支払う所得という解釈はしばしば、地金の純余剰〔黒字〕が果たす役割を強調する定義と対立するものとして、はっきりと出された。このことはチャイルド、バーボン、ノース、ステュアート、ダヴナントのような著者において、きわめて明瞭であった。さらにすでに見たように、そのような対立を、自由放任(レッセ・フェール)主義的傾向対保護主義的傾向からの単純な帰結と見なすことは、完全な誤称である。前章で強調したように、順調貿易差額説の解釈は、自由貿易や保護貿易に関する意見から相当に離されたところで現れた。さらに、貨幣の流入は流動資本を形成し、使用されるならば国の蓄えを増大するという見解はしばしば、一層多量の流通貨幣(circulating money)それ自体が果たす積極的役割を強調した、もう一つの提案と対立するものとして示された。これら双方の解釈は今度は、順調貿易差額説の背後に、主要な政策目標として国王の財宝を豊かにすることがあることを強調した、別の説明と対抗させられた。

多くの著作家は、このような用語上の意見の相違にはっきりと気づいていたように思える。結局、経済学はその頃はまだ、予備的な〔まえもって準備された〕、合意された表現形式をもった、独立した言説として現れていなかった。それゆえに語（words）は、他の題目や目的と関係する〔経済学以外の〕他の諸言説に源を発する意味を、持ち歩き続けることになった。したがって著作家は、概念と語をさまざまな仕方で用いる傾向があった。一つの観点からすれば、ここでわれわれが整理しようと試みている重商主義的論議は、そのような共通の表現形式がゆっくりと出現した過程であったと見なされうる。この過程をつうじて、概念と用語（terms）は一層広く合意された意味を受け取った。他の概念や用語——順調貿易差額説のようなそれ——は使用に適さないことが分かり、それゆえに徐々に放棄された。

第七章　他の諸国

前章において、イギリスにおける重商主義言説の出現と、それに引き続いて起こった、この言説の「一般的交易科学」にむけての発達を描写した。しかしながら、この達成の国際的背景に目を留めることが重要である。この［イギリスにおける］言説の出現と成長が、この時期に他の場所においても行なわれていた議論に大いに依存していたことは、確かである。思想は今日と同じように、素早く旅をした。アムステルダム、パリ、ロンドン、アントワープ、リヴォルノ、ミドルブルクのような都市は——少なくとも平和が支配的であったときに——財貨だけではなく思想の交換所の役割をも果たした。さまざまな国からやって来た政治家たちは、互いに密かに探りあった。他の国王がどれくらい頻繁に、その領土内に新しい製造業を確立し、新しい国際貿易路を開くことができたのかを、羨んで見つめた。他の諸国の政府の政策は熱心に研究され、どのようにして国をもっと豊かにし、人口をもっと稠密にするのかということに関する、新しい構想が、詳細に吟味された。

しかし、もっと具体的に述べることができる。それゆえに種々の経済的論題にかかわったイギリスの議論は、発生期の国家建設と経済的成果との関係が大いに強調された、政治的文脈のなかで現れた。一六・一七世紀の間にこの関係がまた、多くの他の諸国（イタリア、スペイン、フランス、ドイツ、スカンディナヴィア諸国など）で議論されたことも、間違いない。これがシュンペーターの強調したように、ある人たちが「重商主義者」(1)と命名する方がよいと思った「行政顧問官(2)」の時代であったことは、間違いない。彼らはシュンペーターによれば、「発生期近代国家の経済問題を幅広く論じた(3)」最初の人々であった。彼らはヨーロッパのいたるところで、製造業の確立を支援する保護的施策を促進し、貴重な鉱石と原料との輸出を禁止する法律を導入し、完成品の輸出を奨励する、等々を行なった。これにもとづいて、国の富と力とを獲得する方法に関する、蓄えられた共有の知識が、中世後期より継続的に出現し、一六世紀の間に決定的な飛躍的進歩を遂げた。

しかしながら第一に、経済成長と近代化とに関する、多くの「単位観念」があちらこちらの国で現れたけれども、その議論の国民的枠組みはまったく異なる傾向を示したことに、目を留めることが重要である。ドイツの大陸諸邦においては、経済政策はとりわけ、国際貿易をつうじて順調貿易差額を獲得するよりも、むしろ製造業と「近代的な」経済的制度の仕組みとを確立するために立案された。ここでは改革者はむしろ防御的な方法をとった。彼らはとりわけイギリスに追いつくために、経済的・行政的改革を遂行した。さらに着想と政治問題は、きわめて卓越した学問の様式と、多方面にわたる伝統という見地から、明晰に表現された。その結果、たとえばドイツ諸邦においては、官房学(カメラリズム)という独特の言説が一七・一八世紀に発達した。一方、フランスでは同じ時期に、〈経済学(エコノミー・ポリティーク)〉(*économie politique*)がモンクレチアンやラフェマスのような主要な名前とともに現れた。

それゆえに、一七世紀のイギリスにおける重商主義的思想の「流れ」('school' of thought)を定義するのに苦労したとすれば――むしろ重商主義を、一定の共通の表現形式によって結合された、一連の議論と定義したように――、検討をヨーロッパ全体にまで拡げた場合には、その定義がなお一層心もとないことは確かである。この点からしてすでに、「重商主義」はこの時期におけるイギリスの範囲を超えて、概念として本当に用いられうるのかということについては、議論の余地がある。「重商主義」を幅広く「国家建設」と定義する傾向を示したゾンバルトやヘクシャーのような解釈者にとって、このことはさほど大きな問題ではなかったかもしれない[4]。しかし経済的文献そのものの検討に限定すれば、一つの共有された、ヨーロッパにおける思想の系列を描くことは、おそらくさほど容易ではない。このことが、神聖ドイツ帝国に関して認められてきたことは、間違いない。この帝国については、独立した別個の「官房学の(カメラリスト)」伝統を語るのが一般的であるからである。しかしながら、これはまたフランス、スペインなどのような国についても寸分違わない[5]。イギリスの交易論とイタリアのそれとのあいだばかりか、ドイツの官房学(カメラリズム)とイギリスの重商主義とのあいだにおいても、多くの繋がりを見いだすことができるのは、確かである。しかし時間をかけて徐々に行なわれた知的・学問的発達の系列ばかりか、一般的な文脈もまったく異なっているように思える。

しかしながら第二の観点からもまた、「重商主義」を諸世紀ばかりか、いくつかの諸国にもわたって広がった共通の経験と見なすことは、あまり意義がないように思える。重商主義が一六世紀からおおよそ一八世紀中頃くらいまでの、スペイン・イタリア・イギリス・フランスなどにおける「行政顧問官」のための学識と定義されるならば、その場合には一六二〇年代より後にイングランドで現れたこの学識を、どのようにして認識すればよいのであろうか。すでに見たように、この学識は一般的な特徴として、地金の輸出などを禁止する法律を促進する伝統的見解に対して、批判的な態度をとった。マンより後のイングランドの経済的パンフレット作者が、国の富と力とを増進するという一般的目的を共有していたことは、間違いない。しかし問題は、どのようにしてこの目標が達成されるべきかということであった。このようにしてイングランド一七世紀の「重商主義的」著作家は、この広い知識の蓄えを頼りにしながら、その時代においてはきわめて独創的であった着想や考え方を発達させた。「交易の科学」と定義される言説の形成が徐々に見られた。

本章ではこのような背景のもとに、国家と経済的成果とについての、この知識の共通の蓄えが、さまざまな国民的言説のなかでどのようにして固有の特徴を獲得したのかということを示す試みが、なされるであろう。各国の事例には原則として、イギリスのそれと同じ大きさの紙幅（スペース）が必要であったであろう。しかしながら本書の主要な関心は、経済学が分析の道具箱の形をとって遂げた、全般的進化を描くことにあるのではない。そうではなく、一つの特定の重商主義言説（イギリスのそれ）についての歴史的出現と発達に、関心を寄せてきた。ドイツ・イタリア・スペイン・フランスにおいては、別の経済的言説が進化した。それゆえに、これらのさまざまな言説をすべて、進化する一般的重商主義言説の一部をなすものと見なすことは、人を誤らせる。そのような観点から見れば、ドイツやフランスの著作家が生みだしたこの学識のほとんどが、不格好で的外れ〔な内容〕であるように思えることは、確かである。またそのような手順を踏めば、それぞれ別々の国民的言説がもつ豊かさや功績を過小評価することになるであろう。それらの固有の目的と枠組みとを認めることなく、それらを一つの（イギリスの）重商主義的伝統の一部と見なすならば、それらがどこで失敗したのかという点を見るにすぎなくなるであろう。その場合には誤って、歴史とは無関係に、イギリスの著作家が優越していたと確信することになるであろう。

フランス

イギリスにおいて、重商主義言説は一六二〇年より後に現れた。この言説はそれに固有の特徴の大部分を、ジェラード・マリーンズの道徳的経済学に対する批判から受け継いでいた。またそれはすでに見たように、先行する時代の「古い」経済政策に対してはむしろ批判的に敵対した。このようにしてすでに見たように、この〔重商主義的〕文献の多くにおいて、貿易の一層大きな自由を求める主張が示された。さらに使用条例のような、旧来の正統的慣行の隅石のようなものは、一七世紀におけるイギリスのほとんどの経済的著作家によって厳しく非難された。[6]ヘクシャーが強調したように、旧来の「備蓄」の経済政策は一七世紀の重商主義によって徐々に取って代わられた。[7]それゆえにマンとその後継者が力説したところによれば、――全般的貿易差額がイギリスにとって有利に作用しているかぎり――貨幣と地金はおそらく十分に輸出できたであろう。実際のところすでに見たように、商業的経済は「自然の」法によって協調が保たれる交換システムであると、彼らは考えていた。したがって需要と供給という市場諸力によって協調関係が保たれたこのシステムは、作動するために幾分か操作されうるにすぎなかった。

このような著作家がある程度まで、商人の「利益」の熱烈な支持者（パルチザン）であったことは、確かである。しかしながらすでに論じたように、彼らの考えが、市場の経験的現実から新たに生じたものであったはずはない。彼らはそれ〔商人の利益のパルチザン〕とは別の人間として、この「現実」を、彼らと彼らの時代とにとって理にかなった言語に、解釈し翻訳した。そしてこの言語はすでに論じたように、直接的であること（directness）によりも抽象（abstraction）に一層多く依存する、新しい学問のスタイルばかりか、一七世紀における一般な科学的方法によっても、大いに生命を吹き込まれた。

この文脈はフランスにおいてはむろん、まったく異なっていた。宗教的・政治的激動の半世紀よりも後に、この国は一七世紀初頭にアンリ四世の援助により、再び国内の平和を取り戻した。長期の激しい内乱の結果、農業・貿易・工業はすべてひどい状態にあった。しかしながらこの時期より、ルイ一四世の財務総監ジャン・バティスト・コルベール（一六一九―八三年）による統治体制の間に、経済力・政治力の増大をフランスにもたらすことになる、回復の時代が出現した。一七世紀の初めから、この回復の仕事は主に〈統制経済政策的〉国家（*dirigiste* state）によって実施された。一六六一年にコルベールが権力の座に上り詰めてから後は、この政策は外に向かってなお一層膨張主義的となった。その政策は植民地の有益な役割と、収益の多い貿易ルートに対する統制の拡大とに、とくに重点を置いた。しかしながら、とりわけ一七世紀前半においては、この政策は疑いなく「備蓄政策」の形態として特徴づけることができる。この政策は、フランスを普通の消費財と奢侈品（とくに絹）との双方において、一層自給自足できる状態にすることを目指した。それは、フランスで得られたり作られたりすることが可能なものは、外国人から買うべきではないという原則を提示した。それゆえにこの政策は外国貿易そのものには、どのような利点をも見いださなかった。むしろ外国貿易の主要な務めは、金銀を輸入することにあるだろう。それ以外のほとんどの品物は、フランスそれ自身のなかで獲得されるべきである(8)。

大筋ではこれらの勧告はほとんどが、この時代にあってとくに新しいものではなかった。少なくとも一五世紀末にまで遡る、フランス政府の規則においては、イギリスにおけると同様に、地金が国を出ることは許されるべきではないと力説され、その代わりに自給自足の原則が強調されていた。さらに彼らは奢侈品の輸入ばかりか原料の輸出をも禁止していた。彼らは海運業などを奨励しようと努力していた(9)。したがってそのような立場から、「備蓄政策」は一七世紀のフランスにおいて、以前にもましてもっと強力に施行された。

このことは、イギリスにおける現況と著しい対照をなした。確かにイギリスにおいては、地金の輸出は解除されていたけれども、それにもかかわらず保護主義はかなり保持されていた。オランダ人に向けられた攻撃的な航海法という形をとって、保護主義は以前にもまして一層強力に施行された、とさえ言えるかもしれない。そしてすでに見たように、一七世紀の最後の数十年間に、自分自身の製造業を奨励し、外国の工業製品の輸入を阻むような政策を求める熱烈な運動があった。しかしながら核心において、フランスの政策とイギリスのそれとのあいだには重要な相違点があった。イギリスにおいては、一層多くの輸出と一層大きな雇用を促進することに、政策の重点が置かれていた。国際市場の発達だけがイギリスの富を支えるというのが、その主要な考えであった。フランスにおいては論調は少なくともコルベールに至るまでは、著しく異なっていた。一七世紀の初めに――後に見るであろうように――モンクレチアンのような著作家はむしろ、フランスは天然資源とその他の資源とがひじょうに豊富であるから、自給自足が可能であると、力説しようとした。

あなた方の支配者は大国を所有している。この国では、安定して居心地がよく、富に恵まれ、民衆は繁栄し、勇敢で力強い都市は勢力を誇り、軍隊は不敗であり、栄光を謳歌している。その領土たるや、無数にいる住民のために何でも可能なのだ。[10]

しかしながらわれわれの課題は、経済政策の個々の違いを論ずることにあるのではない。われわれの観点からは、フランスにおいても、一七世紀のほとんどの期間を通じて経済論議が、国民主義や自給自足というような精神のなかに封じ込められていたという点を、指摘することがもっと重要である。この点は即座に、フランスでは「経済論議」によって、イギリスにおけるのとはまったく異なる何かが見られることを表している。この文脈において「経済的」という語により何を意味するかを確定することが最初の問題であることは、明らかである。ジャン・クロード・ペローが教えてくれたところによれば、一六世紀からフランス革命までの間に、「経済的」であると言い表せるであろう内容の、二五万冊のフランス語の書物がおそらく刊行された。[11]このようにして数千冊の著作が、国家財政・貨幣問題・農業改革・租税などの項目について論じた。これらはすべてがある程度まで、それ自身の表現形式をもって、それ自身の特殊な問題を論じた、ばらばらに独立した言説であった。同時に、何か新しいものが一七世紀初頭に起こったことは明らかである。その新しいものはたいてい、モンクレチアンという名前と、彼の斬新な創作物であるポリティカル・エコノミー（political economy）ないし〈エコノミー・ポリティーク〉（*écomomie politique*）と結びついている。しかしながら、将来性の豊かな新語の創案だけが、ここで問題なのではなかった。実際のところモンクレチアンの構築物は全面的に新しくはないとしても、かなり重要であった。彼はアリストテレス、クセノポン、プラトン、その他の古代の権威者を批判的に考察することにより、アリストテレスの経済（家政）の概念がどのようにして政治の（近代的）概念と結びつけられ、それと同時に乗り越えられるべきかについて論じた。モンクレチアンは〈その時代の問題〉（*affaires du temps*）について論じた。しかし彼は一般的であることを求め、国民経済を統制するに際してもとづくべき、新しくて、――彼によれば――健全な原理を提示することを力説した。彼の目的は、国家の栄光を高めるためにどのように統治すべきであるかという点に関して、君主を啓発することにあった。[12]

このようにしてモンクレチアン以降、フランスにおいて〈エコノミー・ポリティーク〉の構築があったと予想することができる。彼は自分より前のボーダンと同様、道徳的な個人としての臣民をその標準にした、利子・価格などについてのスコラ学的議論には、さほど関心を抱かなかった。それよりも彼は、国家と経済的成果との関係を強調した。人々は主に私的利益に対する欲望によって動機づけられると、彼は考えた。他方で、利己的利益のための目的が公益を導くかもしれないようにするであろう、どのような自然の力をも、彼は信じなかった。それどころか、利己心が終局的に富と幸福とを国にもたらすことができるように、強力な国家は利己心を統制しなければならない。彼はそのような道徳哲学のすべての問題について、旧い「行政顧問官」の一派よりも遙かに明確に述べた。彼は、〈古典作家〉（*anciens*）に対し、彼らが経済を国家と君主の義務との関係において論ずることを避けたという点で、とくに批判的であったように思える。[13]ここにはまた、フランスで起こったことと、イギリスで起こったこととの大きな相違を見ることができる。イギリスにおいてはマン以降、マリーンズの道徳主義に対して向けられた一般的な批判は、「交易の科学」の発達をもたらした。フランスでは〈エコノミー・ポリティーク〉の確立はそうではなくて、国家と自給自足に焦点を合わせた経済的言説の確立を意味した。この「伝統」に、アンリ四世の財務総監シュリー（Maximilien de Béthune, duc de Sully, 1560–1641）が関係していたことは、間違いない。シュリーの農業改革に対する主要な関心は、フランスの〈エコノミー・ポリティーク〉を「重商主義」の一部門と理解してきた著作家にとって常に問題となってきた。しかしながら、シュリーを経済発展と自給自足とを奨励した経済的政治家・著作家と見なすならば、一層筋が通る。[14]シュリーについてのＪ・Ａ・ブランキの次のようなてきぱきした陳述は、このことをひじょうに明瞭に際立たせている。「外国品の消費はすべて、フランスに対して犯された窃盗罪であると彼〔シュリー〕には思えた」。[15]

このことが示唆している一つのことは、一七世紀のフランスにおいては、「交易一般」に関する主要な側面を論じた論説の存在を、稀にしか突き止めることができないということである。〈エコノミー・ポリティーク〉の文献において、交易は主に国家とそれが必要とするものという観点から見られている。交易と商業、需給メカニズムの一般的機能、外国貿易が国を富ませることができる方法、経済を独立した領域と捉える見方などを中心にして、主要な議論を展開しようとする試みは、実際のところなかった。むろんいくつかの例外はあった。交易に関する実用的な文献は幾分か現れた。そのような文献の最も著名な例としては、一七世紀末に広く読まれた、ジャック・サヴァリ（Jacques Savary）の『完全な商人』（*Le parfait negociant*, 1675）があった。[16] しかしながら、この文献は実際のところきわめて実践的で、イギリスの「重商主義的」著作家が同時期に取り組んだものをほとんど含んでいなかった。また〈商業事典〉（*les dictionnaires de commerce*）のような文献が、一八世紀以前にはまったく育たなかったことも明らかである。一八世紀にやっと、それは主要なジャンルとなった。[17] とりわけこのような背景に逆らって、一七世紀フランスにおける経済思想・言説の「重商主義的」段階について論ずることは、無益であるばかりか人を誤らせるであろう。そうではなく、最も際立った特徴は、この国の文脈のなかにそのような言説や文献はなかったということである。

それゆえに一七世紀最末期に至るまでのフランスの国民経済的議論は、モンクレチアンの〈エコノミー・ポリティーク〉によって、あるいは別の重要な権威者を挙げれば、ラ・ジャンベルディエール侯爵（Marquis de la Gomberdiere）によって支配されていた。[18] またこの文脈においては、一六〇〇年頃にバルテルミー・ドゥ・ラフエマスが示した実践的な提案――すぐにこの提案に戻りたい――も重要であった。このような、議論が多方面にわたる伝統からの徹底的な離脱は、一七〇〇年頃にボワギュベールのもとでやっと見られた。まったく適切にも彼は、リシュリューとコルベールの政策にはっきりと怒りをむけた、いわゆる〈エコノミスト〉（*économistes*）の最初として有名である。[19]〈エコノミスト〉はむろん一般的な「経済法則」を確立することに大きな関心を抱いて、商業的経済を人間外の力によるシステムと見なした。しかしながら彼らの着想は、同じ時期に「交易の科学」を発展させた、イギリスの同業者とはまったく異なる背景から現れていた。

なぜフランスにおいては、イギリスにおけるように「交易の科学」が徐々に発達しなかったのかという理由は、むろん複雑である。一つの要因は確かに、権威的な言説――ラフェマスの体系と〈エコノミー・ポリティーク〉

の興隆——があったことである。別のレベルでは、「危険な」政治的文献と異端の経済的見解とに対する検閲が、フランスにおいてはイギリスよりも遙かに厳しく実施された。このようにしてイギリスで展開されたような、活発な議論が、フランスで起こったはずがない。イギリス海峡の向こう側での議論において提起された考えの多くが、パリでもまたよく知られていたということは、大いにありうる。しかしながら、そのような考えが自由に議論されて、この題目についてのフランス独自の学識が生みだされるということは、検閲のために不可能であった。もう一つ別の重要な要因——先の要因とむろん繋がっている——は、一七世紀におけるフランスの経済的著作家はたいてい国家官僚であったり、政治的権力をもっていたりしたということである。[20]この点では、ユグノーの反乱〔一六二一年〕を決行したときに殺された、敬虔なカトリック教徒モンクレチアンは、むろん例外であった。しかしながら、一七世紀フランスに「独自の」経済的学識がほとんどなかったという状態は、見逃されるべきではない。[21]バルテルミー・ドゥ・ラフェマスのような政治的権力をもった人間にとって、経済成長と発展のために国家が果たす役割を強調することは、至極当然のことであった。彼は長い政治的・行政的伝統に遡って言及しながら、自給自足が第一の経済的・政治的目標であると、主に力説した。さらに彼が常に経済を自立的システムとして捉えていたことを示すものは、彼のテクストには見いだされない。それどころか彼は、政治的な知恵と権力だけが国を繁栄させることができるということを、はっきりと示した。このようにして後代の経済学者たちが、一七世紀におけるフランスの学識は同時代のイギリスの議論と比較して、冴えなくてつまらないと思っているとすれば、ここで論ずるのは、〔イギリスにおけるのとは〕全面的に異なる一連の人々を引き込んだ、〔イギリスの議論とは〕まったく別の言説であるという点を認めることから、始めなければならない。経済は自動均衡化のシステムであるという議論が、リチャード・クロムウェルのような権力のある政治家のペンによってなされたことを、だれが発見しようと期待したであろうか。

ジャン・ボーダン（一五三〇―九六年）

有名な政治思想家ジャン・ボーダン（Jean Bodin）は確かに重商主義者ではなかった。しかしながら、一六〇〇年頃にフランスで現れた思考と著作から見て、彼はきわめて興味深い。この点において、この偉大なシヴィック・ヒューマニズムの著作家は明らかに、モンクレチアンのもとで成熟した表現を見いだした「経済学（ポリティカル・エコノミー）」の先駆者であった。しかしながら後に見るであろうように、彼はまた彼らとは著しく異なっていた。[22]

ボーダンは経済学者たちにより、マレストロワ（Jean Cherruyt de Malestroict）への答弁において貨幣数量説の初期の型を提示したことで、最もよく知られている――しかしすでに述べたように、この原理はもっと早期にスペインの著作家のあいだで知られていた。[23] マレストロワは国王シャルル九世〔在位一五六〇―七四年〕に献呈した小冊子において、フランスの現在のインフレーションは明らかに、価格の上昇によって引き起こされたものにすぎないという見解を、詳しく説明していた。このインフレーションの真の原因はそうではなく、国王が頻繁に企てた鋳貨の品質低下にあった。しかしながらボーダンは、価格上昇の真の進行が起こっていると力説した。それは主に、貴金属のアメリカからヨーロッパとフランスへの流入の増大によって引き起こされた。このような文脈において彼は、次のように述べられた有名な公理を提示した。「あらゆる物の価格を引き上げる主な理由は、どこにおいてであろうとも、物の評価と価格との基準となるものの豊富である」[24]。

彼は他の国籍の著者たちと同様に、フランスは鉱山を持たない国として、金銀を獲得するために貿易を営まなければならない、と力説した。しかしながら彼が指摘したように、外国人との貿易〔の目的〕はそのことだけに制限されるべきではなかった。このようにしてボーダンはフランスにおける後代の経済的著作家とは対照的に、自給自足を一般的目標として奨励しなかった。外国人との貿易は文明化を起こすと、ボーダンは考えた。貿易を通じて他の諸国と友好的に交際することは、神の計画の一部であった。

そして、われわれがそのような商品〔＝通貨と製造品〕を持ち込むことができたとしても、それだけではなんにもならない。しかし、それらを転売せざるをえないのだとすれば、常に必ず交易や売買や取引や貸付を行なわなければならない。しかもそのことがもっぱら外国や近隣諸国とわれわれとの友好関係を交わし維持していくものであるときには、むしろわれわれはわが財の一部を彼らに与えなければならない。(25)

このようにしてボーダンが考えたことは概ね、外国人と親しくなる方が彼らと戦争をするよりも遙かに良いということであった。(26)

しかしながら、問題はそれよりももっと複雑であった。自給自足の問題について、彼は実際にはかなり分裂していた。このようにして彼はその有名な政治的著作『国家論』(*Les six livres de la république*, 1589) で、国家の実践的な経済問題を論じたときに、フランスはそれ自身の製造業を発展させる必要があることを、とくに力説した。一層多くの国内生産は、フランスの労働者の一層多くの雇用を意味すると、彼は主張した。この文脈において彼は、ただ輸入工業製品に対する関税を勧めただけではなかった。さらに輸出品も課税されるべきであると彼は提案した。彼の論議は、典型的な「備蓄政策」の傾向を帯びていた。すなわち、塩・穀物・ワインの大量輸出により、これらの品物はその原産国において不足し高価になるであろうという議論であった。そのような商品の多少の輸出は、金(きん)などを引き寄せるために確かに必要であった。しかしながら輸出関税が、そのような品物の外国人への販売を一層困難にするであろうということを、彼は懸念しなかった。たとえフランスの塩の価格が三倍になったとしても、これは問題ではないと、彼は次のように主張した。「外国人は、その原価がいくらであっても、それを得るために相変わらず三倍の価格で買うであろう」[27]。それゆえに、彼は価格弾力性の原理を信じていなかった、と結論して差し支えない。彼が実際に主張したところはそうではなく、良質のフランス商品はおよそどんな価格でも売れるというものであった[28]。

バルテルミー・ラフェマス（一五四五—一六一一年）

ラフェマス（Barthélemy de Laffemas）はアンリ四世の裁縫師と〈召使〉〔給仕頭〕に任命されたときに、政治権力〔の座〕にむかって立身し始めた。彼は一六〇二年に商務総監（*Controlleur Général du Commerce*）に任命されて権力の頂点に立った。それは、実質的にはすでに国営であった、フランスの製造部門の管理が、実際上彼に託されることになる地位であった。彼の主な念願は、一層多くの製造業を設立することにあったが、とりわけ彼は幾分か冷酷であったことにより、この仕事において成功したように見えた。しかしながらアンリ四世が一六一〇年に死んだときに、わが〈召使〉にとって政治的経歴は終わった。その翌年に彼は人目につかずに亡くなった[29]。

ラフェマスは鋭敏な政治家であった以外に、経済問題に関する生気にあふれた著作家であった。彼は、そのほとんどが一六〇〇年から一六〇四年までに刊行された数多くのパンフレットにおいて、フランス経済はどのようにして成長し繁栄するように促されるべきかという点に関する、一つの纏まったプログラムを提示した。ラフェマスのテクストはほとんどが、彼が商務院（*Conseil du Commerce*）の長官を務めていた一六〇二年から一六〇四年までの間に出版された。このようにして彼は多くの小冊子において企画や提案を示し、怒った反対者に対抗してそれらを擁護した。この委員会はかなり意欲的に活動していたように思える。その残存する保管文書を綿密に調査したC・W・コールによれば、「この委員会は一五〇回以上の会合を開き、あらゆる種類の商・工問題について探究し、発明者・労働者・企業家と会見し、国王に助言をし、大事業を起こし、夥しい数の冒険的事業を認可したり不許可としたりした」[30]。ラフェマスの委員会の努力のほとんどは、どのようにして繁栄する絹織物業をこの国に確立するかという問題に注がれた。しかしながらさらに、どのようにして馬は一層効果的に繁殖されうるか、どのようにして麻織物業は改善されるべきか、どのようにしてファスチャン織物業は確立されるべきか等々、ということも議論された[31]。

しかしながら彼は、一六〇〇年に刊行された数多くの小冊子と[32]、もっと初期の著作とにおいてとりわけ、彼の実践的な提案が収められうる一般的枠組みを提示した。この枠組みはもっと厳密には結局どういうことになるのかということは、初期のパンフレットの次のようなフル・タイトルを挙げて示せば、すでに仄めかされていることが明らかである。『外国との交易と取引とによって国家を繁栄させるとともに、実際にフランス人の破滅を示す財宝と富、休廷中の裁判所に些末な訴訟をさせないこと、さらに同じく商事裁判官の裁定は削除されねばならないこと、その他に正当な理由、この王国の善にとって一切のこと』（一五九八年）。それゆえにラフェマスは、フランスにおける貿易・工業・農業のひどい現下の状態に、大いに嘆いて不満の声をあげた。この惨めな状態をもたらしたのは、とりわけ外国の商人が意のままに行ったり来たりできる自由であると、彼は指摘した。しかしながら、さらに自国の商人は国の富と力とに貢献しないで、フランスを貧しくする商業に加わることにより、重大な負の役割を果たした。このようにしてフランスはその原料をすっかり売り払い、しかも外国の奢侈品を買うために、この国から金銀を流出させた。それゆえにフランスは身を滅ぼすことによって、イタリア、フランドル、ドイツ諸邦、イギリスの繁栄に貢献したと、彼は力説した。(33)

ラフェマスはこの悲惨な状態を元に戻すために、国家主義的な経済プログラムを樹立しようとした。それゆえに、たとえば絹織物業を築くには、その製品の最小限だけが海外から輸入されるようにするために、すべての力が繋ぎ合わせられるべきである。海外の地域から獲得するに値する主要な財貨は金銀であり、フランスはそのために工業製品を輸出しなければならないと、彼は指摘した。

それゆえにラフェマスはすでに見たように、この時代の正統派の教義のように思えたかもしれないものを説いている。貧困と欠乏は、貨幣が国外へ流出することによって引き起こされたと、彼は述べた。したがって彼の主な関心は、地金をできるだけフランス国内に保持しておくことに向けられた。というのは金銀は、王国の「神経」、「国家を敵……から守る真の物質」(34)だからである。同時に、彼はどこにおいても順調貿易差額のテーゼを定式化しようとさえしていないことを、心に留めることは重要である。さらに彼は外国貿易が国家にとって重要であることを――しかしその場合には主に金銀を引き寄せるために――認めたけれども、彼の主な念願は自給自足を促すことにあったように思える。この点において彼は、他の幾人かのフランスの経済的著作家――とりわけモンクレチアン――が見せたような、極端には走らなかった。しかしながらラッフェマスは最終的には、ここでわれわれが定義したような意味での重商主義者というよりも、むしろ穏健な「備蓄政策」観の擁護者であったと見なされなければならない。

アントワーヌ・ドゥ・モンクレチアン（一五七五？―一六二一年）

詩人・投機師・反逆者・金物製造業者であったアントワーヌ・ドゥ・モンクレチアン（Antoyne de Montchrétien）は、経済問題を論じた、彼の唯一の刊行本がもつタイトルによって最もよく知られている。それは『経済論』（*Traicté de l'oeconomie politique*, 1615）と呼ばれ、「ポリティカル・エコノミー」(political economy）という成句が用いられた最初のものであった。(35) 他方で後の研究者のあいだでは、この書物とその著者とを「あまり取柄がない」とか、「一個の過大に評価されたがらくた」として軽視することが通例となった。(36) これが少なくとも歴史的観点から見て、完全に誤った説であるということは、すでに言及した。このようにして実際のところモンクレチアンの〈エコノミー・ポリティーク〉は、一世紀以上に及んだフランスでの経済的議論に大きな影響を与えた、きわめて造詣が深い新案であった。(37) このようにしてアシュレーは、モンクレチアンがボーダンやラフェマスのような著者から借用したり剽窃したりしていることに、ひじょうに驚きあきれたように思える。しかしながら、そのような借用はこの時代にはきわめてありふれたことであったので、これは大いに時代錯誤である。学問上の文献は共有のものとして用いられ、原資料について何も言及しないで引用することは、当時は不正な行為であるとは見なされなかった。

それだからといって、モンクレチアンの書物には現代の読者にとって気にくわないものがあまりないかもしれない、ということにはならない。というのは『経済論』においてその著者は、外国のものなら何でも強烈に毛嫌いするという、極端なフランス国民主義者として現れているからである。それは外国の商人が、フランスという「この巨体に吸着した蛭」と準えられただけではない(38)。これらの商人たちはフランスのあらゆる公共の場所をその〈知らされていない顔〉(*visages inconnus*)とその〈野蛮な声〉(*d'acents barbares*)で溢れさせる、と言われた(39)。実際のところ、彼が外国人について非難しなかったものはなかった。まず外国人は腐敗しており(40)、不正な誤魔化しによって貴重な貨幣を騙し取った。それゆえに、フランスは外国人を大量に追い払わなかったならば、彼らはフランスから衣服を奪って、フランスを大混乱の状態に陥れようとしたであろう。

　モンクレチアンのテクストが「一九世紀の著作家のような、経済理論についての秩序立った論考」ではなく「むしろ、実業・商業・統治のさまざまな様相についての散漫でとりとめのない論述(41)」であることは、むろん本当である。しかしながら、この時代にこれ以外の何を期待することができるであろうか。さらにすでに言及したように、このような上述の解釈は実のところ、重要な点を見落としている。モンクレチアンの意図はこのようなさまざまな構成要素を、アリストテレスによる家政としての「経済」の定義を超越するような、一つの体系的な纏まりとして繋ぎ合わせることにあった。

　このようにしてすでに述べたように、モンクレチアンの著作は実際のところ歴史的観点から見て、実際にはひじょうに興味深く、意義深い。モンクレチアンはラフェマスよりももっと力を込めて、フランスは自給自足を達成できるし、そうしなければならないと力説した。フランスは豊かな農業とその他の天然資源とを持っていた。その住民は多数で勤勉であった。この著者の愛国的熱狂には際限がないように見えた。

　フランスという世界で最も美しく、自由で幸福な土地で生まれ育つことを思い描くことが、あなた方の国民が満足する究極の理由であるなら、あなた方の功績は、正当にも人から他に比類なきものと呼ばれるような帝国を維持することに少なからず貢献しているにちがいない。なぜならフランスだけが近隣諸国とのどんな関係がなくてもやっていけるし、また近隣諸国もフランスとは何の関係もないからである。(42)

彼はラフェマスと同様に、フランスがみずからを支えることができるような製造業を確立することの重要性を、とくに力説した。この文脈において彼はとくに金属クラフト手工業（metalcraft industry）を支援することの重要性を強調した――モンクレチアンは『経済論』を書いていたときにウソン・スゥール・ロワール（Ousonne sur Loire）で金属業に携わっていたので、おそらくさほど意外ではない。さらに製造業を繁栄させるために、すべての外国輸入品は締め出されなければならない。このことは織物工業と金属工業との双方にとって重要であると、彼は指摘した。しかしながらモンクレチアンはもっと先まで進もうと欲した。彼の目的はすでに見たように、外国商人がフランスで暮らし、働き、交易することを禁止するか、あるいは少なくとも厳しい制限を設けることにあった。彼はボーダンを大いに拠りどころとしながら、輸入品と輸出品との双方に対する関税を擁護した。(43)穀物・ワイン・塩・羊毛などのようなフランスの原料は実際のところ、この国を去るのを阻止されるべきである。外国人がフランス商品をより少なく買うならば良いであろうとさえ、彼は力説した。その場合には、フランス人自身のために一層多くが残されるであろう。(44)「この王国は、あらゆる面で繁栄し豊かなので、望みさえすれば、近隣（諸国）から何も借りる必要がないのだ」と彼は述べた。(45)対外輸出品は金銀を引き寄せるためにとくに重要であると、モンクレチアンはラフェマスにならって繰り返した。しかしながら他の点では、フランスは人付き合いをしないで、それ自身の資源で生きていくことができるならば、その方が良かった。この大きな目標の達成にはただ二つの問題だけが立ちふさがっていた。すなわち、フランスに多数の外国人がいるということ、およびフランス住民が多少怠惰であるということであった。これらの障害を根絶することが、国民による規制と経済政策との主要な目的になるべきであると、彼は力説した。

ラフェマスとモンクレチアンが一七世紀の初めに提案した経済政策は、とりわけコルベールの時代に動きだした。この政策はすでに言及したように、自給自足を主要な目標として強調した。外国貿易はそれだけで経済成長と繁栄の増大とに尽くすようなものとは、見なされなかった。そうではなくそれは、国を一層独立した力強いものとなす戦略の一部分にすぎなかった。イギリスの重商主義者が外国貿易をときどき、一方の国だけが他方の国が失ったものを勝ち取る、ゼロ和ゲームとして描こうとしたとすれば、この見方はコルベールとその後継者により極端に貫かれた。きわめて頻繁に強調されたように、コルベールが信じていたところによれば、貿易ルートの数は制限されており、それらが強国のあいだでどのように配分されるかは、政治力と戦争の技術（スキル）とによって決定された。[46]

すでに論じたように、フランスにおける経済的言説は一七世紀の大部分を通じて、自給自足の課題と経済的国民主義とに主に関心を集中していた。〈統制経済政策的〉国家は経済発展の前提条件と見なされた。実際のところ、国家と経済は瓜二つの双子の主体となった。[47] 新しい経済的言説が――先行する時代のコルベルティスムに激しく反対して――フランスにおいて発達したのは、やっと一七世紀末以降のことであった。フランスの修正主義の著作家である〈エコノミスト〉が、コルベールと、その保護主義および自給自足の政策とを批判するに際して、イギリスの同業者〔＝経済的著作家〕と同じ議論を多く用いたことは確かである。しかしながら文脈はまったく異なっており、したがって進化した言語はまったく異なるものとなった。

フランスにおけるコルベールの反対勢力は、たいていボワギルベールおよびヴォーバンと結びついていた。偉大な陸軍元帥で築城術の達人であったヴォーバン（Sébastien Le Prestre de Vauban, 1633-1707）はこの文脈において、フランスに目新しい租税制度を導入するという彼の企画によって主に知られていた。このようにして彼はとりわけその『王国十分の一税案』（*Projet d'une dixme royale*, 1707）において、カンティロンと重農主義者によってもっと十分に描きだされることになった考えを構想した。(48) ボワギルベール（Pierre le Pesant, sieur de Boisguilebert, 1646-1714）は一七〇〇年頃の数多くの著作において、とくに『フランス詳論』（*Le détail de la France*, 1695）と『フランス弁論』（*Factum de la France*, 1707）において、後にカンティロンや重農学派のような著作家によって用いられることになった、経済についての体系的（システム・ライク）であるような見方を発展させた。経済が自動均衡化の秩序であるという考えは、もっと早い時代の〈統制経済政策〉に反対する議論として用いられた。しばしば述べられたようにボワギルベールはジャンセニスム(*1)によって大いに、またおそらくは〈モラリスト〉の哲学者ピエール・ニコル（Pierre Nicole, 1625-95）によってもっと深く影響を受けていた。(49) ボワギルベールはニコルと同様に（またプーフェンドルフや幾人かの同時代のイギリスの著作家とも同様に）均衡を信じていた。また、人々は商業社会において基本的に相互依存的であると信じていた。生産と消費、需給関係は摂理ばかりか自然的原因によっても決定づけられた。貨幣はたんに交換手段にすぎず、貨幣をできるだけ多く確保するという差し迫った必要はなかった。ボワギルベールがニコルと同様に主張したところによれば、人間は利己的な生き物で、欲望に満たされているけれども、彼らの私悪が公益を招来するように制御し統制することはできた。ここにはむろん、マンデヴィルやカンティロンのような後の著者に通じる紛れもない通路を見いだすことができる。しかしながら、われわれはこの文脈において、このような疑いなく刺激的なテーマを、これ以上に長々と論ずることはできない。ボワギルベールのもとで世紀の変わり目（一七〇〇年）に、スコットランド人ばかりかフランスの〈エコノミスト〉にまで固く繋がった、新しい経済的言説がフランスで生まれたことは疑いない。そしてカール・マルクスのような熱狂者にとって、ボワギルベールの出現は「古典派経済学」の誕生の兆しとなった。

ボワギルベールとヴォーバンは他の人々と同様に、主に道徳哲学と自然権論の発達とによって鼓吹されたけれども、おそらくはさらにイギリスにおける重商主義的な経済的議論とも繋がりがあったかもしれない。このことはとくに、ときどき重商主義者として言及される二人のフランスの著作家――ジャン＝フランシス・ムロンとシャルル・デュト（Charles Dutot）に関しては真実である。この二人は確かに同時代のイギリスの議論によって影響を受けた。とりわけムロンにとって、マンデヴィルは大きな閃きの役を果たした。さらに双方は、ジョン・ローの華々しい企画に関わって、明らかに彼から影響を受けていた。[50] ムロンはデュトが〈商業のバロメーター〉（*baromètre de commerce*）と呼んでいた貿易差額の概念を、われわれが同時代のイギリス人の議論を通じて知っているような方法で、むしろ徹底的に論じた。[51] しかしながらムロンはとくに、正統的な重商主義的見解から遠く離れたところにいた。彼は自由貿易の断固たる信奉者で、奢侈品の消費を、雇用をもたらすという理由により擁護した。このようにして彼の考えるところによれば、高水準の需要は繁栄する国家共同社会（コモンウェルス）にとって必要であった。富は貨幣であるという観念を、彼は精力的に批判した。「ここで、金山や銀山に恵まれた国が最も豊かだと考えるような人々の誤りを、覆しておく必要があるだろう」。[52] しかしながら彼は輸入品と輸出品の多少の規制に対しては、全面的には否定しなかった。この文脈において彼は、順調貿易差額を強調した、イギリスの同時代人とさほどかけ離れていなかったように思える。このようにして、「マニュファクチュールを稼働させるために必要な原材料のあらゆる輸出[53]」を禁止することは、自分の国においては通例であると、彼は指摘した。しかしながら彼は、この規制の知恵を全面的には確信していなかった。例外とすべき多くの事柄があると、彼は述べた。そして輸出額と輸入額との順調貿易差額は最終的には、「結局のところ、他の諸国に対する競争力優位[54]」の帰結として獲得できるにすぎない。

ドイツ諸邦

一七二七年にプロイセンの国王フリードリッヒ・ヴィルヘルム一世の命令により、新しい学問分野の二つの講座がハレとフランクフルト〔大学〕において導入された。ジーモン・ペーター・ガッサー（Simon Peter Gasser, 1676–1745）が任命されたハレ〔大学〕におけるこの講座には、「官房・経済・治政の問題」という表題が、フランクフルト〔大学〕の講座には「官房・経済・治政学の講座」という表題が付された。ガッサーは以前にハレの法律学教授であった人で、陸軍・官有地参事官（*Kriegs-und Domänenrat*）の肩書を取得していた。他方でユストゥス・クリストフ・ディトマール（Justus Christoph Dithmar, 1677–1737）は歴史家であった。彼は任命されたその年に、自分の新しい科目の序論を書いた。その序論『経済・治政・官房学序説』（*Einleitung in die Oeconomische Policei- und Cameralwissenshaften*, 1731）はそれ以降長い間、標準的テクストとなることになった。

これら二つの講座は、しばしば経済科学の最初の講座であるといわれている。次の二〇年間にこれらの講座には、ドイツ、スウェーデン、イタリアにおける別の商業・官房学（カメラリズム）・治政の講座が続くこととなった。しかしながらイギリスやフランスでは、経済学はまだ大学のカリキュラムの一部をなしていなかった。それが起こるには、もう一世紀を待たなければならない。

これらの講座は言うまでもなく、ただ部分的にのみ「経済的」——その用語をどのように定義しようとも——であった。実際のところ、ディトマールの書物の大部分は「治政」と「官房学」に充てられていた。このようにして彼はこの書物において主に、同時代のプロイセンの行政・財政・治政制度についての記述を扱った。一七世紀の間に「治政」は主に、力と安全とを回復させる手段と結びついていた。(55) しかしながらディトマールにとって、それはもっと大きくて、もっと幅の広いものを意味した。「治政」は、父親のような国家が、その臣民に福祉を与えるに際して用いる手段であった。(56) あるいは一人の権威クルト・ウォルツェンドルフによれば、治政は一般的福祉の〈原理〉のために尽くした。(57) これ以外にディトマールのテクストはさらに「経済学」(economics) 部門を含んでいた。しかしながら、彼による経済学の定義は主に、家政 (householding) を描写した、旧いアリストテレスの定義であった。しかしながら、一八世紀の間に標準となることになった通りに、ディトマールは二つの形態の〈経済学〉(*Oeconomie*) について論じた。すなわち、個人を扱った特殊な家政 (*Haushaltung*) と、社会全般を保護し、さらにできればその物的資源を増大することに資するような規則を定める、一般的な家政とが、それである。ディトマール自身は「一般的経済学」(general *Oeconomie*) についてはさほど多くを述べなかった。しかしながら後ほど一八世紀の間に、この部門はこの科目についてのおのおのの新しい著作家のもとで、拡大する傾向を示すことになった。そしてその次の〔一九〕世紀の間に、それは経済学の特殊ドイツ的形態である〈国民経済学〉(*Nationalökonomie*) のための砦を形成することになった。

しかしながらディトマールのもとで、われわれはまだ国民経済学を論じてはいない。それよりもディトマールはガッサーと同様に、普通は「官房学者(カメラリスト)」と評されて、そのような特殊なドイツとオーストリアの伝統のなかに位置づけられている。また「官房学(カメラリズム)」はしばしば、ドイツにおける重商主義に代わるものと見なされている。後に見るであろうように、これがさほど役立たないことは確かである。[58] ほとんどの論評家によれば、「官房学(カメラリズム)」は一六・一七世紀に現れた。一八世紀の初めからそれは——治政・カメラリズム・経済の科学としての——一つの体系に発展した。この〔一八〕世紀におけるその主役は、名うての投機師ヨハン・ハインリヒ・ゴットロープ・フォン・ユスティ（Johann Heinrich Gottlob von Justi, 1717-71）——A・タウチャーによれば「偉大な体系主義者」で官房学の〈完成者〉——であった。[59]

ユスティのこの分野での主な仕事は、一つの大きなテクストである彼の『国家経済学』（*Staatswirtschaft*, 1755）から最も良く要約できる。[60] この著作は多くの点で、旧来の官房学の伝統に完全に従っていた。しかしながら彼の議論は王侯国家の必要や利益よりもむしろ、〈幸福〉（*Glückseligkeit*）の概念を中心にして行なわれた。良い国家においては、「みんなが穏当な自由を享受し、自分の勤勉によって、自分の社会的身分の要求が満足な暮らしのために必要なものとなす、道徳的・世俗的財貨を獲得できるかもしれないような」[61] 良い配列と構造が整えられねばならないと、彼は述べた。このようにして、〈幸福〉が良い〈治政〉によって達成されうるように取り計らうことが、良い国家の誓いであった。さらにユスティの書物は、この学科を治政・カメラリズム・経済の諸科学に分割するという旧来の慣習的なやり方に固執している。

この伝統のなかにいた別の主要な官房学者は、ウィーン大学の〈治政・官房学〉教授ヨーゼフ・フォン・ゾンネンフェルス（Joseph von Sonnenfels, 1733-1817）であった。ユスティもゾンネンフェルスもともに啓蒙主義思想から影響を受けていたことが明らかである。ユスティが経済的〈治政学〉と呼んだものの主要な目標は、国家の富裕と幸福を規制する原理を理解することであると、彼らはともに力説した[62]。しかしながらゾンネンフェルスもユスティもそのような啓蒙主義思想からどのような個人主義的な結論をも導きだそうとはしなかった。それどころか〔彼らにおいて〕ファーガソンのような著者たちは、父親的温情主義的国家が必要であることに賛成の意を述べるために引き合いに出された[63]。〈幸福〉は、独立した諸個人のあいだでの自由な交流によってはもたらされないと、彼らは主張した。このかぎりにおいて、ユスティとゾンエルフェルスはむしろ啓蒙された権威主義――当時、世界のなかの彼らの地域ではごくありふれていた――の代弁者となった。

官房学の内容と範囲とにおける重要な変化は、時間をかけて徐々に生じたけれども――この問題には後に立ち返る――、その伝統は一九世紀に入ってもずっと威力を十分に発揮し続けた。その後、その伝統は全体的に分散した。しかしながら一九世紀後期にはまだ、ドイツにおいて〈国民経済学〉の名のもとに発生したものはほとんどが、実際のところユスティの〈国家経済学説〉の派生物であった[64]。

官房学（カメラリズム）の真の本質は何であったのか。大部分の著作家はそれを、主に国家（state）や国（country）の行政を論じた言説であると定義することに同意している。アルビオン・スモールがとくに力説したところによれば、「官房学者は本来経済学者ではなかった。彼らは何よりもまず政治学者であった」[65]。あるいはもっとはっきりと言えば、官房学は「統治の理論と技術」、「独特の種類の目的をもって構築された社会における、独特の種類の国家を管理する技術と理論」であった[66]。スモールはここでロッシャーの所説にもとづいて議論を進めようとした。すなわち官房学は、ドイツの小〈領邦君主の廷臣〉の必要に役立つ管理の技術として、早くから出現していたという所説である[67]。あるいは官房学を、自分たちの〈官房の国庫〉（*Kanzlei Kammer*）を貨幣で満たそうと求めた偉大な領邦君主によって支援された、〈実践的な官吏の学科〉と見なした、オンケンにもとづいて議論を進めようとした[68]。現代の解釈者Ｋ・トライブは、ドイツ国家における官房学的学識の出現と発達にとくに関連のあるものとして、〈世帯主〉調査報告書（*Hausvater* literature）の役割と、「経済」を家政と捉えるアリストテレスの概念の根強い存続とを強調した[69]。

しかしながらこのことは、多くの著作家が官房学を重商主義の一形態――近代的経済学に至るドイツの〈特殊な道〉――と見なすことを思いとどまらせなかった。このようにしてたとえばＫ・チールチンガーは一九一四年〔の刊行〕以降大きな影響を及ぼした著作において、一六世紀から一八世紀までのドイツの官房学者を〈重商主義的政治家〉（*merkantilische Staatsmänner*）と特徴づけた[70]。この見解が、シュモラーその他が示唆した、きわめて幅広い重商主義の定義に源を発していたことは、明らかである。このようにして重商主義がまさに「国家建設」にすぎなかったとすれば、官房学は重商主義についての特殊行政的な解釈であるという結論を導きだすことは容易であった。

しかしながら、そのような全体論的（ホリスティック）な概念はすでに述べた理由により、さほど役立たない。したがって、たとえばＩ・ボークによる特殊ドイツ的〈国家重商主義〉（*Reichmerkantilismus*）という形で、この解釈を修復しようとする比較的最近の試みは、さほど説得力がないように思える[71]。重商主義と官房学との関係を理解するには、もっとはっきりと具体的に述べなければならないことは確かである。イギリス人の議論のなかで現れた多くの見解は、たとえばユスティやゾンネンフェルスのテクストにおいても現れたけれども、その全体的な枠組みは〔双方のあいだで〕まったく異なっていたということが強調されねばならない。

また官房学を重商主義の特殊な形態と見なすことは、それを実際よりも首尾一貫したものであるように思わせることになる。官房学のテクストはその伝統的な形式と目的とを時を経て保持したけれども、重要な変化が生じたことも明らかである。それゆえにユスティとゾンネンフェルスが考えだしたような種類の体系は――〈幸福〉と〈国家経済〉とを際立って強調した体系――、ほんの半世紀前に存在していた体系とはまったく異なっていた。そしてすでに論じたように、厳密な意味では、官房学は一八世紀に現れたにすぎなかった。

さらに、官房学は本当は何であったのかということをきっぱりと定義しようと求める、どのような解釈に対しても懐疑的であらねばならない。そうではなく、官房学は重商主義についてと同様に、時間を経て徐々に変化してさまざまな意味を持つ言語、独特な言説である、と見なされなければならない。このような理由により、たとえば、アリストテレスとボーダンに直接に由来する単純な公式に、官房学を狭めようとする、アクセル・ニールセンの執拗な試みは、失敗せざるをえない[72]。同様に、官房学をたんに宗教改革の理念からの所産と見なすことは無益であると思える[73]。メルヒオルズ・フォン・オッセー（Melchiors von Osse, 1506–56）のような早期の著作家に関しては、このことは全面的には間違っていないかもしれない。しかし彼の道徳的なメッセージを、本当に官房学的であると見なすことができるであろうか。これがきわめて疑わしいことは確かである。このようにして、プロテスタントの見解と官房学との直接の系統を強調するならば、官房学の定義は単純で、薄められたものになってしまうであろう[74]。

ドイツ（オーストリアを含む）の文脈において、経済的文献・著作の発達を二つの異なる段階に区分して論ずることは、おそらく可能である。このようにしてヴィルヘルム・ロッシャーはその『ドイツ経済学史』（*Geschichte der National-Oekonomik in Deutschland*, 1874）において、一七世紀の初めが「経済学という体系的な科学〈「国民経済学」（*Volkwirtschaftslehre*）〉のドイツにおける始まり[75]」であったと語った。しかしながら一七世紀の間にはまだ、経済問題――貿易・貨幣・金融・財政・租税など――を論じた文献の大部分は官房学的な形態に作り上げられてはいなかった。その形態はまだまったく隙間だらけの状態にあった。このようにして一六・一七世紀におけるドイツの議論は、同時代のイギリス・イタリア・スペイン・フランスの議論の真似事であったとかなり強く述べることができる。このようにしてたとえばヤコブ・ボルニッツ（Jacob Bornitz）——ロッシャーによればドイツにおける経済的言説の最初の体系家——は、『管理国家・共同体における物的充足についての政治論』（*Tractatus politicus de rerum sufficientia in republica et civitate procuranda*, 1625）というような著作において、貨幣・鋳貨の性質、国家が多量の地金を持つことの必要性について論じた。国家にとって貨幣は事物の神経（*Nerv der Dinge*）であると、彼は表現した。自身の鉱山を持たない国は一層多くの地金を獲得するために、輸出して、一層多くの貨幣を獲得する必要があった。しかしながら原料は、それが避けられうるのであれば、決して輸出されるべきではなかった。そうではなく原料は製造品に加工され、仕上げられたときに輸出されるべきであった。[76] このことによりロッシャーは、ボルニッツが重商主義者であったという結論を導きだすことになった。[77] そしてボルニッツが、イタリア人ジョヴァンニ・ボテーロ、アントニオ・セッラ、フランスのアントワーヌ・ドゥ・モンクレチアン、イギリスのトマス・スミスと並んで配列されうるというのは、確かに正しい。このことにより彼が重商主義者と理解されるのかどうかということは、以前に力説したように、むろん疑問の余地がある。

ともかくロッシャーによれば、一七世紀ドイツにおける比較的旧い「重商主義的」傾向は、一八世紀における〈治政的・官房学的時代〉（*polizeilich-cameralistische Zeitalter*）によって取って代わられた。一八世紀の中頃になって初めて、この言説は一層完成した形態——治政・経済・商業の科学——に成熟した。このようにしてロッシャーが力説したところによれば、三十年戦争〔一六一六—四八年〕後の時期にドイツ諸邦における三つの異なる伝統が現れた。プーフェンドルフおよびヘルマン・コンリンクの名と結びついた、道徳哲学的・〈純粋科学的な〉経済的言説、オーストリアにおける〈実践的・進歩主義的〉伝統、中央および南ドイツのほとんどの地域における〈実践的・保守主義的〉伝統がそれである。(78)

一八世紀の官房学が、このような異なった伝統が融合したものを包含していたことは明らかである。しかしながら同時に、保守的な「行政的」伝統が、この坩堝(るつぼ)を構成する支配的要素となっていたことは疑いない。これをどのように説明すべきであるかということは、むろん議論の余地がある。(79)ロッシャーはこの成り行きを主にドイツの後進性からの帰結と見なした。このようにしてドイツにおいて交易の科学や力強い〈エコノミー・ポリティーク〉を確立することの失敗は、三十年戦争後の分断されたドイツの存続、および小国家の諸政策の接合による帰結であると説明された。そのような政治的・社会的・文化的文脈のなかで、やや狭い意味の「経済的管理」が強調された。それゆえに経済は私的および一般的家政の術に、治政は小国家を運営する方法に、官房学は財政の術になった。(80)この点において、古い〈所帯主の〉文献からの顕著な影響はまた、かなりの役割を果たした。いずれにせよロッシャーがきわめて的確に「ドイツはコルベールをもたなかったように、ボワギルベールをもつことができなかったかもしれない(81)」と力説したときに指し示したのは、このような状況であった。

以下においては、一八世紀に優位を占めた官房学の伝統が現れる以前に最も重要であった、一七世紀ドイツの幾人かの著作家に関心を寄せたい。官房学の伝統の形成と発展とが興味深くて重要なテーマであることは、確かである。しかしこのような文脈における素描でさえ、われわれをあまりに遠くへ連れて行くであろう。

ファイト・ルートヴィッヒ・フォン・ゼッケンドルフ（一六二六―九二年）

フォン・ゼッケンドルフ（Veit Ludwig von Seckendorff）はロッシャーにとっては、きわめて典型的な中部ドイツの保守的・実践的著作家であった。彼はザクセン・ゴータのエルンスト公の侍従であったときに、きわめて大きな影響を与えた著作『ドイツ君主国』（*Der Teutscher Fürsten-Stat*, 1656）を書いた。さらに彼は、行政職務の枢密・宮廷・官房顧問官に昇進し、後には官房長官（chancellor）になった。その後彼はザクセン・ツァイツに移り、そこでモリッツ伯に雇われて、宰相兼官房長官（*Kanzler und Consistorial-Präsident*）の称号を受けた(82)。このようにしてゼッケンドルフは明らかに、小国ドイツの行政上の知力に十分に精通していた。それゆえに彼はアルビオン・スモールにとっては、「官房学のアダム・スミス(83)」であった。

『君主国』の目的は明らかに、スモールが述べたように「機能的組織である典型的なドイツの国家についての記述を書き上げること(84)」であった。それは四つの部分に分かれていた。第一の部分では、立派な君主は何が改良されるであろうかということを知るために、自分の領土の地理的状態を調査しなければならない、と主張された。この文脈においてとくに不可欠なものは優れた地図であると、彼は結論した。第二の部分は国家の〈構造〉について論じた。すなわち国家はどのように組織されるべきか、道徳的と物質的との双方の意味での、国家の住民の幸福は、どのようにして与えられるべきか、等々の点についてである。最後に、第三の最も長い部分は、「官房学」に充てられた。この部分においてゼッケンドルフは支配者が利用できる税収入（revenues）を列挙し、彼の収入（incomes）はどのように改善されうるかについて論じた。

ゼッケンドルフが国家の管理を扱った第二編に関して力説したことは、支配者は独裁者になり、〈我が儘な主人〉として支配すべきではないということであった。このようにしてゼッケンドルフはいかなる意味でも、比較的近代的な絶対主義の代表者ではなかった、とロッシャーは強調した。[85] 彼はむしろ、敬虔で市民的(シヴィック)な君主には〈ソロモンのような統治の知恵〉が絶対に必要であると要求した、旧い学派の父権的温情主義者であった。君主は神の助けをもらった、自分の臣民に幸福を与えるためだけではなく、自分の国家において道徳と平和を保つためにも、支配しなければならない。[86]

このようにしてゼッケンドルフは『君主国』において、道徳的な統治と君主の威厳との前提条件について詳しく論じた。立派な支配者は他人に対してだけではなく、自分自身に対しても誠実でなければならない。彼は自分の掟と義務に固執しなければならない。彼は親譲りの気質を尊重し、自分の国民の慣習を受け入れなければならない。要するにゼッケンドルフの第二編は実際には、どのように小国家を統治するかということに関する手引きであった。[87] それは、後に〈政略〉として知られるようになったものと結びついた、政策――〈科学〉――の初期版であった。

スモールがロッシャーに反対して述べたように、優れた統治についてのこの〔ゼッケンドルフの〕論説から「経済的」見解を推論するのはおそらく間違っているかも知れない。[88] しかしながらゼッケンドルフは確かに、われわれが先に「経済的」として描いたような問題を論じた。彼はとくに、国家の経済組織と国家の生産的潜在力とに関心を寄せていた。このようにしてたとえば、国家が繁栄するためには、国家はその人口を増大し、その農業を改良し、工場を設立しなければならないと、彼は提案した。しかしながらロッシャーがゼッケンドルフに、シュリーとコルベールとの中間くらいの「重商主義システム」の萌芽を〔学史的位置として〕与えるとき、彼はあまりに行き過ぎている。[89]『君主国』は確かに、この時代の一般的な経済的・政治的思考にぴったりと適合するような、数多くの観察を含んでいた。しかし第一に、ゼッケンドルフが論及したのは小さな君主国や〈宮廷〉であり、フランスのような大国ではなかった。第二に彼は、たとえばイギリスで為し遂げられたような、外国貿易と富裕に関する重商主義的論議には、少しも論及していない。ゼッケンドルフは彼よりも前のボルニッツと同様に、すべての原料は輸出されるのではなく加工されるべきであると、『君主国』において強く提案した。しかしながらこの著者は貨幣に関しては、それがあまりに乏しくなるかもしれないという同時代の懸念を共有していない。その代わり彼は、鋳貨の流出よりも人口の喪失の方をもっと心配していた。良貨は外国人との交換に際して、品質の低下した悪貨と交換されてはならないというのが、この文脈における彼の主な関心事であった。[90]また彼はあまりに多量の輸入に対しても疑いを抱いていた。しかしそれは主に、住民の道徳にとって有害な奢侈品が、その輸入によってもたらされるという理由によってであった。最後に、彼が君主の税収入と収入とを論じた第三編は、租税に関する観察を含んでいた。君主の〈御料地〉は最大限の収入をもたらすために、どのように組織されるべきであるかということを論じていた。しかしながらゼッケンドルフの議論はここで明らかに、〈世帯主の〉調査報告書の伝統と、経済を家政術と捉えるアリストテレスの概念とのなかに固定されていた。君主の〈御料地〉はここではほとんど、彼自身の私的財産として論じられた。

ヨハン・ヨーアヒム・ベッヒャー（一六二五―八二年）

ゼッケンドルフを後にしてベッヒャー（Johann Joachim Becher）に移るときほどに、一七世紀におけるドイツの経済的学識が多様性に富んでいたことが、十分に例証されることはない。一つ以上の理由により、ベッヒャーのもとでわれわれは別世界にいる。まず第一に、彼の主要な判断基準はオーストリアであった。彼は目紛しい一生のあいだに何度も旅行をしたが、固定した場所があったとすれば、それがウィーンであったことは確かである。一七世紀にあってオーストリアは神聖ローマ帝国における唯一の大国であったが、小さな諸国家の一つに住む代わりにそこに住むことは、確かに違いを生じた。また、フォン・ゼッケンドルフが小国の行政官として安定した生計を立てながら、比較的快適な生活を送ったように思われるのに対し、ベッヒャーは比較的短い生涯においていくつかの職業に就いてみたが、いずれにおいても成功しなかった。彼は学歴のない若者――ロッシャーによれば〈独学者〉――として、[91] 自然科学の分野で運を試した。彼は医学・内科医の教師となり、黄金を造ろうとする実験を行なった。それゆえに、彼はウィーンのレーオポルト一世〔在位、一六五八―一七〇五年〕の宮廷では、錬金術師としてよく知られていた。彼はまた、有名ないわゆる「燃素理論」の創始者でもあったように思える。

一六六六年代にベッヒャーは死に物狂いになって帝国内のさまざまな〈選帝侯の宮廷〉を巡り歩き、その当局に対して何らかの企画や計画に従事するように努めた。ベッヒャーは確かに、好機を見いだすことができるところで、それを得ようと求めた人物であった。しかし彼はめったに成功しなかった。彼はたいてい、時代よりも前に進んでいたというのが、その一つの理由であった。このようにして彼はバイエルン〈選帝侯〉の援助のもとでガイアナ〔南米北部〕を植民地化する企画に携わった。さらにハーナウ伯爵のために、オリノコとアマゾナス〔ブラジル北西部〕とのあいだの地域を植民地化する詳細な計画を作成した。むろんここからは何も生まれなかった。それ以外に彼は、たとえばマインツ〈選帝侯〉のもとで、新しい産業・製造業の企画のために、計画の概略を描いた。彼は一六七〇年代の大部分はウィーンに滞在したが、そこでは皇帝〔レーオポルト一世〕によって支援された〈マヌファクトゥア・ハウス〉（*Manufakturhaus*）〔官営工場〕の長官（ヘッド）になった。同時に彼はライン・ドナウ運河の建設――もう一つの失敗した途方もない企画――を計画した。彼は一六七〇年代末には、皇帝に嫌われていたようである。彼はロンドンに定住し、そこで一六八二年に亡くなった。[92]

ベッヒャーは沢山書いたけれども、彼の唯一の「経済的」著作は一六六八年に刊行された『都市・州および国家の興隆と衰退との本来の原因に関する政治論』（*Politische Discurs von den eigentlichen Ursachen des Auf-und Abnehmens der Städte, Länder und Republiken*）である。それはゼッケンドルフの著作とは著しく異なっている。一つは、ベッヒャーは時代遅れという意味での父権的温情主義的ではほとんどなかった。それどころか彼の国家とその起源についての議論は、同時代の道徳哲学的議論をよく反映していた。このような文脈において、人々は、社交的動物であり、社会はこの生来の社交性からの帰結として発生した「自然的」構築物であるとさえ、彼は指摘した。彼の国家についての定義もまた、きわめて当世風であった。彼は国家を「人口の多い、自立した共同体[93]」であると理解した。この共同体は続いて、相互的関係のシステムとして描くことができた。

共同体の成員は自分の営為を整え、一方が他方によって生活するように、一方が他方から一切れのパンを得ることができるように、そう、一方が自分を支えることに尽くして他方の利益になるようにする。そのときそれは正しい共同体である。[94]

ベッヒャーは確かに、これからどのような自由放任（レッセ・フェール）の結論をも導きださなかった。そのような互恵的な秩序は自然発生的には生じないであろうと、彼は力説した。それどころかそのような秩序は、それがすべての人々の福祉に仕えることができるためには、制度化され、意識的に統制されなければならない。このようにして彼は、「各人が思いのままに生計を立てるように放置されている」状態に強く反対した。その状態においては、「公共の利益や損失、繁栄や逆境により、各人は破滅して、自分と一緒に他の多くの人々を破滅させようとも、あるいは繁栄しようとも、誰もどのような疑問をも発しない[95]」。

さらに彼がはっきりと強調したところによれば、共同体は多くの人々に住宅を供給する場合においてのみ、強力になることができる。「都市は人口が多いほど、力強くなることができる[96]」という命題を彼は提示した。また、農民・職人・商人という三つの主要な階層のあいだには適切な割合があるに相違ない。これら三つの階層は、三つの異なる経済部門と対応していた。すなわち、(a) 第一部門(食料・原料)、(b) 第二部門(工業製品)、(c) 第三部門(流通・資本)がそれである。さらにこれら三部門のあいだに「真の」割合が定められたならば、誰も餓死しなくて良かったであろうし、何もかもが適切な秩序のもとに保たれた。これをある程度まで、計画経済を求める嘆願と見なすことができたことは、確かである。そしてそれは、そのようなものとしてとりわけドイツにおける――いやそればかりか、スウェーデンやデンマークのような近隣諸国における――次〔一八〕世紀の経済的・政治的議論に対して、ひじょうに大きな影響を与えることになった[97]。

このようにしてベッヒャーは疑いなく、たとえばゼッケンドルフと比較して、君主よりも共同体とその住民にずっと大きな関心を寄せていた。ベッヒャーはむろん強力な国家が重要であることを否定しなかった。しかし彼はそれとは別の論題に主要な関心を寄せていた。このことは彼の経済的主著の構成を見るならば、〔主著の内容と〕かなり関連があるように思える。『政治論』の大部分は主に商業と交易の問題を論じているからである。このようにしてこのテクストの長い第二部では、商業と交易はドイツにおいてどのように組織され、またどのように改善されうるか、ということが議論された。彼は総じて、次のような自由貿易の原理を提出した。「個々人を住居・衣服・飲料で最善かつ公正に支えるために、商品は自由にこの国へ輸送され、またこの国から輸送されるべきである[98]」。この原理はむろん、彼における計画経済の構想とあまり巧く合致しない。したがって彼は、この自由の原理に重要な制限を加えようとした。このようにして自由貿易は、それが〈国民の富裕・生計・共同生活〉という目標と抵触しない場合にのみ支配的でありうるかもしれないと、彼は指摘した[99]。彼がその有名な〈独占〉と〈多占〉と〈買占〉との区別を持ち出したのは、この文脈においてであった。これらの形態はすべて、よく組織された交易にとって大きな脅威であることを含意していた。このようにして「〈独占は〉多くの人口が増加することを妨げ、〈多占〉は営業の存在を、〈買占〉は共同体における良き秩序を脅かす[100]」。ベッヒャーは〈多占〉により、〔交易の〕舞台にあまりに多くの競争者〔＝売手〕がいる状況を表し、〈買占〉の用語により、機先を制して必需品を買い占める状況を仄(ほの)めかした。

また『政治論』には、交易と商業が経済成長と近代化とのために果たす役割に関する一般的議論に触れた箇所が多く見いだされる。主にこの理由により、ベッヒャーはしばしば真の重商主義者と呼ばれてきた。彼がイギリス人の議論と文献をよく知っていると思われていたのは、まったくその通りである。彼が『政治論』を書く前にオランダ旅行から受けた強い影響を、ロッシャーがさらに強調したのは、この文脈においてであった[101]。しかしながらさらにロッシャーが指摘したところによれば、ベッヒャーは富と貨幣を混同するような「重商主義者」ではなかった[102]。実際のところすでに論じたように、そのような混同はこの時期にはきわめて稀であったので、ごく新しい文献をひじょうによく読んだ人物〔ベッヒャー〕にこのような混同があるだろうと予想するのは、きわめておかしなことであっただろう。[103] ベッヒャーにとってはそうではなく、富は生産において見いだされた。しかも秩序立った生産部門は、消費の増加をもたらすように奨励された。そして今度は消費が、一国における福祉の中心であり源泉であった。他方で彼が信じていたところによれば、「貨幣は国の魂であり神経であった」。したがって貨幣は国内に保有されるべきである。[104] ベッヒャーはこの点で貨幣を〈営業〉資本（*Verlag* capital）の形態として評価したと、ロッシャーは解釈した。それゆえに多量の〈営業資本〉（*Verlag*）を持っておれば、多くの労働者を雇用して、その国の富を増大させることが可能であった。[105]

最後に、ベッヒャーは重商主義者であったのか官房学者であったのか、それとももしかすると双方であったのだろうか、という質問を避けるわけにはいかない。官房学は独自の言説として、まだ実際には出現していなかったから、この質問は幾分か時代錯誤的である。それにもかかわらずベッヒャーはホルニックやシュレーダーとともに（以下を見よ）、「オーストリア官房主義者」のグループとしてきわめて頻繁に言及されている。[106] しかしながら、少なくともベッヒャーが、後期オーストリア官房学者の著作（たとえばユスティとゾンネンフェルス）に鍵を与えた、体系的な〈国家干渉主義〉（*Staat-Interventionismus*）という独特な形態の直接の〈先駆者〉でなかったことは、明らかである。彼の視点はすでに見たように、それとは異なっていた。このような趣旨で彼は、初期という意味での重商主義者——そのような意味でわれわれはこの用語を用いた——にずっともっと接近したところにいた。それゆえに彼は、イギリスの重商主義的著作家とその交易・商業の役割に関する議論とから、大きな影響を受けた。しかしながら彼は、イギリスの交易論や新しい道徳哲学の著作などを利用し、それをまったく独創的な形態に全面的に置き換えた総合家（synthesiser）であったというのが、なお一層適切である。しかしながらこの方面での彼の試みはドイツではほとんど引き継がれなかった。それよりも官房学の伝統が次第に〈重商主義的伝統を〕説き伏せた。

フィーリップ・ヴィルヘルム・フォン・ホルニク（一六三八―一七一二年）

ドイツ諸邦にコルベールがいなかったことは、確かに真実である。[107] しかしながら、たとえそうであったとしても、フォン・ホルニク（Philipp Wilhelm von Hornigk〔Hörnigk〕）はおそらくオーストリアのモンクレチアンになったといえる、最も近い人物であった。フォン・ホルニクはフランクフルト・アム・マインで生まれ、一六六一年にインゴルシュタット大学で法学博士の学位を受けた。その後彼は長年、ウィーンでレーオポルト一世に仕えた。その間に彼はまだベッヒャーの義弟になった。一六九〇年には彼は、パッサウの領主司教ランベルク伯爵に秘書官（*Geheimsekretär*）として仕えることになった。パッサウでは彼は男爵として、貴族の地位を獲得した。[108]

ロッシャーが指摘したように、ホルニクの最もよく知られた著作『オーストリア万国優越論』（*Oesterreich über Alles wann es nur will*, 1684）は、戦争と、この時代にドイツに加えられた国民的屈辱という背景のなかで顧みられなければならない。フランスのルイ一四世は一六八四年に、実際の抵抗にまったく出会うこともなくトリーアとシュトラースブルクを占拠した。その同じ年にトルコ人はウィーンの城門の前に立っていた。したがってホルニクの論調は攻撃的で国民主義的であった。「フランス人の悪巧みはほとんどすべてのものを破壊した」[109]と彼は述べた。それゆえにホルニクは将来、フランスの〈傲慢な国民〉との〈公正な戦争〉が行なわれることを期待した。[110] しかしながらオーストリアが弱いことはそれ自身の責任であると、彼は主張した。このようにしてオーストリアはその富の大部分を外国人に売り払っていた。たとえば〈外国商人〉は、オーストリアの重要な〈亜麻布貿易〉を奪って独占していた。その労働者に対して彼ら外国商人は、やっと生存できるほどの最小限の賃金を支払っていた[111]。

しかしながらホルニクが主張したように、オーストリアは「望んだときにはいつでも」このような状態を変えることができた。ホルニクはこのような文脈において、モンクレチアンによるフランスのための計画と類似したそれを、国民の回復のために提出した。彼の主な解決策は、国民が〈彼ら自身の家庭において〉自立し〈自存する〉という状態を十分にもたらすことが、オーストリアにとって可能となるような経済的・行政的手段を確立することであった[112]。

ホルニクはそのような自給自足を確立するために、厳格に守られなければならない、九つの原則からなる一覧表を提示した。健全な〈国家経済〉(*Lands-Oeconomie*)はこれらの原則にもとづくべきであると、彼は主張した。その〈原則〉は次のようである。

第一に、この国の潜在的生産についての徹底的な調査が実施されなければならない。すなわち、とりわけ金銀を獲得する可能性、

第二に、原料を〈工場製造〉において加工する可能性、

第三に、原料の〈加工〉に貢献できる人々の数を増大させる適切な手段を見いだす可能性についての調査である。

第四に、金銀がこの国からできるだけ輸送されないことが保証されなければならない。

第五に、この国の〈住民〉は、みずからの天然の産物でできた製品を主に使うべきである。

第六に、このような文脈においてまた、外国製品の〈濫用〉はすべて回避されなければならないし、輸入品が必要である場合には、それは貨幣とではなく、他の製品と交換されなければならない。

第七に、主に工業製品が輸出されるべきである。

第八に、原料（「この国で生じた余分な財貨」）が輸出される場合には、それはただ金銀とだけ交換されなければならない。

第九に、国内で生産される製品は、決して輸入されるべきではない(113)。

ロッシャーがこのプログラムを重商主義的であると認めたことは、むろん筋が通っているが、ただそれだけのことにすぎない(114)。しかしながらこのプログラムは形式と内容の点では、イギリス一七世紀の重商主義的著作家が提起したものよりも、フランスにおける、モンクレチアンと関係がある自給自足のプログラムに遙かに類似していた。ホルニクによる九つの〈国家経済原則〉における真の目的は、適切な文脈のなかで見るならば、彼がコルベール主義の趣旨であると理解したものを概説することにあったことが、明らかである。そのような〈自立〉の拡大のためのプログラムにより、フランス人はひじょうに巧く成功していたように見えた。しかしながらそのプログラムをオーストリアの文脈においても、利用することが可能であっただろうか。即座に成功を収めて、次〔一八〕世紀の間に七版にも及んだホルニクの書物が留意されねばならないのは、このような文脈においてである。またベッヒャーと同様に、ホルニクのもとにあっても、われわれは古い〈世帯主〉調査書ばかりかゼッケンドルフの田舎臭さからも遠く隔たっているように思えることにも、気づかねばならない。ホルニクはそれよりも、

〈エコノミー・ポリティーク〉の独特な形態である〈国家経済〉のためのプログラムに着手した。それは一八世紀の間に、治政・経済・カメラリズムの科学という一般的〈経済〉部門に統合されることになった。

ヴィルヘルム・フォン・シュレーダー（一六四〇―一六八八年）

後年における固有の官房学的言説の確立にとって、シュレーダー（Wilhelm von Schröder〔Schrötter〕）は確かにベッヒャーかホルニクかのどちらよりも、もっと重要であった。シュレーダーもまたウィーンでレーオポルト一世に仕えた。実際のところ彼はベッヒャーの後をうけて、ウィーンの〈マヌファクトゥア・ハウス〉の管理者に任命された。しかしながら、コルベールが設立したパリの偉大なゴブラン工場(＊2)のような、産業的新基軸の中心地となることを目標としていた、この公共の建物は、一六八三年にトルコ人によって焼き払われた後に、再建されることはなかった。シュレーダーはその最晩年は、ハンガリーのチプスで宮廷の〈官房顧問官〉として仕えた。それゆえに彼の伝記にはこれまでのところ、並はずれたことは何も示唆されていない。しかしながらシュレーダーは博学な人物であった。彼は最初にイェーナで、その次にアムステルダムで法律学を勉強していた。一六六三年にイェーナ大学に学位論文を提出する前にはイングランドに滞在しており、そこでホッブズ、ペティ、ボイルのような第一級の人物と交際した。彼はまたその滞在以来、イギリス王立協会の永続的な会員でもあった。(115)

このようにしてベッヒャー、ホルニク、シュレーダーという三人組のなかで、最後のオーストリア人が疑いなく学識の面で「もっとも前進していた」。彼は同時代のイギリス人の経済論議についてのじかに得た知識をもっていただけではなく、当時の一般的な科学的・政治的・道徳的議論にもよく通じていた。政治的な点では彼は絶対君主制の断固たる信奉者で、ロッシャーが述べたように、ルイ一四世を賞賛した[116]。彼は「君主の権利についての政治的考察」――彼の有名な『君主財務官房論』（*Fürstliche Schatz-und Rent-Kammer*, 1686）の補遺――において、支配者の神授の権利について極端なやり方で概説したので、フォン・ゼッケンドルフを刺激して、シュレーダーを人格と著作との双方において〈歪んだ人〉（*homō perversus*）と命名させた[117]。しかしながら同時にシュレーダーは、神授の権利には義務が伴うと指摘した。このようにして、〈君主〉はその国民にとって〈家長〉であり、国民が豊かな〈暮らし〉を続けるように取り計らうと、彼は力説した[118]。

シュレーダーの初期官房学者としての名声は主に、彼の著作『君主財務官房論』に由来している。ここでの彼の観点はロッシャーが言及したように、〈純粋に国庫の〉それであった[119]。彼は財務部（chamber of treasury）を開設するように主張し、この書物の大部分において、どの原則に従って財務官房が運営されるべきであるかを示した。彼の提案によれば、財務部は二つの部分に分割されることになっていた。収入を徴集する〈合議体（コレギア）〉〈複数〉と、君主のために新しい税収入源を見つけることがその任務になっていた〈合議体（コレギウム）〉〈単数〉とである。国は交易を通じてどのようにして豊かになることができるのかということについての、同時代の意見に関する深遠な知識を彼が見せたのは、とりわけ後者の機関について彼が議論しているときであった。このようにして彼はたとえば、次にような「古来の真理」を強調した。「一国は多量の金（きん）を生むことができれば、それだけますます豊かになる。……そして金（きん）がその国から運び出されるときには、それだけ一層貧しくなる[120]」。それゆえに国家は地金と貨幣とを招き入れるために、輸出しなければならない。しかしながら彼は多くのイギリスの討論者に同意して、貨幣を主に有益な〈商業の振り子〉（*pendulum commercii*）であると見なした。「貨幣の使用が増大することにより、さらに多くの国民が支えられ、交易が増大されうる[121]」。このようにして交易と商業は成長の拡大と発展とにとって必要な前提条件であった――自国自身の供給が不十分な国が貨幣を招き入れるための、たんなる必要悪ではなかった。実際のところ彼の考えによれば、交易――〈商業〉(*commercium*)――は、「〈一国〉を一層豊かにすることができる最も重要な手段」[122]であった。

交易は自由であるべきであると、シュレーダーは信念として主張した。しかし同時に彼は、とりわけ製造業の確立と関連のある保護主義的手段の必要性を擁護した。実際のところシュレーダーは製造業の大の支持者であった。このような背景のもとに彼は、主にフランスの実例に言及した。しかし彼はまた、この時期に――すでに見たように――イギリス織物工業の保護を強化する問題を大々的に論じていたイギリス人の議論も、かなりよく知っていた。けれども彼は形式ばった順調貿易差額説を練り上げることは、躊躇していたようである。実際のところ彼は、そうすることに気が進まないことを一七・一八世紀の他の大部分のドイツの著者たちと分かち合っていた。事実彼らが、そのような〔順調〕差額にはっきりと言及することは稀であった。確かに彼らは、貿易差額の「黒字」による貨幣の流入は有益であると思っていたかもしれない。しかし彼らはめったにこの考えを練り上げようとしなかった[123]。彼らは他の事柄――自給自足、良き統治、もっと大きな人口、国内製造業――に一層大きな関心を寄せていたように思える[124]。

他の諸国

イタリアは一八世紀に、経済的思考と著作とにおけるルネサンスを経験した。フェルディナンド・ガリアーニ(Ferdinando Galiani, 1728-87)のようなイタリア人は、スコットランド啓蒙の著作家だけではなく、フランスの〈エコノミスト〉と重農主義者とも一緒に、一八世紀中頃の数十年を特徴づけた経済的思考の「急速な隆盛（ブーム）」に貢献した。(125)

ガリアーニが多くの点で偉大な革新者であったことは確かである。彼はすでに二二歳のときに論説『貨幣論』（*Della moneta*, 1750）を刊行していたが、そこでジェヴォンズが〔登場する〕まではずっと凌駕されることのない、効用と稀少性にもとづく価値論を概説していた。ガリアーニはフランスの議論（ブワギルベール、ムロン）にもイギリスのそれにも十分に精通していた。彼は一五歳ですでにロックの『利子の引下げおよび貨幣の価値の引上げの諸結果に関する若干の考察』――彼はこの論説にかなり批判的であった――を翻訳していた。彼はマンデヴィル――それ以前ではバーボン――ばかりかフランスの経済学者とも同様に、人間の欲望・関心・必要が経済過程それ自体の基礎であると力説した。

しかしながらガリアーニは幾人かの他の人々のなかの一人にすぎなかった。この時期のもう二人の重要なイタリアの革新者はチェーザレ・ベッカリーア（Cesare Beccaria, 1738-94）とピエトロ・ヴェッリ（Pietro Verri, 1728-97）で、双方ともミラノに居を構え、したがってオーストリア国民であった。彼らはガリアーニと同様に、主観的な基礎のうえに経済過程の分析を築いた。シュンペーターはベッカリーアを「イタリアのアダム・スミス」とまで命名し、数多くの分析的創案を彼に見いだした。彼はヴェッリを、支出一定の場合の需要曲線（constant-outlay demand curve）の発明者として、またジェヴォンズの用語「快楽と苦痛の計画」の先触れをなしているとして、とくに賞賛した。(126)

ガリアーニ、ベッカリーア、ヴェッリの出現を理解するには、この時期に多くの国々に影響を与えた啓蒙思想によって鼓舞された一般的動向のなかに、彼らを位置づけなければならないことは、確かである。しかしながらさらに、一八世紀におけるイタリア経済思考のルネサンスを、中世後期にまで立ち戻るスコラ学の伝統からはっきりと画する一線があることも述べられてきた。このようにしてO・ラングホームが力説したところによれば、たとえばガリアーニによる価値・価格の主観的分析の際立った強調は、シエナの聖ベルナルディーノやフィレンツェの聖アントニヌスのような一四世紀のスコラ学者からの影響を明らかに受けていた。この思考はベルナルド・ダヴァンツァーティ（Bernardo Davanzati, 1529–1606）の重要な『貨幣論講義』（*Lezione delle monete*, 1588）とジェミニアーノ・モンタナーリ（Geminiano Montanari, 1633–87）の著作を経由して[127]、一八世紀の経済論議を鼓舞し、この意味においてさらに近代的経済学の形成に貢献することになった[128]。

イタリアの場合、そのような長い歴史を強調することがまったく的確であることは、確かである。しかしながら同時に、スコラ学に基礎を置いた、価値の源泉についての学識のある思索が、一八世紀イタリアにおける唯一ないし主要な経済的言説をなしていたのではないことを、想起する必要がある。この点から見て、ベッカリーアの職業上の経歴はきわめて典型的である。一八世紀にはミラノはオーストリアの一部であったから、大学の科目としての経済学は官房学的傾向を十分に帯びていた。それゆえにベッカリーアが一七六八年にミラノで大学教授の職を得たとき、経済学は「官房の科学」（Cameral science）のなかに置かれていた。しかしながら彼は就任公開講義において、おそらくはあまり正統的ではないやり方で自分の科目の特徴を述べた。すなわち自分の科目は「公共経済・商業についての原理、あるいは国家の富を増大する手段を提供し、その手段を最も有益な目的に適用する科学[129]」からなると、彼はそのときに述べた。ナポリの経済学・商業の教授アントーニオ・ジェノヴェージ（Antonio Genovesi, 1713–69）は、この点においてはおそらくもっと正統的であった。彼は、一八世紀のドイツ語圏における大学の経済学のカリキュラムを構成した三つの学科のうちの一つである経済（エコノミー）について、大いに講義をして書いた。このような背景のもとに彼は、とくに商業と、商業が公共経済の成長・安寧のために果たす役割とに、関心を抱いていたように思える。そのうえ彼はイギリス人の議論にもよく通じていたように思える。彼の最初の著作のうちの一つである『ジェノヴェージによるジョン・ケアリ注解』(*Scritta tratti dal commento di Genovesi a John Cary*, 1757) は実際のところ、国内産業・製造業を確立するために保護が果たす役割を力説した、イギリス商業史であると見なされる。これはまた彼が全霊を傾けて唱道した、彼自身の国に関するプログラムでもあった。(130)

それゆえにミラノのベッカリーアもナポリのジェノヴェージもともに、商業・農業・課税・国家財政のような——確かに経済的近代化と強力な公共経済の形成とにとってきわめて有益であることが確かな——題目について、講義をしなければならなかった。しかしながらそのような言説はまた、もっと古い血統をもっていたので、たんに官房学の模倣にすぎないものと見ることはできない。このようにしてイタリアにおいては一六世紀以降、発生期の近代国家における経済問題と行政とを論じた、政治経済的学識が現れた。すでに見たように、この学識に相似するものが他の諸国で見られたけれども、そのような学識はとっくに早い時期に、とくにイタリアにおいて実り豊かであった、と確かに主張できる。しかしながら、そのような「行政顧問官」や「重商主義者」は互いに似ていたけれども、彼らはまた国民的変異性をはっきりと示していた。すでに述べたように、出身国が異なるこれらの著作家をすべて「重商主義者」と呼び、ただ一つの「学派」や伝統の一部として彼らを見ることは、ほとんど無意味である。というのは、彼らの課題と質問と回答はあまりに漠然としていて雑多であったからである。イタリアにおいてはこのような「行政顧問官」は、外国貿易がもたらすダイナミックな結果それ自体に対して、国内の生産・雇用・経済的近代化ほどには大きな関心を寄せていなかった。外国貿易は工業化を達成できるかもしれない一つの手段として見られた。しかしそれは、いくつかの手段のうちの一つにすぎなかった。

そのような「行政顧問官」の早期イタリアにおける例として、ジョヴァンニ・ボテーロ（Giovanni Botero, 1544-1617）がいた。彼はその有名な『国家理性論』（*Della ragione di stato*, 1589）においてとりわけ、当時の正統派的学説の一部をなす政治的助言を次のように提示した。すなわち、国家は富と力において栄えるために、大きな人口、豊富な資源、十分に管理された農業、多くの手工業と製造業などを持たなければならない、と。[131] 外国貿易に関しては、支配者は「貨幣が自分の国を離れないことを――それ〔貨幣が離れること〕が絶対に必要である場合を除いて――保証しなければならない」[132]と、ボテーロは指摘した。さらに、トマス・マンが半世紀後に繰り返すであろうものに近接した仕方で、次のように指摘した。

支配者は自分の国民を傷つけることなく、どれほど〔の貨幣を〕蓄えてよいのかということを正確に知るために、自分の国に入る商品に対する支払いによって、どれほどの貨幣が自分の国を離れるのかを、また、自分の国を離れる財貨に対する支払いによってどれほどの貨幣が得られ、受け取られるのかを、詳細に知らなければならない。そして、蓄えられる金額が、支払金額を超える受取金額〔＝受取金額のうち支払金額を超過する部分〕よりも決して大きくならないように工夫しなければならない。支払いよりも受取りが少ないときには、蓄えることは不可能であるから、君主は蓄えようと企てるべきではなく、そうしようと企てるならば、破滅を招くことになる。[133]

主に正統派の教義を詳細に説明した、最も大きな影響力があった著者として、シュンペーターはナポリの公爵カラファ（Diomede Carafa, 1406-87）の名を挙げた。カラファは、国家を豊かにするために一層大きな交易と製造業を支持する主張を、早くも一六世紀中頃に行なったからである。(134)

もう少し例を挙げることができる。それゆえこの時期のイタリアの著作家のなかで〔イタリア南部〕カラブリア〔のコセンツァ〕出身のアントニオ・セッラ（Antonio Serra, 1580-?）にとくに言及されなければならない。彼は『鉱山のない諸国に金銀を豊富ならしめる諸原因についての小論』（*Breve trattato delle cause che possono fare abbondare li regni d'oro e d'argento, dove non sono miniere*, 1613）(＊3)において、自分自身の鉱山を持たない国家は、海外から貨幣を獲得するために輸出しなければならないという、ありふれた見解を述べた。この文脈において彼は、「順調貿易差額」に賛成の議論を行なった。もっとも彼は、外国貿易による貨幣の純黒字がなぜ国家にとって有益になるであろうかということについて、はっきりと議論しなかったけれども。しかしながらセッラの論説はおそらく別の観点から、さらにもっと興味深い。彼の論説は、マルカントーニオ・デ・サンティス（Marc Antonio de Santis）〔の見解〕を論駁するために書かれた。サンティスが『為替相場が王国においてもたらす影響に関する言説』（*Discorso intorno alli effeti che fa il cambio in regno*, 1605）で説明したところによれば、ナポリ王国の貨幣不足は不利な為替相場によってもたらされた結果であった。さて〔これに対し〕セッラはその論説において、数年後のイギリスでマリーンズ、マン、ミスルデンが交わした議論において繰り返されることになる、次のような見解を示した。すなわち、鋳貨の不足は〔不利な為替相場よりも〕むしろ逆調貿易差額によって説明されるべきであるという見解である。後にマンが強調しようとしたように、低い為替相場は「真の」要因〔＝逆調貿易差額〕によってもたらされた派生的な結果にすぎなかった。(135)

しかしながらさらにセッラの後に、このようなスタイルの経済的・政治的論説を刊行し続けた、イタリアの著作家たちがいることを突き止めることができる。[136] すでに言及したように、彼らはとくに国内産業・工業の役割を強調した。イギリスの著作家とは対照的に、彼らは経済成長の背後に存する要因として、外国貿易にはさほど関心を寄せていなかったように思える。また彼らは経済が過程のような性質（process-like character）をもつことを重要視する分析を展開しなかった。この言説のその後の歴史は残念ながら、さほどよく知られていない。しかしジェノヴェージがそのような文脈で理解されねばならないことは、むろん明らかである。[137]

われわれはスペインについても、イタリアについてと同じような立場にある。したがってスペインにおける偉大なスコラ学の伝統、いわゆるラサマンカ学派について多くのことが書かれてきた。[138] この学識ある「偉大な」著者たちも、主観的観点から価格・貨幣・価値について書いた。しかも後に「貨幣数量説」に作り変えられた教義を定式化したのが、フランシスコ・デ・ビトーリャ（Francisco de Vitoria, c. 1480–1546）、ドミンゴ・デ・ソト（Domingo de Soto, 1495–1560）、マルティヌス・デ・アズピルキュエタ（Martinus de Azpilcueta, ?–1586）、トマス・デ・メルカド（Tomás de Mercado, ?–1585）のような、この「学派」の著作家であったことは、確かであった。このような文脈において彼らの議論が、金銀のアメリカ大陸からの流入がもたらした影響について論じたことは、明白である。しかしながらA・モンローが比較的早く指摘したように、この理論〔貨幣数量説〕は大ざっぱな意味では、それよりももっと早くから知られていた。このようにしてそれはコペルニクスによって仄めかされており、おそらくはもっと旧い理論であった。[139]

これに対して、ドミニコ教会のスコラ学者以外のところで豊かに発達した、著作と思考のもう一つの系列はさほど知られていない。C・ペルロッタがアメリカの地金の流入に関する議論において指摘しているように、政治家と実業家は、スペイン国民経済の状態に関する全般的な諸問題を考察した論説を書いた。この同じ著者〔ペルロッタ〕によって主張されたように、これらの著作家は通例考えられてきたのとは反対に、そのほとんどが重金主義者であったということはできない[140]。それとはまったく逆に、豊富な貨幣がスペインへ輸送されるけれども、その貨幣は経済的発展と近代化を引き起こさないということが、彼らの主要な関心事であった。このようにして、たとえば一五八〇年代の国家財政監査官ルイス・オルティス（Luis Ortiz）は、早くも次のように熱心に唱道していた。国家政策の主たる目的は、貨幣がスペインを離れないように気をつけることにある、と。それゆえにペルロッタはオルティスを「最初のヨーロッパの重商主義者」と命名した[141]。

この〔オルティスの〕提案が先に論じた理由により、疑問に思えることは確かである。けれどもオルティスとその他の多くの著者たちが、工業発達を為し遂げるために、保護主義的手段を熱心に奨励したことは、疑いなく明らかである。スペインは海外から工業製品を買うべきではないと、彼らは力説した。またスペインはその原料を送り出すべきではなく、原料が確実に国内の工場で加工されるように保証すべきであった。このようなことが起こらないかぎり、スペインは「低開発の」状態にとどまるであろうと、オルティスは力説した[142]。

オルティスの後に、フランシスコ・マルティネス・デ・マタ（Francisco Martinez de Mata）とサンチョ・デ・モンカダ（Sancho de Moncada）を含む幾人かの他の著作家も同じ立場をとった[143]。スペイン以外で最もよく知られているのは、おそらくヘロニモ・デ・ウスタリス（Gerónimo de Uztáriz, 1670-1732）である。彼は国王フェリペ五世〔在位、一七〇〇―四六年〕の商業顧問官として、とくに貿易・商業の実践面においてよく任ぜられた。しかしながら彼の最も有名な著作『商業および海運の理論と実践』（*Theórica y práctica de comercio, y de marina*, 1724）は、もっぱら交易だけを論じているのではなかった、それはむしろ、どのようにしてスペインを一層繁栄させるかということについての完全なプログラムを含んでいた。どのようにして有益な租税制度が立案され、人口が増加され、一層多くの製造所が創始されるべきであるかについて、彼は議論した。この後者の目的のために——よく知られたやり方で——、原料は輸出されるのではなく、国内産業によって〔完製品に〕加工されるべきであると、彼は奨励した。外国製品を輸入するために貨幣を輸出するという慣行を、「有害な商業」(comercio dañoso) であると彼は非難した。他方で、原料と交換するために工業製品を運び出す外国貿易を、彼は「有益な商業」(comercio util) であると崇めた。最後に、国内生産を熱心に勧めた論説のもう一つの例は、ベルナルド・デ・ウリョア (Bernardo de Ulloa) の『スペイン商工業の復興』(*Restablecimiento de las fábricas y comercio Español*, 1740) ——この文脈においてきわめて効果的なタイトル——であった。

このようにして一六世紀以降のイタリアとスペインとの双方において、国内生産と保護を、経済的発展・成長を達成するための手段として奨励する、含蓄に富んだ学識が、進化したのが見られる。そのような考えの多くはすでに見たように、ほぼ同じ頃にイギリス・フランス・ドイツにおいても現れていた。またそのような考えは、この文脈のなかで議論できなかった、スウェーデン・デンマーク・ロシア・オランダのような、さらに別の一連のヨーロッパ諸国においても珍しくはなかった。しかもそのような成長と近代化のためのプログラムこそが、共通のテーマであった。それとは対比的に、貨幣に対する抽象的な崇敬や、富と貨幣との混同は、あるいは順調貿易差額に対する信頼でさえも、共通のテーマにはならなかった。

それと同時に、とりわけ一六世紀から一七世紀の初めまでの間に国から国へと広範囲に及んで現れたこのような一般的な考えは、もっと後になってようやく現れる、さまざまな国民的言説のための基盤となった。先に私は、これらの国民的言説の一つだけを「重商主義」として分類する方がよいと述べた。それは、ただたんに便宜上そうしたのではなかった。むしろその意図は、さまざまな国民的言説のあいだの相違を重要視することにあった。このようにしてラフェマスからモンクレチアンに至るまでのフランスにおいては、とくに自給自足を力説する独特の言説が発達した。ところがドイツ諸邦では、経済的管理と適切な秩序〈治政〉とに一層大きな焦点を合わせた、官房学的学識が形を整えた。スペインでは議論の大部分は、この国が大帝国として、低開発を回避するためにその潜在的に莫大な資源をどのように使うことができるのかという問題に、焦点が合わせられた。最後にイタリアとイギリスでは、外国貿易とそれが経済成長を促すために果たした役割とに関して、議論が起こった。しかしこのような議論が一七世紀の間に、独特の、重商主義的な「交易の科学」の形成をもたらしたのは、最後の国においてだけであった。

第八章　結　論

一六二〇年以降に現れた新しい「重商主義的」言説は、「競争の時代のイデオロギー」であったという、バリー・サプルとジョイス・オーダム・アップルビーが行なったような主張が、単純化のしすぎであることは確かである。(1) そのような解釈は、言説が果たす自立的な役割を過小評価し、それが果たす、現実の出来事を合理的に表明する機能を強調しすぎるきらいがある。たとえばコールマンが主張したように、この点に関して一六二〇年あたりにはっきりした境界線を引くことが困難であることは、間違いない。イギリス経済はこの時期〔一六二〇年代〕よりも以前においてさえ、かなり競争的ではなかったのか。イングランドはずっと長いあいだ商業社会であったといえないだろうか。この〔競争的な〕経済的環境において、一六二〇年代に新しい経済的イデオロギーを生みだす旋回軸となったであろうものは、何であったのか。(2)

言うまでもなく、このような問いに答えることは、周知のように困難である。しかしながらこのような事情に囚われることなく、アダム・スミス以降の「重商主義」の解釈者たちは、その合理的な説明となる理由を少し中心から離れた要因に見いだした。このようにしてスミスその人を信奉するス系統(ライン)の人々は、「重商主義的」思想を商人グループの利益を表明したものとして解釈する傾向があった。そのような解釈の最も極端な形態――エイカランドとトリソンが、公共選択から着想を得たアプローチにおいて概説したような形態――において、その思想は、有力な商人の独占者によるレント・シーキングを映し出しただけの薄っぺらなものになった。しかしながら、この解釈の枠組みに批判的な、対立する一派においても、極端に単純化したやり方で思想と出来事を一致させる傾向があった。このようにして、一九世紀の歴史学派はその分析において、商人の利益を国家の利益に取り替える傾向を示した。さらにとりわけ経済史家によるもっと最近の解釈においては、順調貿易差額のような重商主義的「学説」を、「商人の時代」に支配的であった独特な制度的状態を明らかにしたものとして、巧みに説明しようと試みられてきた。

同じような〈単純化した〉やり方で、経済思想から経済政策までを結ぶ、はっきりとした対応線を引くことが通例であった。それゆえに重商主義はしばしば、〈旧体制(アンシャンレジーム)〉下において国家が推進した保護政策に対する、擁護もしくは弁明と見なされてきた。しかしながらすでに論じたように、これは全面的な誤称ではないとしても、まったく単純化のしすぎである。それとはまったく反対に、先行する諸章で論じたような、イギリスの主要な「重商主義的」著作家はほとんどが、近世国家の保護政策に対してかなり批判的であったように思える。彼らは決して自由貿易論者とは見なされないけれども、彼らの最も重要な特徴は、〈統制経済政策〉を全般的に褒めそやすのではなく、むしろその限界を突き止めようと試みたことにあった。またこの点においては、一七世紀初めのイギリス人の議論と末期のそれとのあいだに、どのような重要な相違も見られない。したがって、たとえばアップルビーは、一七世紀における比較的「自由主義的な」局面と比較的「保護主義的な」局面とのあいだに、はっきりした境界線を引いて、「固有の重商主義」(mercantilism proper) が出現したのは一七世紀後期においてのみであったと述べているが、そうする場合には人を誤らせる。確かに、イギリスの織物工業は安価なキャラコをインドから流入することから保護されねばならないという結論を出したのは、一六九〇年代以降の多くの人々であった。さらにその同じ時期に、イギリスはフランスとの貿易において損失を受けたので、自身を保護しなければならないという結論を、多くの人々が進んで出した。それでもやはり論客の多数派は、国家政策が経済の働きに深く干渉しすぎることを認めるのを躊躇していたように思える。少数派は主要な点においてさえ、保護の拡大に反対していた（たとえば、アシュレーによってトーリー自由貿易論者と命名された人々の幾人か）。

それゆえに、一七世紀の間にゆっくりと現れた経済学の言説は政治的議論において、一層大きな自由に賛成の議論をするためだけではなく、一層大きな保護主義的施策を擁護するためにも用いられた、と結論する方がもっと適切である。この言説は何よりもまず、経済現象を定義し考察するための新しい枠組みを提供した。それは、外に向かって表す〈パロール〉とは、別個のものであることが認められねばならない言語〔ラングの意〕をつくり出した。したがって、このような言語が、経済的国家形成のいくつかの形態をたんに合理的に説明しただけのものであったと言うならば、完全に人を誤らせる。

私はこのような文脈において、経済的学説の歴史よりもむしろ経済的言説の歴史を企ててきた。この方法は第一に、歴史的関心をもった経済的テクストの解釈（リーディング）を含意している。この仕事（タスク）は、近代的概念の起源を朦朧とした過去に尋ねるのではなく、観念と書かれたテクストとをそれらに相応しい歴史的背景のなかで理解するというものである。第二にこの方法は、経済学の歴史を、経済的テクストの進化する歴史（evolving history）として理解することを、含意している。それゆえに、たとえばこの場合には、重商主義は一連の書かれたテキストや言明として理解されるべきである。そのような〔経済的言説の〕広範囲にわたる文脈のなかで、一揃いの共通性をもつ、問い、語、概念、解釈のための枠組みが、時が経つにつれて徐々に現れて、独特の言語を形成する。さらにそのような言語は〔パロールとは異なり〕内省的であり、それはカテゴリーを与えるが、このカテゴリーを通じて現実と実践は明確に表現される。しかしながら内省的であることは、言語が実践という外部の世界から締め出されていることを含意しない。そうではなく、言語と実践、〈ラング〉と〈パロール〉との関係は、相互作用的である。このことは、言語がコミニュケーション行為を通じて変化するということを意味している。言語の実践における使用により、言語は徐々に変形する。われわれの場合には、これが次のようなことを意味することは確かである。すなわち、「順調貿易差額」のような概念が新しい状況のもとで用いられたときに、その意味がゆっくりと変わったということである。それは貿易の差額から、徐々に仕事・労働の差額を示すようになった。しかしながら、さらに意味の変化と概念の最終的な放棄とが、言語それ自体の純化によってもたらされる帰結である。このようにして、国際貿易を自動均衡化のメカニズムと捉える考えは徐々にその重要性を増して、その論理的結論を導きだすように強いられたときに、貨幣の純流入が果たす全般的に有益な役割を心に描くことは、いよいよできなくなった。

「重商主義」は実際のところ、いったいどの程度まで共有された一群の観念を形成したのかということは、むろん歴史的議論において論じられてきた。このようにしてジャッジズ、また後にはコールマンは、重商主義を「存在しない一体性（アイデンティティー）」、ないし聖職者なき教義と見なす傾向があった。すでに論じたように、これはきわめて不適切である。重商主義が一九・二〇世紀の意味での完成した体系や首尾一貫した学説ではなかったことは、確かに真実である。また、この文脈においてわれわれが語っている、進化する表現形式が、当時の経済的・政治的問題を論じたパンフレットにおいて主に現れたということは、正しい。しかしながらそのことは必ずしも、一七世紀と一八世紀初めの経済的著作家が、ある共通の目的、見方、概念、共有された表現形式を欠いた経済的テクストを、作り上げたということを含意しない。そうではなく、彼らはその特定の政治的・経済的見地に賛成の議論をするために、そのような共有された言語を用いた、と理解するほうが適切である。そのような行為者〔経済的著作家〕が行列をなした〔＝共有された言語を用いた〕態度を採ったことは、彼らがしばしば相反する仕方で、語と概念を解釈したということが認められねばならないことを、意味している。そのような方法を通じて、言語は変化し変形した。

重商主義の言語や言説を構成したかもしれない、どのような共通のテーマおよび表現形式を、われわれは見いだすことができるのか。この問いに答える前に、重商主義は何ではなかったのかということを強調することから、おそらく始めなければならないであろう。このようにして重商主義はすでに述べたように、〔第一に〕経済行為を記述し、および（または）正しい政策措置を指示するに際して用いられる、十分に確立された原理を数多く含むような、十分に系統立った学説ではなかった。また〔第二に〕重商主義は、「財貨〔過剰〕の恐れ」や、貨幣と富との誤った同一視というような、誤った考えにもとづいた概念を中心にして体系づけられた学説ではなかった。それゆえにまったく的確にも、重商主義に関する今日のたいていの著作においては、スミスからジョーンズを経てヴァイナーに至るという程にまで〔長いあいだ〕、初期の著作家〔重商主義の解釈者〕に取り憑いていたミダース王の誤信という〔重商主義〕解釈に対して、異論が唱えられるのが普通である。第三に、重商主義が近世の大部分を通じて、さまざまな国々において広範囲に現れた、すべてを包囲する現象であったと見なすことは、確かにあまり実り豊かではない。それよりもむしろここで論じたように、そのような言説を範囲の限定された国民的枠組みのなかに置くほうが、一層適切である。さらに独特な重商主義的言語の出現を認めることができるのは、イギリス人の議論においてであることは、疑いがない。このことは、イギリスの重商主義的議論において発せられた「単位観念」（ラヴジョイ）の多くが、この時期に他の場所においてもまた見いだされうるということを排除しない。それどころかすでに見たように、スペイン・イタリア・フランスにおける初期の経済的・政治的議論において、幾人かは〔イギリス人が発した「単位観念」を〕用いるようになったが、しかし彼らの政治的・文化的・制度的背景はまったく異なっていた。

したがって、進化する重商主義言説は特定のイギリスの枠組みのなかにあって、いくつかの共通する独特の特徴を共有していた。

第一にその言説は、国の富と力とを獲得する手段にかなりの重きを置くということによって特徴づけられていた。すでに見たようにほとんどの場合、これら〔二つの〕目標は同一のものとして見られた。それゆえにそれらの目標を――重商主義の議論〔解釈〕においてなされてきたように――対立するものとして論ずることは、ほとんど実り多い出発点ではない。少なくとも重商主義的著作家自身にとっては、国力が経済的富裕を前提とすることは明らかであるように思えた。しかしながら、彼らのうちのほんの少数が進んで主張しようとしたところによれば、富は国力を強化すること以外のいくつかの理由によっても、求められるかも知れなかった。このようにして少数の者は国力の強化よりも、住民の富裕を強調しようとした。すでに論じたように、貧しい住民は国にとっての最大の富であるという見解を、すべての重商主義者に帰することは誤りである。実際のところ、この見解は一七世紀にはきわめて稀であった。そうではなく、低賃金は低コストを――そればかりかより多くの雇用と低価格の食料をも――疑いなく含意するというのが、もっと多くの場合における、低賃金を要求する根本的理由であったようである。

国の富と力とを獲得するという一般的目的は、マンより後の世代をその世代の先任者から、あるいはさらに、ずっと後の経済的著作家の「諸学派」から区別する目安としては、役に立たないと確かに主張できる。一七世紀と一八世紀初めとに強調されたこの一般的目的はそのいくつかの手段と同様に、一六世紀以降のイギリス・イタリア・フランスなどにおける経済的テクストにおいてすでに、突き止めることができる。それゆえにたとえば、国家は国内にできるだけ多くの貨幣を保有するように努めるべきであるとか、工業製品の純輸出が最大になるように自国の外国貿易を組織すべきであるというような勧告は、一七世紀の初めには時代遅れのものであった。

しかしながら一六二〇年代以降のイングランドの議論において、独特の重商主義言説の出現を成立させた、それ以外の見地を見つけだすことができる。それゆえにオランダの例を観察しながら、経済的富裕は、国際貿易の拡大、多数の人口、もっと多数の工場、分業の増大によってのみ達成されうるという主張が、優勢になりつつあった。そのような貿易・製造業の増大は今度は、しっかりした法律を提出して、良い制度を確立することによってのみ為し遂げられることができた。富裕と成長を達成するために、市場がもつ自動均衡化の作用に信頼を置こうとする者は、一六九〇年代までずっといなかった。他方で需給法則への過度の干渉は有害であるかもしれず、経済的無秩序と破壊をもたらすこともありえた。このようにして少なくとも幾人かは、あまり制限的でない貿易に賛成の議論をすることに大いに役立とうと覚悟を決めていた。

第二に、過去との断絶を含意する、ちょっとした重商主義的革命が、一六二〇年代以降に生じた。この断絶はたいてい、一六二〇年代のイングランドにおいてトマス・マン、エドワード・ミスルデン、ジェラード・マリーンズのあいだで展開された有名な論争と関係があった。そしてこの議論はすでに論じたように、経済学――新古典派だけではなく古典派の形態のそれ――の将来に対していくつかの影響を及ぼした。全般的な結論として、リカードウの経済学と同様にスミスのそれが、一八世紀における自然的自由についての啓蒙された議論から新たに生じたものであったと想定することは、致命的な誤りであろうということが、導きだされるかもしれない。それゆえにそうではなく、土台の大部分は、スミスやその後継者たちが嘲笑した重商主義的著作家によって整えられた。

一七世紀の議論は多くの点で、過去との完全な断絶を含意していた。

（Ⅰ）第一に、マンとミスルデン以降、市場メカニズムの重要性についての認識が高まったことは明らかである。しかも市場メカニズムは価格形成全般に適用された。需給関係は安価や高価をもたらした。さらに市場メカニズムは「食料と衣類」の価格を調整することにより、労働者の賃金もまた調和させた。すでに見たように需給状態はさらに、外国との貨幣交換関係にとってひじょうに重要であると見なされた。このようにしてたとえば、一六二〇年代の議論においてマンとミスルデンが熱心に示唆したところによれば、需要と供給は、為替手形を送る代わりに貨幣を輸出することが有利になるのが、何時であるかを決定した。

（Ⅱ）すでに論じたように、需給メカニズムを価格形成全般に適用することは、それ自体ひじょうに重要であった。しかしながら「重商主義革命」の最も重要な構成要素はおそらく、経済はシステムとして理解されなければならないという見解であった。市場（marketplace）の世界は自然界におけるのと同様に、相互に作用する「機械的な諸力」によって構成されたシステムであると次第に見なされるようになった。これが含意したことは、経済社会も法則のような仕方で構成されており、発見されるかもしれない多数の原理に依存しているということであった。このようなシステムのような規則性の強調は、社会が予測可能な仕方で作動しているということを含意した。市場過程は、価格・賃金・利子率・貨幣価値・為替相場のような変数と結合していた。その結果、経済領域が国家や政治から独立したものと見なされうるようになったことは、間違いない。

（Ⅲ）経済を過程のように捉えるこの見解は、たんに実践によって得られたにすぎない洞察であったと主張できるかもしれない。このようにしてマンやミスルデンのような商人の著作家はおそらく、この「競争の時代」に市場(いちば)で起こったことを観察して、彼ら特有の結論を出した。しかしすでに言及したように、そのような経験的知識は、この独特の時代に、この独特の言説が発生した理由を十分に説明することができない。それゆえに彼らの推理は、フランシス・ベイコンおよび一七世紀の知的革命と結びつけられうる、特定の議論と方法論的考察とを足掛かりにしている。たとえばベイコンがマンとミスルデンに与えた影響を直接に見つけだすことは、確かに難しい。しかしながら少なくともミスルデンは、彼がアリストテレスの形式主義に反対する帰納主義の立場にあり、彼の目的はしっかりとした経験的基盤にもとづく経済過程の研究にあることを、率直に表明した。経済社会はほとんど自然のような法則を包含するシステムであるという考えが広く用いられたことは、なお一層重要であった。このような文脈において、経済領域を示すために、頻繁に人間の肉体が比喩的に用いられたことは、きわめて特徴的であった。もう一つの例は、「均衡(バランス)」という語句(フレーズ)——もともと自然界における均衡状態を表現するために、物理学者によって広められた概念——の使用が広まったことである。この概念の利用が、新しい機械論的世界・社会観と関連していたことは、疑いない。

それゆえにマン以降の重商主義的な経済的著作家が、ばらばらの経験的諸事実に彼らの概念化の基礎を置いていたと述べるならば、あまりにも単純すぎる。すでに論じたように、マンやミスルデンのような人々はただ交易から得られた経験だけによって、「実物的な」経済力をもつ機械的システムという観点から経済について思考するように鼓舞されたのではなかった。またグレシャム、マリーンズ、ロビンソン、マディソンのようなまったく異なる傾向の、もっと早期の著作家たちも、マンやミスルデンの世界とちょうど同じ競争の世界に生きていたことは、まったく明らかである。さらにマリーンズが描いた、一七世紀初めのイングランドにおける経済状態についての画像が、たとえばマンのそれと比較して経験的にいっそう現実的であったかどうかという点は、――ド・ローヴァーが説得力をもって示したように――議論の余地がある。[3] このようにしてマリーンズは、短期の貨幣的惨事と貨幣の価値低下とによって粉砕された経済の画像を示したが、それがマンのもっと抽象的な画像よりも一層現実に近かったことは、ほぼ確実である。しかしながらアップルビーも言及したように、マンとミスルデンによるベイコンの方法の利用は、経済学において「あたかもそうであるかのように」理論を立てる（'as if theorising）――その後ずっと経済学という学科に固有の特徴となった、商業取引をその政治的背景ばかりか社会的背景からも抽出〔分離〕する――という偉大な将来への道を切り拓いた。[4]

このようにして、この一六二〇年代以降の断絶を、商業化の拡大に対するたんなる反応として説明するだけでは不十分である。そうではなく、一七世紀のブリテンにおいてわれわれが心に描くことができるものは、法則によって支配され、〈作動の仕方〉（*modus operandi*）が合理的に説明されうる、独立した経済領域という新しい見方（ヴィジョン）が、発生・出現したということである。このような経済社会観の発生と広まりは疑いなく、時を同じくして発達していた、人間・自然・社会についての新しい機械論的見解と関連していたに相違ない。この新しい見方の表現形式が徐々に発達した。重商主義言説は、一六二〇年代以降の経済論議に組み込まれ、一八世紀初頭頃に頂点に達した。この議論の進行の過程で、共通の表現形式が徐々に発達した。重商主義言説は、国の富と力とはどのようにして獲得されるべきであるのかという点に関する、独特の問題および観点――その多くは過去から受け継がれた――を、経済過程についての新しい見方と、結びつけた。その焦点は、貿易と製造業はどのようにして富裕を増大し、力を獲得できるのであろうか、という点に置かれていた。それゆえに、イギリスの重商主義的論議において中心に置かれていたのは、重商主義国家とその外国貿易・商業であった。

すでに論じたように、経済思想および（または）言説における「革命」と理解されるべきものを定義することは、周知のように難しい。しかしながらハチスンがその用語を理解した意味において、そのような革命を一七世紀の経済的著作において語ることは可能である。[5] それゆえにこの時期に、新しい政策目標がある程度まで定められただけではなく、新しい概念的枠組みと新しい方法的アプローチも定められた。しかしながらアダム・スミスと一九世紀の自由貿易論者との直後の時期に、そのような一七世紀の革命という見解は抑圧された。このようにして経済学説史を論ずる著作家のあいだで、何世代にもわたって重商主義は愚かな考え、もしくは国家利益のための理論的根拠であると見なされた。啓蒙の一八世紀とアダム・スミスのもとでのみ、この「誤り」はきっぱりと解き明かされた。しかしながらすでに論じたように、そのようなやり方は経済思想・言説の歴史における早期の革命を無視するということを含意している。この革命が広範囲にわたる影響を及ぼしたことは、疑いの余地がない。近代の経済学の基礎を築いたのが、この革命であったことは明らかだからである。

訳者あとがき

本書は、Lars Magnusson, *Mercantilism: The Shaping of an Economic Language*, London and New York: Routledge, 1994　の全訳である。サブタイトルは、経済的言説を歴史的文脈において捉える本書の議論に則して、著者の了解を得たうえで「近世ヨーロッパと経済的言語の形成」とした。

ラース・マグヌソン教授は、一九五二年にストックフォルムに生まれ、学部と大学院を通してスウェーデンのウプサラ大学で学び、同大学から一九八〇年に経済史研究の業績でもって博士学位を取得した。ウプサラ大学の研究員、准教授、教授を経て、経済史学科長（一九九三—二〇〇五年）となり、その後同大学の副学長（二〇〇五—二〇〇八年）の重責を努めた。その間、二〇〇四年にはスウェーデン王立科学アカデミーのメンバーとなり、また二〇〇五年にはノーベル経済学賞と通称されている、「アルフレッド・ノーベル記念スウェーデン銀行経済学賞」の審査委員に就任し、現在に至っている。

マグヌソン教授には経済史、経済学史、社会科学論などに関する論文・著書・編著が多数あるが、主要な著書と編著は以下のとおりである。

著　書

Mercantilism: The Shaping of an Economic Language, London and New York: Routledge, 1994.（本訳書）

An Economic History of Sweden, London and New York: Routledge, 2000.

The Tradition of Free Trade, London and New York: Routledge, 2004.

編　著

Mercantilist Economics, Boston, Dordrecht and London: Kluwer Academic Publishers, 1993.

Evolutionary and Neo-Schumpeterian Approaches to Economics, Boston, Dordrecht and London: Kluwer Academic Publishers, 1994.

Mercantilism: Critical Concepts in the History of Economics, vols. I-IV, London and New York: Routledge, 1995.

Free Trade 1793-1886: Early Sources in Economics, vols. I-IV, London and New York: Routledge, 1997.

The Rise of the Social Sciences and the Formation of Modernity: Conceptual Change in Context 1750-1850. (ed. with Johan Heilbron and Björn Wittrock), Boston, Dordrecht and London: Kluwer Academic Publishers, 1998.

Free Trade and Protectionism in America 1822-1890, vols. I-IV, London and New York: Routledge, 2000.

The State, Regulation and the Economy: A Historical Perspective (ed. with Jan Ottosson), Cheltenham: Edward Elgar, 2001.

Mercantilist Theory and Practice: The History of British Mercantilism, vols. I-IV, London: Pickering and Chatto, 2008.

これら編著のうち、*Mercantilism: Critical Concepts in the History of Economic* と *Mercantilist Theory and Practice* は、イギリス重商主義の原典を復刻編纂したものであるが、このことが示すように、著者は重商主義の原典に通暁した、現代における重商主義研究の第一人者である。原典に通暁した著者が、その原典をして語らしめる議論は、本訳書でも大きな魅力をなしている。

ここで本書『重商主義』の主要な議論を簡単に紹介して、その特徴と意義を明らかにしておこう。

重商主義は、方法論や理論の問題、あるいは政治的な問題などに関する広範囲に及ぶ議論において、ある見解や立場を擁護したり議論したりするための口実として利用されてきた。したがって、この二〇〇年以上にわたる重商主義をめぐる論争と解釈は、経済学者や歴史家が自分の好みや考えにもとづいて、重商主義を弄んできた歴史であると言えるかも知れない。

スミスに始まる古典派経済学者は、重商主義が貨幣と富を混同して、順調貿易差額を追求するという誤謬を犯したと批判し、それとの対比で自由放任的な経済学を称えた。スミスの解釈を批判したドイツ歴史派経済学は、重商主義を国民国家の建設と経済の近代化をめざすプログラムであると定義した。ヴァイナーは古典派経済学者による重商主義解釈を二〇世紀において引き継ぎ、否定的な事例として重商主義に言及した。重商主義の包括的な研究書を著したヘクシャーは、ある点ではヴァイナー的、他の点では歴史学派的であると見なされるような多様な解釈によって、かえって重商主義の包括的解釈がいかに困難であるかを示すこととなったが、他面で重商主義論争に活気を与えた。重商主義の「科学的真理」を弁護したケインズ（とケインズ派）は、完全雇用が重商主義の思想と政策の一般的目的であるとした。アダム・スミスは、自己中心的な利己心が「重商主義体系」の背後にある推進力であると強調したが、この考えは、最近、重商主義をレント・シーキングの形態として捉える極端な形で復活した。マルクス的な解釈では、重商主義政策は貿易を通じて後進国の搾取を促進したという点が強調される。この解釈は、急進的な開発経済学と結びつき、さらに資本主義における抑圧的植民地制度、ヨーロッパ列強に有利な交易条件、ならびに不平等な交換と侵略的貿易政策を論難する議論に引き継がれている。経済史家は、重商主義時代における経済思想と経済政策と特定利害との間の複雑な関係を解明し、相当の成果をあげてきたが、他面で重商主義のテクストを経済的、政治的、社会的状況の直接的結果として説明するという還元主義的傾向に陥った。

著者は、以上のような重商主義論争に見られる、重商主義の思想や政策を自説弁論のための口実として用いるというやり方を退ける。そして一七・一八世紀の小冊子（パンフレット）や書物を、その時代の流れのなかで書かれたテクストとして検討しながら、経済学史における重商主義言説の意義・内容・貢献を解明するという、「言説史」の方法視角を採用する。著者にとって重商主義は何よりまず、一つの特定の国民的文脈、すなわち主にイギリスにおいて現れた、交易（トレード）と経済に関する学識であり言説であった。一七・一八世紀のイギリスにおいて書かれた重商主義的テクストの言説は、たんに時論的な水準の議論にとどまるものではなかった。そこには、経済現象を考察するための新しい、「一揃いの共通性をもつ、問い、語、概念、解釈のための枠組み」、すなわち、独特の言語・表現方式（ボキャブラリー）・理論が出現していることが見られた。

重商主義をこのような経済的言説として検討する本書の特徴は、「重商主義宣言」ともいうべきトマス・マン『外国貿易によるイングランドの財宝』の意義を解明する際に鮮やかに示される。マンの同書の執筆は一六二〇年代であるが、出版は一六六〇年代であった。この執筆時と出版時との相違が、マンの経済的言説の真の含意を誤解させ、重商主義の解釈を偏ったものにしてしまう原因になった、と著者は理解する。同書が出版された一六六〇年代には、イギリスでは戦争によるオランダ人への反感の昂進、東インド産キャラコに対する国内産織物保護論、地金輸出に関する議論などが沸き起こっており、そのために同書の主要な議論が、オランダに対する党派的な攻撃、貿易の全般的差額と個別的差額との区別、地金輸出に対する賛否論として捉えられてしまった。スミスも同書を、とくにオランダに対する攻撃的な経済政策に加担した、党派的なテクストとして解釈する傾向が強かった。しかし、これらの解釈は同書の核心的な議論について誤解をもたらし、同書が眼を向けていた歴史的状況（一六二〇年代）や同書のもつ原理的な経済分析は無視されてしまった。一六六〇年代ではなく、一六二〇年代の歴史的文脈において同書を解釈すれば、マンの主要な関心が二〇年代の経済危機にあり、彼の貿易差額論の意図が、マリーンズをはじめとする「通貨主義者（マネタリスト）」が示していた、危機の貨幣的説明——鋳貨の悪鋳、低い為替相場など——に対する反論にあったことがわかる。マン（ミスルデンも）は、通貨主義者のように、危機の原因を外国の金融業者による通貨価値や為替相場の操作の結果としての貨幣流出（貨幣不足）に求めるのではなく、貿易収支の逆調による対外支払の増加の結果としての貨幣流出に求めた。そして著者マグヌソンが重視するのは、為替相場を左右するのは各国の為替手形に対する為替市場での需要・供給関係であって、通貨主義者が主張するような相場の人為的操作ではない——その操作はそもそも不可能である——、というマンやミスルデンの議論の出現の意義である。

著者は、このようにマンやミスルデンの言説に、需給関係にもとづく市場機構についての認識が見られることに注目する。彼らの言説には、価格全般が市場における需給メカニズムによって形成されるという、経済過程に関する新しい見方が示されている。こうして経済の世界を、価格・賃金・利子率・貨幣価値・為替相場のような相互に作用する諸要素からなる、一つの機械的な装置・システムとして認識する言説が出現した。このことは、彼らが経済を「自動均衡化システム」として認識していたこと——十全な原理的展開にはなっていないとしても——を意味しており、「新しい経済的言説」の生誕を告げるものであった。こうして経済的思考は道徳的含意——マリーンズらに見られるような、為替を操作して利子を得るのは不正であるという、中世的な道徳観にもとづく金融業者に対する非難——から解放され、経済領域を国家や政治から自律したものと見なす観念が登場した。このような経済的思考における旧来の道徳観からの解放と新しいヴィジョンの登場を、著者は「重商主義革命」と命名する。この革命の推進者たちはむろん自由放任主義者ではない。彼らは、国家と国民に豊かさをもたらす、この経済装置の潜在的な可能性の実現が、為政者の賢明な政策に依存することを強調した。しかし、経済領域におけるこのような立法者の役割の強調は、その立法者像に相違があるとはいえ、スミスの言説にも認められるところであり、この点でスミスは一般に解釈されているほどには自由放任主義者ではなく、思想上、重商主義と連続する側面をもっていると著者は指摘する。

マンやミスルデンは、経済過程についての上記のような理解を、貿易商人としての彼らの実践にもとづいてのみ得たわけではなかった。旧来の経済観念からの彼らの離脱は、フランシス・ベイコンの哲学ならびに一七世紀の知的革命と結びつく、新しい機械論的世界・社会観の誕生という文脈に沿って理解することが肝要である。彼らは、自然界における均衡状態を描くために物理学者が用いた「均衡（バランス）」（差額）という用語を、頻繁に用いた。こうして、彼らは現象を「叙述する」だけではなく、複雑な現実を理解することをも可能にする、きわめて適切なカテゴリーを創出することができたのである。そして市場諸力の相互関連と市場機構の均衡化作用を描いた、彼らの「きわめて抽象的な経済世界」は、後に古典派経済学者が用いたものと同じような定型化された方法で叙述された経済過程であった、といっても過言ではない。この意味で、マンからリカードウへの道はおそらくそれほど遠くなかったと著者は主張する。また今日われわれが「経済学」と呼んでいるものの大部分は、一七・一八世紀の重商主義言説が発展した結果として生まれたものであると著者は断言する。こうした著者の主張は、重商主義と古典派経済学の学説を水と油の関係のように捉える、古典派以来の伝統的な重商主義解釈に真っ向から挑戦するものであり、経済学史研究に大きな問題を投げかけている。

一七・一八世紀の重商主義的文献と学識を歴史的背景に照らして理解するという著者の方法は、経済学の歴史を、経済的言説の「進化する歴史」(evolving history)として理解することを含意する。言語が実践での使用によって徐々に変化していくように、経済的言説も新しい状況のもとで、その意味を次第に変化させていく。上記のように、一六二〇年代の経済的言説には、新しい概念的枠組みや接近方法にもとづいて、市場を自動調整的システムとして認識していることが見られたが、この新しい枠組みや方法は、以後一七世紀を通じて、独占、自由貿易、貿易差額、利子率、貨幣などに関する議論において頻繁に用いられるようになる。そしてテレンス・ハチスンが経済学の「急速な隆興（ブーム）」と呼んだ一六九〇年代には、チャイルド、ダヴナント、バーボン、ケアリなどによって、一般的には市場の拡大が、特殊的には外国貿易の増進が、どのようにして国家や国民の富と力を増加させるのかという議論が展開されることになった。名誉革命で政治的景観が大きく変わり、東インド会社の特権の多くが廃棄され、東インド貿易をめぐる議論や貨幣改鋳ならびに利子をめぐる議論が沸騰した。そのような背景のなかで、貴金属の獲得を重視する貿易差額論ではなく、雇用と製造業の増進を重視する労働差額論、あるいは付加価値の高い製造品の輸出による外国からの収益の増加を重視する「外国が支払う所得」論が、積極的に展開された。この展開のなかで、比較的首尾一貫し、比較的総合的な内容をもつ重商主義言説の体系というべき「交易の科学」(ジョン・ケアリ)が出現した。「重商主義はその核心において、経済成長と近代化における国際貿易と製造業の役割を強調した、ほぼ一六世紀後半から一八世紀後半までの間に行なわれた議論」である。このように理解する著者にとって、「交易の科学」は重商主義の経済論議に一定の一貫性と体系性をもたらした経済的言説であった。そして「交易の科学」としてのこの言説は、一七一三年のユトレヒト通商条約をめぐる論争の過程で、ヤンセンによって「貿易の一般的公理」として彫琢され、絶頂期を迎えることになる。このようにして著者は、重商主義をコールマンの解釈において典型的に示されたような、ばらばらの議論の寄せ集めではなく、ある特定の政治的・経済的文脈のなかで展開された、一定の体系性を備えた言説であったと理解する。これは本書の重要なメッセージである。

それだけではない。「交易の科学」の出現はまた、自然科学的アプローチの発展という文脈とも関連していた。経済現象を経験的に調査研究して数量的に把握する方法や、経済循環を血液の循環と対比する方法が頻繁に用いられるようになった。一六九〇年代の最も重要な経済的著作家(バーボン、ペティ、ロックなど)が、自然科学者として教育を受けたことは偶然ではなかった。この自然科学的アプローチは時に、自然法思想にもとづいて築き上げられた道徳哲学と合流していた。

しかし「交易の科学」として成熟した重商主義言説は、一八世紀を通じて徐々に後退していく。これは自由貿易論の影響が増大した必然的な帰結にすぎないと考えられるかもしれない。しかし自由貿易論的傾向は、もっと早い時期においてさえ珍しくはなかった――著者は近世イギリスにおける経済的言説を自由貿易対保護貿易という二分法で把握することにはきわめて批判的である――から、一八世紀における重商主義言説の退潮は、別のところに原因が求められねばならない。後に「正貨流出入機構」として知られるようになる原理の出現が、その原因の一つであることは疑いない。しかし、もっと重要なことは、国民の富の増加にとって、外国貿易は核心的な位置を占めるという議論が、次第に疑問視されてきたことである。つまり外国貿易は、生産と製造業の支えがなければ、富をもたらすことはできないという考えが、時の経過とともに一層強く示されるようになったのである。経済は、バネ・天秤・交換部品からなる、釣り合いのとれた機械システムであるという見方が一段と広まり、外国貿易とそれ以外の活動との繋がりが重要であることが、なお一層強く主張されるようになった。また道徳哲学の発展と自然権論の変容とが、一七世紀末から一八世紀初頭の「交易の科学」を時代遅れのものとなす大きな要因となった。こうして経済現象の探究は、経済過程をより幅広く、より体系的に考察する方向にむかって進化していった。経済的言説の構成・内容・様式が変わる時機が来たのである。こうした新しい局面にあって、スミスの『国富論』のようなテクストは、遙かに満足のゆくものであると思われるようになった。

本書は、重商主義をイギリスという特定の国民的関連において議論している。この観点から、他の諸国（フランス、ドイツ諸邦、スペイン、イタリア）における経済的言説も「重商主義」と呼べるであろうか。この点について、著者は慎重というよりもむしろ懐疑的である。それでも近世においてイギリスとヨーロッパ諸国とは経済的言語や経済政策において、相互に影響しあっていた。その交流を通じてイギリスの経済的言説が、それとは異なるヨーロッパ諸国のさまざまな言説の伝統と、どう結びついていたのかは興味あるところである。そこで著者は、これら諸国にも広く及んだ共通の経験、あるいはヨーロッパにおける一つの共有された思想の系列を描くことは、容易でないと前置きしたうえで、イギリスの場合とは異なるヨーロッパ諸国における経済的言説の歴史を以下のように描出する。

フランスの「エコノミー・ポリティーク」は、国家と自給自足に焦点を合わせた経済的言説として生まれた。そこでは「統制経済政策」（*dirigisme*）的な国家が経済発展の前提条件であるとされた。一七〇〇年頃にボワギユベールらは、こうした言説からの離脱を始めた。しかし彼らの着想は、同じ時期に「交易の科学」を発展させたイギリスの著者たちとはまったく異なる背景のもとで、生まれたものであった。ドイツ諸邦の官房学は、重商主義の一形態と見なされる場合が多い。しかし官房学は、時を経て徐々に変化したさまざまな意味をもつ、ドイツ（語圏）に独特な言説であったと理解されなければならない。スペインの議論は大部分が、大帝国として低開発を回避するために、その潜在的に莫大な資源をどのように使うべきであるかという問題に集中していた。イタリアでは外国貿易とそれが経済成長に寄与する役割とが議論されたが、イギリスにおけるような重商主義言説の形成は見られなかった。

以上が本書の主要な議論の骨子である。著者は「日本語版への序言」で、重商主義という過去の経済思想ならびに政策の体系が、なぜいまだに人々の興味を引き続けているのかと問うている。そして、その理由として次の点を挙げている。第一に、現在の経済的世界秩序における諸国間での富と繁栄の格差が、初期資本主義の興隆と深く関係した重商主義と関連があるに違いないと人々が考えていること。第二に、重商主義のさまざまな諸側面が、歴史の進展においてほとんど循環的に繰り返し甦えること。第三に、重商主義のいくつかの要素が、経済の近代化ならびに近代的な産業経済を確立しようとする、あらゆる成功した試みにおいて見られること。こうした現代的意義も含めて、重商主義に関する議論は過去のものではなく、現在も進行中の関心事であると著者は主張する。訳者もむろんこれに共鳴する。本書は英語圏における重商主義に関するモノグラフの久々の出現――著者はヘクシャーの『重商主義』につぐもうひとつの『重商主義』として本書を自負している――であるといえるが、この翻訳が、わが国における重商主義への関心を喚起するであろうことを願っている。

本書翻訳の話は、マグヌソン教授が京都産業大学の招聘で来日した二〇〇六年一〇月に同大学で重商主義のセミナーが開かれたときに遡る。セミナーの後、マグヌソン教授は重商主義や古典派経済学に関する多くの著書・編著をもち、それらはわが国の経済学史家や経済史家の間でも少なからず読まれているにもかかわらず、邦訳書が一冊もないのは意外だという話になった。そのとき同教授招聘のために実質的な労をとられた京都産業大学の玉木俊明氏が、同教授の主著といえる本書の翻訳を熊谷に勧められた。熊谷は、その申し出を受けるとともに、重商主義を一貫したテーマとして研究しており、また『重商主義再考』（竹本洋・大森郁夫編著、日本経済評論社、二〇〇二年）で一緒に仕事をしたことがある大倉氏に共訳者となることをお願いし、快諾を得ることができた。こうして訳業は開始された。

翻訳は熊谷が「日本語版への序言」、「まえがき」、第一章から第四章まで、大倉氏が第五章から結論までの諸章を担当した。両者は、それぞれの訳文を相互に交換し合い、誤訳の指摘、より適切な翻訳上の表現、人名・事項の表現の統一などをはかった。本書には原典からの数多くの引用文があるが、その引用文に散見される欠落や誤転写は、大倉氏が逐一原典に当たることで訂正された。また原典書名や人名表記、英語から見ての外来語の表記についても誤記や不正確なものも散見されたが、これらも——可能なかぎり——大倉氏の手で訂正された。原注に見られた表記の不統一も、大倉氏のもとで統一がはかられた。こうして引用原典の対照をはじめ、訳語の統一など、共訳に伴う困難な仕事は大倉氏が中心となってなされた。原著者の文章を尊重する観点から、原文に忠実であることを心がけてなされた大倉氏による翻訳と点検によって、熊谷のおかしていた誤訳や不適切な訳文も訂正された。しかし、訳文の最終的責任は、担当諸章の翻訳者が負うことは言うまでもない。また統一の作業は、両者の文体にまでは及んでいない。翻訳の常として、思わぬ誤訳や誤解があるかも知れない。忌憚のないご批判やご意見をいただければ幸いである。

ヨーロッパ諸国（フランス・ドイツ・イタリア・スペイン）の経済的言説や官房学が扱われている、第七章「他の諸国」の翻訳に際しては、大田一廣氏（阪南大学）、前田治郎氏（桃山学院大学）、石鍋真理子氏（翻訳家・イタリア美術史）のお世話になった。また他の諸章についても、山根正弘氏（創価大学・拓殖大学講師）をはじめとする多くの方々の助力がなければ、訳業は頓挫していたであろう。そのご好意に対して、心より感謝の意を表したい。

玉木氏の紹介で面識を得ることができた知泉書館の小山光夫社長は、専門書の出版事情が厳しいなか、本書出版の意義に理解を示された。また、最初の打ち合わせの際には、「時間はかかっても、立派な訳業を」という意向を示された。近世英語やヨーロッパ諸語で書かれた引用文の翻訳と、その原典との照合に難渋したため、訳業は予想以上に難航した。成稿までのこの遅れを、よりよき訳書を上梓するためにと了解され、我慢強く見守っていただいた、小山社長はじめ知泉書館の編集者の寛容と励ましに心からお礼を申し上げたい。いち早く「日本語版への序言」を寄せられた、マグヌソン教授にも刊行が予定よりも遅れたことをお詫びしたい。

訳者のひとりとして
熊谷次郎

ラース・マグヌソン（Lars Magnusson）

1952年ストックフォルムに生まれる．ウプサラ大学・大学院で学び，同大学経済史教授．スウェーデン王立科学アカデミー会員，アルフレッド・ノーベル記念スウェーデン銀行経済学賞（ノーベル経済学賞）審査委員．

〔主要業績〕*Mercantilist Economics* (ed.), Kluwer, 1993; *An Economic History of Swede,* Routledge, 2000; *The Tradition of Free Trade,* Routledge, 2004; *Mercantilism: Critical Concepts in the Hisotory of Economics,* (ed.), Routeldge, 1995; *The State, Regulation and the Economy* (ed.), Edward Elgar, 2001; *Mercantilist Theory and Practice: The History of British Mercantilism* (ed.), Pickering and Chatto, 2008.

熊谷次郎（くまがい・じろう）

1938年生まれ．桃山学院大学名誉教授．

〔主要業績〕『マンチェスター派経済思想史』（日本経済評論社，1991年）．『イギリス綿業自由貿易論史』（ミネルヴァ書房，1995年）．杉原四郎・岡田和喜編『田口卯吉と東京経済雑誌』（共著，日本経済評論社，1995年）．竹本洋・大森郁夫編『重商主義再考』（共著，日本経済評論社，2002年）．秋田茂編『パクス・ブリタニカとイギリス帝国』（共著，ミネルヴァ書房，2004年）．

大倉正雄（おおくら・まさお）

1947年生まれ．拓殖大学教授．

〔主要業績〕『イギリス財政思想史』（日本経済評論社，2000年）．田中秀夫編『啓蒙のエピステーメーと経済学の生誕』（共著，京都大学学術出版会，2008年）．坂本達哉編『黎明期の経済学』（共著，日本経済評論社，2005年）．竹本洋・大森郁夫編『重商主義再考』（共著，日本経済評論社，2002年）．P・ハドソン『産業革命』（翻訳，未來社，1999年）．I・ホント『貿易の嫉妬』（共訳，昭和堂，2009年）．

〔重商主義〕　ISBN978-4-86285-061-4

2009年6月5日　第1刷印刷
2009年6月10日　第1刷発行

訳者　熊谷次郎
　　　大倉正雄

発行者　小山光夫

印刷者　藤原愛子

発行所　〒113-0033 東京都文京区本郷1-13-2
電話03(3814)6161 振替00120-6-117170
http://www.chisen.co.jp
株式会社 知泉書館

Printed in Japan　印刷・製本／藤原印刷

人 名 索 引

（アルファベット順）

A

アン女王（Anne, 1665–1714）……179

アップルビー，ジョイス・オーダム（Appleby, Joyce Oldham）……21，22，34，161，305，306，314

アリストテレス（Aristotelēs, 384–322 B. C.）……113，167，258，268，278，283，313

アシュレー，ウィリアム（Ashley, William James, 1860–1927）……23，33，45–47，62，172，180，267，307

エイルズベリー，リチャード・オヴ（Aylesbury, Richad of）……16

アズピルキュエタ，マルティヌス・デ（Azpilcueta, Maltinus de, ?–1586）……16，300

B

ベイコン，フランシス（Bacon, Sir Francis, 1561–1626）……19，20，112–51，191，192，238，313，314

バーボン，ニコラス（Barbon, Nicolas, 1640–98）……6，11，25，29，111，137，138，143，146，163，164，167，168，173，174，176–81，183，187，194，195，204，205，214，222，226，231，247–48，295

バーボン，プレイズゴッド（Barbon, Praisegod, 1596?–1679）……173

ベッカリーア，チェーザレ（Beccaria, Cesare, 1738–94）……295–97

ベッヒャー，ヨハン・ヨーアヒム（Becher, Johann Joachim, 1625–82）……283–88，291，292

ベッカー，ゲーリー・スタンリー（Becker, Gary Stanley, 1930–）……79

ベアー，マックス（Beer, Max, 1864–1943）……16，115，237

ベラモント卿（Bellamont, Lord, 1636–1701）……188

ベル，ロバート（Bell, Sir Robert, ?–1577）……96

ブランキ，ジェロオム・アドルフ（Blanqui, Jérôme Adolphe, 1789–1854）……39，259

ブラウグ，マーク（Blaug, Mark, 1927–）……23，36

ブロック，マルク（Bloch, Marc, 1886–1944）……49

ボーダン，ジャン（Bodin, Jean, 1530–96）……16，236，262，263，267，269，278

ボーク，I.（Bog, I.）……277

ボワギルベール，ピエール（Boisguilebert, Pierre le Pesant, sieur de, 1646–1714）……260，271，272，280，295

ボルニッツ，ヤコブ（Bolnitz, Jacob）……279

ボテーロ，ジョヴァンニ（Botero, Giovanni, 1544–1617）……278，298

ボーリー，マリアン（Bowley, Marian, 1911–）……156

ボイル，ロバート（Boyle, Robert, 1627–91）……292

ブキャナン，ジェームズ（Buchanan, James M., 1919–）……79

ビューヒャー，カール（Bücher, Karl, 1847–1930）……45

バック，フィリップ（Buck, Philip W.）……134，136

バーク，ピーター（Burke, Peter, 1937–）……27

C
カンティロン［カンティヨン］，リチャード（Cantillon, Richard, c. 1680–1734）…… 4，271
カラファ，ディオメデ（Carafa, Diomede, 1406–87）…………………………………… 298
カール，エルンスト・ルートヴィヒ（Carl, Ernst Ludwig, 1682–1742）……………………… 4
ケアリー，ヘンリー（Carey, Henry Charles, 1793–1879）…………………………………… x
ケアリー，マッシュー（Cayey, Mathew, 1760–1839）………………………………………… x
ケアリ，ジョン（Cary, John, ?–c. 1720）…… 140，141，164，166，195，197，207，211，226，297
チェンバレン，ジョゼフ（Chamberlain, Joseph, 1836–1914）………………………… 45，47
シャルル九世（Charles Ⅸ, 1550–74）……………………………………………………… 262
チャールズ二世（Charles Ⅱ, 1630–85）…………………………………………………… 139
チャイルド，ジョサイア（Child, Sir Josiah, 1630–99）…… 6，25，29，127，137，138，140，154–56，163，168–74，177，180，183，185，195，201，202，204，207，208，214，217，220，226，231，247，248
クラーク，ジョージ（Clark, Sir George Norman, 1890–1979）……………………………66
クレメント，サイモン（Clement, Simon, ?–1720）………………………… 164，168，188–90
クリフ・レズリー，トマス（Cliff Leslie, Thomas Edward, 1827–82）……………………46
コーツ，アルフレッド（Coats Alfred William, 1924–）………………………… 64，65，70
コブデン，リチャード（Cobden, Richard, 1804–65）……………………………… 15，18
コケイン，ウィリアム（Cockayne, Sir Wiliam, ?–1626）………………………………… 119
コーク，ロジャー（Coke, Roger, ?–1703）………………………… 138，147，194，201，221
コルベール，ジャン・バティスト（Colbert, Jean-Baptiste, 1691–83）…… 37，138，255–57，270，271，280，282，291，292
コール，チャールズ（Cole, Charles Woolsey, 1906–78）………………………………… 265
コールマン，ドナルド（Coleman, Donald Cuthbert, 1920–95）… 34，62，63，65，66，69，308
コリンク，ヘルマン（Conring, Hermann, 1601–81）……………………………………… 280
クック，チャールズ（Cook, Charles）……………………………………………………… 140
コペルニクス，ニコラウス（Coperunicus, Nicolaus, 1473–1543）………………………… 300
コットン，ロバート（Cotton, Sir Robert Bruce, 1570–1631）……………… 92，93，97，158
クランフィールド，ライオネル（Cranfield, Sir Lionel, Earl of Middlesek, 1575–1645）… 115
クロムウェル，リチャード（Cromwell, Richard, 1626–1712）…………………………… 261
カルペパー，トマス（父）（Culpepper, Thomas, the elder, 1578–1662）……… 127，152–55
カルペパー，トマス（子）（Culpepper, Thomas, the younger, 1626–97）……127，154，156
カニンガム，ウィリアム（Cunningham, William, 1849–1919）………33，45–48，50，51，60，62，164，219
D
ダヴァンツァーティ，ベルナルド（Davanzati, Bernardo, 1529–1606）………………… 296
ダヴナント，チャールズ（Davenant, Charles, 1656–1714）……11，19，25，29，42，135，137，138，140，143，151，164，167，168，179–84，190，195，204，220，222，228，231，235，247，248
ダヴナント，ウィリアム（Davenant, Sir William, 1606–1668）………………………… 179
ド・ローヴァー，レイモンド（de Roover, Raymond, 1904–72）……68，116，122，129，314
デッカー，マシュー（Decker, Matthew, 1679–1749）……… 6，9，151，200–02，208，214，

226，231，235
デフォー，ダニエル（Defoe, Daniel, 1661?-1731）……140，198
デカルト（Descartes, Rene, 1596-1650）……167
ディトマール，ユストゥス・クリストフ（Dithmar, Justus Christoph, 1677-1737）‥272-74
デュト，シャルル（Dutot, Charles）……272
E
イーグリー，ロバート（Eagley, Robert E.）……36
エーレンベルク，リヒャルト（Ehrenberg, Richard, 1857-1921）……122
エイカランド，ロバート（Ekelund, Robert B.）……77-80
エルンスト公（Erunst, Herzog, von Sachsen Gotha）……281
F
フェルディナンド一世，トスカナ大公（Ferdinando I, Il Granduca di Toscana, 1549-1609）……104
ファーガソン，アダム（Ferguson, Adam, 1723-1816）……276
フィッシュ，スタンリー（Fish, Stanley）……25
フォートリー，サミュエル（Fortrey, Samuel, 1622-81）……138，144，145，150，170，180，181，221，222，236
フリース，アストリッド（Friis, Astrid）……100, 182
ファーニス，エドガー（Furniss, Edgar S.）……182
G
ガリアーニ，フェルディナンド（Galiani, Ferdinando, 1728-87）……4，42，294，296
ガッサー，ジーモン・ペーター（Gasser, Simon Peter, 1676-1745）……272，275
ジー，ジョシュア（Gee, Joshua, ?-1750）……140，151，198，200，201，219，228，229-31
ジェノヴェージ，アントーニオ（Genovesi, Antonio, 1713-69）……296，297，300
ジャーヴェイズ，アイザック（Gervaise, Isaac, 1680-1739）……4，6，111，176，205，206
ジャンベルディエール侯爵（Gomberdiere, Marquis de la）……260
ゴッシェン，ジョージ（Goschen, George J.）……107
グールド，J. D.（Gould, J. D.）……67-68，85，91，92，112，240，241
グランプ，ウィリアム（Grampp, William D.）……3，6，76，203
グレシャム，トマス（Gresham, Thomas, c. 1519-79）……68，102，116，122，165，313
グロティウス，フーゴー（Grotius, Hugo, 1583-1645）……9，167
H
ホーコンセン，クヌート（Haakonssen, Knud, 1947-）……4，7
ヘイルズ，ジョン（Hales, John, ?-1571）……236
ハミルトン，アレグザンダー（Hamilton, Alexander, 1757-1804）……x，xi
ハーナウ伯爵（Hanau, Graf von）……284
ハリス，ジョセフ（Harris, Joseph, 1702-64）……42，194，205
ヒートン，ハーバート（Heaton, Herbert, 1890-1973）……49，50，57
ヘクシャー，エリ（Heckscher, Eli Filip, 1879-1952）……vii，xii，15，26，28，33，34，第2章の随所，137，149，184，219，221，243，244，253，255
ヘーゲル，ゲオルク（Hegel, Georg Wilhelm Frierich, 1770-1831）……62，69

ヘンリー八世（Henry Ⅷ, 1491-1547）……157
アンリ四世（Henry Ⅳ, 1553-1610）……259, 264
ヘルリッツ，ラース（Herlitz, Lars）……38
ヒュインズ，ウィリアム（Hewins, William Albert Samuel, 1865-1931）……45-47
ヘイキンク，エトムント（Heyking, Edmund Freiherr von）……44, 45
ヒルデブラント，ブルーノ（Hildebrand, Bruno, 1812-78）……45
ヒントン，R.（Hinton, R. W. K.）……69, 90, 136
イェーネ，ハロルド（Hjärne, Harold）……50
ホッブズ，トマス（Hobbes, Thomas, 1588-1679）……191, 292
ホルニク，フィーリップ・ヴィルヘルム・フォン（Hornigk [Hörnigk], Philipp Wilhelm von, 1638-1712）……288-92
ホートン，ジョン（Houghton, John）……144, 150, 151
ヒューム，デイヴィッド（Hume, David, 1711-76）……4, 9, 12, 13, 42, 111, 176, 178, 194, 195, 206
ハチスン，テレンス（Hutchison, Terence Wilmat, 1912-）……3, 10, 16-18, 64, 143, 163, 185, 315
J
ジェームズ二世（James Ⅱ, 1633-1701）……139
ヤンセン，テオドール（Janssen, Sir Theodore, ?-1748）……x, 140, 198, 199
ジェニングス，トマス（Jennings, Thomas）……96
ジェヴォンズ，ウィリアム（Jevons, William Stanley, 1835-82）……295
ジョンソン，E.（Johnson, E. A. J.）……14, 196
ジョーンズ，リチャード（Jones, Richard, 1790-1855）……14, 40-42, 46, 58, 94, 232, 309
ジャッジズ，A.（Judges, A. V.）……37, 42, 62, 63, 65, 69, 193, 308
ユスティ，ヨハン・ハインリヒ・ゴットリープ（Justi, Johann Heinrich Gottlob von, 1717-71）……7, 275-78, 288
K
ケンドライク，ジョージ（Kendrike, George）……96
ケインズ，ジョン・メイナード（Keynes, John Maynard, 1883-1946）……24, 33, 71-76, 80
キング，チャールズ（King, Charles）……140, 151, 198
クートゥ，ジェラルド（Koot, Gerald M.）……45
L
ラフェマス，バルテルミー・ドゥ（Laffemas, Barthélemy de, 1545-1611）……252, 260, 261, 264, 265-70, 303
ランベルク伯爵（Lamberg, Graf von）……289
ラングホーム，オッド（Langholm, Odd）……19, 296
ロー，ジョン（Law, John, 1671-1729）……13, 25, 272
レスター，リチャード（Leicester, Richard）……16
レーオポルト一世（Leopold Ⅰ, 1640-1705）……284, 285, 289, 292
リプソン，エフライム（Lipson, Ephraim, 1881-1960）……88, 146
リスト，フリードリヒ（List, Friedrich, 1789-1846）……x, xi, 32, 45

ロック，ジョン（Locke, John, 1632-1704）…16, 143, 158, 159, 165, 167, 168, 174, 176, 185-87, 189, 231, 235, 237, 239, 245, 295
ルイ一四世（Louis XIV, 1638-1715）……255
ラヴジョイ，アーサー（Lovejoy, Arthur O., 1873-1692）……309
ラウンズ，ウイリアム（Lowndes, William, 1652-1724）……165, 186, 189
レトウィン，ウイリアム（Letwin, William）……36

M

マキャヴェッリ，ニッコロ（Machiavelli, Niccolò, 1469-1527）……56, 182, 183
マディソン，ラルフ（Maddison, Sir Ralph, 1571?-1655?）……92-95, 98, 116, 128, 130, 143, 150, 313
マグヌスソン，ラース（Magnusson, Lars, 1952-）……53, 68, 145, 160, 206, 242
マレストロワ，ジャン（Malestroict, Jean Cherruyt de）……16, 262
マルサス，トマス・ロバート（Malthus, Thomas Robert, 1766-1834）……12
マリーンズ，ジェラード（Malynes [Malines], Gerrad [Gerard] de）…9, 34, 68, 69, 第３章の随所, 143, 146, 148, 150, 152, 153, 155, 158, 221, 234, 235, 254, 259, 299, 311, 313, 314
マンデヴィル，バーナード（Mandeville, Bernard, 1670-1733）……4, 9, 271, 272, 295
マンリー，トマス（Manley, Thomas）……155, 156
マーシャル，アルフレッド（Marshall, Alfred, 1842-1924）……46
マーシャル，T.（Marshall, T. H.）……49, 52
マーティン，ヘンリー（Martin, Henry）……163, 198, 223
マルクス，カール（Marx, Heinrich Karl, 1818-83）……24, 51, 80-82, 191, 272
マッシー，ジョセフ（Massie, Joseph, ?-1784）……178, 194
マタ，フランシスコ・マルティネス・デ（Mata, Francisco Martinez de）……301
マカロック，ジョン（McCulloch, John Ramsay, 1789-1864）……14, 24, 29, 39, 40
ムロン，ジャン・フランシス（Melon, François, 1675-1738）……272, 295
メンガー，カール（Menger, Carl, 1840-1921）……45
メルカド，トマス・デ（Mercado, Tomás de, ?-1585）……300
ミル，ジェームズ（Mill, James, 1773-1836）……24
ミル，ジョン・ステュアート（Mill, John Stuart, 1806-73）……39
ミルズ，ヘンリー（Milles, Henry）……129
ミルズ，トマス（Milles, Thomas, ?-c. 1627）……98, 102, 116, 130
ミラボー，ヴィクトール（Mirabeau, Victor Riquetti, marquis de, 1715-89）……37
ミスルデン，エドワード（Misselden, Edward）……9, 16, 17, 19, 20-22, 25, 34, 67-70, 第３章の随所, 133, 143, 148-50, 153, 155, 159, 221, 231, 234, 235, 240, 299, 311-14
モンカダ，サンチョ・デ（Moncada, Sancho de）……301
モンロー，アーサー（Monroe, Arthur Eli）……300
モンタナーリ，ジェミニアーノ（Montanari, Geminiano, 1633-87）……296
モンクレチアン，ドゥ・アントワーヌ（Montchrétien, Antoyne de, 1575?-1621）……252, 257, 258, 260-62, 266, 267, 268-70, 279, 289, 290, 303
モンテスキュー（Montesquieu, Charles Louis de Secondat, Baron de la Brède, et de, 1689-1755）……12, 13

マン，トマス（Mun, Thomas, 1571-1641）……… ix，6，9，19-22，25，27，28，34，38，40，41，68-70，第3章の随所，133，143，148，149，153，155，158，159，170，186，208，213，216，218，221，223，224，226，231，233，235，236，239-42，244，246，253，259，298，299，311-14
ミルダール，カール・グンナー（Myrdal, Karl Gunnar, 1898-1987）………………………83
N
ニコル，ピエール（Nicole, Pierre, 1625-95）………………………………………………271
ニールセン，アクセル（Nielsen, Axel）…………………………………………………278
ノース，ダッドリー（North, Sir Dudley, 1641-91）… 4，6，138，143，163，164，204，205，227，247，248
O
オリーン，O.（Ohlin, Bertil Gotthard, 1899-1979）…………………………………50
オンケン，アウグスト（Oncken, August）…………………………………………276
オルティス，ルイス（Ortiz, Luis）……………………………………………………301
オッセー，メルヒオルズ・フォン（Osse, Melchiors von, 1506-56）………………278
P
パーカー，ヘンリー（Parker, Henry, 1604-51）…………………………………………148
ペルロッタ，コシモ（Perrota, Cosimo）………………………………82，83，230，300
ペロー，ジャン・クロード（Perrot, Jean-Claude）…………………………………257
ペティ，ウィリアム（Petty, Sir William, 1623-87）…………………………6，13，19，24，81，167，168，180，190-92，214，225，239，292
ペティット，ウィリアム（Petyt, William）………………… 147，151，170，201，216，231
フェリペ五世（Philip V, 1683-1746）……………………………………………………301
プラトン（Platōn, 427?-347?B. C.）……………………………………………………258
プレビッシュ，ラウル（Plebish, Raul, 1901-）………………………………………83
ポーコック，ジョン（Pocock, John G. A., 1922-）……………9，22，24，140，141，182，238
ポレックスフェン，ジョン（Pollexfen, John）……………… 166，195，197，221，226，231
ポッター，ウィリアム（Potter, William）…………………………………………75
プーフェンドルフ，サミュエル（Pufendorf, Samuel, 1632-94）……9，167，178，271，280
Q
ケネー，フランソワ（Quesnay, François, 1694-1774）…………………………… 37，42
R
ラムス，ペトルス（Ramus, Petrus, Pierre de la Ramee, 1515-72）……………………113
ラシード，セイリム（Rashid, Salim）…………………………………………………227
レイネル，カルー（Reynell, Carew）…………………………………………………221
リカードウ，デイヴィッド（Ricard, David, 1772-1823）……xii，24，32，46，132，194，311
リシュリュー，アルマン（Richelieu, Armand Jean du Plessis, Duc de, 1585-1642）…… 260
ロバーツ，ルイス（Roberts, Lewes, ?-1641）…………………… 135，148，220，224，225
ロビンソン，ヘンリー（Robinson, Henry）………116，129，130，135，143，150，158，313
ロジャーズ，ソロルド（Rogers, James Edwin Thorold, 1823-90）………………………46
ロッシャー，ヴィルヘルム（Roscher, Wilhelm Georg Firedrich, 1817-94）………15，32，

33，44，45，276，278-82，287-9，291，293
S
サミュエルソン，ポール（Samuelson, Paul Anthony, 1915-）……36
聖アントニヌス，フィレンツェの（San Antoninus da Firenze, 1389-1459）……296
聖ベルナルディーノ，シエナの（San Bernardino da Siena, 1380-1444）……296
サンダーソン，ウィリアム（Sanderson, William）……92，93，95，130
サンティス，マルカントーニオ・デ（Santis, Marc Antonio de）……299
サヴァリ，ジャック（Savary, Jacques）……260
シェーファー，ロバート（Schaeffer, Robert K.）……35
シュモラー，グスタフ・フォン（Schmoller, Gustav von, 1839-1917）……15，32，33，43-45，47，48，50，51，54，57，59，219，277
シュレーダー，ヴィルヘルム・フォン（Schröder[Schrötter], Wilhelm von, 1640-88）……288，292，294
シュンペーター，ヨーゼフ（Schumpeter, Joseph Alois, 1883-1950）……22，27，35，36，38，63，64，69，222，223，227，251，252，295，298
ゼッケンドルフ，ファイト・ルートヴィヒ・フォン（Seckendorff, Veit Ludwig von, 1626-92）……281-85，291，293
セン，S.（Sen, S. R.）……75
シーニア，ナッソー・ウィリアム（Senior, Nassau William, 1790-1864）……39
セッラ，アントニオ（Serra, Antonio, 1580-?）……279，299
シェイクスピア，ウィリアム（Shakespeare, William, 1564-1616）……123，157，236
シャーマ，サイモン（Schama, Simon）……213
ショー，ウィリアム（Shaw, William Arthur, 1865-1943）……94
スキナー，アンドルー（Skinner, Andrew Stewart, 1935-）……4，10-12
スキナー，クェンティン（Skinner, Quentin, 1940-）……22
スカイナー，ジョン（Skynner, John）……96
スモール，アルビオン（Small, Albion Woodbury, 1854-1926）……276，281，282
スミス，アダム（Smith, Adam, 1723-90）……vii，x，xi，序説，第2章の随所，85，110，117，140，144，170，195，200，208，211，221，248，295，305，309，311，312，315
スミス，トマス（Smythe, Sir Thomas, 1512-77）……236，279
ゾンバルト，ヴェルナー（Sombart, Werner, 1863-1941）……33，252
サマーズ卿（Somers, John, Baron, 1651-1716）……185
ゾンネンフェルス，ヨーゼフ・フォン（Sonnenfels, Joseph von, 1733-1817）…275-78，288
ソト・ドミンゴ・デ（Soto, Domingo de, 1495-1560）……300
ステュアート，ジェームズ（Steuart, Sir James Denham, 1712-80）……x，3，7，9-11，13，14，75，208，231，248
シュリー，マクシミリアン（Sully, Maximilien de Béthune, Duc de, 1560-1641）…259，282
サプル，バリー（Supple, Barry Emmanuel, 1930-81）……34，68，69，88-91，94，109，305
スヴィランタ，B.（Suviranta, BR.）……211
T
タウチャー，A.（Tautscher, A.）……275

トーニー，リチャード（Tawney, Richard Henry, 1880-1962）……………………122，123
テンプル，サー・ウイリアム（Temple, Sir William, 1628-99）……215，216，222，226，231
トマス，キース（Thomas, Sir Keith, 1933-）……………………………………………19
トマス，パラクネル（Thomas, Parakunnel Joseph）………………………………86，141
トリソン，ロバート（Tollison, Robert D.）……………………………………77-80，305
トレンズ，ロバート（Torrens, Robert, 1780-1864）…………………………………xii
トインビー，アーノルド（Toynbee, Arnold Joseph, 1889-1975）……………………46，47
トライブ，キース（Tribe, Keith, 1949-）……………………………………………277
トロンプ，マールタン（Tromp, Maarten）……………………………………………134
タッカー，ジョサイア（Tucker, Josiah, 1713-99）……………………………4，178，195
タロック，ゴードン（Tullock, Gorden, 1922-）………………………………………79
U
ウリョア，ベルナルド・デ（Ulloa, Bernardo de）……………………………………302
ウスタリス，ヘロニモ・デ（Uztáriz, Gerónimo de, 1670-1732）………………………301
V
ヴァンダーリント，ジェイコブ（Vanderlint, Jacob, ?-1740）…6，203，205，235，242，243
ヴォーヴァン，セバスチャン（Vauban, Sébastien Le Prestre de, 1633-1707）……271，272
ヴォーン，ライス（Vaughan, Rice, 1638-72）……………………158，161，187，194，242
ヴェッリ，ピエトロ（Verri, Pietro, 1728-97）…………………………………………295
ヴィッカーズ，ダグラス（Vickers, Douglas, 1924-）…………………………………75
ヴィラーズ，ジョージ（Villiers, Sir George）…………………………………………115
ヴァイナー，ジェイコブ（Viner, Jacob, 1892-1970）……………5，15，33，35，36，49-51，
57-61，80，111，219，221，222，227，232，233，309
ビトーリャ，フランシスコ・デ（Vitoria, Francisco de, c. 1480-1546）…………………300
W
ウェーバー，マックス（Weber, Max, 1864-1920）……………………………………64
ウィーラー，ジョン（Wheeler, John, 1533?-1611?）……………………………99，104，148
ワイルズ，リチャード（Wiles, Richard）…………………………………………65，77，203
ヴィルヘルム一世，フリードリヒ（Wilhelm I, Friedrich）［在位1713-40］……………273
ウィリアム三世（William III, 1650-1702）……………………………………………179
ウィルソン，チャールズ（Wilson, Charles Henry, 1914-1991）……………34，66，67，72，
73，136，137，140，149，132，234
ウィルソン，トマス（Wilson, Thomas, c. 1525-81）……………………………16，126，152
ウィンチ，ドナルド（Winch, Donald, 1935-）……………………………………………4
ウッド，ヘンリー（Wood, Henry）……………………………………………………96
ウッド，ウィリアム（Wood, Willam, 1671-1730）…………………200，223，226，231，246
ウォステンホルム，ジョン（Wostenholme, Sir John）…………………………………115
ウォルツェンドルフ，クルト（Wolzendorff, Kurt）……………………………………271
X，Z
クセノポン（Xenophōn, c. 431-c. 352B. C.）…………………………………………258
チールチンガー，K.（Zielenzinger, K.）…………………………………………………277

事 項 索 引

(重商主義，貿易差額，順調貿易差額，貨幣など頻出する事項については，それらと関連する事項のみを従項目で示した。また従項目は便宜上，必ずしも50音順にはなっていない。)

あ 行

イギリス（イングランド，ブリテン）
　オランダとの貿易上の損失　86，137，149，150
　フランスとの貿易上の損失　139，141，151，180
　――における織物工業の不況　88，90，91
　――における織物工業の保護　197，294，306，307
　――における経済的言説（economic discourse）　30，132
　――における（1620年代）貿易危機　88-91，152，153
　――における貿易の多様化　135
　――における保護主義　256，257
イングランド銀行創立　165
ウィッグ（Whig）　164
　――とダヴナント　179，182
　――とチャイルド　168
　――とデフォー　198
　――の反フランス感情　180
　――と東インド会社（East India Company）　164
エコノミスト（*économiste*）　260，272，294
　――による保護主義と自給自足政策への批判　270
エコノミー・ポリティーク（*écomomie politique*）　258-60，267，280，291
王国の蓄え（Kingdom's stock）　243-45
王政復古（the Restoration）　86，143，164
オーストリア　288-91，296
オランダ（共和国）
　イギリス重商主義者の見解　213-20
　――繁栄の諸原因　viii-ix，213-19，311

か 行

改鋳企画（re-coinage project）（1690年代）　160，165，186，187
外国為替（foreign exchange）
　1620年代の貿易危機と――　68，92-97，106，107，120-25
外国の支払う所得（論／説）（foreign-paid incomes doctrine/theory）　ix，172，183-84，207，212，219，228
　――と17・18世紀の重商主義者　231，248
　――と順調貿易差額（favourable balance of trade）　195，245-47
　――と製造業　183，196
　――と東インド貿易是非論　142
　――と『ブリティッシュ・マーチャント』（*The British Merchant*）　198，246
　――と労働（の）差額（balance of labour）論　172
外国為替取扱い業者（foreign exchange dealer）
　――と高利貸（usurer）　94，95
　――と高利の貪り（bite of usury）　124-26
　――による為替操作　102，121-23，158
科学的プログラム（scientific programme）　19，20，115
価値論
　主観的――　167，174，178，295
　労働――　24，81，191

さ　行

た　行

な　行

は　行

ま　行

や　行

ら　行

原　注

日本語版への序言

1）Theodore Janssen, 'Maxims of Trade' in Charles King ed., *The British Merchant,* Vol. I. London, 1721［相見志郎訳「『ブリティッシュ・マーチャント誌』の経済理論について（1）」『経済学論叢』（同志社大学）18巻4号，1969年，掲載］.

2）Joseph A. Schumpeter, *History of Economic Analysis,* London: George Allen & Unwin, 1954［東畑精一・福岡正夫訳『経済分析の歴史』（上）岩波書店，2005年，359頁，注（9）］.

3）たとえば Paul Krugman ed., *Strategic Trade Policy and the New International Economics,* Cambridge: Cambridge M I T Press, 1986［高中公男訳『戦略的通商政策の理論』文真堂，1995年］と Michael E. Porter, *Competitive Advantage,* New York: Free Press, 1985［土岐坤・中辻萬治・小野寺武夫訳『競争優位の戦略』ダイヤモンド社，1985年］を見よ。

第1章　序説――主題の設定

1）William D. Grampp, 'The Liberal Elements in English Mercantilism', *Quarterly Journal of Economics,* Vol. 66, 1952.

2）Terence W. Hutchinson, *On Revolutions and Progress in Economic Knowledge,* Cambridge: Cambridge University Press, 1978, p. 23［早坂忠訳『経済学の革命と進歩』春秋社，1987年，27頁］.

3）Terence W. Hutchinson, *Before Adam Smith: The Emergence of Political Economy, 1662-1776,* Oxford: Basil Blackwell, 1988, p. 368.

4）Donald Winch, *Adam Smith's Politics,* Cambridge: Cambridge University Press, 1978［永井義雄・近藤加代子訳『アダム・スミスの政治学――歴史方法論的改訂の試み』ミネルヴァ書房，1989年］; Andrew S. Skinner, *A System of Social Science,* Oxford: Oxford University Press, 1979［田中敏弘・橋本比登志・篠原久・井上琢智訳『アダム・スミスの社会科学大系』未来社，1981年］; Knud Haakonssen, *The Science of a Legislator: The Natural Jurisprudence of David Hume and Adam Smith,* Cambridge: Cambridge University Press, 1981［永井義雄・鈴木信雄・市岡義章訳『立法者の科学：デイヴィド・ヒュームとアダム・スミスの自然法学』ミネルヴァ書房，2001年］; T. D. Campbell, *Adam Smith's Science of Morals,* London: George Allen & Unwin, 1971; Hans Medick, *Naturzustand und Naturgeschichte der bürgerlichen Gesellschaft,* Göttingen: Vandenhoek & Ruprecht, 1973; Ronald L. Meek, *Smith, Marx, and After,* London: Chapman & Hall, 1977, Part I［時永淑訳『スミス，マルクスおよび現代』法政大学出版

局，1980年，第１部「スミス」]；最近の，おそらくは比較的理論的な著作，Jerry Z. Muller, *Adam Smith in His Time and Ours*, New York: Free Press, 1993.

5） Winch, *op. cit.,* p. 10; Skinner, *op. cit.,* Ch. 6.

6） Winch, *op. cit.,* p. 10［邦訳，12頁］.

7） 本書，37頁以下を見よ。

8） Jacob Viner, 'Early English Theories of Trade', *Journal of Political Economy*, Vol. 38, 1930.

9） Salim Rashid, 'Did Adam Smith ever lecture on Free Trade?' (unpublished paper). 筆者の好意により利用。

10） Ibid. p. 9.

11） Winch, *op. cit.* を見よ。さらに，cf. Rashid, op. cit.

12） イングランドが「自由港」になるという議論はむろん『法学講義』（*Lectures on Jurisprudence*, R. L. Meek, D. D. Raphael and P. G. Stein eds., Indianapolis: Liberty Classics, 1982, p. 514［水田洋訳『法学講義』岩波文庫，2005年，334頁］）に現れている。

13） Matthew Decker, *An Essay on the Causes and the Decline of the Foreign Trade* , 1744, rpt. New York: Augustus M. Kelley, 1973, p. 43.

14） Grampp, op. cit., p. 466.

15） Adam Smith, *An Inquiry into the Nature and Causes of the Wealth of Nations,* 1776, R. H. Campbell, A. S. Skinner and W. B. Todd eds., Oxford: Clarendon Press, 1976, p. 428［水田洋監訳・杉山忠平訳『国富論』（二）岩波書店，2000年，257頁］.

16） Haakonsen, *op. cit.*, p. 97, etc.

17） Smith, *Wealth of Nations*, op. cit., p. 654［邦訳，（三）284頁］.

18） John Pocock, *The Machiavellian Moment: Florentine Political Thought and the Atlantic Republican Tradition*, Princeton NJ: Princeton University Press, 1975［田中秀夫・奥田敬・森岡邦泰訳『マキァヴェリアン・モーメント』名古屋大学出版会，2008年］.

19） Smith, *Wealth of Nations*, op. cit., p. 647［邦訳，（三）272-73頁］.

20） Sir James Steuart, *An Inquiry into the Principles of Political Oeconomy,* 1767, in *The Works, Political, Metaphysical, and Chronological of the Late Sir James Steuart*, Vol. I, London, 1805, p.3［小林昇監訳・竹本洋他訳『経済の原理』名古屋大学出版会，1993・98年，第１・２編，３頁］.

21） Hutchison, *Before Adam Smith,* op. cit., pp. 349f.

22） Andrew S. Skinner, 'James Steuart', *Economic History Review*, Vol. 15, 1962-3, p. 439.

23） Steuart, *op. cit.*, Vol. I, p. 199, 220［邦訳，138，154頁］.

24） *Ibid.*, Vol. Ⅱ, p. 128［邦訳，391頁］.

25） *Ibid*, Vol. I, p. 299［邦訳，208頁］.

26） *Ibid*, Vol. Ⅱ, p. 2［邦訳，306頁］.「労働の差額」という用語については，E. A. J. Johnson, *Predecessors of Adam Smith*, New York: Prentice-Hall, 1937 を見よ。この理論

のより詳細な説明は，本書，245頁以下を見よ。

27） Steuart, *op. cit.,* Vol. I, p. 310［邦訳，215頁］.

28） *Ibid.,* Vol. Ⅱ, p. 115［邦訳，382頁］.

29） *Ibid.,* Vol. Ⅱ, p. 117［邦訳，384頁］.

30） *Ibid.,* Vol. I, p. 203［邦訳，141頁］.

31） Charles Emil Stangeland, *Pre-Malthusian Doctrines of Population* , 1904, New York: Augustus M. Kelley, 1966, pp. 287ff.

32） S. R. Sen, *The Economics of Sir James Steuart,* Massachusetts: Harvard University Press, 1957, p. 130.

33） Skinner, *op. cit.*を見よ。

34） Steuart, *op. cit.,* Vol. I, p. 406［邦訳，275頁］.

35） Sen, *op. cit.,* pp. 181f.

36） Johnson, *op. cit.,* p. 3.

37） これらの著者については，本書第２章で論じられる。

38） たとえば，Pierre Vilar, *The History of Gold and Money,* 1450-1920, London: New Left Books, 1976 を見よ。

39） Marian Bowley, *Studies in the History of Economic Theory before* 1870, London: Basingstoke, 1973, p. 5.

40） *Palgrave's Dictionary of Political Economy,* ed. by H. Higgs, London: Macmillan, 1894, Vol. I, p. 86.

41） Max Beer, *Early British Economics,* London: George Allen & Unwin, 1938, pp. 61ff.

42） R. H. Tawney and E. Power eds., *Tudor Economic Documents,* London: Longmans, Green & Co., 1924; for example, Vol. II, Sect. Ⅳ, pp. 177ff., Vol. Ⅲ, Sect. Ⅲ, pp. 305ff.

43） Hutchison, *Revolutions and Progress,* op. cit., p. 289［邦訳，320頁］.

44） この見解は，Grampp, op. cit., p. 466 においても見られる。

45） Hutchison, *Revolutions and Progress,* op. cit., pp. 291ff.［邦訳，323-326頁］.

46） Thomas Wilson, *A Discourse upon Usury,* 1572, rpt. London: G. Bell & Sons, 1925. ウィルソンと彼の時代については，R. H. Tawney が書いた，この本の長い序文をとくに参照。

47） Keith Thomas, *Religion and the Decline of Magic,* London: George Weidenfeld & Nicholson, 1971［荒木正純訳『宗教と魔術の衰退』法政大学出版局，1993年］.

48） Odd Langholm, *Economics in the Medieval School,* Leiden: E. J. Brill, 1992, p. 564.

49） Joyce Oldham Appleby, *Economic Thought and Ideology in Seventeenth-Century England,* Princeton: Princeton University Press, 1978.

50） D. C. Coleman による 'Mercantilism revisited', *Historical Journal,* Vol. 23: 4, 1980 での批判を見よ。

51） Appleby, *op. cit.,* p. 158.

52） ホントとイグナティエフによるこの概念に対する批判については，Istvan Hont and

Michael Ignatieff eds., *Wealth and Virtue*, Cambridge: Cambridge University Press, 1983, Ch. 1［水田洋・杉山忠平監訳『富と徳――スコットランド啓蒙における経済学の形成――』未來社，1990年，第１章「『国富論』における必要と正義」］を見よ。この概念の擁護については，E. P. Thompson, *Customs in Common*, London: Merlin Press, 1991, pp. 224f. を見よ

53）Quentin Skinner, '"Social Meaning" and the Explanation of Social Action', in Peter Laslett, W. G. Runciman and Quentin Skinner eds., *Philosophy, Politics and Society*, Oxford: Oxford University Press 1972［田中秀夫・半澤孝麿訳「『社会的意味』と社会的行為の説明」，半澤孝麿・加藤節編訳『思想史とは何か』岩波書店，1990年，所収］; Quentin Skinner, *The Foundations of Modern Political Thought*, Vol. I. Cambridge: Cambridge University Press 1978［門間都喜郎訳『近代政治思想の基礎』春風社，2009年］; J. G. A. Pocock, 'The Machiavellian Movement revisited: A Study in History and Ideology', *Journal of Modern History*, Vol. LⅢ: 1, 1981; J. G. A. Pocock, *Virtue, Commerce, and History*, Cambridge: Cambridge University Press, 1985［田中秀夫訳『徳・商業・歴史』（抄訳）みすず書房，1993年］を見よ。

54）そのような批判については，たとえば，Keith Tribe, *Land, Labour and Economic Discourse*, London: Routledge & Kegan Paul, 1978, Ch. 1; Lars Magnusson, 'Mercantilism and Reform Mercantilism: The Rise of Economic Discourse in Sweden during the Eighteenth Century', *History of Political Economy*, Vol. 19: 3, 1987 を見よ。

55）Mark Blaug, *Economic Theory in Retrospect,* Homewood, Il: Richard D. Irwin, 1968, p. xi.さらに，*ibid.,* pp. 1ff, 681ff.［久保芳和・真実一男訳『新版・経済理論の歴史Ⅰ』東洋経済新報社，1982年，xi-xii頁，序章，関恒義・浅野栄一・宮崎犀一訳『新版・経済理論の歴史Ⅳ』，1986年，第16章「方法論的あとがき」］を見よ。

56）W. J. Ashley, *An Introduction to English Economic History and Theory,* New York: G. P. Putnam, 1988-93, Vol. Ⅱ, p. 381［野村兼太郎訳『英国経済史及学説』下巻，岩波書店，1932年，491頁］.

57）Hutchison, *Revolutions and Progress,* op. cit., Ch. 1, 2 を見よ。

58）Pocock, *Virtue, Commerce and History*, op. cit., p. 5［邦訳，７頁］.

59）*Ibid.,* p. 9, 12.［邦訳，21頁］.

60）*Ibid.*, p. 5［邦訳，７頁］を見よ。

61）Stanley Fish, *Is There a Text in This Class? : The Authority of Interpretative Communities*, Cambridge, Mass.: Cambridge University Press, 1980; Pocock, Virtue, *Commerce and History*, op. cit., Ch. 1, p. 5［邦訳，７－８頁］を見よ。Cf. Giddens, Sahlins, Bernstein, etc.

62）Eli F. Heckscher, *Mercantilism*, tr. by M. Shapiro, London: George Allen & Unwin, 1935. さらに，本書，49頁以下を見よ。

63）この点については，本書，第２章を見よ。

64）たとえば，A. W. Coats, 'Mercantilism. Yet again !', in P. Roggi ed., *Gli economisti e la*

politica economica, Naples: Edizione Scientifiche Italiane, 1985, p. 33 を見よ。

65） Schumpeter, *op. cit.*, pp. 335ff. ［邦訳（上），607頁以下］.

66） Peter Burke, *Historical Anthropology of Early Modern Italy,* Cambridge: Cambridge University Press, 1987, Ch. 16; do., *The Fabrication of Louis* XIV, New Haven and London: Yale University Press, 1992, p. 128ff. ［石井三記訳『ルイ14世――作られる太陽王』名古屋大学出版会，2004年，169-79頁］.

67） もっと長い一覧表については，Grampp, op. cit. を見よ。

68） 本書，139頁以下を見よ。

第２章　重商主義をめぐる論争

1） たとえば，以下を見よ。Coleman, 'Mercantilism revisited', op. cit.; A. W. Coats, op. cit.; Robert B. Ekelund and Robert D. Tollison, *Mercantilism as a Rent-seeking Society: Economic Regulation in Historical Perspective*, College Station: Texas A & M University Press, 1981; Richard Wiles, 'The Development of Mercantilist Economic Thought,' in Todd Lowry ed., *Pre-Classical Economic Thought,* Boston: Kluwer, 1987; Salim Rashid, 'The Interpretation of the Balance of Trade: a Wordy Debate', *BEBR Faculty Working Papers,* No. 59-1538, 1989; Cosimo Perrotta, *Produzione e lavore produttivo: Nel mercantilismo e nell' illuminismo*, Lecce: Gallatina, 1988; do.,'Is the Mercantilist Theory of the Favourable Balance of Trade really Erroneous?' , *History of Political Economy*, Vol. 23: 2, 1991; Magnusson, 'Mercantilism and Reform Mercantilism' , op. cit.; do. ed., *Mercantilist Economics*, Boston: Kluwer, 1993.

2） さらに，本書，42頁以下を見よ。

3） 'Mercantile System', in *Palgrave's Dictionary of Political Economy*, op. cit.

4） Charles Wilson, *Economic History and the Historians,* London: Weidenfeld & Nicolson, 1969, pp. 50ff. さらに同一著者の 'Treasure and Trade Balances: The Mercantilist Problem', *Economic History Review*, 2nd ser., Vol. II, 1949 を見よ。

5） たとえば，Barry E. Supple, *Commercial Crisis and Change in England 1600-1642,* Cambridge: Cambridge University Press, 1959. さらに，本書，68頁以下を見よ。

6） Donald C. Coleman ed., *Revisions in Mercantilism,* London: Methuen, 1969, p. 105.

7） Schumpeter, *op. cit*, p. 337 ［邦訳（上），611-12頁，注６］.

8） Robert K. Schaeffer, 'The Entelechies of Mercantilism', *Scandinavian Economic History Review,'* Vol. XXIX, 2, 1980.

9） Schumpeter, *op. cit*, p. 338 ［邦訳，613頁］.

10） Jacob Viner, *Studies in the Theory of International Trade,* New York: Harper & Brothers, 1937, p. 1f. この見解は，マーク・ブラウグの古典的著作『経済理論の歴史』（Blaug, *op. cit.* ［邦訳 I，24-25頁］）において，なお一層強く主張された。

11） Robert E. Eagley ed., *Events, Ideology and Economic Theory,* Detroit: Wayne State University Press, 1968.

12) William Letwin, *The Origins of Scientific Economics: English Economic Thought 1660-1776,* London: Methuen, 1963.

13) Marquis de Mirabeau, *Philosophie rurale, ou economie générale et politique de l'agriculture*, Amsterdam, 1763, p 329.

14) A. V. Judges, 'The Idea of a Mercantile State', in Coleman ed., *Revisions in Mercantilism*, op. cit., p. 38. ジャッジズは，Smith, *Wealth of Nations*, op. cit., Vol. Ⅱ, p. 177 (Cannan's edition) における一節に言及している。

15) Lars Herlitz, 'The Concept of Mercantilism', *Scandinavian Economic History Review*, Vol. Ⅻ, 1964, p. 102.

16) Judges, op. cit., p. 39.

17) Schumpeter, *op. cit.*, p. 361［邦訳,（上）655頁，注24］.

18) Smith, *Wealth of Nations, op. cit.*, p. 661［邦訳（3），298頁］.

19) Judges, op. cit,. p. 47.

20) J. S. Mill, *Principles of Political Economy,* London: John W. Parker, 1848, pp. 279ff.［末永茂喜訳『経済学原理』（3）岩波書店，1960年，241頁］を見よ。「制限的ならびに禁止的政策は，重商主義体系と呼ばれているものにその最初の基礎があった。それは外国貿易の利益がもっぱら貨幣を国内に持ち込むことにあると説きながら，財貨の輸出に人為的な奨励を与え，その輸入には反対した」。

21) J. R. McCulloch, 'Introductory Discourse', to A. Smith, *An Inquiry into the Nature and Causes of the Wealth of Nations*, Vol. Ⅰ, Edinburgh: Adam Black and William Tait, 1828, p. xii.

22) *ibid.,* p. xviii.

23) *ibid.,* p. xv.

24) *ibid.,* pp. vii f.

25) Richard Jones, 'Primitive Political Economy of England', in *Literary Remains consisting of Lectures and Tracts on Political Economy*, 1859, rpt. New York: Augustus M. Kelley, 1964, p. 312.

26) *Ibid.,* p. 293.

27) *Ibid.,* p. 333.

28) *Ibid.*

29) John K. Ingram, *A History of Political Economy,* Edinburgh: A. & C. Black, 1893, p. 37［米山勝美訳『経済学史』早稲田大学出版部，1925年，47頁］.

30) Gustav Schmoller, *The Mercantile System and its Historical Significance*, New York and London: Macmillan & Co., 1896, p. 50［正木一夫訳（ドイツ語版訳）『重商主義とその歴史的意義』未來社，1971年，55頁］.

31) *Ibid.*, p. 2［邦訳，8－9頁］.

32) *Ibid.*, p. 59［邦訳，64頁］.

33) *Ibid.*, p. 61［邦訳，66頁］.

34) *Ibid.*, pp. 50f.［邦訳，55-56頁］.

35) Edmund Freiherr von Heyking, *Zur Geschichte der Handelsbilanztheorie*, Berlin, 1880. さらに Keith Tribe, 'Mercantilism and the Economics of State Formation', in Magnusson ed., *Mercantilist Economics*, op. cit.; Jacob Viner, 'Power versus Plenty as Objectives of Foreign Policy in the Seventeenth and Eighteenth Centuries', in Coleman ed., *Revisions in Mercantilism*, op. cit, p. 62（この論文は最初 *World Politics*, Vol. Ⅰ, 1948 に掲載された）; Judges, op. cit., pp. 48ff. を見よ。

36) Gerald M. Koot, 'Historical Economics and the Revival of Mercantilism Though in Britain, 1870-1920,' in Magnusson ed., *Mercantilist Economics*, op. cit.さらに，同じ著者による *English Historical Economics, 1870-1926: The Rise of Economic History and Neomercantilism*, New York: Cambridge University Press, 1987 を見よ。

37) Koot, *English Historical Economics*, op. cit. さらに，Alon Kadish, *Historians, Economists and Economic History*, London: Routledge 1989, Ch. 7 を見よ。

38) Koot, *English Historical Economics*, op. cit.: Kadish, *op. cit.*を見よ。

39) Thomas E. Cliffe Leslie, *Essays in Political and Moral Philosophy*, London: Longman, Green & Co., 1879.

40) Kadish, *op. cit.*を見よ。

41) Koot, *English Historical Economics*, op. cit. を見よ。

42) Judges, op. cit., p. 53.

43) William Cunningham, *Politics and Economics*, London: Kegan Paul, 1885, p. 135.

44) W. Cunningham, *The Growth of English Industry and Commerce in Modern Times*, Part Ⅱ: The mercantile system, London, 1882, pp. 13ff., 380ff.

45) W. Cunningham, 'Adam Smith und die Merkantilisten', *Zeitschrift für die Gesamte Staatswissenschaften*, Bd. 40, 1884.

46) T. H. Marshall, 'Review of Heckscher's *Mercantilism'*, *Economic Journal*, Vol. XIV, 1935, p. 718f.

47) H. Heaton, 'Heckscher on Mercantilism', *Journal of Political Economy*, Vol. XIV: 3, 1937, pp. 386.

48) Marc Bloch, 'Le mercantilisme, un état d'esprit', *Annales*, Vol. VI, 1934.

49) Jacob Viner, 'Power versus Plenty', op. cit., pp. 64ff.

50) Heaton, op. cit.

51) Heckscher, *Mercantilism*, op. cit., Vol. Ⅱ, p. 184.さらに Vol. Ⅱ, p. 266 を見よ。

52) たとえば，Heckscher, 'Den ekonomiska historiens aspekter', in Eli F. Heckscher, *Ekonomisk-historiska studier*, Stockholm: Bonniers, 1936 を見よ。

53) Heckscher, *Mercantilism*, op. cit, Vol. I, pp. 28f.

54) Rolf Henriksson, 'Eli F. Heckscher: Economic Historian as Economist', in Bo Sandelin ed., *The History of Swedish Economic Thought*, London: Routledge, 1991 を見よ。

55) Jacob Viner, 'Early English Theories of Trade before Adam Smith,' *Journal of*

Political Economy, Vol. 38, 1930, Part 1, 2. これら二つの論文は彼の *Studies in the Theory of International Trade,* op. cit. に再録されている。さらに進んで，*ibid.,* pp. 37ff. を見よ。

56) Heckscher, *Mercantilism,* op. cit.,Vol. Ⅱ, p. 2.

57) Heckscher, 'Den ekonomiska historiens aspekter', op. cit.

58) Heckscher, *Mercantilism,* op. cit., Vol. I, p. 27.

59) *Ibid.,* Vol. I, p. 24.

60) *Ibid.,* Vol. I, p. 20.

61) *Ibid.,* Vol. I, p. 268.

62) *Ibid.,* Vol. Ⅱ, p. 347.

63) *Ibid.,* Vol. Ⅱ, p. 118 を見よ。

64) *Ibid.,* Vol. Ⅱ, p. 138.

65) *Ibid.,* Vol. Ⅱ, p. 261.

66) *Ibid.,* Vol. Ⅱ, p. 285.

67) Eli F. Heckscher, 'Mercantilism', in Coleman ed., *Revisions in Mercantilism,* op. cit., p. 32.

68) Heaton, op. cit., p. 379.

69) Viner, 'Early English Theories of Trade', op. cit., p. 249.

70) Ibid., p. 250.

71) Ibid., p. 265.

72) Ibid., p. 260. ヴァイナーは259ページにおいて，リチャード・ジョーンズが「取引差額」の発展段階と「貿易差額」のそれを区別したために，はっきりと非難している。

73) この理論に関する議論については，本書，149頁以下を見よ。

74) Viner, 'Power versus Plenty', op. cit., p. 270.

75) Ibid., p. 404.

76) Viner, 'Review of Heckscher's *Mercantilism, in Economic History Review,* 1st ser., 1935, pp. 100ff.; do., 'Power versus Plenty, op. cit.

77) Ibid., p. 65.

78) Ibid.

79) Ibid., p. 71.

80) Philip W. Buck の著作 *The Politics of Mercantilism,* New York: Henry Holt & Co., 1942 を見よ。本書は疑いなく，こうした観点で書かれていた。

81) Heckscher, *Mercantilism,* Vol.Ⅱを見よ。最初スウェーデン語で出版された，この最新の章は彼の死後，アーンスト・シェダールント（Ernst Söderlund）による第2版で付け加えられた［第2版1955年出版の同書の Conclusion に続く Keynes and Mercantilism（pp. 340-358）のこと］。

82) Judges, op. cit., pp. 35f.

83) D. C. Coleman, 'Eli Heckscher and the Idea of Mercantilism', in Coleman ed.,

Revisions in Mercantilism, op. cit., p. 116.この論文の初出は以下においてである。*The Scandinavian Journal of Economic History*, Vol. V: 1, 1957. さらに，C. W. Cole, 'The Heavy Hand of Hegel,' in E. M. Earle ed., *Nationalism and Internationalism*, New York: Columbia University Press, 1950 も見よ。

84) Coleman, 'Eli Heckscher', op. cit., p. 117.

85) Coleman, 'Mercantilism revisited', op. cit., p. 791.

86) Schumpeter, *op. cit.*, p. 143.［邦訳（上）256頁］を見よ。

87) Hutchison, *Before Adam Smith*, op. cit., pp. 4f.

88) たとえば以下を見よ。Herlitz, op. cit.; Magnusson, 'Mercantilism and Reform Mercantilism', op. cit.; do. ed., *Mercantilist Economics*, op. cit.; Rashid, 'Interpretation of the Balance of Trade', op. cit.; Wiles, op. cit.; Coats, 'Mercantilism. Ye again!', op. cit.; Perrotta, 'Is the Mercantilist Theory ... Erroneous?', op. cit., etc.

89) Coats, 'Mercantilism. Yet Again!', op. cit., p. 35.

90) Wiles, op. cit. p. 148.

91) Coleman, 'Eli Heckscher', op. cit.

92) Ibid., p. 111.

93) C. Wilson, *Economic History*, op. cit. p. 48. G. N. Clark, *The Seventeenth Century*, Oxford: Oxford University Press 1929, p. 27 も見よ。

94) C. Wilson, *Economic History*, op. cit., p. 64.

95) これは以下の著書に見られる主要な結論である。Charles Wilson, *Profit and Power*, London: Longmans, 1957.

96) Charles Wilson, 'Treasure and Trade Balances: the Mercantilist Problem', *Economic History Review*, 2nd ser. Vol. Ⅱ, 1949 を見よ。

97) Eli F. Heckscher, 'Multilateralism, Baltic Trade, and the Mercantilists', *Economic History Review*, 2nd ser., Vol. Ⅲ: 2, 1950.

98) C. Wilson, 'Treasure and Trade Balances: Some Further Evidence', op. cit., p. 242. この後，ヘクシャー自身はそれを行なうことができなくなっていたが，ジャイコブ・プライスが弁護した。Jacob M. Price, 'Multilateralism and/or Bilateralism: The Settlement of British Trade Balances with the North, c. 1700', *Economic History Review*, 2nd ser., Vol. XIV, 1961. プライスはこの論文で，双務的な正貨決済の必要は，ノースの例に見るように，17世紀の大部分を通じてわずかな重要性をもつに過ぎなかったと，かなり説得的に論じた。

99) C. Wilson, 'Treasure and Trade Balances; Some Further Evidence', op. cit., p. 54.

100) J. D. Gould, 'The Trade Depression of the Early 1620s', *Economic History Review*, 2nd ser., Vol. VII, 1954, p. 82.

101) J. D. Gould, 'The Trade Crisis of the Early 1620s and English Economic Thought', *Journal of Economic History*, Vol. XV, 1955, p. 123.

102) Raymond de Roover, *Gresham on Foreign Exchange*, Cambridge, Mass.: Harvard

University Press, 1949.

103） Barry Supple, 'Currency and Commerce in the Early Seventeenth Century', *Economic History Review*, 2nd ser., Vol. X, 1957, p. 244.

104） Ibid., p. 251. サプルの *Commercial Crisis*, op. cit., pp. 226ff. における結論も見よ。

105） Ibid., p. 228.

106） Ibid., p. 251.

107） Coats, 'Mercantilism. Yet again!', op. cit., p. 34.

108） J. M. Keynes, *The General Theory of Employment, Interest and Money*, 1936, London: Macmillan, 1973, p. 333f. ［塩野谷祐一訳『雇用・利子および貨幣の一般理論』（ケインズ全集７）東洋経済新報社，1983年，333-34頁／間宮陽介訳『雇用，利子および貨幣の一般理論』（下）岩波書店，2008年，113-15頁］.

109） *Ibid.*, p. 335. ［邦訳，335頁／（下）116頁］.

110） *Ibid.*

111） *Ibid.*, p. 336 ［邦訳，336頁／（下）117頁］.

112） C. Wilson, *Economic History*, op. cit., p. 48; Viner, *Studies in the Theory of International Trade*, op. cit., p. 55 も見よ。

113） Keynes, p. 341 ［邦訳，340頁／（下）123頁］.

114） *Ibid.*, pp. 346, 348 ［邦訳，346，348頁／（下）133，136頁］.

115） C. Wilson, *Economic History,* op. cit., 1969, pp. 48f.

116） de Roover, *Gresham*, op. cit., p. 287.

117） Heckscher, *Mercantilism,* op. cit., Vol. Ⅱ, p. 347.

118） *Ibid.*, Vol. II, pp. 342f.

119） ケインズの解釈の積極的な再説については以下を見よ。Don Walker, 'Keynes as a Historian of Economic Thought', *Research in the History of Economic Thought and Methodology*, Vol. 4 , 1986. しかしながらこの著者は，ケインズの「経済思想史上の主要な功績」について，明らかにケインズを誉めすぎている。そのために，ウォーカーはたとえばこう示唆した。ケインズは「貿易差額に関する彼らの推論を正しく解釈し，また彼らの消費ならびに投資支出の妥当性に関する彼らの関心を正しく証明し説明した」（p. 28）。

120） たとえば Keynes, *op. cit.*, p. 333, pp. 336f. ［邦訳，333，336-37頁／（下）113，117-18頁］.

121） Douglas Vickers, *Studies in the Theory of Money 1690-1776,* Philadelphia: Chilton Co., 1959, p. 21.

122） *Ibid.*, p. 25.

123） Sen, *op. cit.* p. 98.

124） Grampp, 'The Liberal Elements in English Mercantilism', op. cit., p 471.

125） Ibid., p. 472.

126） Wiles, op. cit., p. 166.

127） Ekelund and Tollison, *op. cit.,* p. 5.
128） *Ibid.,* p. 6, 28.
129） *Ibid.,* p. 28, 147.
130） *Ibid.,* p. 21.
131） *Ibid.,* p. 28.
132） *Ibid.,* p. 153.
133） Coats, 'Mercantilism. Yet again!', op. cit., p. 31.
134） Ekelund and Tollison, *op. cit.,* p. 154.
135） Coats, 'Mercantilism. Yet again!', op. cit.; Salim Rashid, 'Mercantilism: A Rent-seeking Society?', in Magnusson ed., *Mercantilist Economics,* op. cit.
136） Maurice Dobb, *Studies in the Development of Capitalism,* London: Routledge & Kegan Paul, 1946, pp. 209ff.［京大近代史研究会訳『資本主義発展の研究』岩波書店，1954-55 年，（Ⅰ）259-60 頁］; Magnusson, 'Eli Heckscher, Mercantilism and the Favourable Balance of Trade', *Scandinavian Economic History Review,* Vol. XXVI: 2, 1978 も参照。
137） この分析は『資本論』の有名な第24章「いわゆる本源的蓄積」で提起されている。Karl Marx, *Das Kapital,* Bd. I., Hamburg, 1867, Berlin: Dietz Verlag, 1957, S. 751ff.［向坂逸郎訳『資本論』第１巻，岩波書店，1967年，894頁以下／岡崎次郎訳『資本論』（３），大月書店，1972年，357頁以下］.
138） Herlitz, 'The Concept of Mercantilism', op. cit.
139） ペルロッタの'Is the Mercantilist Theory ... Erroneous?', op. cit.; 'Early Spanish Mercantilism: The First Analysis of Underdevelopment', in Magnusson ed., *Mercantilist Economics,* op. cit. を見よ。彼の標準的な長さの研究書 *Produzione e lavore produttivo,* op. cit. も見よ。
140） Perrotta, 'Is the Mercantilist Theory ... Erroneous?', op. cit., p. 318, 322.
141） ibid., p. 321.
142） ibid., p. 313.

第３章　重商主義言説の誕生

１） Gould, 'Trade Crisis', op. cit., p. 133.なぜこの書物が「1626年半ばから1630年後半――この時期の前半を有力とする明白な推定も含めて――にかけて書かれたらしい」というのか，この点の説得力ある議論としては，同一著者の 'The Date of *England's Treasure by Forraign Trade', Journal of Economic History,* Vol. XV, 1955, pp. 160f. を見よ。
２） Thomas Mun, *England's Treasure by Forraign Trade,* 1664, rpt. Oxford: B. Blackwell, 1967, p. 81［渡辺源次郎訳『外国貿易によるイングランドの財宝』東京大学出版会，1965年，140頁］.
３） P. J. Thomas, *Mercantilism and the East India Trade,* London: P. S. King & Son, 1926, pp. 8ff., 24, 37ff., 51ff.

4） Mun, *England's Treasure,* op. cit., pp. 40f.［邦訳，73頁以下］.

5） *Advice of His Majesty's Council of Trade, concerning the Exportation of Gold and Silver, in Foreign Coins & Bullion,* 1660, in J. R. McCulloch ed., *A Select Collection of Scarce and Valuable Tracts on Money,* London, 1856, pp. 148f.

6） Supple, *Commercial Crisis,* op. cit., p. 198.

7） E. Lipson, *The Economic History of England*, Vol. Ⅲ, London: A. & C. Black, 1931, 2nd ed., 1934, p. 305.

8） *Ibid.,* Vol. Ⅲ, p. 306.

9） Acts of Privy Council of England ［A. P. C.］ 1619-21, 26 May 1620.

10） Ibid., 1621-23, 17 May 1622.

11） Thomas Mun, *A Discourse of Trade: From England unto the East-Indies,* 1621, rpt. New York: Augustus M. Kelley, 1971, pp. 50f.［渡辺源次郎訳『イングランドの東インドとの貿易に関する一論』，マン，前掲書，所収，220-22頁］.

12） Add Mss 34324, fol. 181 (British Library).

13） Supple, *Commercial Crisis,* op. cit., pp. 59ff.; Lipson, *op. cit.,* Vol. Ⅲ, pp. 307ff. も見よ。

14） W. R. Scott, *The Constitution and Finance of English, Scottish and Irish Joint-Stock Companies to 1720,* Cambridge: Cambridge University Press, 1910-12; A. Friis, *Alderman Cockayne's Project and the Cloth Trade,* London: Humphrey Milford, 1929 を見よ。Lipson, *op. cit.,* Vol. Ⅲ, p. 381 も見よ。議論の概説としては，Supple, *Commercial Crisis,* op. cit., Ch. 2, 3; R. W. K. Hinton, *The Eastland Trade and the Common Weal,* Cambridge: Cambridge University Press, 1959, pp. 12ff. を見よ。

15） Edward Misselden, *The Circle of Commerce or the Ballance of Trade,* 1623, rpt. New York: Augustus M. Kelley, 1971, p. 51.

16） 新毛織物の台頭については，Supple, *Commercial Crisis,* op. cit, p. 136f; F. J. Fisher, 'London's Export Trade in the Early Seventeenth Century', *Economic History Review,* 2nd ser., Vol. Ⅲ: 1, 1950［浅田実訳「17世紀前半ロンドンの輸出貿易」，フィッシャー『16・7世紀の英国経済』未來社，1971年，所収］を見よ。

17） Supple, *Commercial Crisis,* op. cit., p. 74. また Gould, 'Trade Depression', op. cit.; Supple, 'Currency and Commerce', op. cit. も見よ。

18） Gould, 'Trade Depression', op. cit. p. 90.

19） A. P. C. 1621-23, 10 April 1622.これについては Supple, *Commercial Crisis,* op. cit., pp. 66ff, 198ff, 268ff. を見よ。

20） *Ibid.,* pp. 204f. を見よ。Add Mss 34324, fols. 153-4. も見よ。

21） Add Mss 34324, fols 155, 169, 171.

22） A. P. C. 1621-23, p. 27.

23） マンとそのグループ，ならびにマリーズとそのグループによる未刊の小冊子については，Add Mss 34324 fols. 153-78 を見よ。他の重要な未刊資料は，ウィリアム・サンダーソン（William Sanderson）による覚書（*memorandum*）'A treatise on the ex-

change', Lans. Mss 768. 一層詳細な説明は Supple, *Commercial Crisis,* op. cit., pp. 202ff., 268ff. を見よ。

24） Ralph Maddison, *Englands Looking In and Out,* London, 1640, pp. 5f., 11.

25） Add Mss, fol. 165.

26） Ibid., fol. 165.

27） Ibid., fol. 154.

28） W. A. Shaw, *The History of Currency 1252-1894,* London: Clement Wilson, 1896, p. 145; Supple, *Commercial Crisis,* op. cit.

29） R・ジョーンズについては，上述の40頁以下を見よ。

30） Edward Misselden, *Free Trade or the Meanes to make Trade Flourish,* London, 1622, rpt. New York: Augustus M. Kelly, 1971, p. 104 を見よ。

31） Add Mss, fol. 167.

32） Ibid., fol. 165.

33） Ibid., fol. 169.

34） Ibid., fol. 155.

35） Sir Robert Cotton, *A Speech made by Sir Rob. Cotton, Knight and Baronet, before the Lords of his Majesties most Honorable Privy Council, at the Council Table,* London, 1651, in WM. A. Shaw ed., *Select Tracts and Documents: Illustrative of English Monetary History 1626-1730,* London: Wilsons & Milne, 1896.

36） E. A. Johnson, *Predecessors of Adam Smith: The Growth of British Economic Thought,* New York: Prentice-Hall, 1937, pp. 58f.

37） John Wheeler, *A Treatise of Commerce, wherein are shewed the Commodities arising by a well ordered and ruled Trade,* Middelbvrgh, 1601, pp. 25f.

38） *Ibid.,* p. 28.

39） これについては，Lipson, Vol. Ⅲ, *op. cit.;* Johnson, *op. cit.,* pp. 43f, 58f; Supple, *Commercial Crisis,* op. cit; Friis, *op, cit.*を見よ。

40） E. Johnson, *op.cit.,* p. 61f; *Palgrave's Dictionary,* op. cit. を見よ。

41） Misselden, *op. cit.,* p. 8.

42） *Ibid.,* pp. 10f.さらに pp. 80ff. を見よ。

43） *Ibid.,* p. 104.

44） *Ibid.,* p. 107.

45） *Ibid.,* p. 104.

46） *Ibid.,* p. 12.

47） *Ibid.,* p. 20.

48） *Ibid.,* p. 17.

49） *Ibid.,* p. 89.

50） Misselden, *Circle of Commerce,* op. cit., p. 4, 14, 26, 23, 29. 正確を期するために，彼はマリーンズが資料から複写したと思われる「貨幣と為替」に関する「古い草稿」に言及

している。ド・ローヴァーが指摘したように，この草稿はおそらくグレシャムが書いたものである（de Roover, *Gresham*, op. cit., p. 12ff. を見よ）。しかしトマス・ミルズ（Thomas Milles）は，ミスルデンのテクストでは名指しで言及されている。

51）エドウィン・セグリマン（Edwin Seligman）はその *Curiosities of Economic Literature* (San Francisco: J. H. Nash, 1920, pp. viii ff.) で，これとほぼ同じ見解を示している。

52）Misselden, *Circle of Commerce*, op. cit., p. 21.

53）*Ibid.*, p. 69.

54）*Ibid.*, p. 117.

55）カラブリア人のアントニオ・セッラ（Antonio Serra）については，本書，298頁以下を見よ。

56）Misselden, *Circle of Commerce*, op. cit., p. 116.

57）*Ibid.*, p. 130.

58）*Ibid.*, p. 36.

59）John Mun's introduction to Thomas Mun, *England's Treasure*, op. cit.［邦訳，7－8頁］.

60）Mun, *England's Treasure*, op. cit., pp. 17f.［邦訳，37頁以下］.

61）マンに関するもっと多くの情報は，*The Dictionary of National Biography*, founded by G. Smith, ed. by L. Stephen and S. Lee, 1882, Oxford: Oxford University Press, since 1917 で得られる。

62）Mun, *Discourse of Trade*, op. cit., title page［邦訳，153頁］.

63）Wheeler, *op.cit.*

64）Mun, *Discourse of Trade*, op. cit., p. 1［邦訳，159頁］.

65）*Ibid.*, p. 2［邦訳，159頁］.

66）*Ibid.*, p. 27［邦訳，186頁］.

67）*Ibid.*, p. 22［邦訳，181頁］.

68）*Ibid,*. p. 49［邦訳，219頁］.

69）Mun, *England's Treasure*, op. cit., p. viii［邦訳，10頁］.

70）*Ibid.*, p. 5［邦訳，17頁］.

71）*Ibid.*, p. 16［邦訳，35頁］.

72）*Ibid.*, p. 17［邦訳，37頁］.

73）*Ibid,*. p. 39［邦訳，72頁］.

74）*Ibid.*, p. 41［邦訳，74頁］.

75）E. Johnson, *op. cit.*, p. 303; Viner, *Studies in the Theory of International Trade*, op. cit., pp. 12ff. etc. を見よ。

76）George J. Goschen, *The Theory of Foreign Exchanges*, London, 1866, p. 11［町田義一郎訳『外国為替の理論』日本評論社，1968年，11頁］.

77）Mun, *England's Treasure*, op. cit., p. 55［邦訳，97頁］.

78) *Ibid.*, p. 73［邦訳，126頁］.
79) *Ibid.*, p. 75［邦訳，130-31頁］.
80) Misselden, *Circle of Commerce*, op. cit., p. 118.
81) Supple, *Commercial Crisis*, op. cit., p. 215. 同じ種類の他の言明については，E. Johnson, *op. cit.*; Appleby, *op. cit.*を見よ。
82) Misselden, *Circle of Commerce*, op. cit., p. 21.
83) *Ibid.*, p. 62.
84) *Ibid.*, p. 105.
85) Mun, *England's Treasure*, op. cit., p. 62［邦訳，108頁］.
86) Add Mss, fol. 155.
87) Misselden, *Circle of Commerce*, op. cit., p. 29.
88) Mun, *England's Treasure*, op. cit., p. 87［邦訳，149-150頁］.
89) *Ibid.*, p. 8［邦訳，21頁］. Misselden, *Circle of Commerce*, op. cit., p. 51 も見よ。
90) Viner, 'English Theories of Foreign Trade', op. cit., p. 420.
91) Gould, 'Trade Crisis', op. cit., pp. 127ff.
92) Mun, *England's Treasure*, op. cit., p. 17［邦訳，36-37頁］.
93) これは Appleby, *op.cit.* によって定式化された明白な視点である。
94) Misselden, *Circle of Commerce*, op. cit., pp. 8ff, 11, 41.
95) 概説としては，R. W. Church, *Bacon*, London: Macmillan, 1894; P. M. Urbach, *Francis Bacon's Philosophy of Science*, La Salle, Ill Open Court, 1987 を見よ。
96) Misselden, *Circle of Commerce*, op. cit., p. 72.
97) John M. Robertson ed., *The Philosophical Works of Francis Bacon*, London: G. Routledge & Sons, 1905, p. 271.
98) Mun, *Discourse of Trade*, op. cit., p. 49［邦訳，210頁］.
99) Misselden, *Free Trade*, op. cit., Introduction.
100) Mun, *Discource of Trade*, op. cit., p. 49［邦訳，210頁］.
101) この点については，Beer, *op. cit.*, pp. 136ff. を参照。
102) Gerrard de Malynes, *A Treatise of the Canker of Englands Commonwealth*, London, 1601, p 2.
103) Beer, *op. cit.*, p. 138.
104) J. Spedding, R. L. Ellis and D. D. Heath eds., *The Works of Francis Bacon*, Vol. xiii. London: Longman & Co., 1862, p. 22.
105) 貿易差額概念の起源に関する議論については，たとえば W. H. Price, 'The Origin of the Phrase "Balance of trade" ', *Quarterly Journal of Economics*, Vol. XX, 1905; *Palgrave's Dictionary*, op. cit., Vol. I. を見よ。
106) G. N. Clark, *Science in the Age of Newton*, Oxford: Oxford University Press, 1947, p. 119; Louise Sommer, *Die österreichischen Kameralisten in dogmengeschichitlicher Darstellung*, Bd. 1, Wien, 1920, S. 89ff.; Heckscher, *Mercantilism*, op. cit., Vol. Ⅱ, pp. 308ff.

も参照。

107) とくに Sommer, a. a. O., Bd. I. によれば，この「機械的な作用と反作用の関係の観念」はガリレオに始まりニュートンで終わる力学上の原理と関連していた（S. 75)。

108) この点はとくに Sommer, a. a. O. を見よ。

109) de Roover, *Gresham*, op. cit., pp. 275ff. を見よ。

110) 1620年代の不況の重要性をかなり正しく強調する多くの人たちが犯す一般的な誤りは，マンとミスルデンの著作を現実の出来事のたんなる反映と見なすことである。他方で，これらの出来事が著作家たちによってさまざまに解釈されたということは，これが実はこれら解釈の現実的枠組みであったということを排除するものではない。どのように理解されようとも，それは常に「現実」との対話と関わっている。バリー・サプルは幾分かこのことに気づいていたと思われる。しかしそれでも結局，彼はマンとミスルデンの著作はある自明の「競争的な状態」――ここからはただ一つの種類の結論を引き出すことだけが可能である――を反映したにすぎないという結論に達した。Supple, *Commercial Crisis*, op. cit., pp. 72, 197ff., 215, 220f. を見よ。

111) Misselden, *Circle of Commerce*, op. cit., p. 112.

112) Mun, *England's Treasure*, op. cit., p. 37［邦訳，69 頁］.

113) *Ibid.*, p. 54［邦訳，95頁］.

114) *Ibid.*, p. 59［邦訳，104頁］.

115) Misselden, *Circle of Commerce*, op. cit., p. 64.

116) Mun, *England's Treasure*, op. cit., p. 1［邦訳，11頁］.

117) この点は，ある程度ヘクシャーによって認められた。彼は，マンやミスルデンのような重商主義者の，哲学的・方法論的な意味での「近代主義」と，彼らの貿易差額論ならびに少なくともいくつかの形態の保護主義への彼らの固執とを結びつけることに，大きな困難を感じていた。Heckscher, *Mercantilism*, op. cit., Vol. II, pp. 273ff, 316ff. を見よ。

118) マリーンズについては以下を見よ。Raymond de Roover, 'Gerrard de Malynes as an Economic Writer', in J. Kirschner ed., *Business, Banking and Economic Thought in Late Medieval and Early Modern Europe*, Chicago: Chicago University Press, 1974; Lynn R. Muchmore, 'Gerrard de Malynes and Mercantile Economics', *History of Political Economy*, Vol. I, 1969; E. Johnson, *op. cit.*, Ch. Ⅲ; *Dictionary of National Biography*, op. cit. も見よ。

119) マリーンズの *The Maintenance of Free Trade*, London, 1622, rpt. New York: Augustus M. Kelley, 1971, p. 65 で触れられている。

120) de Roover, *Gresham*, op. cit., p. 348.

121) Malynes, *Treatise of the Canker*, op. cit., p. 12.

122) たとえば *ibid.*, p. 10.

123) *Ibid.*, pp. 9f.

124) Gerard Malynes, *Maintenance of Free Trade*, op. cit., p. 30.

125) *Ibid.*, p. 18.

126） Gerard de Malynes, *Consvetvdo, vel, Lex Mercatoria*, London, 1629, pp. 59, 61.

127） *Ibid.,* pp. 64ff.

128） Gerard Malynes, *The Center of the Circle of Commerce,* London, 1623, rpt. New York: Augustus M. Kelley, 1971, p. 57.

129） この点に関しては，de Roover, *Gresham,* op. cit, pp. 14ff. を見よ。しかしメアリ・ドゥオー（Mary Dewar）はこの覚え書きの著者がグレシャムであることを疑問視している。彼女とド・ローヴァーとのあいだの議論については，*Economic History Review,* 2nd ser., Vol. 17, 1965, pp. 476ff. and Vol. 20, 1967, pp. 145ff. を見よ。

130） Malynes, *Consvetvdo,* op. cit., pp. 408ff.

131） Malynes, *Center of the Circle*, op. cit., pp. 41f.

132） de Roover, 'Gerrard de Malynes', op, cit., p. 357.

133） de Roover, *Gresham*, op. cit.; Richard Ehrenberg, *Capital and Finance in the Age of the Renaissance*, 1928, tr. by H. Lucas, rpt. New York: Augustus M. Kelley 1963, pp. 21ff, 42ff; R. H. Tawney, 'Introduction' to Thomas Wilson, *A Discourse upon Usury,* op. cit., esp. pp. 60ff., 73 を見よ。

134） Malynes, *Center of the Circle*, op. cit., p. 79.

135） Malynes, *Maintenance of Free Trade*, op. cit., p. 46.

136） Tawney, 'Introduction', op. cit., p. 60ff.

137） *Ibid.*, p. 60.

138） *Ibid.*, pp. 79; Ehrenberg, *op. cit.*, pp. 239ff. も見よ。

139） Malynes, *Center of the Circle*, op. cit., p. 37.

140） E. Johnson, *op. cit.*, Ch. Ⅲ. de Roover, 'Gerrard Malynes', op. cit., pp. 350ff. も見よ。

141） これらの用語については，Tawney（T. Willson, *op. cit.*, pp. 60ff.）を見よ。当時の「偽装為替」(dry exchange）の定義については，T.Wilson, *op. cit.*, p. 395を見よ。彼の言うところでは，それは以下のようにして行われた。「時間の幅が長期であろうと短期であろうと，人がある外国の地域との取引のために，為替によって貨幣を借りるとき，当座は海外での実際の取引の支払を滞りなくすませるだろう。しかし彼は，為替が当該地からロンドン向けに振出される〔戻し為替〕のに応じて，為替業者への複利での返済を行なう羽目になるのである」。

142） ド・ローヴァーは，マリーンズが「市場の状態で決まる相場」での為替取引には反対でなかったと言うとき，重要な指摘をしたのである。むしろマリーンズの反対論は，こうした形での為替は，独占的な銀行業者側での高利活動を隠蔽するという点にあった。de Roover, 'Gerrard de Malynes' op. cit., p. 356.

143） Malynes, *Consvetvdo,* op. cit., p. 214.

144） Malynes, *Maintenance of Free Trade*, op. cit., pp. 68–69.

145） *Ibid.,*p. 69 を見よ。

146） Gerard de Malynes, *Saint George for England, allegorically described,* London, 1601.

147） *Ibid.,* pp. 65f.

148） *Ibid.,* p. 19.
149） *Ibid.,* p. 62.
150） *Ibid.,* p. 62.
151） Tawney, 'Introduction', op. cit.; de Roover, *Gresham,* op. cit.を見よ。
152） T. Wilson, *op. cit.*, p. 306. この点に関しては，de Roover, *Gresham*, op. cit., pp. 101f. を見よ。
153） T. Wilson, *op. cit.*を見よ。
154） Robert Bolton, *A Short and Private Discourse between Mr. Bolton and one M. S. concerning Usury,* London, 1637.
155） 本書，168頁以下を見よ。
156） Langholm, *Economics*, op. cit., pp. 583ff. を見よ。彼の *Wealth and Money in the Aristotelian Tradition*, Oslo: Scandinavian University Publishers, 1983 も見よ。
157） Malynes, *Maintenance of Free Trade*, op. cit., p. 41.
158） *Ibid.,* p. 40.
159） Malynes, *Consvetvdo*, op. cit., p. 327.
160） Malynes, *Saint George for England*, op. cit., p. 15.
161） Maddison, *op. cit.,* Introduction.
162） *Ibid.,* p. 1.
163） *Ibid.,* Introduction.
164） *Ibid.,* p. nos.
165） *Ibid.,* p. 16, 18.
166） Henry Robinson, *Certain Proposalls in order to the Peoples Freedome and Accommodation in some Particulars, with the Advancement of Trade and Navigation of this Common-Wealth in Generall,* London, 1652, p. 18.
167） *Ibid.,* p. 14f.
168） *Ibid.,* p 14.
169） Thomas Milles, *An Outport-Customers Accompt*, no date; do., *The Customers Replie, or second Apoligie,* 1604; do., *An Abstract almost Verbatim of the Customers Apologi written 18 Years ago*, n. d. これらのうちの最初の論説はジョン・ウィーラーを刺激して，マーチャント・アドヴェンチャラーズを擁護する小冊子を書かせた（Wheeler, *Treatise of Commerce,* op. cit.).
170） de Roover, *Gresham*, op. cit., pp. 104ff.
171） Milles, *Customers Apologie*, op. cit., no page nos.
172） Milles, *Outport-Customers Accompt,* op. cit., no page nos.

第４章　17世紀の議論

1） Buck, *op. cit.*
2） 1640年代の著作家が提起した多様化に関する経済学については，Supple,

Commercial Crisis, op. cit., pp. 221ff. を見よ。

3） Charles Davenant, *Discourses on the Public Revenues, and on the Trade of England*, 1698, in C. Whitworth ed., *The Political and Commercial Works of that Celebrated Writer Charles D'Avenant*, Vol. I, London, 1771, p. 399.

4） *Ibid.*, Vol. I, p. 424.

5） この点についてはとくに，W. J. Ashley, 'The Tory Origin of Free Trade Policy',［相見志郎訳「自由貿易政策のトリー党的起源」『経済学論叢』（同志社大学）第15巻第１・２号，1965年，掲載］in do., *Surveys Historic and Economic*, London: Longman, 1900; Letwin, *Origins of Scientific Economics*, op. cit., 1963 を見よ。

6） Hinton, *op. cit.*, pp. 90ff; Charles Wilson, *England's Apprenticeship 1603-1763*, London: Longman, 1965, pp. 61ff, 172ff.

7） たとえば，Mun, *England's Treasure*, op. cit., p. 9［邦訳，23頁］を見よ。

8） Heckscher, *Mercantilism*, op. cit., Vol. Ⅱ, p. 285.「重商主義者は経済事象と世界の経済システム全体とを静態的観点から捉えていたにもかかわらず，狂信的な熱意をもって，総額不変と見なされていたこのシステムの活動において，できるだけ大きな分け前を彼らのそれぞれの母国に確保しようとした」。

9） Josiah Child, *A New Discourse of Trade*, London, 1693, Preface, no page nos［杉山忠平訳『新交易論』東京大学出版会，1967年，20-21頁］.

10） C. Wilson, *England's Apprenticeship*, op. cit., p. 41.

11） ロジャー・コーク（Roger Coke）の強烈に反フランス論的な *A Discourse of Trade, in Two Parts*, London, 1670（たとえば pp. 37ff.）を見よ。また彼の *A Treatise wherein is demonstrated, that the Church and State of England, are in Equal Danger with the Trade of it*, London, 1671, p. 81 も見よ。

12） この概説としては，E. Johnson, *op. cit.* が今日でも最良である。

13） C. Willson, *England's Apprenticeship*, op. cit., p. 58.

14） Thomas, *op. cit.*, p. 3.

15） さらには本書，195-201，245-47頁以下を見よ。

16） Thomas, *op. cit.*, pp. 22f, 24.

17） 本書，第１章を見よ。

18） Hutchison, *Before Adam Smith*, op. cit. p. 56.

19） 本書，103頁以下を見よ。

20） Samuel Fortrey, *Englands Interest and Improvement*, London, 1673, p. 16.

21）［John Houghton］, *England's Great Happiness; or, a Dialogue between Content and Complaint*, London, 1677, pp. 10f. この「資源配分命題」という用語はボーリーの造語である（Marian Bowley, *Studies in the History of Economic Theory before 1870*, London and Basingstoke: Macmillan, 1973, p.33）.

22） Fortrey, *op. cit.*, p. 17.

23） Malynes, *Center of the Circle*, op. cit., p. 127. pp. 103ff. も見よ。

24) 1600年頃以降のマーチャント・アドヴェンチャラーズをめぐる論争の詳細な説明は，Lipson, *op. cit.,* Vol. Ⅱ, pp. 243ff.

25) *A Discourse consisting of Motives for the Enlargement and Freedome of Trade,* London, 1645, p. 3

26) *Ibid.,* p. 3.

27) Lipson, *op. cit.,* Vol. Ⅱ, p. 244.

28) *Ibid.,* Vol. Ⅱ, p. 4.

29) *Ibid.,* Vol. Ⅱ, p. 25.

30) Coke, *Discourse of Trade,* op. cit.

31) この書物のフルタイトルは *Britiannia Languens, or A Discourse of Trade,* London, 1680. 匿名者「フィラングルス」(Philanglus) によって書かれた本書の著者を，最初にウィリアム・ペティット (William Petyt) に帰したのはフォックスウェル (Foxwell) であった。Schumpeter, *op. cit.,* p. 197, n. 5［邦訳（上）355頁注 5］を見よ。Heckscher, *Mercantilism,* op. cit., Vol. Ⅱ, p. 115 も見よ。

32) *Britannia Languens,* op. cit., p. 51

33) *Ibid.,* p. 59.

34) *Ibid.,* p. 25.

35) *Ibid.,* pp. 78f.

36) Henry Parker, *Of a Free Trade: A Discourse seriously recommending to our Nation the Wonderful Benefits of Trade, especially of a rightly governed and ordered Trade,* London, 1648, p. 7, pp. 9ff.

37) Lewes Roberts, *The Treasure of Traffike,* London 1641, p. 30.

38) C. Willson, *Economic History,* op. cit., pp. 50ff.

39) Mun, *England's Treasure,* op. cit., p. 75［邦訳，130頁］.

40) Maddison, *op. cit.,* Introduction, pp. 1ff.

41) Robinson, *op. cit.,* pp. 14ff.

42) たとえば，John Cary, *An Essay towards Regulating the Trade, and Employing the Poor of this Kingdom,* London, 1719, p. 31, 46; John Pollexfen, *A Discourse of Trade, Coyn and Paper Credit,* London 1697 を見よ。

43) Fortrey, *op. cit.,* p. 30.

44) [Houghton], *op. cit.,* contents page.

45) *Ibid.,* p. 9.

46) *Britannia Languens,* op. cit., pp. 155ff.

47) たとえば，Charles Davenant, *An Essay upon the Probable Methods of Making a People Gainers in the Balance of Trade,* London, 1699; Joshua Gee, *The Trade and Navigation of Great-Britain considered,* London, 1729; Charles King ed., *The British Merchant, or Commerce preserv'd,* Vols. Ⅰ-Ⅲ, London, 1743 を見よ。

48) Bolton, *op. cit.,* q. v. 本書，118頁以下も見よ。

49) Thomas Culpepper, *A Tract against Usurie*, London, 1621, p. 1.

50) *Ibid.*

51) *Ibid.*, p. 14.

52) 父カルペパーに関する別の解釈については，Bowley, *op. cit.*, p. 41 を見よ。「カルペパー父子は，貨幣供給の変化自体がこの関連で重要な意味をもつ要素であるとする，伝統的な見解を明確に否定した」という彼女［ボーリー］の意見は，カルペパー自身が彼の小冊子の14ページで言わなければならなかったことと正反対である。そこでカルペパーはこう言っている。「そして，貨幣を借りやすくするのは，他の諸国――そこではわれわれの場合よりも容易に，しかも我慢できる利子率でもって貨幣を借りられることになっている――の例に見られるように，国内における貨幣の豊富さである」。

53) William Letwin, 'Sir Josiah Child: Merchant Economist', Baker Library: Boston, Mass., 1959, pp. 2f.

54) Josiah Child, *Brief Observations concerning Trade and Interest of Money,* London, 1668, p. 3.

55) *Ibid.,* pp. 6f.

56) Culpeper the younger, *A Discourse upon Usury*, London, 1668, p. 155.

57) Child, *Brief Observations*, op. cit., p. 11.

58) Thomas Manley, *Interest of Money mistaken,* London, 1668, p. 14.

59) *Ibid.*, p. 13. マンリーのカルペッパーへの回答 *Usury at Six per cent: examined, and found unjustly charged by Sir Tho. Culpepper and J. C.,* London,, 1669 も見よ。

60) G. S. L. Tucker, *Progress and Profits in British Economic Thought 1650-1850,* Cambridge: Cambridge University Press, 1960, p 19ff. を見よ。

61) Shaw, *History of Currency,* op. cit., p. 144.

62) たとえば，Malynes, *Consvetvdo,* op. cit.; Rice Vaughan, *A Discourse of Coin and Coinage,* London, 1675, pp. 23ff. を見よ。この小冊子は後に McCulloch ed., *Collection of Scarce and Valuable Tracts on Money*, op. cit. に収録された。

63) W. S. [Sir Thomas Smith], *A Discourse of the Common Weal of this Realm of England*, 1581〔しかし1540年代に書かれたことは，ほぼ間違いない――マグヌソン〕, ed. by Elizabeth Lamond, Cambridge: Cambridge University Press, 1893, p. 98［出口勇蔵監修『ヒューマニズムの経済思想』有斐閣，1957年，104頁］.

64) *Ibid.*, p. 71［邦訳，76頁］.

65) *Ibid.*, p. 78［邦訳，83-84頁］.

66) 詳細は，Malynes, *Consvetvdo*, op. cit., pp. 254ff. を見よ。

67) Cotton, *op. cit.*, p. 31.

68) *Ibid.*, pp. 31ff.

69) Robinson, *op. cit.*

70) *Ibid.*, p. 75.ロビンソンは貨幣輸出の背後の原因として，「貿易の不均衡」に触れているが，彼がマリーンズの基本的な見解――そうした「不均衡」は為替によって引きおこ

されるのであって，その逆ではない――を受け入れなかったという証拠はない。

71） このジレンマをおそらく最も鋭い形で表現したのはヴァイナーである。Viner, 'Early English Theories of Trade', op. cit.

72） John Locke, *Some Considerations of the Consequences of the Lowering of Interest, and Raising the Value of Money*, London, 1692, p. 46［田中正司・竹本洋訳『利子・貨幣論』東京大学出版会，1978年，46頁］.

73） 19世紀後半におけるこの見解をめぐる議論については，たとえば de Roover, *Gresham,* op. cit.

74） McCulloch ed., *Scarce and Valuable Tracts on Money*, op cit., Introduction, p. vi を見よ。

75） Vaughan, *op cit.,* pp. 37f.

76） *Ibid.,* Ch. XII,とくに p. 73 を見よ。

77） *Advice of His Majesty's Council of Trade*, op. cit., pp. 148f.

78） *Ibid.,* p. 145.

79） Appleby, *op. cit.,* p. 4.

第5章　交易の科学

1） Hutchison, *Before Adam Smith*, op. cit., Ch. 5.

2） Cary, *Essay towards Regulating the Trade,* op. cit., p. 2.

3） Cunningham, *Growth of English Industry and Commerce*, op. cit., Vol. Ⅱ, pp. 262ff.

4） *Ibid.*, pp. 265ff.

5） この改革は，*Advice of His Majesty's Council of Trade,* op. cit. で擁護されている。

6） これについてはさらに，Cunningham, *Growth of English Industry and Commerce,* op. cit. を参照。

7） Pollexfen, *Discourse of Trade and Coyn*, op. cit., p. 108.

8） John Cary, *An Essay on the State of England, in Relation to its Trade, its Poor, and its Taxes, for Carrying on the Present War against France,* Bristol, 1695, p. 1f.

9） ダドリー・ノース（Dudley North）は彼の全般的影響について，最も率直に述べている。彼の *Discorses upon Trade*, London 1691, preface ［久保芳和訳『交易論』東京大学出版会，1966年］を見よ。

10） たとえば，Hutchison, *Before Adam Smith,* op. cit., pp. 87ff. を見よ。

11） *Dictionary of National Biographies,* op. cit. チャイルドの提出については，残念ながらひどく偏った William Letwin, 'Sir Josiah Chaild', op. cit. を見よ。

12） Child, *Brief Observations*, op. cit., p. 10.

13） Child, *New Discourse of Trade*, op. cit., p. 1［邦訳，41頁］.

14） *Ibid*［邦訳，42頁］.

15） *Ibid.*, preface［邦訳，12-13頁］.

16） 議論については，次の文献を見よ。D. C. Coleman, 'Labour in the English Economy

of the Seventeenth Century', *Economic History Review,* 2nd ser. Vol. Ⅷ, 1956; A. W. Coats, 'Changing Attitudes to Labour in the Mid-century', *Economic History Review,* 2nd ser. Vol. Ⅻ, 1958.

17） Child, *New Discourse of Trade*, op. cit., p. 91［邦訳，155頁］.

18） *Ibid.*, pp. 127ff.［邦訳，214頁以下］.

19） たとえば，Josiah Child, *A Short Addition to the Observations concerning Trade and Interest of Money*, London 1668, p. 11 を見よ。このようにして少なくとも投資水準は利子率に依存しているように思えると，チャイルドは暗に指摘している。そうであれば，たとえばヴィッカーズがチャイルドと17世紀後期の経済的著作家とを，現代の巨視的成長経済学（macro-and growth-economics）の先駆者と見なしたことは，少しも不思議ではない。

20） *Ibid.*, pp. 136ff.

21） *Ibid.*, pp. 156f.

22） Josiah Child, *A Treatise concerning the East India Trade*, London 1681; J. C., *The Great Honour and Advantage of the East-India Trade to the Kingdom asserted*, London, 1697 における立論を見よ。

23） Child, *New Discourse of Trade*, op. cit., p. 153.

24） Ashley, 'Tory Origin', op. cit.

25） *Dictionary of National Biographies*, op. cit.; Stephen Bauer, 'Nicolas Barbon: Ein Beitrag zur Vorgeschichte der klassischen Oekonomik', *Jahrbücher für National-ökonomie und Statistik*, Vol. XXI, vd 6, 1890 を見よ。

26） Nicolas Barbon, *A Discourse concerning Coining the New Money Lighter*, London, 1696, introduction, p. 1.

27） *Ibid.*, p. 2.

28） *Ibid.*, p. 4.

29） *Ibid.*, p. 36.

30） *Ibid.*, p. 35.

31） *Ibid.*, p. 39.

32） *Ibid.*, pp. 40f.

33） *Ibid.*, p. 41.

34） *Ibid.*, p. 265.

35） Nicolas Barbon, *A Discourse of Trade*, London, 1690, p. 13［久保訳，前掲書，16頁］.

36） *Ibid.*, p. 20［邦訳，20頁］.

37） *Ibid.*, p. 24［邦訳，23頁］.

38） *Ibid.*, p. 35ff.［邦訳，28頁］.

39） *Ibid.*, p. 63［邦訳，45頁］.

40） *Ibid.*, p. 71［邦訳，49頁］.

41） *Ibid.*, p. 77f.［邦訳，53頁］.

42） *Ibid.,* p. 31f. ［邦訳，26頁］.

43） プーフェンドルフとこの伝統とについては，次の文献を見よ。August Oncken, *Geschichte der Nationalökonomie,* Erster Teil, Leipzig: Verlag von C. L. Hirschfeld, 1902, S. 226; Wilhelm Roscher, *Geschichite der National=Oekonomik in Deutchland,* München: R. Oldenbourg, 1874, S. 304ff.

44） ヒュームとスミスによる歴史の「段階」説が，プーフェンドルフと自然権の伝統から受けた影響については，Hont and Ignatieff, *op. cit.*を見よ。

45） *Dictionary of National Biographies,* op. cit.; *Palgrave's Dictionary of Political Economy,* op. cit.

46） Ashley, 'Tory Origin', op. cit., pp. 270ff.

47） Charles Davenant, *An Essay on the East-India Trade,* London, 1696, in *Works,* op. cit. , Vol. Ⅰ, p. 98 ［田添京二・渡辺源次郎訳『東インド貿易論』，久保訳，前掲書，所収，145頁］.

48） *Ibid.,* p. 100 ［邦訳，147頁］.

49） *Ibid.* ［邦訳，149頁］.

50） *Ibid.,* p. 104 ［邦訳，155頁］.

51） Edgar S. Furniss, *The Position of the Laborer in a System of Nationalism,* 1920, rpt. New York: Augustus M. Kelly, 1965.

52） たとえば，Davenant, *Discouses on the Public Revenues,* op. cit., vol. Ⅰ, p. 358 を見よ。

53） *Ibid.*

54） *Ibid.,* p. 382.

55） Pocock, *Machiavellian Moment,* op. cit.

56） Davenant, *Discourses, on the Public Revenues,* op. cit., pp. 336ff., 348ff.

57） Davenant, *Essay upon the Probable Methods,* op. cit, p. 171.

58） Davenant, *East -India Trade,* op. cit., p. 102 ［邦訳，151頁］.

59） Hutchison, *Before Adam Smith,* op. cit., 72.

60） *Dictionary of National Biographies,* op. cit.; *Parlgrave's Dictionary of Political Economy,* op. cit.; Charles M. Andrews, *British Committees, Commissions and Councils of Trade and Plantations, 1622-1675,* Baltimore: Johns Hopkins Press, 1908. ロックの経済学については，とくに K. I. Vaughn, *John Locke: Economist and Social Scientist,* Chicago & London: University of Chicago Press, 1980 を見よ。

61） Locke, *Some Considerations,* op. cit. p. 1 ［邦訳， 3 頁］.

62） *Ibid.* Vaughn, *op. cit.,* pp. 14f. を見よ。

63） Locke, *Some Considerations,* op. cit., p. 14 ［邦訳15頁］.

64） *Ibid.,* p. 27 ［邦訳，27-28頁］.

65） 本書，第 6 章を見よ。

66） John Locke, *Further Considerations concerning Raising the Value of Money,* London, 1695, p. 9 ［田中・竹本訳，前掲書，232頁］.

67) Locke, *Some Considerations*, op. cit., p. 54-55［邦訳，53頁］. ロックの価値論に対するスコラ学の影響については，Vaughn, *op. cit.*, pp. 18f. を見よ。

68) *Ibid.*, p. 11［邦訳，12頁］.

69) Locke, *Further Considerations,* op. cit., p. 11［邦訳，234頁］.

70) *Calender of State Papers,* Dom. Ser. 1/1-31/12, 1696, London, 1913, p. 461.

71) Simon Clement, *A Discourse of the General Notions of Money, Trade, & Exchanges,* London, 1695, p. 3.

72) *Ibid.*, p. 5.

73) *Ibid.*, pp. 5f.

74) *Ibid.*, p. 7.

75) *Ibid.*

76) *Ibid.*, p. 16.

77) 伝記については，E, Strauss, *Sir William Petty: Portrait of a Genius,* London: Bodley Head, 1954 を見よ。また彼は，*Aubrey's Brief Lives,* 1949, London: Penguin, 1987 においても描かれている。さらにハル（C. H. Hull）による *The Economic Writings of Sir William Petty,* Vol. I, II ,1899, rpt. Routledge/ Thommes Press, 1997 の序文を見よ。

78) William Petty, *Quantulumcunque concerning Money,* 1695, in Hull ed., *op. cit.*, Vol. II , p. 445［松川七郎訳『貨幣小論』，森戸辰男・大内兵衛『経済学の諸問題』法政大学出版局，1958年，所収，115頁］.

79) William Petty, *Political Arithmetick,* 1690, in Hull ed., *op. cit.,* Vol. I , p. 249［大内兵衛・松川七郎訳『政治算術』岩波書店，1955年，24頁］.

80) *Ibid.,* p. 313［邦訳，29頁］.

81) *Ibid.,* p. 309［邦訳，139頁］.

82) *Ibid.,* p. 259［邦訳，50頁］.

83) William Petty, *Verbum Sapienti,* 1691, in Hull ed., *op. cit.,* Vol. I , p. 113［大内兵衛・松川七郎訳『賢者には一言をもって足る』岩波書店，1952年，184頁］.

84) Bowley, *op, cit.*を見よ。

85) Coke, *op. cit.,* p. 47.

86) Joseph Harris, *An Essay upon Money and Coins,* 2 Parts, London, 1757-58［小林昇訳『貨幣・鋳貨論』東京大学出版会，1975年］, in McCulloch, ed., *Scarce and Valuable Tracts on Money,* op. cit.

87) E. Johnson, *op. cit.,* 1937.

88) Steuart, *op. cit.*, Book II , Chapter X , pp. 289ff.［邦訳，201頁］. さらに E. Johnson, *op. cit.,* p. 308ff. を見よ。

89) Pollexfen, *Discourse of Trade and Coyn*, op. cit., p. 3, pp. 5ff. を見よ。彼は同時に次のようなことを言うことになった。「わが国民の労働によって改善された，わが国の生産物は，この国の年収入である」(preface, p. 3)。この著者が同時にこの「現代の」〈原理〉(*principe*) に固執し，また同時に順調貿易差額論を擁護することができたという

事実は，次のことを示している。すなわちこの問題全体が複雑であること，またこの学説の普及は，何らかの極端に単純化された公式によっては「説明され」ないということである。この点については，さらに次章で論じたい。

90） Cary, *Essay towards Regurating the Trade,* op. cit., pp. 84f. 1717年に刊行されたこの版は，すでに1695年に出版されていた彼の著作 *An Essay on the State of England, in Relation to its Trade, its Poor, and its Taxes, for Carrying on the Present War against France,* Bristol & London, 1695 と，ほとんど内容が同じである。

91） Cary, *Essay towards Regulating the Trade,* op. cit., dedication.

92） *Ibid.*, p. 11.

93） King ed., *op. cit.,* Vol. Ⅰ, pp. 4ff.

94） 『ブリティッシュ・マーチャント』の議論については，E. Johnson, *op. cit.*, pp. 142ff. を見よ。

95） King ed., *op. cit.,* Vol. Ⅰ, pp. 4f.

96） *Ibid.*, Vol. Ⅰ, p. 23.

97） *Ibid.*, Vol. Ⅰ, pp. 23f.

98） *Ibid.*, Vol. Ⅰ, pp. 35f.

99） *Ibid.*, Vol. Ⅰ, p. 37.

100） William Wood, *A Survey of Trade,* London, 1718, p. 84.

101） Gee, *op. cit.,* p. 193.

102） *Parlgrave's Dictionary of Political Economy,* op. cit., Vol. Ⅰ.

103） Matthew Decker, *An Essay on the Causes of the Decline of the Foreign Trade,* London, 1744, 4th ed. Dublin, 1751, rpt. New York: Augustus M. Kelley, 1973, p. 7.

104） *Ibid.*, p. 7.

105） *Ibid.*, p. 8.

106） *Ibid.*, p. 48.

107） *Ibid.*, p. 49.

108） *Ibid.*, p. 105.

109） Vickers, *op. cit.*

110） 人口過多に対する彼の否定的な態度は，当時はきわめて稀で，注目に値する。Jacob Vanderlint, *Money answers all Things,* London, 1734, p. 17［浜林正夫・四元忠博訳『貨幣万能』東京大学出版会，1977年，26頁］を見よ。Cf. Charles Emil Stangeland, *Pre-Malthusian Doctorines of Population,* 1904, rpt. New York: Augustus M. Kelley, 1966, Ch. 7, 8.

111） *Dictionary of National Biographies,* op. cit.; *Parlgrave's Dictionary of Political Economy,* op. cit.

112） North, *op. cit.,* p. 25［邦訳，54頁］.

113） *Ibid.*, preface［邦訳，78頁］.

114） Harris, *op. cit.*, Vol. Ⅰ［邦訳，67頁］.

115) David Hume, *Political Discourses*, Edinburgh, 1752［田中敏弘訳『ヒューム政治経済論集』御茶の水書房，1983年］.

116) *Ibid*., p. 84.

117) *Ibid.* を見よ。

118) Vanderlint, *op. cit.*, p. 51［邦訳，69頁］.

119) Isaac Gervaise, *The System or Theory of the Trade of the World*, 1720, Baltimore: Johns Hopkins Press, 1954, p. 7. ヴァイナー教授は序文で，「富んだ」によって消費者が，「貧しい」によって生産者が理解されるべきである，と示唆した。

第６章　力と豊富

1) Simon Schama, *The Embarrassment of Riches*, Berkeley: University of California Press, 1988, p. 323.

2) Mun, *England's Treasure*, op. cit., p. 74［邦訳，128-29頁］.

3) Petty, *Political Arithmetick*, op. cit., p. 250［邦訳，30-31頁］.

4) Decker, *op. cit.*, p. 109.

5) Child, *Brief Observations*, op. cit., p. 3.

6) Barbon, *Discourse of Trade*, op. cit., preface.

7) William Temple, *Observations upon the United Provinces of the Netherlands*, 1672, 2nd. ed. 1673, rpt. Cambridege: Cambridge University Press, 1932, pp. 128.

8) *Ibid.*, p. 131.

9) Petyt, *op. cit.*, p. 77.

10) Temple, *op. cit.*, p. 131.

11) *Ibid.*, p. 131.

12) Mun, *England's Treasure*, op. cit., pp. 73f.［邦訳，127-28頁］.

13) Josiah Child, *A Discourse of the Nature, Use and Advantages of Trade*, London, 1694, p. 104.

14) Mun, *England's Treasure*, op. cit., p. 74［邦訳，128頁］.

15) Gee, *op. cit.*, p. 104.

16) 本書，第２章を見よ。

17) すでに見たように，これがヘクシャーに関しては，議論の余地があることは明らかである。本書，49頁以下を見よ。

18) Child, *New Discourse of Trade*, op. cit., p. 93.［邦訳，158頁］.

19) Davenant, *Probable Methods*, op. cit., p. 6.

20) Davenant, *East-India Trade*, op. cit., p. 86［邦訳，127頁］.

21) Roberts, *op. cit.*, p. 55. さらに，Mun, *England's Treasure*, op. cit., p. 70［邦訳，128頁］; Fortrey, *op. cit.*, p. 281; Petyt, *op. cit.*, p. 243, 371, 457; Petty, *Political Arithmetick*, op. cit., p. 271［邦訳71-72頁］; Gee, *op. cit.*, p. 147 を見よ。

22) Davenant, *Discourses on the Public Revenues*, op, cit., Part Ⅱ, p. 350.

23) Viner, 'English Theories of Foreign Trade', op. cit., pp. 264ff.

24) Ibid., p. 264.

25) たとえば次の文献を見よ。Oncken, a. a. O., S. 154f.; Thomas, *op. cit.*, p. 3; Schumpeter, *op. cit.*, p. 361［邦訳（上）655頁］; Bowley, *op. cit.*, p. 24; Beer, *op. cit.*, pp. 190f.; W. H. Price, 'The Origin of the Phase "Balance of Trade"', *Quarterly Journal of Economics*, Vol. XX, 1906; Frank Fetter, 'The Term "Favourable Balance of Trade"', *Quarterly Journal of Economics*, Vol. XLIX, 1935; Rashid, 'Interpretation of the Balance of Trade', op. cit.

26) Heckscher, *Mercantilism*, op. cit., Vol. II, p. 186.

27) Schumpeter, *op. cit.*, p. 361［邦訳，（上）655頁］.

28) Viner, ' Early English Theories', op. cit. を見よ。

29) Schumpeter, *op. cit.*, p. 361［邦訳，（上）655頁］.

30) Davenant, *Probable Methods*, op. cit., p. 12.

31) Davenant, *Discourses on the Public Revenues*, op. cit., Part II, p. 354.

32) Temple, *op. cit.*, p. 141.

33) Fortrey, *op. cit.*, p. 7.

34) Barbon, *Discourse concerning Coining*, op. cit., p. 48f.

35) この著者の誰であるかが不明確であることについては，J. R. McCulloch ed., *Early English Tracts on Commerce*, London: Political Economy Club, 1856, pp. xiiif. を見よ。

36) *Considerations on the East-India Trade*, London, 1701, p. 11.

37) Wood, *op. cit.*, p. 1f. さらに，Thomas Papillon, *The East-India-Trade a Most Profitable Trade to the Kingdom*, London, 1677, cited by Shumpeter, *op. cit.*, pp. 361f［邦訳，（上）656頁］を見よ。

38) Mun, *Discourse of Trade*, op. cit., p. 49［邦訳，200頁］.

39) Mun, *England's Treasure*, op. cit., p. 49［邦訳，124頁］.

40) Shumpeter, *op. cit.*, p. 362［邦訳，（上）658頁］.

41) 同じ見解に関しては，Rashid, 'Interpretation of the Balance of Trade', op. cit., p. 6 を見よ。

42) Petyt, *op. cit.*, p. 446,458.

43) Mun, *Discourse of Trade*, op. cit., p. 49f.［邦訳，219頁以下］.

44) Roberts, *op. cit.*, p. 7.

45) たとえば次の文献を見よ。Fortrey, *op. cit.*, p. 7; Charles Davenant, *An Essay upon Ways and Means of Supplying the War*, London, 1965, in *Works*, op. cit., Vol. I, pp. 1ff.; do., *Probable Methods*, op. cit., pp. 12f.; Mun, *England's Treasure*, op. cit., p. 7［邦訳，20頁］.

46) Roberts, *op. cit.*, p. 6.

47) Samuel Johnson, *A Dictionary of the English Language*, Vol. I, II, London: Longman, 1827.

48) William Petty, *The Political Anatomy of Ireland*, 1691, 'A Report from the Council of

Trade (1676)', in Hull ed., *op. cit.*, Vol. I, p. 213［松川七郎訳『アイァランドの政治的解剖』岩波書店，1951年，195-96頁］.

49) Misselden, *Circle of Commerce,* op. cit., p. 117; Child, *New Discourse of Trade*, op. cit., p. 135f.［邦訳，197頁以下］; Mun, *England's Treasure*, op. cit., p. 14［邦訳，124頁］; Barbon, *Discourse concerning Coining*, op. cit., p. 46「財宝である地金」; Mun, *Discourse of Trade*, op. cit., p. 2, 17, 22, etc.［邦訳，159，175，181頁等］; Petyt, *op. cit.,* p. 390, 416; Cary, *Essay towards Regulating the Trade*, op. cit., introduction.

50) たとえば，Mun, *Discourse of Trade*, op. cit., p. 21, 56［邦訳180，228頁］のもとで語られたように。

51) Petyt, *op. cit.,* p. 416.

52) King ed., *op. cit.*, Vol. I, p. 21, 28.

53) Mun, *Discourse of Trade*, op. cit., pp. 39f.［邦訳，51頁以下］; Pollexfen, *Discourse of Trade and Coyn*, op. cit., p. 60; Cary, *Essay towards Regulating the Trade*, op. cit., p. 2; Decker, *op. cit.,* p. 7; Petyt, *op. cit.*, pp. 31f.

54) Davenant, *Probable Methods*, op. cit., pp. 140f.; Temple, *op. cit.,* p. 141; Wood, *op. cit.*; Barbon, *Discourse concerning Coining*, op. cit., p. 35; Hume, *op. cit.*, p. 15ff.

55) Barbon, *Discourse concerning Coining*, op. cit., p. 35.

56) Child, *New Discourse of Trade*, op. cit., p. 135［邦訳，198頁］.

57) Mun, *Discourse of Trade*, op. cit., p. 49［邦訳，220頁］.

58) North, *op. cit.*, p. 15［邦訳，103頁］.

59) Schumpeter, *op. cit.*, pp. 340ff., 352ff.［邦訳，616頁以下，639頁以下］.

60) Viner, 'Early English Theories', op. cit., pp. 448f.

61) Davenant, *Probable Methods*, op. cit., pp. 140f.

62) Gee, *op. cit.*, pp. 182ff.

63) Misselden, *Circle of Commerce,* op. cit., p. 32; Temple, *op. cit.*, p. 141; Wood, *op. cit.*, pp. 83f.; Gee, *op. cit.,* pp. 78f.; Petyt, *op. cit.,* p. 162; Locke, *Some Considerations*, op. cit., p. 14, 19［邦訳，15，29頁］.

64) それゆえに，たとえば次の文献も「外国の支払う所得」と解釈する差額説を示している。Wood, *op. cit.*, p. 220; Petyt, *op. cit.*, p. 16, pp. 26f.; Gee, *op. cit.,* p. 143.

65) 本書，195頁以下を見よ。

66) 本書，196頁を見よ。

67) Viner, 'Early English Theories', op. cit., p. 260.

68) Ibid.

69) Mun, *England's Treasure,* op. cit., p. 12［邦訳，29頁］.

70) *Ibid.,* p. 69［邦訳，119頁］.

71) *Ibid.,* p. 68［邦訳，118頁］.

72) Viner, 'Early English Theories', op. cit., p. 272.

73) Petyt, *op. cit.*, pp. 187f.

74） *Ibid.,* p. 101.

75） この表現はいち早く，W. S., *op. cit.,* pp. 86f.によって用いられた。

76） Petyt, *op. cit.,* p. 187.

77） そのような見解の代表者は，たとえばDobb, *op. cit.*

78） Viner, ' Early English Theories', op. cit., p. 283.

79） Misselden, *Circle of Commerce,* op. cit., p. 51. さらに pp. 114f. を見よ。

80） Mun, *England's Treasure,* op. cit., p. 8［邦訳，21-22頁］.

81） Davenant, *East-India Trade,* op. cit., p. 99.

82） たとえば，Vanderlint,*op. cit.,* p. 16; *Discourse consisting of Motives for the Enlargement and Freedom of Trade,* op. cit., p. 25; Decker, *op. cit.,* p. 31,40,48,etc. もっと多くの例については，さらに Viner, 'Early English Theories', op. cit., p. 282 を見よ。

83） Locke, *Some Considerations,* op. cit., p. 47［邦訳，46頁］.

84） 地金の流入は交易条件を改善ならしめるであろうから，一国にとって有益である——これが事実であることは，まったく明白であると思える——と理解されうるという見解があったが，ジョン・ロックが後期におけるこの見解の代表者であったかどうかという点について論じた，Bowely, *op. cit.* を見よ。たとえば，Locke, *Some Considerations,* op. cit., p. 79［邦訳，76頁］を見よ。そこでロックは，貨幣の蓄えの減少がもたらす結果について論じている。一つの帰結は，「わが国は国産品と外国商品とのすべての交換において，貨幣がずっと豊富にある他のどの国もが支払っているものの二倍の価値を支払うことになるであろう」（*Ibid.,* p. 79［邦訳，76頁］）というものであると，彼は述べている。

85） Misselden, *Free Trade,* op. cit., p. 107.

86） Fortrey, *op. cit.,* p. 27.

87） Cf. A. E. Monroe, *Monetary Theory before Adam Smith,* Cambridege, Mass: Harvard University Press, 1923. モンローは，ジョン・ロックに先立つ「イギリスの著作家」が数量説を採用していたことを否定している。

88） W. S., *op. cit.,* p. 71［邦訳，76頁］.

89） Mun, *England's Treasure,* op. cit., p. 17［邦訳，36頁］.

90） Petyt, *op. cit.,* p. 8.

91） Locke, *Some Considerations,* op. cit., pp. 77f.［邦訳，74頁以下］.

92） Beer, *op. cit.,* p. 189.

93） ベーア以外では，このような解釈はたとえば Viner, 'Early English Theories', op. cit., p. 284; Heckscher, *op. cit.,* Vol. II, pp. 209ff. によっても示唆されてきた。

94） たとえば，Davenant, *Probable Methods,* op. cit., p. 8; Cary, *Essay on the Coyn and Credit,* op. cit., p. 1 を見よ。

95） Francis Bacon, *The Essays or Counsels, Civil and Moral,* 1597, 3rd ed., London, 1625［渡辺義雄訳『ベーコン随想集』岩波書店，1978年］.

96） John Pollexfen, *England and East-India Inconsistent in their Manufactures,* London,

1697, p. 47f.

97） Decker, *op. cit.,* p. 173.

98） Locke, *Some Considerations,* op. cit., p. 30［邦訳，30頁］.

99） *Ibid.,* p. 40［邦訳，40頁］.

100） Mun, *England's Treasure,* op. cit., pp. 16f.［邦訳，35-36頁］.

101） Petty, *Verbum Sapienti,* op. cit., p. 113［邦訳，184頁］. Cf. William Petty, *A Treatise of Taxes & Contributions,* London, 1662, in Hull, ed., *op. cit.,* Vol. I, p. 35［大内兵衛・松川七郎訳『租税貢納論』岩波書店，1952年，64-65頁］.

102） Petty, *Political Anatomy of Ireland,*op. cit., pp. 192ff.［邦訳，160-61頁］.

103） Petyt, *op. cit.,* p. 8.

104） Gould, 'Trade Crisis', op. cit.

105） Mun, *England's Treasure,* op. cit., pp. 17f.［邦訳，36-37頁］.

106） Gould, 'Trade Crisis', op. cit., p. 131.

107） J・R・マカロックによれば，この小冊子は「おそらく1630年から1635年までの間に」書かれた。Cf. McCulloch, ed., *Select Collection of Scarce and Valuable Tracts on Money,* op. cit., p. vi.

108） Vaughan, *op. cit.,* pp. 37ff. また，*ibid.,* pp. 68ff. を見よ。

109） Vanderlint, *op. cit.,* p. 157［邦訳，203頁］. また，*ibid.,* p. 155, pp. 160ff.［邦訳，200, 205頁以下］を見よ。

110） このような結論は，ヴァンダーリントについての以前の［研究］文献においては導きだされていないように思える。たとえばハチスンはヴァンダーリントを一部は重商主義者で，一部は自由貿易論者で，一部は重農主義者であった（！）と見なすことにより，彼をすっかりめちゃめちゃにしている。Hutchison, *Before Adam Smith,* op. cit., p. 129を見よ。

111） Heckscher, *op. cit.,* Vol. II, p. 200.

112） Herlitz, op. cit., 116 を見よ。

113） 証拠文献については Viner, 'Early English Theories', op. cit., pp. 293ff. を見よ。

114） E. Johnson, *op. cit.,* p. 78. ジョンソンはこの文脈において，「金融資本」(financial capital）について語っている。この時期に問屋前貸の生産形態において見られた，信用協定への言及は，ほぼ寸分の誤りもなく類似しているけれども。

115） Mun, *England's Treasure,* op. cit., p. 15［邦訳，36-７頁］.

116） Mun, *Discourse of Trade,* op. cit., p. 25［邦訳，18頁］.

117） Mun, *England's Treasure,* op. cit., p. 21［邦訳，４頁］.

118） 同じような見解に関しては，E, Johnson, *op. cit.,* p. 79 を見よ。

119） Mun, *England's Treasure,* op. cit., p. 5［邦訳，18頁］.

120） Locke, *Some Considerations,* op. cit., p. 25f.［邦訳，26頁］.

121） Wood, *op. cit.,* p. 84f.

122） King ed., *op. cit.,* pp. 22f.

123) Child , *New Discourse of Trade,* op. cit., pp. 156f. ［邦訳，216頁］
124) とりわけ，Decker, *op. cit.,* pp. 8f. を見よ。
125) Barbon, *Discourse concerning Coining,* op. cit., p. 35.

第7章　他の諸国

1) Cosimo Perrotta, *Produzione e lavoro produttivo nel mercantilismo e nell'illuminismo,* Lecce: Univ., Dip. Studi Storici, 1988 を見よ。
2) Schumpeter, *op. cit.*, Part II, Ch. 3 ［邦訳，（上）第2編第3章］.
3) *Ibid.,* p. 163 ［邦訳，（上）292頁］.
4) 別の例はチャールズ・ウルシー・コール（Charles Woolsey Cole）である。それ以外の点ではひじょうに貴重な，「フランス重商主義」についての彼の著作は，重商主義を全体論的（ホリスティック）に定義したことにより，その価値を傷つけられている。「重商主義者の心的態度」は人間社会にとって普通のものであったとまで，彼は考える。そしてさらに「もしデータが利用できたならば，石器時代の種族が重商主義と類似の慣習をもっていたことが，おそらく発見されたであろう」と主張する（Charles Woolsey Cole, *French Mercantilist Doctrines before Colbert,* New York: Richrd R. Smith, 1931, p. xiii)。
5) フランスに関しては，とりわけジャン=クロード・ペロー（Jean-Claude Perrot）の重要な著作 *Une histoire intellectuelle de l'economie politique,* Paris: EHESS, 1992 を見よ。
6) この点で，Petyt, *op. cit.* は頻繁に指摘されてきたように，注目すべき例外である。
7) Hecksher, *Mercatilism,* op. cit., Vol. II, p. 84, pp. 104ff.
8) 全体的説明に関しては，次の文献を見よ。Henri Hauser, *Les débuts du capitalisme,* Paris, 1927, nouv. ed. Libraire Félix Alcan, 1931; Pierre Deyon, *Le mercantilisme,* Paris: Flammarion, 1969; Cole, *French Mercantilist Doctrines,* op. cit.
9) 記述に関しては，*ibid.,* Ch. 1.
10) Antoyne de Montchrétien, *Traicté de l'oeconomie politique,* Rouen, 1651 (T. Funck - Brentano ed., 1889), Geneva: Slatokine Reprints, 1970, p. 23.
11) Perrot, *op. cit.*, p. 9.
12) *Ibid.,* p. 64ff. を見よ。また Nicola Panichi, *Antoyne de Montchrétien: Il circola dello stato,* Milan: Guerine, 1989 を見よ。
13) Montchrétien, op. cit., p. 65. Perrot, *op. cit.*, pp. 64ff. を見よ。ニコラ・パニーキはその *Antoyne de Montchrétien,* op. cit.で，主にモンクレチアンの詩的な著作に関心を寄せている。さらに Nannerl O. Keohane, *Philosophy and State in France,* Princeton: Princeton University Press, 1980, pp. 163ff. を見よ。
14) Charles W. Cole, *Colbert and a Century of French Mercantilism,* Vol. II, New York: Columbia University Press, 1939, pp. 40ff.
15) Jérôme-Adolphe Blanqui, *History of Political Economy in Europe,* tr. by E. J. Leonard, London: G. Bell & Sons, 1880, p. 269 ［吉田啓一訳（フランス語版訳）『欧州経済思想史』有信堂，1965年，251頁］. 他方でこのことは，ブランキがシュリーを重商主義システム

の信奉者として擁護することを妨げなかった（*ibid.*）。彼による「重商主義システム」の定義は，控えめに言っても少し拙い。このシステムは「絶えず購買することなく絶えず販売することを目的とし」，スペインのカルロス五世によって構築されたと，彼はわれわれに伝えている（*ibid.*, p. 305）。

16） 他の例は，Deyon, *op. cit.* の序文が挙げている。サヴァリに関しては Hauser, *Débuts du capitalisme,* op. cit., pp. 266ff.; Perrot, *op. cit.*, pp. 98ff. を見よ。

17） *Ibid.*, pp. 97ff.

18） 彼の *Noveau réglement géneral sur toutes de marchandises*, Paris, 1634 を見よ。この著者については Deyon, *op. cit.*, p. 54 を見よ。

19） リシュリューについては，Henri Hauser, *La pensée et l'action economiques du Cardinal Richelieh*, Paris, 1944 を見よ。また，Cole, *Colbert*, op. cit., Vol. I, Ch. I, etc. を見よ。

20） Deyon, *op. cit.*, pp. 49ff. を見よ。

21） 当該期フランスの経済文献に関する，最新の標準的著作はない。けれども，R. Gonnard, *Histoire de doctorines économiques, doctorines antérieures à Quesnay*, Paris, 1921 はまだ有益である。また，Perrot, *op. cit.*, pp. 7ff.; C. Théré, *Étude sociale des auteurs économiques, 1556–1789,* Paris: Université I, 1990 (Dissertation) を見よ。

22） この繋がりに関しては Jean Bodin, *La reponse de maistre Jean Bodin advocat en la covr au paradoxe de monsieur de Malestroit,* 1568, Paris: Armand Colin, 1932 に付された，アンリ・オウゼール（Henri Hauser）の序文を見よ。ボーダンについての全般的説明に関しては，Keohane, *op. cit.*, Ch. 4–6 を見よ。

23） 本書，16頁を見よ。

24） Jean Bodin, *Discours de Jean Bodin sur la rehaussement et diminution des monnoyes tant d'or que d'argent, & le moyen d'y remedier, & reponse aux paradoxes de Monsieur de Malestroit,* Paris, 1568.

25） Bodin, *La reponse de maistre Jean Bodin,* op. cit., p. 32.

26） *Ibid.*, p. 34.

27） *Ibid.*, p. 36.

28） Jean Bodin, *Les six livres de la repbulique,* 1589, Paris, 1986, pp. 875ff.; *La reponse de maistre Jean Bodin,* op. cit., pp. 36ff.

29） ラフェマスについては，Cole, *French Mercantilist Doctrines*, op. cit., Ch. II; Hauser, *op. cit.*, Ch. V を見よ。

30） Cole, *French Mercantilist Doctrines*, op. cit., p. 93.

31） この委員会の仕事についての詳細な説明は，*ibid.*, pp. 92ff.

32） 1600年に刊行された，ラフェマスの商業に関する六つの小冊子は，彼の次の書物に加えて出版された。*L'incrédulité ou l'ignorance de ceux qui ne veulent cognoistre le bien & repos de l'estat & veoir renaistre la vie heureuse des François,* Paris, 1600.

33） Barthélmy de Laffemas, *Les trésors et richesses pour mettre l'estat en splender et*

monstrer au vray la ruine des françois par le trafic et négoce des estrangers, Paris, 1598, pp. 6ff.

34) Cole, *French Mercantilist Doctrines*, op. cit., p. 68.

35) モンクレチアンの生涯と著作についての解説は，*Traicté de l'oeconomie politique* (Genova: Slatkine Reprints, 1970) の1889年版にブレンターノ（T. Funk Brentano）が書いた序文を見よ。

36) Hutchison, *Before Adam Smith*, op. cit., p. 17; W. J. Ashley, 'Montchrétien', in Ashley, *op. cit.*, pp. 263ff.

37) Perrot, *op. cit.*, p. 64ff.; Koehane, *op. cit.*, pp. 163ff. を見よ。

38) Montchrétien, *op. cit.*, p. 161.

39) *Ibid.*, p. 165.

40) *Ibid.*, p. 241.

41) Cole, *French Mercantilist Doctrines*, op. cit., p. 115.

42) Montchrétien, *op. cit.*, p. 23.

43) ここでモンクレチアンはボーダンとほとんど同一の語を用いていると，コールが述べているところを見よ（Cole, *French Mercantilist Doctrines*, op. cit., p. 146, n. 6)。

44) Montchrétien, *op. cit.*, p. 240.

45) *Ibid.*

46) Hutchison, *Before Adam Smith*, op. cit., p. 88.

47) Keith Tribe, 'Cameralism and the Science of Government', *Journal of Modern History*, Vol. 56: 2, 1984. とりわけ p. 266 を見よ。トライブはドイツ官房学に関して，この点を重々しく強調している。スウェーデンに関する私の論評 'Mercantilism and Reform Mercantilism: The Rise of Economic Discourse in Sweden during the Eighteenth Century', *History of Political Economy*, Vol. 19: 3, 1978, pp. 418ff. を参照。

48) シュンペーターはこの点を否定した。Schumpeter, *op. cit.*, p. 293［邦訳，（上）529-30頁］を見よ。

49) Hutchison, *Before Adam Smith*, op. cit., pp. 100ff.; Gilbert Faccarello, *Aux origiens de l'économie politique libérale: Pierre de Boisgulbert*, Paris: Editions anthropos, 1986, for example, pp. 35ff., 113ff. また，Thomas Horne, *The Social Thought of Bernard Mandeville: Virtue and Commerce in Early Eighteeenth-Centurry England,* London: Macmillan, 1978 を見よ。

50) *Economites financiers du dix-huiteme siècle,* Geneva: Slakitine Reprints, 1971, pp. 781ff.; J. Bouziac, *Les doctrines economiques au XVIIIme siècle, Jean-François Melon,* Toulouse, 1906, p. 27ff.

51) Charles Ferrare Dutot, *Réflextions politiques sur les finances, et le commerce*, 1738, in *Economistes financiers du dix-hutiemére siècle,* op. cit., p. 902.

52) Jean-François Melon, *Essai politique sur le commerce,* 1734, in *Economistes financiers du dix-hutiemére siècle,* op. cit., p. 669.

53） *Ibid.*, p. 703.

54） *Ibid.*, p. 707.

55） 以下を見よ。J. Bruckner, *Staatswissenshaften, Kameralismus und Naturrecht,* München: Verlag C. H. Beck, 1977, S. 29「国君の威厳を保つための，国家における内政の安全」.

56） 治政概念をめぐる議論については，次の文献を見よ。Peter Preu, *Poliziebegriff und Staatzwecklehre*, Göttingen: Verlag Otto Schwartz & Co., 1983; Kurt Wolzendorff, *Der Poliziegedanke der modernen Staats*, 1918, Aalen: Scientia Verlag, 1964.

57） Ebd., S. 14.

58）「官房学派」を全般的に論じた，次の文献を見よ。Albion Small, *The Cameralists: The Pioneers of German Social Polity*, Chicago: University of Chicago Press, 1909［川又祐訳『カメラリストたち――ドイツ的社会統治の先駆者たち』（抄訳）『秋田論叢』第21号，2005年，掲載］；Erhard Dittrich, *Die deutschen und österreichischen Kameralisten*, Darmstadt: Wissenschaftliche Buchgesellschaft, 1974; Kurt Zielenziger, *Die alten deutschen Kameralisten*, Jena, 1914; G. Marchet, *Studien über die Entwicklung der Verwaltungslehre in Deutschland*, München, 1885; Roscher, *Geschichte,* a. a. O.; Keith Tribe, *Governing Economy*, Cambridge: Cambridge University Press, 1988.

59） A. Tautscher, *Geschichte der deutschen Finanzwissenschaft bis zum Ausgang des 18. Jahrhunderts,* in *Handbuch der Finanzwissenschaft,* W. Gerloff und F. Neumark Hrsg., Tübingen, 1952, S. 411.

60） そのフル・タイトルは，次のようである。Johann Heinrich Gottlob von Justi, *Staatswirtschaft, oder systematische Abhandlung aller Ökonomischen und Cameral-Wissenschaften*, Leipzig, 1755.

61） Small, *op. cit.*, p. 330より引用。

62） Dittrich, a. a. O., S. 105を見よ。

63） J. von Sonnenfels, *Grundsätze der Polizei, Handlung und Finanzwissenschaft,*. 1765, 5th ed. 1787, Vol. I, Vorwort.

64） Tribe, *Governing Economy*, op. cit. を見よ。

65） Small, *op. cit.*, p. xiii.

66） *Ibid.*, p. 3.

67） W. Roscher, 'Die österreichische Nationalökonomik unter Kaiser Leopold', *Jahrbuch für Nationalökonomie und Statistik*, Bd. 2, 1864.

68） A. Oncken, *Geschichte der Nationalökonomie*, Leipzig: Leipzig Verlag von C. L. Hirschfeld, 1922, S. 226ff.

69） Tribe, *Governing Economy*, op. cit.

70） Zielenziger, *Die alten deutschen Kameralisten*, a. a. O., S. 104. この点については，さらにDittrich, a. a. O., Kap. 1を見よ。

71） I. Bog, *Der Reichmerkantilismus: Studien zur Wirtschaftspolitik des Heiligen*

Römischen Reiches im 17. und 18. Jahrhundert, Stuttgart: Gustav Fischer Verlag, 1959.

72) Axel Nielsen, *Die Entstehung der deutschen Kameralwissenschaft im 17. Jahrhundert,* Jena, 1911, Frankfurt am Main: Verlag Sauer & Auberman, 1966, S. 63ff.

73) そのような見解に反対する有力な議論については，Dittrich, a. a. O., S. 36 を見よ。

74) オッセーについては，Small, *op. cit.*, p. 21 を見よ。

75) Roscher, *Geschichte*, a. a. O., S. 183ff.

76) Ebd., S. 187ff.

77) Ebd., S. 190ff.

78) Ebd., S. 219ff., 236f.

79) Dittrich, a. a. O., S. 30ff.

80) Roscher, *Geschichte*, a. a. O., S. 219ff.

81) Ebd., S. 289.

82) ゼッケンドルフについては，Ebd., S. 238ff.; Small, *op. cit.*, pp. 60ff. を見よ。

83) *Ibid.*, p. 69.

84) *Ibid.*

85) Roscher, *Geschichte*, a. a. O., S. 241.

86) 彼の第二の書物『キリスト教徒の国』（*Christen-Stat*, Jena, 1685）において，国民の福祉への言及がはっきりと見られる。その言及に関しては，Roscher, *Geschichte*, a. a. O., S. 242 を見よ。しかしながら彼は，『ドイツ君主国』（*Teutscher Fürsten-Stat*, Framkfurt am Main, 1656）第2編第8章においても，福祉について論じている。

87) この書物についての比較的長い記述は，Small, *op. cit.*, pp. 63ff. を見よ。

88) *Ibid.*, p. 83.

89) Roscher, *Geschichte*, a. a. O., S. 247.

90) Ebd., S. 248.

91) Ebd., S. 270f.

92) ベッヒャーについては，とりわけ次の文献を見よ。L. Sommer, *Die österreichischen Kameralisten in dogmengeschchitlicher Darstellung,* Bd. II, Vienna, 1925, S. 1-78; H. Hassinger, *J. J. Becher 1635-1682: Ein Beitrag zur Geschichte der Merkantilismus* (Dissertation), Vienna, 1951; Roscher, *Geschichte*, a. a. O., S. 270ff.; Small, *op. cit.*, p. 107ff.; Dittrich, a. a. O., S. 58ff.

93) Johann Joachim Becher, *Politische Discurs von den eigentlichen Ursachen des Auf- und Abnehmens des Stadt, Lander und Republicken*, 1668, 4th ed., Frankfurt, 1721, S. 2.

94) Ebd., S. 3. ここではスモールの翻訳（Small, *op. cit.*, p. 113）を用いた。

95) Becher, a. a. O., S. 3f. スモールの翻訳（Small, *op. cit.*, p. 114）。

96) Ebd., S. 2「国家は人口が多ければ多いほど力強い」.

97) スウェーデンに関しては，Magunusson, 'Mercantilism and Reform Mercantilism', op. cit. を見よ。デンマークに関しては，K. Glamann and E. Oxenboell, *Studier i dansk merkantilisme*, Copenhagen: Akademiskt Förlag, 1983 を見よ。

98)　ベッヒャーの *Psychsophia oder Seelenweisheit*, 1678 (by Roscher, *Geschichte*, a. a. O., S. 278) から引用。「税が課されない，あるいはほとんど課されない商品は，その輸出入が自由となる。その結果，各人は能力と理解に応じて，もっと誠実に生計を立てるであろう。そして住居・衣服・飲料において，自分の意思に従って振舞うであろう」。

99)　Ebd.

100)　Becher, a. a. O., S. 25「独占は人口増加を，多占は生業を，買占は共同体を妨害する」.

101)　Roscher, *Geschichte*, a. a. O., S. 227f.

102)　Ebd., S. 275f.

103)　本書，220頁以下を見よ。

104)　Becher, a. a. O., S. 22.

105)　Roscher, *Geschichte*, a. a. O., S. 276.

106)　たとえば，Dittrich, a. a. O., S. 58 を見よ。

107)　Roscher, *Geschichte*, a. a. O., S. 289.

108)　ホルニクについては次の文献を見よ。Sommer, a. a. O., Bd. II, S. 124ff.; Roscher, *Geschichte*, a. a. O., S. 287ff.; K. Zielenziger, 'P. W. von Hörnigk', in *Encyclopedia of Social Sciences*, New York: Macmillan, 1951; Dittrich, a. a. O., S. 66ff.

109)　Philipp Wilhelm von Hörnigk, *Oesterreich über alles, wann es nur will*, 1684, Leipzig, 1707, S. 25.

110)　Ebd., S. 25.

111)　Ebd., S. 32.

112)　Ebd., S. 70, 222.

113)　Ebd., S. 33ff.

114)　Roscher, *Geschichte*, a. a. O., S. 292.

115)　シュレーダーについては，次の文献を見よ。Sommer, Bd. II, S. 79ff.; Small, *op. cit.*, pp. 135ff.; Marchet, a. a. O.; Zielenziger, 'Hörnigk', op. cit., p. 33ff.; Dittrich, a. a. O., S. 62ff.; Roscher, *Geschichte*, a. a. O., S. 294ff.

116)　Roscher, *Geschichte*, a. a. O., S. 294.

117)　Ebd.

118)　Wilheim Freyherr von Schröder, *Fürstliche Schatz- und Rent- Kammer*, Leipzig, 1686, Vorwort, 11.

119)　Roscher, *Geschichte*, a. a. O., S. 295.

120)　Schröder, a. a. O., Kap. xxix, S. 3「国は，貨幣か金が，大地から，あるいは他の場所から，その国へもたらされるときには，それだけ一層豊かになるであろう。そして貨幣が持ち出されるときには，それだけ一層貧しくなるであろう」.

121)　Ebd., Kap. xvii, S. 11「貨幣の使用を通じて，ひじょうに多くの人々は食料を増加し，流行している生の営みを維持する」.

122)　Ebd., Kap. xlii.

123） この理由により，ディトリクの要約的陳述は記録文書からかけ離れているように思える（Dittrich, a. a. O., S. 124）。

124） 人口問題については，Stangeland, *op. cit.*, pp. 187ff. を見よ。

125） Hutchison, *Before Adam Smith*, op. cit., pp. 254ff. また，F. Ceserano, 'Monetary Theory in Ferdinando Galiani's *Della Moneta*', *History of Political Economy*, Vol. 8: 3, 1976 を見よ。

126） Schumpeter, *op. cit.*, pp. 178ff.; Hutchison, *Before Adam Smith*, op. cit., pp. 298f.

127） これら双方に関しては，*ibid.*, pp. 17f, 254ff. を見よ。ダヴァンツァーティは1588年に刊行した貨幣論において，「相互性に根ざした経済の基本的性質」（*ibid.*, p. 17）と，価格・価値の主観的起源とについて熱心に力説した。モンタナーリ（Geminiano Montanari, 1633-87）は総じてこの伝統に従った。彼にとって，「貨幣は欲望の尺度の役割を果たした。……財貨の価値は稀少によって引き上げられ，豊富によって引き下げられた。……絶対的な稀少や豊富ではなく，人間の必要・欲望・評価に対する相対的な稀少や豊富によってそうされた」（*ibid.*, p. 254f.）。

128 ） Odd Langholm, *Price and Value in the Aristoterian Tradition*, Bergen: Univesitetsforlaget, 1979, p. 144.

129） Hutchison, *Before Adam Smith*, op. cit., p. 299 から引用。

130） ジェノヴェージについては，たとえば Perrotta, *Produzione*, op. cit., pp. 110ff. を見よ。

131） Giovannni Botero, *Della ragion di stato,* Venice, 1589, English transl. *The Reason of State,* London: Routledge & Kegan Paul, 1956, p. 150.

132） *Ibid.*, p. 145.

133） *Ibid.*, p. 143.

134） Schumpeter, *op. cit.*, pp. 162f.

135） この議論が，1620年代初めのイギリスにおける論争でとられた観点に，どの程度影響を与えたのかということを突き止めることは不可能である。けれども少なくとも，マンがイタリアに精通していたことは指摘しなければならない。彼は実際のところ，しばらくのあいだそこに住んでいたようである。*Ibid.*, pp. 7f. を見よ。

136） Perrotta, *Produzione*, op. cit. を見よ。

137） *Ibid.*, pp. 110ff. を見よ。

138） Marjorie Grice-Hutchinson, *Early Economic Thought in Spain 1177-1740,* London: George Allen & Unwin, 1978; do., *The School of Salamanca: Readings in Spanish Monetary Theory, 1544-1605,* Oxford: Clarendon Press, 1952; Vilar, *op. cit.*, Ch. 17; Perrotta, 'Early Spanish Mercantilism', op. cit.

139） Monroe, *op. cit.*, p. 53; Perrotta, 'Early Spanish Mercantilism', op. cit., p. 8.

140） Ibid.

141） Ibid., p. 10.

142） Ibid.; Schumpeter, *op. cit.*, pp. 165 を見よ。

143） Perrotta, 'Early Spanish Mercantilism', op. cit.

第 8 章　結　論

1） Supple, *op. cit.*

2） Coleman, 'Mercantilism revisited', op. cit., pp. 777ff.

3） de Roover, *Grehsham*, op. cit.

4） Appleby, *op. cit.*, p. 244.

5） Hutchson, *Revolutions and Progress*, op. cit.

訳　注

日本語版への序言

＊1）　埋没投資（sunk investments）　ある企業がある産業に参入する際に投下した固定資本を，その企業がその産業から撤退する際に回収できないこと。

まえがき

＊1）「もう一つの書物」とは，スウェーデンの碩学ヘクシャー（Eli Filip Heckscher, 1879-1952）が，その母国語で書いた『重商主義』（*Merkantilismen*, 2vols., Stockholm, 1931）を指す。この大冊はその後，ドイツ語版（*Der Merkantilismus,* 2 Bde., Deutsche Ubers. von G. Mackeroth, 1932）と英語版（*Mercantilism,* 2 vols., Engl. tr. by M. Schapiro, 1935, Engl. rev. ed. by E. F. Soderlund, 1955）が刊行され，今日までこの分野における最高権威の文献と見なされてきた。

＊2）　脱構築（deconstruction）　フランスの哲学者ジャック・デリダがハイデガーなどからヒントを得て創案した概念で，ある思想体系をよく理解するために，それを解体すると同時に，それとは異質な新しいものに創り直すことを意味する。

第1章　序説

＊1）　ジョイント・ストック・カンパニー（joint-stock company）　会社機関と株式制の萌芽が見られた，主にイギリス17世紀に発生した先駆的会社形態。これは元来「株式会社」（limited liability company）とは，異なる形態であったが，東インド会社など多くのジョイント・ストック・カンパニーは，1662年の「破産者に関する布告の条例」によって有限責任制を採用し，株式会社に移行した。（大塚久雄『株式会社発生史論』，『大塚久雄著作集』第1巻，岩波書店，1969年，所収，参照）。

＊2）　レント・シーキング（rent-seeking）　エイカランドとトリソンの『レント・シーキング社会としての重商主義』に由来する用語。ここでのレント・シーキングとは，競争的市場における利潤追求とは異なり，独占利潤追求を意味する。エイカランド=トリソンは，国家機構を通じての独占権への需要と供給が重商主義の本質であると言う。この意味でイギリスでは16世紀中頃から17世紀末頃までの，いわゆる「王室的重商主義」が彼らにとっては重商主義である。この時代に国王は，面倒な徴税によるよりも，独占特権を売ることによって収入を追求する方が効率的であると考えた。他方で商人たちは，裏面工作や賄賂などを使って国王とその政府から得た交易独占権にもとづいて，超過利益を追求した。こうしてレントを求める独占業者（特権需要者）と国王（特権供給者）との利害は一致し，ここに「レント・シーキング社会としての重商主義」が成立した。しかし市民革命が起こり，政策決定過程が多少とも民主化されると，レント・シーキング過程に参加する商人たちの裏面工作や買収の費用は，単一の君主や少数の政府関係者

を対象とする場合よりも増加したから，独占的超過利益獲得のための費用と便益の計算にもとづくレント・シーキング社会は衰退した（Cf. R. B. Ekelund and R. D. Tollison, *Mercantilism as Rent-Seeking Society: Economic Regulation in Historical Perspective,* Texas; Texas A&M University Press, 1981）。

＊３） 漸進的社会工学（piecemeal social engineering） 哲学者カール・ポパーが提唱したもので，理想的な変革の設計図にもとづく社会全体のユートピア的改革を企図せずに，個別的な変革の設計図にもとづく漸進的な改革を意味する考え。

＊４） 使用条例（Statute of Employment） イングランドにおいて外国商品を販売した外国人に対し，その販売によって得た貨幣を，イングランド商品の購買に使用することを要求した1390年の条例。

＊５） モラル・エコノミー（moral economy） 歴史家Ｅ・Ｐ・トムスンが，イギリス18世紀における民衆運動を検討するに際して用いた分析的概念。それによれば，民衆の生存に関わる食糧などの交換をめぐる問題は，市場の需給原理によってではなく，民衆の生存を保障する伝統的な民衆の権利や慣習にもとづいて解決されるべきである，という見方が重視される。

＊６） 備蓄政策（policies of provisions） 12世紀から14世紀までのヨーロッパ諸国で，財政的・政治的・軍事的観点から推進された，主に食糧の蓄えを重視する政策。より具体的には，穀物を中心とする食糧品，繊維製品などの原料，軍需品，貴金属というような品目の自給と蓄えとを目的に，これらの品目の輸出禁止，輸入認可制という手段が講じられた（Cf.Heckscher, *Mercantilism,* Vol. Ⅱ, Part Ⅲ）。

＊７） パロール（Parole）とラング（langue）パロールとラングの区別は言語学者ソシュール（Saussure）に由来し，チョムスキー（Chomsky）における言語運用（performance）と言語能力（competence）の区別に対応する。パロールは，音声現象としてのことば（音声言語）であり，具体的な言語行為・言語行動を指す。したがってパロールは個人が実際に行う具体的な発話行為であり，ある特定の時間と場所における社会的な行動である。一方ラングは，ある社会の成員に共通な言語要素の体系，つまり「個人の頭の中に蓄積されている語の映像の総計」のことであり，相互に関連する構造と相互に定義し合う語の網の目，つまり言語「体系」を意味する。

＊８） ミダース［王］（Midas） ギリシア神話に登場するフリギアの王。手で触れるすべてのものを黄金に変える力を与えられた彼は，迂闊にも食料までをも黄金に変えてしまったことが伝えられている。

＊９） 東インド会社（East India Company） 喜望峰から東方の，インド洋と太平洋を含む広範な地域との排他的・独占的貿易を行なうために，1600年にエリザベス１世から特許状を与えられて設立された。イギリスから地金を輸出し，インドから香料・綿布・染料を，中国から茶・絹・陶器などを輸入した。名誉革命後の1698年に，この貿易への参加を欲する自由商人（非特権的商人）が新会社を作り，しばらくは新旧両会社が併存したが，1709年に合併して合同東インド会社となり，これが1858年の同社解散まで続いた（Cf. E. Lipson, *The Economic History of England,* London: Adam and Charles Black,

1931, rpt. 1971, Vol. II, pp. 269ff. 浅田實『東インド会社――巨大商業資本の盛衰』講談社現代新書1988年，参照)。

第２章　重商主義をめぐる論争

＊１）単位観念（unit-idea）Ａ・ラヴジョイが知性史・思想史研究の考察対象として設定した領域。彼は「観念の歴史」の考察においては，ある特定の人物や学派や主義にではなく，さまざまな思想を構成している「単位観念」に分析の焦点を当てるべきであると提唱した（ラヴジョイ著／鈴木信雄・市岡義章・佐々木光俊訳『人間本性考』名古屋大学出版会，1998年，「訳者あとがき」参照)。

＊２）ステイプル条例（Statute of Staples）当時の主要輸出品たる羊毛，羊皮，鉛，錫，とくに羊毛の輸出を独占するために指定された市場で取引することを定めた，1313年制定の法令。1363年にドーバー海峡を隔てたカレーに設けられた常設の指定市場で，マーチャント・ステイプラーズがイギリスからのヨーロッパ大陸向け羊毛輸出を大量に扱ったことは有名。しかし1558年カレー喪失でステイプル制度は衰退し，マーチャント・ステイプラーズに代わって毛織物輸出のマーチャント・アドヴェンチャラーズが台頭した。

＊３）シカゴ学派　シカゴ大学を伝統的に拠点とし，徹底した経済的自由主義を唱道する学派。この学派の基礎を築いたＦ・ナイトとＪ・ヴァイナー，それにナイトの弟子にあたるＭ・フリードマン，Ｇ・スティグラーなどが代表的人物。

＊４）譲渡にもとづく利潤（profit upon alienation）生産過程ではなく，流通（交換）過程に生ずる商業利潤のこと。すなわち，商品をその価値（生産費）に見合った価格よりも安く買ったり，高く売ったりすることによって生ずる利潤。マルクスによれば，ステュアート『経済の原理』の利潤範疇は，基本的にこの譲渡にもとづく利潤にあたる。

第３章　重商主義言説の誕生

＊１）コケイン企画（[Alderman] Cockayne's Project）覇権国オランダに挑戦するために，ロンドン市参事会員のコケイン（Sir William Cokayne）が発案し，失敗に終わった企画。当時イギリスの毛織物は大部分がオランダに輸出されていたが，それは白地の未仕上げ毛織物であり，オランダはこの未仕上げ織物を国内で染色して仕上げ，それを他国に再輸出することにより経済力を蓄えていた。一方イギリスはこの覇権国へ未仕上げ織物を輸出することにより，国内における仕上げ業の成長を阻まれ，国民的産業の十分な発達を遂げることができない状態におかれていた。ジェイムズ１世はこのような状況を打開するために，1614年７月にコケインの発案にしたがって，未仕上げ毛織物の輸出を禁止し，その輸出貿易を独占して営んでいたマーチャント・アドヴェンチャラーズ・カンパニーから，その特権を剥奪するという措置を講じるとともに，コケインを中心メンバーとして，完成毛織物の輸出を目的とする新会社を設立した。これがコケイン企画であるが，この企画は主に，イギリスの織布業がオランダのそれを凌駕するほどの力をまだ十分につけていなかったという理由により挫折した（Cf. Astrid Friis, *Alderman Cockayne's Project and the Cloth Trade. Commercial Policy of England in its*

Main Aspects 1603-1625, Copenhagen and London: Oxford University Press, 1927; H. Heaton, *The Yorkshire Woolen and Worsted Industries*, Oxford: Oxford University Press,1965. 大塚久雄『近代欧州経済史序説』,『大塚久雄著作集』第２巻，岩波書店，1969年，所収；船山栄一『イギリスにおける経済構造の転換』未来社，1967年，第１論文，参照)。

＊２） イーストランド会社（Eastland Company） ロンドンからバルト海方面に毛織物を輸出し，その地域から麻織物，木材などの造船資材を輸入する目的で，1579年にエリザベス１世から特許状を与えられて設立された。

ロシア会社（Russian［Russia］Company） イギリスから北東に航行して北極海に入り，ロシアからアジア大陸を経て中国やインドに至る貿易路を開く目的で，メアリー１世治下の1555年に設立された最初のジョイント・ストック・カンパニー。

マーチャント・アドベンチャラーズ・カンパニー（Company of Merchant Adventurers） 冒険商人組合とも訳されるこのカンパニーは，1564年にエリザベス１世から特許状を与えられ，ロンドンからネーデルラント地方への毛織物輸出貿易を排他的・独占的に営んだ。16世紀がその活動の最盛期で，17世紀前半の30年戦争期に衰退した。

＊３） 質料（matter）と形相（form） 質料は可能態としての素材，形相は現実態としての本質であるが，質料と形相の関係は固定的なものではなく，ある関係においては質料であるものも他の関係においては形相となる。木材は，それをもとにして出来上がった家屋（形相）に対しては質料であるが，まだ切られていない木に対しては形相である。

＊４） ラムス（Petrus Ramus , Pierre de la Ramée, 1515-1572） ルネサンス期フランスのプロテスタント思想家。アリストテレス，中世論理学ならびにユークリッド『原論』を批判した。

＊５） 偽装為替（dry exchange）と架空為替（fictitious exchange） 偽装為替は乾燥（ドライ）為替と訳されることが多いが，それはこの為替が，いかなる外国取引の売買も含まず，外国貿易の流れを少しも潤さない為替であったことに由来する。しかしこの為替は，資金の直接貸付を為替取引に偽装して，利子を稼ぐ手段として用いられたので，ここでは「偽装為替」と訳した。

偽装為替は，ロンドンとアントワープとの間では次のようにしてなされた。ロンドンの商人は，ユーザンス払い（たとえば一ヶ月後の支払い）の第一の為替手形をアントワープの業者宛に振出し，ロンドンの金融業者はこの為替手形と引換に手形振出人（商人）にロンドンでの為替相場に応じて資金を手渡す。この商行為は，手形振出人が，支払期日まで資金の融資を金融業者から受けるのであるから，純粋な貸付取引といえる。そして振出された手形はアントワープに送付され，そこでの支払人の戻し為替を通じて最初の振出人のもとに返ってくる。この間に，ロンドン・アントワープ間の２つの為替手形の，それぞれの為替相場の差，つまり第一の為替と戻し為替の両者の為替相場との差が為替市場では生じれば，この差は利子相当分となって，金融業者の利益となる。ロンドンとアントワープの間での実物的な貿易上の取引を伴わない，このような為替を

「偽装為替」と呼ぶ。

他方「架空為替」は，手形の海外送付すら行なわれずに，文字通り架空の為替を形式的に振出すだけ済ますものである。架空為替は次のようにして行なわれる。最初の契約の時，資金を必要とするロンドンの商人は，ロンドンの金融業者から資金を受取り（借入れ），為替手形を振出すが，この第一の為替手形には，あらかじめ戻し為替の為替相場を示されていて，金融業者には確定利子が確保されている。したがって一度契約が結ばれれば，アントワープの為替相場に関係なく金融業者には利子に相当する利益が確保される仕組みになっている（Cf. Raymond de Roover, *Gresham on Foreign Exchange*, Harvard University Press and and Oxford University Press, 1949, pp. 161-65. 飯塚一郎『外国為替——国際通貨の経済史』中公新書，1972年，第Ⅴ章，参照）。

第4章　一七世紀の議論

＊1）廃止に成功した条約とは，スペイン継承戦争の終結に際して1713年3月に締結されたユトレヒト平和条約の付帯条約「ユトレヒト英仏通商条約」を指す。

＊2）レヴァント会社（Levant Company）1581年にエリザベス1世から特許状を得て設立され，地中海東部との貿易を独占して営んだ。主にトルコに毛織物を輸出し，同地から干しブドウや絹などを輸入した。

＊3）『疲弊せるブリタニア』は，一般にペティットの著作と目されている。そのタイトル・ページに著者名は記されていないが，序文の末尾にフィラングルス（Philanglus）というサインが記されている。本書第4章原注（31）も見よ。

＊4）サー・トマス・スミス（Sir Thomas Smythe, 1512-77）ケンブリッジ大学ローマ法欽定講座教授，枢密顧問官，国務卿などを歴任した貨幣問題の専門家。

第5章　交易の科学

＊1）このマグヌソンの記述は事実に反する。『小観察』（*Brief Observations*, 1668）に多くの章が追加されたのは，1690年に刊行された『交易論』（*A Discourse of Trade*）においてであり，その『交易論』は1693年に刊行された『新交易論』（*A New Dicourse of Trade*）とは書名が異なるけれども，内容はまったく変わらない（チャイルド，杉山訳『新交易論』前掲書，「訳者解説」，参照）。

＊2）ロックの『考察』（*Some Considerations*）初版は，1691年11月末に匿名で出版された。

＊3）大分母（grand Demonimator）ジャーヴェイズのこの言葉は，マグヌソンが示唆しているように貨幣の意。世界の貨幣の総量（分母）は一定不変で，各国が保有する貨幣量は，その割り前（分子）であるということを，この用語は含意している。ちなみに，E・ヘクシャーは世界の貨幣や富の総量（パイの大きさ）が一定不変という観念を，重商主義に特徴的な「経済活動の静態的理解」と呼んだ。

第６章　力と豊富

＊１）　Cf. Br. Suviranta, *The Theory of the Balance of Trade in England: A Study in Mercantilism*, 1923, rpt. New York: Augustus Kelley, 1967, pp. 135ff.

＊２）　文化人類学者レヴィ=ストロースの言葉。

＊３）　第三次英蘭戦争，1672-74年。

＊４）　Joshua Gee, *The Trade and Navigation of Great-Britain,* 1729, p. 185.

＊５）　*Ibid.*, p. 186.

＊６）　Cf. Charles Wilson, 'Government Policy and Private Interest in Modern English History', *Historical Studies* (1968).

第７章　他の諸国

＊１）　ジャセニスム（jansénisme/jansenism）恩寵の問題をめぐり，アウグスティヌスの思想を受け継いだ，オランダの神学者ヤンセン（Cornelius Jansen, 1585-1638）の名に由来するキリスト教思想で，ラシーヌやパスカルのようなフランス17世紀の著作家に影響を与えた。

＊２）　ゴブラン工場（Gobelins works）　染色・織物業を営む一家が15世紀半ばに創設し，1662年に国営となった工場。

＊３）　アントニオ・セルラ著／橋本弘毅訳『鉱山無き国に金銀を豊富ならしめる手段を簡単に論ず』（プロトニコフ編纂・橋本訳『重商主義論叢――関税保護政策と国内産業――』慶應書房，1938年，所収）。